县域中国·人民历史
缙云口述史研究

丛书主编 赵月枝

我在村里当书记
"双重回嵌"之路

赵月枝 白洪谭 主编

清华大学出版社
北京

本书封面贴有清华大学出版社防伪标签，无标签者不得销售。
版权所有，侵权必究。举报：010-62782989，beiqinquan@tup.tsinghua.edu.cn。

图书在版编目（CIP）数据

我在村里当书记："双重回嵌"之路 / 赵月枝，白洪谭主编 . -- 北京：清华大学出版社，2025.1. --（县域中国·人民历史：缙云口述史研究）. -- ISBN 978-7-302-67868-7

Ⅰ . D263

中国国家版本馆 CIP 数据核字第 2024HD7056 号

责任编辑：纪海虹
装帧设计：刘　派
责任校对：王荣静
责任印制：杨　艳

出版发行：清华大学出版社
网　　址：https://www.tup.com.cn，https://www.wqxuetang.com
地　　址：北京清华大学学研大厦 A 座　　邮　编：100084
社 总 机：010-83470000　　邮　购：010-62786544
投稿与读者服务：010-62776969，c-service@tup.tsinghua.edu.cn
质量反馈：010-62772015，zhiliang@tup.tsinghua.edu.cn
印 装 者：三河市春园印刷有限公司
经　　销：全国新华书店
开　　本：185mm×260mm　　印　张：19　　字　数：371 千字
版　　次：2025 年 1 月第 1 版　　印　次：2025 年 1 月第 1 次印刷
定　　价：98.00 元

产品编号：105035-01

总序

县域，在中国是一个既古老又新颖的存在。自从秦始皇创立郡县制，县域就成了中国最基础的行政区划单位。县域不但有人文地理上的相对独立性，而且包含着中国所有的政治经济与社会文化层面的纷繁复杂关系。它是建构"神州"想象的基本单元，连接城市与乡村的坚韧纽带，构成中国政治经济的坚强基石，认识中国历史变迁的有机结构。尽管快速城市化使许多县域变成了市辖区，但是，直到2023年年底，中国内地的1 867个县或县级市依然占全国国土面积的90%左右。从流传至今的"郡县治，天下安"古训，到个人履历表上的籍贯一栏，再到日常交流中"你是哪里人"的问答，县域依然是认同中国、发展中国、治理中国和理解中国的关键词。近年来，无论是中央文件中高频出现的"县域经济"和"以县域为载体的新型城镇化"等概念，还是在网络上出圈的许多原本鲜为人知的中国县名，县域这个中华民族古老的人文地理概念，正在获得"周虽旧邦，其命维新"的意涵，成为充满潜能的"未来之地"。

人民，在中国是一个既抽象又具体的存在。"人民"既非自然人，也非"天然物"，而是中国共产党在领导中华民族进行艰苦卓绝的民族解放和社会革命斗争中锻造出来的政治主体。作为一个集合性的名词，"人民"是中华人民共和国国权的承载者，是五星红旗上以四颗星来代表的工人、农民、城市小资产阶级和民族资产阶级，是马克思主义唯物史观中的历史创造者。然而，人民又总是具体化为神州大地上的芸芸众生，烟火人间里的饮食男女。在中国，"人民"中的大部分出生在县域，他们一半以上至今还生活在县域。他们中有你我的父老乡亲、七大姑八大姨以及同学、同事，更有亿万虽然身为农民，但实为百工的普通劳动者。尤为重要和特殊的是，他们中有在七十多年的时间里创造出人间奇迹、书写了人类历史上最伟大的现代化篇章的几辈人，更有"已经老了"的"世界上最勤奋"的一代。

把既古老又新颖的"县域"概念和既抽象又具体的"人民"概念交织在一起，把立场定位在"人民，只有人民，才是创造世界历史的动力"这一历史观的高度，再把"县域"与"人民"落地到具体的时空与特定的人物，把话语权交给他们，以口述历史为基本方法，让一位位鲜活的个体讲述他们的人生经历，会编织出什么样的中国故事，折射出什么样的时代变迁图景,进而生产出什么样的人文与社会科学新知?"县域中国·人民历史"缙云口述研究丛书就是这样一种全新学术尝试的产物。它以十部书和数百个故事的体量,以一个千年古县里的平凡人自述为主体,自下而上地书写新中国历史中的一个县域篇章,记录世界上唯一持续的农耕文明在现代化进程中涅槃重生的群体生命史体验和创新与变革的经历,诠释"中国崛起"背后的人民主体性,管窥波澜壮阔的中国式现代化进程中的政治、经济、社会、文化以及生态风貌。

我们深知后殖民学者"底层历史"书写的经验,但我们拒绝把新中国的"人民"等同于后殖民国家的"底层";我们理解中国学界20世纪90年代以来的口述史研究理路,但我们对任何"国家与社会"或"国家与乡村"的二元框架保持警惕;我们对权力与利益等政治经济考量非常重视,但我们对情感与心灵等精神品性因素充满兴趣;我们力图全面反映地方的工农业和社会经济文化发展,但我们更愿意从最基本的生产、生活、生态、生命维度和更广泛的民智、民俗、民风、民情角度切入;我们对苦难与艰辛感同深受,但我们对勇敢与坚韧更由衷赞叹;我们对迷信与愚昧不无批判,但我们对仪式与信仰心存敬畏。最为关键的是,我们不是以书写"底层"来解构新中国的历史,也不是以替人民发声来作道德文章,而是秉持历史唯物主义和中华文化的双重立场,描述革命和建设、改革与开放是如何彻底激活了县域里的人民群众,让他们以无穷的智慧和冲天的干劲,创造了自己的生活,成就了共和国的巨变,建设了中华民族现代文明。

浙江缙云是我生于斯长于斯的中国县域,这里的人民是我的"江东父老",他们自然也成了丛书中的"人民历史"主体的不二选择。这个武则天建立于唐万岁登封元年(公元696年)的浙西南山区小县,是一个兼具特殊性与普遍性的中国县域。在中华民族的人文历史遗产中,"缙云"是一个既古老又内涵丰富的词语,它与传说时代的黄帝联系在一起。"缙云氏"一词早在《左传·文公十八年》中就已出现,《左传·昭公十七年》中有"昔者黄帝氏以云纪,故为云师而云名"之说。到了唐代,孙颖达所疏的《春秋左传正义》中便有"黄帝以云名为官,盖春官为青云氏,夏官为缙云氏……"一句,而在唐代张守节的《史记正义》中,缙云已然成了黄帝的名号:"黄帝有熊国君,乃少典国君之次子,号曰有熊氏,又曰缙云氏……。"以此为据,缙云自称是全国唯一以中华民族人文始祖轩辕黄帝名号命名的县。缙云还是中国传统色中的浅赤色:蒸栗绢绀缙红然,青绮绫縠靡润鲜,缙云色如霞映流云,绚丽灿烂。作为现当代中国的一个缩影和样本,缙云是一个革命老区县,这里山多地少,一二三产齐头并进,生产生活方式多元并存,地域文化丰富多彩。缙云的溪水,是钱塘江、瓯江、灵江三江之源;缙云的方言,有"缙云三乡,讲话七八十腔"之说。缙云有东北部的工业重镇壶镇,还有"缙云西藏"之称的大洋山区,甚至缙云47万人口的人均GDP也接近全国平均水平。

我因熟悉和方便而选择缙云，缙云则因其多样和独特吸引着我的同仁。虽然我们谁都没有专于口述研究，但是十年拾遗，最终集腋成裘；无数散装的"凡人琐事"的结构性累加，便称出了"人民历史"的重量。自2014年冬我回乡创建缙云县河阳乡村研究院，围绕本丛书的第一个选题开始工作，到2024年春，我召开第十个选题的"誓师大会"，本书系的策划和编写已延绵十年。这是一个自主创新的过程，也是一个循序渐进的过程，更是一个不断发现的过程。正是在缙云的十年浸润中，我把"从全球到村庄"的视野落地在了"县域"这一理解中国的有机基本单元上；正是在对缙云三乡不同的人文经济与地域文化的比较与鉴别中，在对缙云在丽水全市、浙江全省乃至全国发展全局中的纵横把握中，在与缙云各界的正式与非正式的真诚互动中，本丛书的十个选题"瓜熟蒂落"般"顺理成章"依次确立；正是在深入调研和广泛征求各方意见的基础上，在与缙云人民有意与无意的日常交流中，代表性的口述对象"自然而然"地"脱颖而出"。

我们立足缙云，辐射全国，力求每部书都有普遍意义和全国高度。这不仅仅因为缙云人的活动范围及其"地瓜经济"的藤蔓早已延伸至祖国的四面八方，而且因为我们力求在人文与社科相交融的整全视野中，用有高度和有温度的日常人文叙事展示中国精神的精髓，用拓展个案这一社会科学研究方法探索中国式现代化道路的真谛。正如作为中国首批古村落之一的河阳村代表性村民的人生万花筒能折射出中国农耕文明在现代化转型中的喜怒哀乐和机遇与挑战，其他主题也有人文历史深度和普遍意义：石匠和炭客事关一个时代的农民生计，这两个行业的兴衰演绎着人与自然关系的变迁和"勤劳革命"的中国范本；养殖者诠释着城乡关系沿革和城市菜篮子背后的产业转型；"跑锯条"谱写了中国农民就地工业化和一个千年古镇的"伟大中国工业革命"篇章；婺剧艺人解码了一个全国民间戏曲之乡的艺术传承之道；地方文化人坚守与赓续着一个千年古县的绵绵文脉；"缙云烧饼"诠释了数字时代现代性与乡土性的一体两面以及一个乡愁富民产业的发展历程；一个革命老区县的优秀村书记作为先富群体如何回嵌党组织和乡村共同体的现身说法，不仅为全国乡村振兴和共同富裕提供了可参考的经验，而且以见微知著的方式，呈现了中国特色社会主义在乡村治理层面的动态发展过程；而"回乡入乡"的创新与变革群体，则彰显了"两进两回"进程和高质量发展中正在引领未来的新生力量。

作为口述史这个领域的后来者和业余参与者，我们怀着一颗对历史、对人民的敬畏之心，边学边做；我们发挥人文与社会科学的交叉优势，让新闻对接历史，将思想性融于可读性之中，把重抽象的学术做成讲故事的艺术。我们在从大历史到小细节的真实上小心求证，我们在表现形式上大胆创新，包容多样的记录、点评与论述形式。我们把口述史的采写和研究转化为青年学子的国情调研和思政教育过程。我们还注重培育与赋能民间文化力量来参与采写，把成书过程转化为学术赋能乡村文化建设的行动，进而上升为县域人民发现自我、表达自我、增强文化自觉和提升文化自信的机遇。我们以"人民历史人民写"的"公共史学"实践，彰显中国式现代化道路上的平凡伟大；我们以讲好县域故事的范式创新，推动新时代讲好中国故事的宏大实践。

我们当中，有我这位回乡学者，有多位常来缙云调研的青年学人，有或主动请缨或不后悔被"抓差"的全国高校本硕博学子，还有缙云本地的文史学者、民俗专家、教师、企事业单位员工、自媒体人、离退休人员、返乡高校毕业生等志愿者。我们与大部分采访对象素昧平生。但是，我们当中也有采写自己丈夫的妻子、采写自己父亲的女儿、采写自己公公的儿媳、采写自己奶奶的孙女。我们当中，还有一对父女一字一句地倾听过他们那位因中风几乎失语的母亲／奶奶的叙述——这是一位有50多年党龄的村庄老妇女主任。正是通过倾听和编写他们的故事，我们对自己的亲人、同乡和同胞，对这片土地上的人民，有了更为全面与真切的认识，对新中国成立以来中国人民所走过的伟大道路有了更加丰富和深刻的理解。

这套丛书并不完美。它无法充分体现出一个小小县域活生生的、充满烟火味的人民历史，更枉论折射出共和国的全部历史。但是，它是一项让我激情满怀与心潮澎湃的工作。感谢所有的贡献者和支持者。愿以此丛书向祖国和人民致敬，也愿借此抛砖引玉，激发更多的"县域中国·人民历史"的书写与研究。

赵月枝
2024年10月1日国庆节

缙云县新建镇笕川村党委书记施颂勤

筧川花海

缙云县壶镇镇高潮村党总支书记吕以明

高潮村一角

缙云县新碧街道福康村党总支书记章有明

福康村鸟瞰

缙云县三溪乡三溪村党委书记吴明军

三溪村一景

缙云县壶镇镇陇东村党总支书记卢桂平

陇东村一角

缙云县五云街道五里牌社区党委书记周建勇

缙云县五云街道五里牌社区党群服务中心

缙云县舒洪镇仁岸村党委书记何伟峰

仁岸村主办的龙舟竞赛

缙云县壶镇镇湖川村党总支书记赵文坚

湖川村四合院式的党群服务中心

缙云县壶镇镇联丰村党总支书记楼干强

联丰村夜景

缙云县五云街道周村村党总支书记刘利军

周村村绿道

缙云县东渡镇兆岸村党总支书记陈怀海

兆岸村一角

缙云县前路乡水口村党支部书记应志达

水口村稻田俯瞰图

缙云县壶镇镇工联村党总支书记朱建俊

工联村一角

上述村书记肖像由陈彦青拍摄,村庄照片由各村提供,在此致谢!

目 录

001　绪　论　双重回嵌：如何打开浙江缙云优秀村书记的故事

上　篇："50 后""60 后"的淬炼与开拓

024　第一章　施颂勤：探索新农村美好生活的"可持续"路径
035　　　　　采写手记：产业振兴为先的"强人"书记
038　第二章　吕以明：我的治村"三字经"
048　　　　　采写手记：知行合一的"犟"书记
052　第三章　章有明：党建与新农村建设，一肩挑起幸福安康的担子
063　　　　　采写手记：立足乡村，叩问心灵
066　第四章　吴明军：奏响"团结进步"幸福曲，绘就"红绿融合"新画卷
078　　　　　采写手记：原来，他给村庄带来了这样一条路
081　第五章　卢桂平：陇东村的"后工业村庄"改革之路
096　　　　　采写手记：与"后工业村"共成长的能人书记
099　第六章　周建勇：要有一颗为群众服务的心
115　　　　　采写手记：以诚待人，将心比心

下 篇:"70后"的使命与担当

120	第七章	何伟峰:从精培产业到全面振兴——"杨梅书记"上下求索的治村路
150		采写手记:"先苦后甜"——人、树、村的三重奏
152	第八章	赵文坚:美丽乡村带领全村物质精神双丰收
162		采写手记:父亲的心愿,朋友的评判
165	第九章	楼干强:麻雀虽小,也能上青天
182		采写手记:广阔田地,大有可为
185	第十章	刘利军:慈孝为先,文化兴村——乡风文明是我治村的重要法宝
204		采写手记:与好溪同奔腾,和时代共呼吸
207	第十一章	陈怀海:先聚人心再创事业,我与村庄共成长
224		采写手记:平凡又不凡的年轻书记炼成记
227	第十二章	应志达:圆梦水口——从企业管理到村庄治理
237		采写手记:超越"富人治村"和"公司理性"局限
240	第十三章	朱建俊:当青年企业家回归乡土——治村是我的第二次艰苦"创业"
256		采写手记:以"创业"精神治村

259	后记
262	附文 我在村里做口述史:路径与体验

绪　论　双重回嵌：如何打开浙江缙云优秀村书记的故事

赵月枝　白洪谭

2023年6月27日，第十七届中国—东盟社会发展与减贫论坛上，中国唯一受邀的村书记代表、缙云县壶镇镇联丰村党总支书记楼干强以自己所在村庄为案例，讲述了中国农村在浙江省"千万工程"和国家乡村振兴战略带动下如何经历美丽蝶变的故事。在他的带领下，村庄变美了，村集体经济从6年前欠债100多万元，到2022年"光经营性收入就达到了157万元"，而"农民人均可支配收入更是迈过8万元大关"。

楼干强所讲述的联丰村由"脏乱差"变"绿富美"的经历引起了与会者的共鸣，泰国上议院减少贫困与不平等委员会主席桑实·披立亚朗散听完后说："中国有千万种方法让老百姓脱贫致富，为东盟各国提供了很多宝贵的经验。"联合国儿童基金会驻华办事处社会政策处处长上田岬也表示，"中国乡村振兴和基层治理的经验值得东盟国家学习借鉴"[①]。

在缙云，像楼干强这样的优秀村党组织书记还有很多，他们作为一个群体的出现，源于缙云县自2018年开始的"兴村治社名师"培育工程，其评定标准为"五个强"：村集体经济发展强、村党组织凝聚力强、村干部战斗力强、村容村貌变化强、村民支持发展意愿强。截至2023年2月，缙云县已有13位村庄或社区党组织书记先后被评为省级或市级"兴村治社名师"，他们分别为施颂勤、卢桂平、周建勇、刘利军、章有明、吕以明、赵文坚、楼干强、朱建俊、陈怀海、何伟峰、应志达、吴明军。这13位书记所在的村庄或社区各有特色。他们不但把自己的村庄或社区打理得有声有色，而且在缙云县"三师行动"的推动下，成为讲师、导师、理财师，并在县委组织部的领导下"收徒讲学"[②]，带动县域其他村庄的发展。

---

① 综合整理自王巷扉，谢佳俊，曾翠，汪峰立. 代表中国！丽水一村支书登上国际论坛，分享治村经验 [J/OL]. 丽水网，2023-06-28[2023-08-16]. https://www.lsol.com.cn/html/2023/2023yaowen_0628/628009.html；朱海洋. 不止做"网红"，更做"常青藤"——党建引领浙江乡村振兴持续发力 [J/OL]. 农民日报. 2023-07-01[2023-08-18]；缙云：村支书登上国际论坛讲述中国乡村变迁 [J/OL]. 丽水市人民政府网. 2023-07-10[2023-08-18]http://www.lishui.gov.cn/art/2023/6/28/art_1229218391_57347622.html。

② 缙云县围绕"治村（兴社）名师"培育工程，建立"1+3"帮带制度，每位优秀村社党组织书记分别对3位培育对象进行跨乡镇传帮带，鼓励和支持产业相近、资源相似的村结为师徒对子。

我们这本书所收集的，是包括楼干强在内的缙云县13位省级和市级优秀村社书记的故事。鉴于他们之中只有周建勇一位是县城社区的党组织书记，本书在随后的行文中也会用村书记作为统称。需要强调的是，这本书不是编年式的功劳簿或者枯燥的经验总结，而是对村书记的人生道路和心路历程的叙述。我们以口述史作为工作方法，请书记们在我们面前叙述与建构自己，为自己画像。

本书的核心观点是，这些村书记微观而具体的人生道路和治村经历所昭示的，正是更宏观和更抽象的中国特色社会主义和中国式现代化道路。书名副标题中的"双重回嵌"一词，是理解本书核心观点的关键。简单地说，"双重回嵌"所阐释的，就是这些在农村改革开放过程中通过不同途径走出村庄，进而率先致富的个体是如何重新"回嵌"到村庄共同体的社会关系网络和党的组织体系，并成为自己村庄发展振兴和共同富裕领路人的。

我们心目中的读者，包括普通读者群体和三个特殊群体——村党组织书记和其他村干部群体、三农学者群体、口述历史和新闻传播学者群体。在这里，我们用画同心圆的方法，从大到小，针对不同的读者群体展开我们的阐述，力图提供打开这本书的不同方式。

一、平凡人的不平凡事

首先，我们面对的是全国的普通读者，尤其是对中国乡村问题、对新时代的村干部感到好奇的普通读者。根据中华人民共和国住房和城乡建设部《2021年城乡建设统计年鉴》的统计数据，中国有481 339个行政村①。在中国的社会结构中，村党组织书记既普通，又特殊。他们不在公务员之列，连"七品芝麻官"都不是。然而，作为中国农村基层党组织的书记，尤其是村书记和村委会主任两副担子"一肩挑"后的村党组织书记，他们又是不折不扣的村庄带头人。也就是说，他们既是民，又是"官"。在中国的党政体系中，他们是离党中央距离最远的基层党组织书记，也是离亿万农民最近的"官"。

在具体的工作与生活中，村党组织书记中的优秀代表是如何体现这种定位的呢？他们有什么样的经历和故事？有什么样的幸福与烦恼？他们的故事又如何构成今天的中国故事？

我们希望，普通读者会像我们一样被这13位书记娓娓道来的人生故事所吸引，并通过这些故事了解浙江山区的村庄正在发生的变化，了解浙江山区县党组织领导下出现的最先进的一批村书记的精神面貌和思想认识，了解习近平总书记在浙江工作期间

---

① 2021年城乡建设统计年鉴[A/OL]. 中华人民共和国住房和城乡建设部网站. 2022-10-12[2023-06-16]. https://www.mohurd.gov.cn/.

亲自谋划、亲自部署、亲自推动的"千万工程"实施20多年来给浙江农村和广大农民群众带来的深刻变化，了解李强总理在2023年3月13日十四届全国人大一次会议闭幕后的记者会上所讲到的浙江人"走遍千山万水、说尽千言万语、想尽千方百计、吃尽千辛万苦"的"四千精神"在这群村书记身上的体现，进而了解中国式现代化道路是如何在党的领导下，在这些党的最基层干部的脚下，在他们领导的村庄——这个中国最基础的社会细胞的蜕变中，被一步一步开辟出来的。

对于普通读者，任何冗长的序言，尤其是与学术文献的对话，都是多余的。如果读者跳过这个序言的剩余部分而直奔书中任何一个村书记的故事，发现它们有可读性，并因此改变自己的认知和得到一些思想上的启发，就足矣。书中13个故事单独成篇，每个故事后面，附有清华大学新闻与传播学院的硕士生和博士生作为采写者以手记形式表达自己对所访村书记的认识和采写感受。书记们在书中按年龄顺序相继出场：上篇中的6位书记出生于20世纪50年代后期和60年代，下篇中的7位书记全部是正当年的"70后"。除了有几位书记在缙云县的"兴村治社名师"计划中有师徒之间的传承关系外，每篇故事彼此没有结构上的关联。

在13位村书记当中，有3人当过兵，都是在部队入党，彰显了农家子弟在人民军队这个革命大熔炉里经受的淬炼对他们此后人生道路的影响。除了1位原来就是城市户口的县城街道中的社区书记，其他书记全部是所在村庄的农村户口。在当书记之前，大部分人都有在艰苦条件下"四处奔波讨生活"的人生经历，特别是筚路蓝缕外出养鸭养虾、经商或办企业的闯荡历史。其中两位父辈有企业——一位书记的父亲是村中原书记和企业家，称得上是"富二代"；另一位则因为其父亲办厂背着一身债而把自己称为"拼二代"。总体而言，这群优秀村书记是农村中的"能人"和先富群体。

我们需要强调的是，这群浙江山区县里看似与全国广大读者风马牛不相及的村书记，也许比一般人想象的离城市、离千家万户、离每个人的日常生活更近。比如，任何吃过杨梅或对虾的人，都可以从书中了解到，杨梅是如何培植的，对虾又是如何养殖的，而相关的村书记们，又是如何攻克种植和养殖的技术难关的。这其中，能让我们感受到什么是浙江"四千精神"的，是至今依然有广东省江门市虾农和人大代表身份的周村村党组织书记刘利军的养虾细节。为了掌握南美对虾的生活习性，他曾成天穿着潜水服趴在虾塘里，观察对虾的一举一动：

> 我记得那时候每天就是穿着潜水服泡在塘子里，但是因为戴着手套和面具不方便，我就只能把脸和手露在外面，一天下来泡得皱巴巴的。再加上虾很会蹦，要么老是蹦在我脸上，要么就是虾屁股划我的手，挺疼的，这都是我们这批中国最早的养虾人经历的事儿。

也许，正是因为有这样的"四千精神"淬炼，他们才能在村书记的岗位上接受新的挑战，成就了平凡中的不平凡。正如中国农业大学原党委书记、中国农业大学基层党建研究中心主任姜沛民于2023年3月29日在缙云调研期间对笔者所言："我们都一起经历了翻天覆地的改革开放，看到被彻底激活、有冲天干劲的草根阶层是如何成就了共和国的巨变的。"我们希望，这13位村书记的个人生命历程和他们领导下的村庄或社区变迁的故事，能折射出这句话中所包含的大道理。

二、来自浙江山区够得着和可参考的经验

我们的三个特殊目标读者群体中的第一个，是全国的村党组织书记和村干部，尤其是全国革命老区和中西部地区的村书记和村干部。我们相信，这是一部他们会觉得有用的书：在这里，他们也许可以看到够得着、可参考的"浙江经验"。缙云是全国唯一一个以中华民族人文始祖轩辕黄帝的名号命名的县，也是2023年国家乡村振兴示范县。像村书记这个角色一样，缙云作为一个县域，既普通，又特殊。缙云县地处浙西南腹地，现有47万人口，由武则天建于公元696年，是一个有丰富农耕文明底蕴的千年古县。缙云境内的仙都鼎湖峰原名缙云山，传说中是轩辕黄帝的飞升地，缙云县也因此得其名。事实上，本书中的卢桂平书记所在的陇东村，就有9 000多年前的上山文化遗迹。缙云还是一个革命老区，是浙西南革命斗争的重要区域。在土地革命战争年代，这里曾是红十三军的重要策源地。从1944年到1949年，这里曾是中共处属特委（今天的中共丽水市委的前身）所在地和丽水地区革命斗争的指挥中枢；在解放前夕，缙云拥有3300多名中共党员，总数占当时整个丽水地区的四分之一。缙云还有一个一、二、三产业齐头并进的县域经济结构。这里不仅有特色农业和丽缙与新碧两个工业园区，而且是国家级生态县、国家级生态示范区，曾连续4年入选全国旅游百强县。目前，缙云的社会经济发展在浙江需要加快发展的"山区26个县"中处在前列。

作为一个"八山一水一分田"的浙西南山区县域与"富人中的穷人""穷人中的富人"，比起杭嘉湖地区更发达的浙江乡村，缙云的人均GDP与全国平均水平相当，缙云农村与全国中西部农村有许多相似的地方。缙云优秀村书记的经验和体会以及他们如何引领村庄实现蝶变的历程，更能引起其他革命老区和中西部地区村干部的共鸣。尤其值得一提的是，正因为缙云是一个发达省份的山区县，缙云的村庄在资源禀赋和发展阶段方面呈现出了少有的多样性。因此，也许并非偶然，仅仅在本书的上篇中，我们按书记年龄排列的6个村庄和社区，就分别代表了不同地理位置和资源禀赋类型，以及处于不同发展阶段的村庄。这包括交通便利和相对属于平原地区的传统农业村庄笕川村；当年因乡镇企业发达而一度成为丽水市最富村庄的湖川村；位于新碧工业园

区边上的、外地打工人比本村人还多的城乡融合型福康村；交通不便、资源匮乏的偏远山区中的革命老区村庄三溪村；在经历了"村村点火、户户冒烟"的农村就地工业化阶段后进入"后工业化"和美乡村建设阶段的陇东村，以及一个已经完成了城市化进程而成为缙云县城区五云街道下属的五里牌社区。

正因为缙云这个南方山区县域内部不同村庄的不同资源禀赋，不同发展轨迹和文化地理上"十里不同风"的多元特色，作为本书主人公的书记们，不但有不同的个人经历，而且在领导村庄发展的过程中面对着不同问题。相应地，他们也在自己的工作中八仙过海、各显神通，奏出了乡村振兴和共同富裕这一时代主题的不同变奏曲。他们之中，有的以产业发展为先导，有的以传统文化的创新性发展和乡风文明建设为抓手，有的以人居环境整治和生态文明建设为切口，有的以旧村改造、社会治理和法制建设为主打，有的以创新基层民主为凝心聚力的法宝，更有的以"为游子看家"和团结乡贤为己任。

当然，万变不离其宗。作为农村基层党组织书记，他们一头联系着上级党组织，一头联系着群众，在党建引领下，迎难而上勇挑重担，实事求是解决问题，因地制宜谋求发展，真正发挥党组织的战斗堡垒作用，通过榜样的力量激活村庄共同体的内生动力，团结、带领村民改变村庄面貌，建设宜居宜业和美乡村。在这些叙述中，没有一个书记抽象谈党建，没有一个书记被动抓党建，更没有一个书记不是在推进具体工作中推动党建。联丰村的楼干强书记就讲到，自己上任后，因为看到"我们村有些党员很不像样"，所以"从2017年到2018年这一年多，我就主抓党员。用现在的话来讲，就是搞了基层党建"。从这里，我们可以看到，基层党建是一位希望有所作为的书记自觉意识到的本职工作，是基层党组织书记充分发挥主观能动性的必然要求。

如果有一件事最能解码浙江农村巨变的秘密，那就是浙江省自2003年就开始的"千村示范、万村整治"的"千万工程"。所以，毫不奇怪，在13位村书记的叙述中，不少都有关于如何在这一工程中以身作则，如何费尽心机、磨破嘴皮做通群众工作，如何自己带头天天捡垃圾，以实际行动感动群众的浓墨重彩描述。正如2023年5月26日的《农业农村部办公厅关于深入学习浙江"千万工程"经验的通知》所言："20年来，历届浙江省委省政府一张蓝图绘到底，持之以恒，锲而不舍实施'千万工程'，从'千村示范、万村整治'到'千村精品、万村美丽'再到'千村未来、万村共富'，探索出一条以农村人居环境整治为小切口推动乡村全面振兴的科学路径，造就了万千美丽乡村，造福了万千农民群众，引领浙江乡村面貌发生历史性巨变。"[①] 更为重要的是，

---

① 农业农村部办公厅. 农业农村部办公厅关于深入学习浙江"千万工程"经验的通知 [EB/OL]. 中华人民共和国农业农村部网站. 2023-05-26[2023-05-28]. http://www.moa.gov.cn/govpublic/ncshsycjs/202305/t20230526_6428676.htm.

"千万工程"在改变乡村人居环境的同时,"还触及了乡村发展的方方面面,深刻地改变了乡村的发展理念、产业结构、公共服务、治理方式以及城乡关系"。因此,"千万工程"成了"惠民工程、民心工程和共富工程,是乡村振兴发展和城乡融合发展的基础性、枢纽性工程"[①],是"一次发展理念、发展模式的变革重塑"[②]。

位于浙西南山区的缙云县不是浙江"千万工程"最前沿的推进地,然而到了2018年年底,恰恰是本书13位书记中的卢桂平书记所带领的陇东村,因其美丽人居环境具有不是钱堆出来的全国示范意义和因为村庄干部和群众是用行动在说话,让中央电视台《焦点访谈》栏目组在考察了丽水一带的16个其他村庄后,最后选择其作为正面报道的对象。

当然,优秀村书记不是完人,他们的做法也会因时空的不同而不能被轻易复制。但是我们希望,这本以缙云优秀村书记自述为主体的著作能引起全国其他成千上万村书记和村干部的兴趣,激发他们的共鸣,对村书记后备人才有一定参考意义。

三、从"富人治村"到"双重回嵌":换一个角度看问题

我们想象的读者群体中的第二个特殊群体,是全国三农领域,尤其是乡村振兴和乡村治理领域的专家学者。这也许是一个奢望,但我们愿意知其不可而为之——毕竟,"中国特色社会主义任重道远,中国特色社会主义理论研究探索的任务尤其艰巨"[③],我们责无旁贷。

我们奢望这部书能被认为是一部研究新时代村书记角色的"学术著作"。虽然这部书的呈现方式为村书记自述,看似没有学术含量,但是,正如我们在下一节会进一步讨论的那样,在这个项目的背后,有一群隐匿的"对话者"。我们从一开始,就有理论假设和结构性的问题,通过这些自述,我们希望能回应一系列现实问题和学术关切。我们也期待,学界同仁能以这些口述为切入点提出更多的研究问题,进而推进对这些问题的讨论。

这些优秀村书记所在的13个村庄/社区,大部分是我们植根乡土的缙云县河阳乡村研究院的长期调研对象,他们也是我们从2015年开始就围绕不同专题采访过的对象。几年来的所见所闻让我们感觉,我们已经熟悉了这些村书记和他们的村庄,但是,真

---

① 黄祖辉."千万工程"的巨大贡献与深远意义[J/OL].浙江在线.2023-06-01[2023-07-10]. https://zjnews.zjol.com.cn/zjnews/ 202306/t20230601_25807485.shtml.
② 之江轩."千万工程"改变的不只是人居环境[J/OL].浙江宣传(中共浙江省委宣传部官方公众平台)2023-05-15[2023-05-17]. https://mp.weixin.qq.com/s/qlF8pHQPlY-hRrCOMj5muw.
③ 文化纵横编辑部.中国社会主义与人类的前途[J].文化纵横,2023(3):5.

正听了他们的系统自述后,我们才发现,有很多细节挑战了文献中的既有认识。究其原因,或许在于以前的认知像很多论著一样,都把村书记当成了"观察对象"和"研究客体"。也就是说,在村书记"为名还是为利",富人治村、能人治村"有利还是有弊"的讨论中,作为重要当事人的他们往往被框架化,甚至被边缘化、物化和固化了。通过把村书记当作本书的共同书写主体,我们看到了他们不被学界所代表和言说的另一面。这也让我们反思既有的学术生产方法论,启发我们从一个主体的、历史的、动态的、互构的角度去研究村书记和他们的村庄/社区。书中展示的优秀村书记建设乡村的内生动力和深层精神诉求,提醒我们不能以化约与机械的阶层决定论来标签新时代的村书记,也提醒我们需要从实然的角度思考"先富带动后富,最终实现共同富裕"的历史逻辑。

换个角度看问题,这部优秀村书记的自述或可推动我们在思考当下村书记时,不再纠结于"富人治村"的框架,而是转向更具建设意义的"双重回嵌"框架。这些来自浙江省域现代化和共同富裕先行区中的一个山区县域的优秀村书记案例的"代表性"与引领性意义,也在于此。

(一)富人治村

"富人治村"或"经济能人治村"是 20 世纪 90 年代中期以来研究村干部时经常出现的议题、话语和思考框架,这和改革开放后一部分人通过不同途径先富起来又逐渐进入村领导集体的现实紧密联系在一起。

从宏观政治经济角度看,面对国际政治经济秩序的百年未有之大变局和中国新发展格局的构建,资金、人才等要素向农村的回流,既体现了中国从向外型经济到国内国外双循环发展格局转变的客观要求,也凸显了农村作为中国社会经济发展压舱石的地位。因此,"回嵌有其重要性,现代化的经济危机、工业化危机、城市化危机一定要靠村社或者乡村来软着陆,所以没办法也要回嵌"[①]。

但是,如何看待先富群体的回嵌,学界与媒体界都存在一些不同的看法。在学界,不少论著讨论了富人治村的利弊,"利"在于富人治村带来更多资源,避免村干部职役化;"弊"在于富人治村可能导致富人把持村庄权力和资源,造成村级治理的悬浮[②],"治理主体脱嵌于村庄社会"[③],从而拉高了村庄政治的门槛,影响基层民主空间和实践等。此外,富人治村也可能会导致地方政府对先富群体治理村庄的过高期待,甚至出

---

① 何慧丽. 2023 年 6 月 3 日在清华大学新闻与传播学院举办的"双重回嵌:村书记主体性与共同富裕"会议上的发言。
② 陈亮,李元. 去"悬浮化"与有效治理:新时期党建引领基层社会治理的创新逻辑与类型学分析[J]. 探索,2018(6):109-115.
③ 朱战辉. 富人治村与悬浮型村级治理——基于浙东山村的考察[J]. 中共浙江省委党校学报,2017(4):35.

现贺雪峰教授所提醒的现象:"富人愿当村干部并非坏事,坏就坏在政策和地方政府幻想通过富人治村来达到不切实际的目标,从而人为推动富人治村。"[①] 总体而言,学界对作为富人的村书记治村的研究态度较为谨慎,或许这些研究案例中较少集中于省市级的优秀村书记,因此批判多于赞赏,观点较为悲观。在这种氛围中,为部分做出贡献的、先富起来的村书记正名尚且困难,更不用说旗帜鲜明地把他们和优秀甚至典范联系在一起了。而在媒体宣传领域,一些对优秀村书记的正面宣传和典型报道又往往过于刻板和简单,只突出书记的治村成绩以及抽象的经验总结,让本来接地气的村书记失去了群众的土壤,脱离了宣传规律,容易形成某种程度的"捧杀"。

其实,"富人"也好,"经济能人"也罢,都是凸显村书记经济地位的一种标签。2023年6月2日,在清华大学围绕这个议题的一次分享中,联丰村村书记楼干强并不认同这种标签。他指出,"这些村书记并不是村里最富的那些人,也不是所有的富人都想回村"。而从我们长时间的调研结果来看,并非所有回村的企业家都能成功,也并非所有的回嵌都能持续。其中有的力不从心,有的半途而废,也有的众叛亲离、锒铛入狱,这是学界对作为企业家的村书记保持警惕的原因,也是基层组织部门反复考察并动态调整的原因。正因为如此,这些几经波折并坚持至今的村书记才更显得难能可贵。

从微观个体的角度看,如果村书记的产业不在村庄或者村庄没有资本所觊觎的资源,那么即便村庄有人先富起来,再回嵌到村庄也是很难的。例如,本书中采访了三溪村村书记吴明军的陈斯达,对偏僻的三溪村就有这样的评价:

> 三溪村离得太远,也太小。我站在半山腰上俯瞰着山下。零星的灯光下,整个村子都被包裹其中。我走在村子主干道正中间的虚线上,置身于明亮的路灯下,身前身后都不见一人。要让资本回嵌到穷乡僻壤,或者确切地说,让资源心甘情愿地流入这片土地,没有细水长流的耕耘,肯定是痴人说梦。

在这种情况下,回村需要"初心",需要相当大的牺牲和奉献精神,而这种"初心"和牺牲精神之所以能被召唤或激发出来,是有特定的中国社会历史条件的。正如严海蓉教授所指出的那样,今天的中国农村"是一个经历过中国革命,经历过社会主义建设的农村,把我们这样的农村和非洲、欧洲农村相比较的话,我们就能发现,初心实际上是一种革命传统,它以一种记忆,以一种甚至是无形的东西存在……而村民之所以对村书记的期待很高,是因为社会主义建设革命的传统还在"[②]。

---

① 贺雪峰. 富人治村与"双带工程"——以浙江F市农村调查为例[J]. 中共天津市委党校学报,2011(3):77.
② 严海蓉. 2023年6月3日在清华大学新闻与传播学院举办的"双重回嵌:村书记主体性与共同富裕"会议上的发言.

村书记是否优秀，不仅体现在上级党组织的评审中，也取决于他们的认识和行动，取决于治村的细节和群众对他们的认可。村书记治村的主体性及其实践才是体现其是否优秀的关键。我们想通过这项研究讨论超越"富人治村"的框架，是因为以下三个原因。

第一，"富人治村"的出现是改革开放过程中必然要面对的问题。"富人治村"的议题是在改革开放后中国经济迅速发展的背景下产生的。《邓小平文选》第三卷《拿事实来说话》一文指出："我们的政策是让一部分人、一部分地区先富起来，以带动和帮助落后的地区，先进地区帮助落后地区是一个义务。"① 这句话表明了改革开放所包含的两层逻辑：第一层逻辑是让一部分人先富起来，第二层逻辑是先富带动后富。先富带后富是改革的承诺，是改革开放作为社会主义自我完善过程的必然发展逻辑，在农村层面也必然包含了"富人""经济能人"带动后富村民实现共同富裕的承诺。中国经历了40多年的改革开放，一部分人按照预期计划先富起来已经既成事实，农村中出现了贫富分化也是事实，在此背景下出现富人书记和经济能人书记并不为怪，下一步需要解决的是先富带动后富，最终实现共同富裕的问题。"先进地区帮助落后地区"可以用社会主义国家层面的交叉补贴、对口帮扶来实现，而微观层面的先富带后富则不能仅用"义务"来实现，还需要先富起来的村书记有思想层面的认识，有他们内心的乡愁情结、党性感知和从物质富裕到精神富裕追求的行动化体现，以及村庄内外各方力量对村书记的召唤。在本书的故事中，我们可以看到：从战友的催促到老书记的恳请；从回应上级领导14个电话到回家照顾病榻上的老父的朴素情感；从完成父亲的愿望到听到别人叫你"书记"时的满足；从多次不想干了到既然干出了一番事业就舍不得放下的纠结……这些书记选择他们回村道路的原因各异，但都有必然的逻辑。先富带动后富并非一个线性的必然过程。从政治经济学的视角思考，在许多情况下，真正发生的是剥夺积累，即一部分人的"先富"是以另一部分人的同时被剥夺为代价的，不管被剥夺的是生产资料还是文化与生态资源。在一定意义上，"先富带后富"是对这一过程的某种纠正。书中许多书记现在讲起来还既充满自豪又不无委屈的自己主动带头拆违的情节，就是这一过程最具体而真实的体现。

此外，"富人治村"的出现也因为村书记在改革开放前后面临的资源不同。计划经济时代，村书记可以管理、调动村庄的公共资源，协调村庄的生产、经营和分配，也能集中力量干大事，建设各类公共项目。例如，在我们所做的另一项口述史项目中，建设年代的上海嘉定县外冈乡葛隆大队党支部书记周丽琴先是带领干部群众平整土地，购买农业机械设备，提高农业生产水平，同时积极发展社队企业，增加公共积累，然后用这

---

① 邓小平. 拿事实来说话[M]// 邓小平文选：第三卷. 北京：人民出版社，2001：155.

些公共积累建设新村。[①] 公共积累是村书记管理、建设村庄的底气。而随着分田到户,大部分村庄没有了公共积累;税费改革之后,村书记更是没有可以调动的资源,如果连自己的小家都自顾不暇,自然就没有了号召力和动员性。于是,在一些没有资源的村庄,出现了村书记经常换甚至没人干的情况。这也是传统的长老型村书记退场的原因。

正是在这种境况下,我们可以更好地理解本书中笕川村的施颂勤在被上级动员出任村书记后,自己如何赶紧先富起来,从而为自己当好村书记提供经济和道义基础的一番表白。采访了施颂勤书记的俞雅芸在采访手记中有这样的评价:"村书记的'富裕'不仅仅代表着个人经济条件的优渥,还代表着在个人致富之余有能力、有办法带领其他人共同踏上致富之路,更代表着在坚实经济基础之上为村庄思考的充足时间,甚至代表了廉洁的底气。"

此外,先富起来的村书记治村也会带来村庄治理理念的变化。村/社理性和公司理性交融,形成新的村庄/社区治理文化。例如,水口村的应志达书记把管理企业的智慧与提升村庄治理效率结合起来,但又并非简单挪用。采访过应志达书记的敖疏影、谢欣瑶在手记中评论道:"作为非脱产任职的村支书,他认为自己是'用管理企业的方法去管理村里'。这并非学界批判'富人治村'的负面效应时所认为的企业家将资本增值的逻辑挪用到公共事业的发展之中,而指向的是公私分明、分工明晰、合同规范、高效处理等现代化的管理智慧。"这也是一种传统与现代的碰撞与融合。

正如本书中其他许多书记从先富群体到优秀村书记群体的故事所展示的那样,先富起来的村书记本身就是改革开放成功激活个体潜力和促进人的全面发展过程的体现。比较而言,这些个体在创业的过程中经受过更多的各方面能力的历练,他们比普通村民拥有更多的人脉和资源,更有可能组织起具有战斗力的村领导集体,更容易发挥建设村庄的主体性,对上争取各种资源,避免村书记职役化,防止把"村两委"部简化为只是执行上级任务的职能部门。

在实现"共同富裕"的时代命题面前,拥有公心和能力的先富群体有比较突出的优势,他们中的一批人成为解决这个时代命题的佼佼者。尽管"富人治村"有历史唯物主义发展进程的时代背景,但是关于村书记的刻板印象却仍旧体现在一些文艺作品、学术研究和媒体报道里。而关于村书记的想象之所以容易陷入"一大二公"甚至"一穷二白""苦大仇深"的刻板印象,是因为在中国农村,村书记本身首先是一种道德符号,其次才是经济上的角色。随着市场经济的发展,一些先富起来的农民企业家成了村书记,他们在经济上的阶层属性比政治上的基层干部属性更引人关注。"富人"往

[①] Yuezhi Zhao, Hongtan Bai. Holding Power for the Peasanty: Zhou Liqin's Oral History[M].New York:Boston Academic Publishing,2024:177–179.

往成为这些村书记留给陌生人的第一印象。而把新时代的村书记和富人、企业家,甚至资本家等字眼以及舆论场中"为富不仁"的社会想象联系起来,就足以颠覆很多人的既有认知。在研究层面,如果仅以阶层属性而不是治村主体性就把这些村书记纳入"经济能人治村""富人治村"的框架,就又容易陷入悬浮政治、权力寻租、脱嵌乡土的悲观,形成新的"学术返乡体"。然而,用社会主义建设时期的阶级出身和道德要求来衡量新时代的村书记,无异于刻舟求剑。当下的主要矛盾,不是批判先富的原罪,而是落实改革开放的承诺,探讨先富带动后富的具体路径,最终实现共同富裕。

第二,村书记也有成长和变化的过程。这部书稿的很多细节都展现了村书记的心路历程,记录了他们不断提升认识和思想觉悟,最终成为优秀村书记的过程。这个过程既有党组织培养、群众期待、媒体采访等各种方式对他们治村主体性的召唤,也有他们在实践中发现问题、解决问题,主动回嵌乡土的过程。从家庭和性别分工的角度,我们还需要特别强调,尽管这13位优秀村书记清一色是男性,但他们的背后几乎都有一位全身心支持他们事业的爱人,其中有的在外地承担起了管理家庭企业的主要职责。从一定意义上讲,村书记的工作是整个家庭的事业。优秀村书记并非生而优秀,也有他们自嘲的并不优秀的历史,但是在内外因素的共同作用下,他们从关心自己的创业、创收慢慢转变为关注村庄的发展,从离开村庄进行个人"资本积累"的个体转变为乡村振兴的主体力量,从勤俭致富的企业家发展成为有公心、有党性的村书记。可以看出,村书记的富裕和他们的主动回嵌是一个同时进行的过程,不能僵化地把其中某一部分拿出来单独讨论。例如,陇东村的卢桂平书记在回忆自己开始当村干部的时候说:

> 说实在的,那会儿我压根儿还没有什么"党性",我连村长和村书记"谁大谁小"都分不清楚。那个时候年纪轻,觉得村长是这么多人选出来的,肯定是比书记"大",所以我当村长的时候都让书记听我的。但后来,就有人来告诉我,你的这个(搭班)书记是脾气好、好商量,也看到你是有能力、有水平,所以全部事情都由着你,但按照道理来讲,书记是一把手,你得听书记指挥。我当时一听马上觉得:"那不行的,我要当一把手。我得马上入党,自己当书记"。所以我在1994年年底入了党,两年多后又开始兼任村书记。最开始的时候,我也没有什么"情怀",对农村的感情我没有多么深刻的理解和解读,这些都是后来随着干的时间久了、年龄和知识面增长、认识提高才逐渐明白的。

正是因为记录了在村里当书记的很多细节,所以本书中的村/社书记是立体的、纵向的,而不是刻板和僵化的。书中不仅有优秀村/社书记的政绩和光环,也有他们鲜为人知的喜怒哀乐,以及他们的骄傲,他们的遗憾,他们的反思,他们的无奈、烦恼甚至愤怒。村书记的表述是真诚的,有血有肉的,看了以后会想和他们交朋友。他们对村庄／社区的情感是通过一件件小事自然流露的。这些都呈现出一个个鲜活的村书记形象，而不是作为"富人"的村书记留下的刻板印象。

事实上，无论是他们的个人成长过程，还是他们领导村庄发展的过程，都是一个"与时俱进"的过程。例如，三溪村的吴明军书记搞了两次"厕所革命"：先是把厕所从居民家门口拆掉搬到村外的溪边，后来又把溪边的厕所拆掉。单纯地看表象，会感觉是村书记的任性与瞎折腾，可是通过吴明军书记的口述，我们才知道他的思想是怎样发生变化的，两次"厕所革命"的背景究竟是什么。

第三，新时代的村书记有新的使命和挑战。从动态的社会历史发展角度看，"富人治村"是中国特色社会主义在基层治理层面自我完善所要经历的一个阶段，具有过渡性质。它对上承接改革开放后一部分人先富起来的历史，对下承担实现先富带动后富，最终实现村庄共同富裕，完善参与式民主治理机制，让每个村民都能发挥主体性的任务。因此，这些村书记的历史使命并非在任期内徒增"明星书记"的光环，还要考虑"后明星书记"时代的接班人问题以及推进村庄全过程民主的问题。高潮村村书记吕以明就是学习《村民委员会组织法》后创立了村民恳谈会，推动了基层民主；陇东村村书记卢桂平则在自己对形式和实质公平的深刻认识基础上推动宅基地分配的实质公平。这些都推进了村庄治理的实质性民主进程。特别需要指出的是，虽然村书记们都面临巨大的工作压力，在真诚讲述自己故事的过程中也不掩饰自己产生过"不想当了"的想法，但他们不仅坚持下来了，而且积极投入对年轻干部进行传帮带的工作。

从具体层面看，不同时期的村书记面临不同的使命。比如，中华人民共和国成立初期的村书记不太会考虑村庄老龄化、空心化的问题，而现在，照顾好留守在家乡的老幼，为进城的人托底，则是一个新的问题。在本书中，三溪村的吴明军书记就面临这个问题，面对人口外流的情况，为三溪游子看好家成为他的主要工作之一。此外，新时代的村书记也有自己的风险和挑战，他们中的很多人作为先富起来的群体，在创业过程中充满了艰辛和风险，而带领村庄"共同富裕"则还要承担创业失败的风险和制度创新的风险。

首先，在创业风险方面，带领村庄创业比个人创业更为不易。缙云县在评选优秀村党组织书记的"五个强"里面，"村集体经济发展强"是排在首位的关键指标，也是重要的政策导向。村集体经济的发展是村庄先富带动后富，最终实现共同富裕的重要路径。但是，在经历了市场经济涤荡和精干劳动力外流的村庄，把仍在村里的村民组织起来，积累村集体经济的第一桶金也是面临各种风险的，稍有不慎就会陷入债务危机，而且很多用于村庄发展的贷款往往是由村书记和村干部集体以个人名义贷出来的。缙云"三师行动"中的"三师"指的是"讲师、导师、理财师"，在市场经济中理好财对很多村书记来说就是一个非常大的责任和挑战，这也是计划经济时代的村书记不曾面对的。解决了钱的问题,还需要解决项目选择和经营问题,这又极度考验村书记的眼光和管理能力。例如,联丰村村书记楼干强发展卡丁车项目时,对卡丁车是否有收入并没有确切的把握。他担心开业时没有游客,就给自己孩子 1500 块钱让他帮着撑门面,还好最终卡丁车的项目是盈利的,如果不盈利,将可能面临严重的债务问题。

其次,村书记还面临制度创新的风险。在国家层面,乡村承担着重要的社会功能,关于乡村宅基地、基础农田的政策是稳定乡村的压舱石。但是乡村也不断面临着新的挑战和新的问题,在一些以工业为主的村庄,其发展路径也是不同的。一些村书记本着实事求是的原则,因地制宜地采用一些新方法解决了一些问题,但也带来一定的风险。如何处理守住底线与突破创新的问题是村书记面临的难题。本书记录了村书记做的一些创新,也记录了他们的一些担忧。村书记尤其是享有资源调动能力的优秀村书记也是一种高危职业。这些风险既是走在前列的村书记面临的风险,也是支持这些村书记的组织部门所面临的风险。尽管关于优秀村书记"五个强"的评价标准已经对优秀村书记的方方面面进行了全方位的考察,但旗帜鲜明地支持这些村书记发挥乡建主体性和想象力,支持他们带领村集体创业和进行制度创新,也是需要担当和勇气的。在这种意义上,缙云县在这些方面是有积极作为的。

(二)双重回嵌

把作为富人的村书记当成研究客体可能会得到"脱嵌"的结论,但是如果看到本书所体现的村书记建设乡村的主体性,就能发现"回嵌"的逻辑。本书提供的资料让我们在理论层面重新思考经济"嵌入"与"脱嵌"的经典议题。

弗雷德·布洛克在《大转型》的导言中指出,波兰尼讨论的"嵌入"是指"经济并非像经济理论中说的那样是自足(autonomous)的,而是从属于政治、宗教和社会关系的"。"脱嵌"指的是"社会关系被嵌入经济体系之中"①。虽然波兰尼认为脱嵌不可能成功,但是他也担心,"如果允许市场机制成为人的命运,人的自然环境,乃至他的购买力的数量和用途的唯一主宰,那么它就会导致社会的毁灭","人类社会必然成为经济体系的附属品"②。而社会为了自保,会有反向的运动,防止脱嵌成为现实,这也成为以社会为主义和以资本为主义两条路径的分歧。当然,以社会或资本为主义并不是完全摒弃另一方,而是把哪一个放在宏观调控的优先层面。事实上,"波兰尼所说的反向运动并不是对市场经济本身的反向运动,他不反对市场经济,他反对的是一个不受限制的、自我调控的市场"③。

---

① [英]卡尔·波兰尼.大转型:我们时代的政治与经济起源[M].冯钢,刘阳,译.杭州:浙江人民出版社,2007:15.
② [英]卡尔·波兰尼.大转型:我们时代的政治与经济起源[M].冯钢,刘阳,译.杭州:浙江人民出版社,2007:63、65.
③ 王绍光.波兰尼《大转型》与中国的大转型[M].北京:生活·读书·新知三联书店,2012:64.

伴随着中国市场经济的发展，"嵌入"与"脱嵌"的讨论也经常出现在三农领域，上文中对乡村先富资本和农村精英阶层的既有研究也发现了社会经济脱嵌的一些现实。而最近几年，"回嵌"也一直出现在相关的议题之中，并有不同的面向。潘家恩的《回嵌乡土——现代化进程中的中国乡村建设》从中国的百年乡建历史出发，讲到了作为"乡建人"的知识分子的回嵌；周立、王彩虹则聚焦经济层面，指出农业产业经历与社会和自然的"双重脱嵌"后需要"双重回嵌"（回嵌社会，回嵌自然）[①]；我们前几年的研究也围绕乡土资本，提出"回嵌"的设想："如果通过基层党建，能让乡土资本家重新'嵌入'乡村社会，甚至成为乡村共同体的维护者和乡村振兴的引领者，那是不是就找到了一条不以摧毁乡村为代价的中国式现代化道路？"[②]在这部村/社书记的口述中，我们看到了先富群体回嵌乡土社会的两条相互交叉的现实路径：一条是把离散的乡村创业者重新嵌入乡土社会；另一条是把先富的、可能成为脱缰的资本化身的个体重新嵌入党的组织体系，具体而言，就是在村里当书记。这两个相互交集且正在发生的实践过程，就是作为先富个体的村书记的"双重回嵌"。

正如王欣钰在采访工联村村书记朱建俊时所发现的那样，正是党组织的召唤、锤炼、引导，以及朴素的村庄共同体的情感与传统的道德约束——"要是干得不好，祖宗三代都要被骂出来"，指引着朱书记从一个外出的创业者回嵌到乡村，进一步从只考虑自我资本积累的道路，转向回馈社会、反哺乡村的道路。因为朱书记的根在农村，所以有羁绊，"要面子"，天然地有责任感。而另一方面，当村书记带来的荣誉感和人脉资源的拓展，"也支撑着朱书记挑起这个鲜有直接经济回报的重担"。回嵌并不是一个终结的状态，而是一个不断发展的进程。组织的召唤和吸纳，父老乡亲的期望，媒介的采访和褒奖，甚至我们多年的关注、提问和研学，都是影响村书记回嵌的因素；从受到被人泼粪泼尿的侮辱到卷入"村书记打人"的舆情漩涡，从在菜香和尿桶的混杂味道中做调解再到在抗疫中被社区里那些从不认识的共产党员的自觉行动所感动，书中无数的细节，描述了回嵌过程的复杂性、曲折性、反复性、村书记与村民的互构性以及这一过程中只有这些村书记自己才能体味得到的酸甜苦辣。当然，我们也深知，有许多细节是我们永远无法知道，也是我们没有权利要求知道的。

书稿中多位村书记"双重回嵌"的现实为"富人治村""经济能人治村"的研究带来了积极的、更具建设性的视角，也启发了后续的两条研究路径：第一，地方党组织已经在探讨让先富个体回嵌乡土的路径并做了大量开拓性的工作，如"三师行动"等；地方党组织也通过全方位、立体性的党建活动，唤起了村书记的主体性并对村书记进

---

① 周立，王彩虹. 由双重脱嵌到双重回嵌：乡村振兴中的产业融合分析[J]. 行政管理改革，2019（6）：44-53.
② 赵月枝，沙垚. 被争议的与被遮蔽的：重新发现乡村振兴的主体[J]. 江淮论坛，2018（6）：38.

行培养和教育。整理和归纳这些经验做法，对于提升乡村基层治理水平具有非常重要的意义。第二，中国特色社会主义是基于乡土载体的，中国式现代化要落脚于乡土中国的现代化。中国传统的士农工商的社会结构，本身就蕴含了乡土性对资本积累逻辑的限制。乡土文化、乡土社会如何吸纳乡村的创业者，限制资本在乡村的无序扩张，或为超越资本主义的历史终结论提供了中国方案。

从更大的层面讲，这项研究所体现出的双重回嵌也再次证明了我们在其他文章中已经表达过的观点。首先，"中国作为世界上唯一持续的农耕文明，作为一个在20世纪进行过血与火的土地革命，在《宪法》中明文规定'以工农联盟为基础的社会主义国家'，至今依然具有在21世纪引领世界走向生态社会主义的政治经济和社会文化资源"[①]；其次，中国的乡土社会孕育着降服和吸纳无序资本的可能，这一点也是具有世界意义的。降伏和吸纳无序资本的研究，不应只停留在应然层面，也应该看到实然层面。在富人治村、经济能人治村已经成为一些地方既成事实的背景下，与其纠结"悬浮治理"的脱嵌和应然层面"高大全"似的村书记的缺失，不如实事求是，探寻通过基层党建、行政吸纳、群众监督和媒体的典型报道，让乡土企业家和容易脱缰的先富资本重新"嵌入"党的组织体系和乡土社会的具体路径。总结基层党建和乡土对资本的降服与吸纳的经验以及可能的路径，可为中国式现代化的全球传播和人类社会未来发展道路的想象贡献实践经验和原创理论资源。

在理论创新意义上，"双重回嵌"是对资本脱嵌社会甚至摧毁社会的中国式回应，是来自最基层的中国式现代化道路的生动诠释。这部书提供的原始资料和我们的后续研究，或对提炼具有普遍意义的中国特色社会主义发展经验有重要的启示意义。正如《文化纵横》在其2023年第3期的"编辑手记"中指出的，在资本主义面临危机的今天，中国社会主义与人类的前途密切相关，而"面向现实与未来，中国社会主义的理论建设"所面临的挑战之一就是对改革开放时代的社会主义性质的论证。具体而言就是：

> 改革开放为什么是社会主义的自我完善？在民营经济占多数的情况下如何说明中国的社会主义性质？作为经济基础的市场经济如何与社会主义的上层建筑和意识形态保持平衡？在社会主义市场经济条件下如何看待资本要素？不说清楚第二个30年改革开放的社会主义性质，当代中国社会主义就不具备现实合理性与现实合法性基础。[②]

---

① 赵月枝.生态社会主义：乡村视野的历史文化和生态意义[J].天府新论，2015（6）：71.
② 文化纵横编辑部.中国社会主义与人类的前途[J].文化纵横，2023（3）：5.

回到我们前面的讨论，虽然村书记只是中国政治肌体中的微小细胞，但是，他们绝对不是微不足道的角色。而我们这些来自浙江山区县的案例，对于以上问题的思考或许有着重要的意义。

四、跨学科理论与实践相结合的新闻传播学术创新模式

最后，我们需要回到我们所在的新闻传播学科，讨论在某种程度上也存在"脱嵌"问题的知识生产和新闻教育如何"回嵌"到马克思主义理论框架与乡土中国的问题上，即如何在自主知识体系创新中真正践行"立足中国土，回到马克思"的问题。本书是清华大学马克思主义新闻学与新闻教育改革研究中心（简称"马新中心"）进行马克思主义新闻观教育和新闻教育改革创新的一项成果，也是缙云县河阳乡村研究院自从 2015 年组织"从全球到村庄：传播研究如何根植乡土中国"暑期调研以来所践行的"跨学科理论与实践相结合"学术模式的深化。① 清华大学新闻与传播学院以"素质为本，实践为用，面向主流，培养高手"为目标，早在 2007 年就成立了致力于马克思主义新闻观研究和教学的校级科研机构"马新中心"，注重在深入社会实践中发展具有马克思主义立场的中国特色新闻学。例如，早在 2005 年，该学院二年级本科生李强就利用寒假对老家山西省沁源县和沁县农村进行了社会调查，其调研札记《乡村八记》经时任院长范敬宜的推荐，得到了一位时任中央领导的首肯，在学院培养学生的历史上留下了浓墨重彩的一笔。

2023 年 5 月 28 日，清华大学乡村建设研究院暨全国乡村建设高校联盟专委会成立，并被寄予了如下希望：引导广大师生"走进乡村，理解乡村，热爱乡村，奉献乡村，直面乡村建设中的真问题，努力探求适合于中国乡村建设与发展的理论方案与技术，把论文写在乡村旷野间，把贡献做到农民心坎上，把建议提到痛点难点处，不断产出高质量成果与高素质人才"②。面对如火如荼的高校乡村振兴行动实践，我们认为，新闻传播学要克服科研与教学中依然存在的西方中心主义、都市中心主义、缺乏中国问题意识、脱离基层社会实际、学术泡沫化、学风浮躁和眼高手低等各种偏颇与"脱嵌"危险的一个重要方法，就是让学生深入乡土中国，从解剖一只麻雀做起。正如甘阳早在 20 世纪 90 年代就指出的那样："中国社会科学的发展唯有建立在对'乡土中国'

---

① 龚伟亮，张志华. 植根乡土中国 对话城乡关系："跨学科理论与实践相融合的新型学术模式"——首届河阳论坛暨"乡村、文化与传播"学术周综述. 新闻大学，2015（6）：145-152；邹月华，梁媛. 探索跨学科理论与实践相融合的新型学术模式——河阳论坛暨"乡村·文化与传播"学术周活动之综述及启示. 新闻与写作 [J]. 2019（10）：59-64.
② 张艺. 为乡村振兴注入青春力量 [J/OL]. 中青在线，2023-05-28[2023-05-29]. http://news.cyol.com/gb/articles/2023/05/28/content_YOVd7KHm96.html.

的大量经验研究的基础上才有可能；当中国社会科学的成熟能达到基本把握'乡土中国'的历史变迁，而又能与中国哲学和人文学传统达到高度互动之时，那也就是'文化中国'有所落实之时。"① 把甘阳的观点放在当下情境中加以引申，我们可以说，在中华民族伟大复兴的战略全局和世界百年未有的大变局中推进"民族要复兴，乡村必振兴"进程和中国式现代化，必须全面把握"乡土中国"的历史变迁，并把论文写在乡村旷野间。唯有此，有中国立场和普遍意义的中国哲学社会科学创新才能有所着落；也唯有此，新闻传播学才能真正开辟中国知识体系自主创新的新空间。对于一个从一开始就把传播与现代化、传播与发展作为奠基性问题的新兴学科来说，文化、传播与乡土中国的变迁更是一个基础性的问题。也正是在这个意义上，我们曾提出过"以红色精神引领绿色发展"②的新闻传播学在地思考，倡导过"乡村传播就是中国传播""以乡村为方法"③，以及在城乡关系视野下探讨乡村振兴与中国传播研究问题，进而从"新乡土主义"的视野中探索构建社会主义发展传播学的可能路径。④

当然，并不是所有学生都有进入乡土中国的方便之门，更遑论在乡土中国里积累大量的经验研究。对于缺乏乡村研究经验的学生来说，没有什么比"田野"着"我们的田野"，即通过河阳乡村研究院已经深耕多年的缙云这一方田野，在优秀村书记的带领下进入"乡土中国"并了解其变迁更有利和可行的了。正如前文已经提及的，在这些村书记中，大部分是作为指导老师的笔者与河阳乡村研究院其他在地指导老师的老熟人了。也正因为如此，我们在村书记与学生的"配对"时，尽量按照书记和学生的特点来安排。这些学生都是第一次接触这些书记，有些同学发现自己并不能全部听懂他们带着缙云方言的普通话。由于城乡知识鸿沟，一些同学对"机耕路"和"五线落地"这样的不同时代的农村发展词汇感到陌生，而非浙江籍学生对浙江已经持续推进了20年的"千万工程"也知之不多。尽管如此，在河阳乡村研究院多年积累的基础上和缙云县委组织部的有效协调下，学生们很快通过对优秀村书记的采访，进入了把握乡土中国变迁的快车道。

---

① 甘阳.文化中国与乡土中国——后冷战时代的中国前景及其文化.该文为1992年9月甘阳提交给在哈佛大学召开的"文化中国：诠释与传播"会议的发言纲要，节选自甘阳.文明、国家、大学（增订本）[M].北京：生活·读书·新知三联书店，2018: 84.
② 赵月枝."以红色精神引领绿色发展"的新闻传播学在地思考[J].当代传播，2019（4）：25-29.
③ 这是河阳乡村研究院2017年"从全球到村庄"启示中提出的一个理念。相关段落如下："以乡村作为方法，不只是技术性的路径启发，更重要的——正如'作为方法'最初由东亚学者提出（作为方法的亚洲/中国/日本等）时意在强调对于主体性的追求一样——'作为方法'意味着对一种凝固的现成知识的跳脱和打破，意味着通过一种自反性的审视形成新的主体。在最彻底的意义上，'方法'就是主体形成的过程。因而，'以乡村作为方法'，超越作为知识分野的三农研究，更超越乡村传播；结合'从全球到村庄'和'从村庄到全球'的视域转换，以乡村作为方法，意义不止于认识乡村，还在于认识世界；意义不止于认识世界，还在于认识自我。"关于这个概念和这个暑期班的综述，参见龚伟亮.认识乡村·认识世界·认识自我——"从全球到村庄：以乡村作为方法"国际暑期班综述[J].教育传媒研究，2017（6）：92-94.
④ 吕新雨.新乡土主义再回首：试论社会主义发展传播学的可能路径[M]//赵月枝.文化传播与乡村振兴.北京：光明日报出版社，2025.

我们认为，有组织的深度基层采访既是对新闻传播专业学生进行国情教育和思政教育的重要抓手，也是提升他们新闻理论和新闻业务水平的有效途径。我们在"新闻教育中借鉴了口述历史的工作方法，用口述史赋能新闻业务，也让新闻业务得益于口述史的采写方法"①，采访过程既开放，又有理论指导下的结构化特质。基于我们的多年积累和对这些村/社书记的了解，我们让学生在采写之前集体准备了一系列问题，以口头或书面的形式事先提供给村/社书记。在采访动员会和随后的交流中，我们鼓励村/社书记尽量敞开心扉，向学生们讲述自己的经历，总结自己的工作经验。从学生们多于成稿几倍的原始资料内容来看，书记们非常配合我们的工作。作为治村名师，不少书记已经在各种经验分享平台上"身经百战"。他们都整理过自己的汇报材料，也都在县、市甚至省内外各种场合讲述过自己的故事，传授过自己的经验，这也保证了他们是一群最理想的口述采访对象。这并不是说书记们已经"穷尽"了自己的故事和自身经历中的精彩细节。比如，在完成了几次面对面的采访后，陈佳逸就是在与中风又不善言辞的吕以明书记不断的后续交流中逐渐丰富文章细节的；而前面所提到的刘利军书记静守在虾塘里观察对虾一举一动这个让我们深感"谁知盘中虾，只只皆辛苦"的细节，就是何海洋在第一次采访之后，刘利军书记与我们参与的另外一个调研团队的聊天中说起的。何海洋第二次专程去缙云，又对这一细节进行了更加深入的采访。

尽管我们坚持让学生用开放的态度去倾听和记录，但是用实证研究的术语来说，我们在研究设计阶段，也是有假设的。具体而言，"双重回嵌"这一基于对田野经验长时间的观察和思考所提出的理论假设，是我们从一开始就分享给团队成员，并在随后的采访中不断被各位书记的故事所"验证"的。这一点，在许多学生所写的采访手记中都有体现。我们相信，这是一个经得起实践检验的规范性理论框架。当然，能否实现"双重回嵌"，在于村书记的主体性和能动性，在于上级党组织的坚强引领和严格监督，也在于乡村共同体本身是否有强大的内生性力量。正是在力图把这些村/社书记的故事置于更广阔的理论和历史逻辑的过程中，我们发现，早在2015年6月，中共浙江省委就通过了《关于全面加强基层党组织和基层政权建设的决定》，并推进实行农村基层党建责任清单、选树"千名好支书"的活动，而中央组织部也在同年向全国印发了《浙江省农村基层党建工作经验做法》（中组发〔2015〕13号），全面推行"浙江二十条"②。

回到学术实践层面，对于参与这个项目的9位博士和硕士研究生来说，能够通过与优秀村/社书记面对面的交流而进入基层、了解基层，能够把"快餐式"的学术生产

---

① 陈娜. 2023年6月3日在清华大学新闻与传播学院举办的"双重回嵌：村书记主体性与共同富裕"会议上的发言。
② 浙江组织工作网. 浙江省总结深化农村基层党建"浙江二十条"[J/OL]. 2016-01-18[2023-05-28]. http://www.zjzzgz.gov.cn/art/2016/1/18/art_1405238_14798372.html.

变成一项有具体目标的扎实田野调研，能够在田野中积累知识、验证理论，是一种非常有意义的体验。在完成这项任务的过程中，这些传播学专业的硕士、博士研究生不仅锻炼了作为未来新闻传播工作者和学术研究者的脚力、眼力、脑力与笔力，而且也了解了国情，提升了认知。我们力图在主观和客观的辩证关系中，不断深化对村书记故事的挖掘、理解和提炼。首先，我们在理论指导和与文献的对话中，建立学生的采访框架和问题意识；其次，我们从一开始就强调，在当好完全真实的"传声筒"的同时，需要靠自己对口述资料的挖掘，对所得资料的取舍，对文章结构的安排与标题的使用来发挥自己的主观能动性。与此同时，我们通过让学生写作采访手记，进一步发挥自己的能动性和超越口述史整理本身的局限性。这些手记提供了重要的互文背景和补充了重要的相关内容——比如，谢欣瑶就在手记中记录了楼干强书记与一位从广东到他所在的村庄"落户"的企业高管的故事。同时，正是在与村书记就一些细节一遍遍的求证中，在一稿稿的讨论中，学生们提高了驾驭和组织实证资料的能力，提升了自己的理论思维和分析能力，也培养了严谨认真的工作作风。

更为重要的是，课堂上的去西方化的新闻传播理论学习和以"双重回嵌"为理论关键词的缙云村书记口述史的采写，让学生们在对理论进行去魅的过程中树立了理论自信。谢欣瑶在采访手记中的如下认知颇有深意：

> 我还惊讶地发现，一些看似遥不可及的命题已经在这田间地头悄悄落地，而实践所出的真知已化为了书记在不经意间说出的质朴语句——"只要百姓能感受到便利，那我做的数字化就成功了！""共富工坊，老百姓有钱，集体还增收，又给企业提供便利，何乐而不为？"阡陌交错间，大道至简。

而采写了两篇村书记访谈的何海洋在 2023 年 5 月 28 日的一个读书会上，更是手持刚刚打印出来的书稿，表达出了从未有过的学术自信。他说，在新闻传播学史上，被当作学科奠基性经典的保罗·拉扎斯菲尔德等人在 1944 年出版的《人民的选择》，无非是一项基于美国俄亥俄州伊利县选民投票行为的实证研究，我们这项基于中国一个县的优秀村书记的"双重回嵌"历程的定性研究，说不定也可以成为中国传播学研究中有奠基性意义的成果。

作为这个项目的设计者和主导者，我们没有这样的学术雄心。但是，让我们感到欣慰的是，一旦跳脱传统研究方法的局限，而以乡村振兴行动者和社会主义建设者与接班人的主体姿态投入研究，把村书记作为"研究对象"和作为"研究者"的硕士生、博士生在本书成稿的过程中就成了相互建构、相互激励的主体。村书记以自己的人格魅力和实际行动在扭转了同学们对基层干部的刻板印象的同时，也让同学们跳出了"在应试教育里生长了近 20 年"的自己：

通过对村书记的采访，我明白了：我可以是扎根一份平凡事业的人……之前的业余时间总是被潮流裹挟着挤入各种知名企业的实习招募，偷偷摸摸享受着他们的笔面试资源。哪怕自己已经拥有一份足够满足求知欲的、清晰和坚定的人生事业路线，但还是忍不住想练练自己的笔面试能力，生怕自己在职场竞争力领域落后于人。为此，我窃喜又感到羞耻。假面试却收获了不少的真 offer，我的羞耻感变得复杂。不好意思地拒掉那些 offer 后，我开始反思自己病态的贪婪。

与此同时，村书记也在各种提问中逐渐深化了对村庄问题的认识，并在报告和讲学的过程中加深了对这些问题的理解。在开启这部口述专著之前，我们还担心，这些优秀村书记经过这么多的采访和访谈，"会不会说得越来越好了"。而随着所讨论问题的不断深入，我们也在思考，这些书记在说得越来越好的同时，会不会也做得越来越好了。村书记的成长是一个社会过程，每一次的采访、提问对他们来说也是一个反思与提升的过程。从党组织所给予的荣誉到专家学者的关注，再到赵文坚书记提到的朋友们那句"当了书记变了一个人"的评判，我们都成了那些"扶上马，送一程，让你下不来"的构建性力量。正是这些力量，让书记们的主体性"回嵌"在纵横交错的制度结构中和千丝万缕的社会关系之中。比如，从 2016 年开始就多次不厌其烦地接待河阳乡村研究院带去的研学团队的陇东村村书记卢桂平曾说过，正是通过与我们的互动，"让我们更深懂得做好农村工作的责任感和使命感"；在看到了何海洋采写的刘利军书记对周村温泉项目失败的反思后，我们提出了这一反思中所包含的发展主义逻辑和"身在此山中"的局限性。因此，我们建议何海洋在手记中对刘书记的反思作出我们作为学者的反思，以此与他形成对话关系。我们相信，这是我们所践行的跨学科理论与实践相结合学术模式和反思性社会科学的题中应有之义。

五、结语：书记的故事，学者的角色

正如我们在开头所言，这本书的目标读者包括普通读者和三个特殊群体。我们期望，这些村/社书记的故事在吸引到一般读者的同时，还能为全国村/社党组织书记尤其是革命老区、山区县和中西部农村的乡村党组织书记提供可借鉴的案例，并激发三农学界和新闻传播学界在研究视角和田野方法方面的思考。

也许，这是不可能的目标。但是，参与这个项目的俞雅芸所分享的经历让我们感觉到，这也许是可能的。她说，以前她很难与家人分享自己的学术成果，但是这次，她不仅与自己的父母和外婆分享了自己写的村书记访谈，而且还引起了他们极大的兴趣，并得到了他们十分有用的反馈；更让她兴奋的是，他们希望能拜访她文章中所写的村书记。这是我们感到十分欣慰并受到鼓舞的。

当然,让我们备受鼓舞的是中央组织部和中央党校(国家行政学院)直接培训村书记的消息。2023年4月24日至28日,中央组织部、中央党校(国家行政学院)联合举办全国村党组织书记和村委会主任培训班,通过北京主课堂和各地3 568个分课堂对全国村主职干部开展同步培训,全面提升村干部的能力素质,推进乡村振兴。在这个从中央到村庄一竿子插到底的超大规模培训班上,除了中央和国家机关有关单位领导和专家授课,还有来自全国东中西部的15名优秀村党组织书记,他们围绕"发展壮大村级集体经济""党建引领乡村治理""做深做细群众工作""加强村党组织战斗堡垒""建设红色美丽村庄"5个专题现身说法,作案例交流。这是中国这个世界上唯一持续的农耕文明在数字时代实现"民族要复兴,乡村必振兴"愿景的历史性举措,而这样一场蔚为壮观的培训活动,也唯有中国这样一个独特的超大型政治共同体才能组织起来。

紧接此后,在缙云县委组织部的推动与河阳乡村研究院的参与下,中国农业大学缙云乡村共富学院以中国农业大学党委与缙云县委联建党建为合作纽带于2023年5月开启了以"蚂蚁雄兵"和"滚雪球"的方式,培养更多乡村共富带头人的培训模式。从缙云的村庄里,也传出了更多村书记在行动的消息。我们并不相信英雄史观,但是,我们相信党组织的战斗堡垒作用。正如《烟台纪事》援引于涛在解释新时代农业合作化道路必定越走越宽广时所总结的公式:"党的有组织＞资本的有组织＞农民的无组织。"① 我们不是文化本质主义者,但是,我们深刻理解文化的力量,尤其是人类历史上长期的农耕文明所孕育出来的中华优秀传统文化和作为这种文化重要体现的村社理性的强大力量;我们不是中国例外论者,但是,我们坚信马克思主义的人类解放愿景与传统农耕社会的"大同理想"的相同之处。无论是从"家国同构"的角度,还是从根本上中国社会是乡土性的这一认识的高度,"双重回嵌"实际上是马克思主义基本原理同中国具体实际、同中华优秀文化传统相结合这一"两个结合"过程的一体两面。从这个意义上,一位既有党性又有乡土性的优秀村书记,就是"两个结合"的具体化身。

当下,学界已然加入了乡村振兴行动的热潮。就在我们采写这些故事期间,清华大学新闻与传播学院在刘利军书记所在的周村建立了该学院的又一个社会实践基地。更多的学者与学生,正呼啸着走向更为广阔的田野,采写更多的类似的基层故事。我们相信,在积累了大量故事的基础上,我们再进行多层次和多维度的比较与归纳,其结果就不仅只是一部中国式的《人民的选择》,而是中国式现代化道路上真正的人民的学术。

---

① 江宇. 烟台纪事——党支部领办合作社之路[M]. 北京:人民日报出版社,2021:326.

优秀村书记基本信息

序号	姓名	所在村（社）	出生年月	名师层级
1	施颂勤	缙云县新建镇笕川村	1957.09	省级
2	吕以明	缙云县壶镇镇高潮村	1959.08	市级
3	章有明	缙云县新碧街道福康村	1960.06	市级
4	吴明军	缙云县三溪乡三溪村	1963.04	市级
5	卢桂平	缙云县壶镇镇陇东村	1968.10	省级
6	周建勇	缙云县五云街道五里牌社区	1969.07	市级
7	何伟峰	缙云县舒洪镇仁岸村	1970.02	市级
8	赵文坚	缙云县壶镇镇湖川村	1973.08	市级
9	楼干强	缙云县壶镇镇联丰村	1975.10	市级
10	刘利军	缙云县五云街道周村村	1975.12	市级
11	陈怀海	缙云县东渡镇兆岸村	1977.06	市级
12	应志达	缙云县前路乡水口村	1978.08	市级
13	朱建俊	缙云县壶镇镇工联村	1978.10	市级

上 篇：
"50后""60后"的淬炼与开拓

第一章　施颂勤：探索新农村美好生活的"可持续"路径

口述：施颂勤
采写：俞雅芸
采访时间：2023年2月6日—2023年11月7日

书记名片

施颂勤，1957年9月生，1979年11月加入中国共产党，1992年开始担任缙云县新建镇笕川村党支部书记。1996年起连续四届被选为县人大代表，2003年起连续五届被选为县人大常委会委员，2004年被浙江省委评为"为民好书记"，同年被选为丽水市人大代表，2007年起连续三届被选为省人大代表，曾获2014年浙江新农村建设带头人"金牛奖"、2016年缙云县"最美治水人物"、2019年浙江省担当作为好支书和浙江省首批兴村（治社）名师等荣誉。

村庄名片

笕川村，位于缙云县西部的新建镇东部，人口5 235人、党员202人。现有耕地2 129亩，园地2 523亩，林地4 774亩。以菇业、林业、物业"三驾马车"齐驱，村集体经济不断壮大，2022年村集体总收入930.19万元。先后获得全国乡村治理示范村、中国"淘宝亿元村"、中国美丽休闲村庄等多项荣誉，入选浙江省新时代枫桥经验实践100例。

我的经历其实很特殊。我父母很早就在外面做生意，所以我一出生就待在外婆家，离笕川10公里的一个村，在那里出生，在那里长大，待了15年。初中毕业以后，我到乡里读高中，结果读了一个学期，高中就解散了。后来我父亲问我"要不要和他一起去江西拉木头"，我就跟着他去了。那年（1973年）过年的时候，正月初八我就跟着他一起到江西去了，那时候我还是个小身板，长得也不高，在江西一待就是两年。我父亲是个"老板"，带了我们同村50个人一起出去干活，他一年能赚七八千块钱，我干活也能赚一两千块钱，再加上我母亲在那边烧饭，所以第一年（1973年）我们家

3个人就赚了1万多块钱。在那个年代,一个人身上要是有个10块钱都已经不得了了。我们12月份回来的时候,我父亲带我去百货大楼,他说让我从自行车、手表、衣服里面选一样做礼物,我就买了个凤凰牌自行车,160块钱。当时整个筻川村都没有自行车,比现在有奔驰汽车稀罕多了。

后来我就在筻川待了一年,给家里盖房子,然后那年(1974年)冬天就决定去参军了。我走的时候是1975年正月初九,去浙江舟山当兵,分配到新兵连。后来有两个连来我们这里挑兵,连长就问我喜欢无线电连还是汽车连,我说"我也不懂,还是你给我定吧"。他就让我去无线电连,实际上他也不懂,他觉得汽车连不安全,以为无线电连是去学修理电台的,但其实我是被挑去发电报的。我当兵5年以后,想着像我这样文化素质不是很高,提干也很难,于是就退伍回老家了。

回来后我先是干临时工,还跟祖父学过木匠,后来还和父亲一起去广东养过鸭子。1985年冬天,我和一个当初同连队的战友合作办了砖厂,整整5年赚了30万块钱,这些钱用现在的行情来说等于是3 000万了。但从1990年开始,办砖厂的人开始多了,砖的价格就便宜下来了,所以那年只赚了不到5万块钱。我想着一年赚50万还差不多,赚5万太少了,我就想改做别的,就以2万块钱把厂卖给我"兄弟"了。

又做了几年生意以后,我记得很清楚,在1992年的9月,我听说我们筻川村的老书记出了事被检察院带走了。很快,村里就来人叫我回去接班。其实我1985年就被选上当村干部了,但我一天都没去过。我说我自己没什么钱,又不懂管理,不去当。后来村里让当时担任乡长的战友来劝我,找我聊了好几次,我心里还是很犹豫。我当时觉得村干部是最不好干的,哪有自己做生意简单,特别是筻川这么大一个村子,如果要管好需要花很多心思,而且在村里当干部不比在乡镇,也不比其他干部。我们是生在这里、长在这里,以后还得死在这里。村里大部分人都属于"干得好是应该,干不好要骂娘",一旦我们干不好,走也走不了,连父母、家里、祖宗十八代都要被一起骂,以后说不定孩子都要被人指着鼻子说。所以,尽管村里、县里在那一个月连续多次找我谈话,我依旧不肯干,但也没反对。结果没想到,10月份的时候文件直接下来了,让我担任筻川村党委书记。

接手后我想了整整一夜,决定抓紧先把自己家里砖厂的生意重新做起来。因为在我的观念里,没钱当不好村书记。如果让我自己选择,我没钱肯定不当村书记。这主要有三个考虑:第一,有前车之鉴。我前任的那个书记当了20多年,算上香烟、酒,一共贪污了2万多块钱,被判了3年。我一定不能步他后尘。所以说,当村干部一定要自己有钱,这样对村集体的工程就不会动歪脑筋,毕竟当干部的过程中诱惑也很多,如果自己没钱,可能就没那么坚定的信念,有时候看到钱还是要被诱惑到。第二,那时候当书记,一年的工资一共就200块钱,光靠这个工资肯定是没法生活的。如果自己经济水平不够，生活上吃饭问题都无法解决，那当书记更是困难，哪里有时间思考村里的事情？第三，如果没钱，老百姓看不起你，以前没致富的人怎么轮得到带领村庄致富？自己不富怎么带人家致富？不富说明没思路，而且人家说不定还会猜测你当村干部是不是为了捞村里的油水和好处。

在那个时间点来说，我虽然在赚钱方面还算过得去，但算不上很有钱。所以我想来想去，决定还是办砖厂，因为这行我以前有经验，办过五六年，肯定稳赚不赔。10月份我看中了筼川河对面的一片地，有五六百亩，就投了80万块钱，跟一个朋友合伙，建了个砖厂。那个时候不比现在，没有什么手续，不需要政府审批。政府反而鼓励你，不管哪个地方，反正你想建厂房，直接建就行。我们11月份就开始搞起来了，才过两个月就把我为了建砖厂借的一部分钱还掉了，后来生意也比较顺利，一年稳赚几十万。办了砖厂，我自己生活比较富裕了，所以自那开始我也有了底气，村里工程从不沾边，没想过、也没必要。

一、村庄美好生活的首要任务：发展集体经济

1994年，我开始正式当筼川的村书记。筼川是一个不好管理的村，村大，村里个人的经济发展很一般，村集体也没有什么收入，以前很多村干部的状态都属于"过得去就行"。尽管我心里想的不是这样，但刚上任的前半年我基本上没有发表过任何意见。因为我从小在外婆那个村里长大，筼川村里的人我还不怎么熟悉，认识我的人也不多。所以，首先我要了解情况，熟悉环境，特别是12个村干部（党支部7人、村委会5人），我虽然认识但还不知道他们的具体情况。开会的时候我只听，问我什么意见我就说我没意见。因为我不能什么都还没搞清楚就乱说，我得对村干部的性格心里先有个数，村的一些情况也要调研，不了解不行。我开始最常去的就是会计那里，我得了解村里目前有多少钱。结果他告诉我，筼川村里没钱，负债，现在用的都是建房押金，没多少收入。我一听，那怎么行，我就确定了我当村书记的第一个目标：要有钱。集体要有资产，有资源，要帮村里人解决吃饭问题。

在我的观念里，一个村跟一个家是一样的，一个家没钱不行，一个村没钱也不行。如果县里或者上级政府派任务下来，没钱怎么办？又或者，老百姓有需要，没钱同样办不了。所以这是最简单的道理，有钱能办事，没钱想办事都办不了。那么，村里要有钱得靠谁呢？这和家庭是一样的道理，一个家要有钱，男人就是要有担当，底线就是要为老婆、小孩负责，不能叫老婆、小孩自己去赚钱。我老婆刚嫁给我的时候，我就跟她说，我就算是自己去卖苦力也肯定让你有饭吃，所以我一直没让老婆自己去赚过钱。村里也是一样，集体要有钱，村干部得有思路。有一个好的、负责任的带头人，

这个地方才能干好工作。

村里要有经济，一定要发展产业，没产业就搞不到收入。因为我们笕川不比其他经济条件好的地方。那些富裕的地方是另外一回事，特别是像我们浙江其他富裕的地方，越富的地方乡村发展得越好，这是顺理成章的。如果上级政府有钱，那就可以直接拨钱去做乡村建设，比如说我们隔壁的金华永康市，乡里提出需要 1 000 万块钱，政府就能支持 1 000 万块。但笕川是欠发达地区，就困难多了，我们更多的是要靠自己努力，自己要发展产业，自己要去经营。所以，从一接手书记工作开始，我就在想怎么去发展，怎么去赚钱。

那么，我第一件要做的事情就是把土地管理回收到村集体。以前，好多村里搞乡村建房都是村民自己找地，村里虽然管批，但一律都批，一平方米只收 5 块、10 块钱，所以说土地的资产流失，钱都到个人的腰包里了，村集体没钱。直到现在，笕川公路两侧还都是当时村领导大手一挥批的房子，都是村民自己不按规定、不按标准建的，房子间隔不到两米，几乎没法住。听住在里面的人说，用遥控器关电视机能直接把前面房子的电视机关掉。后来我觉得这个现象实在不行，笕川村都变成了私人的田地，全部分光了，村集体一点没留，没留土地集体怎么发展！所以我一直在跟村里的老干部、老党员在谋划怎么搞这个事情，没有土地资源无法发展经济产业。后来，我们就想了个办法，向镇党委政府汇报，我说笕川村里的地虽然一轮承包还没到期，但现在就要动。镇里不同意，他们说好几个村因此搞得上访了，最好不要搞。我马上表达了我的态度，我说肯定要搞，换届前就要把它搞掉，这个事情搞不成我下一届也不干了。

接下来我就开始从生产队队长入手做工作，要重新把村里全部的地都拿回来，重新丈量、重新分配。我把 36 个村民小组并成 18 个，人少一点好统一思想，把这 18 个生产队长组织在一起开会。首先，我把他们一年 20 块钱的补贴提高到 200 块钱，同时和他们解释这些地如果不回收会对村庄形成制约，强调这是一个重大思想、重点工作，叫生产队长带头。土地征迁，党员同志先迁。群众要谈条件我可以接受，我可以好好跟他谈，但党员干部跟我谈条件，那我不能接受，毕竟生产队长是村里任命的。如果谁不支持村里工作，谁跟村里对着干，那这个队长明天就不要当了。这样再有意见的也不敢说了。有几个队长不同意，主要问题集中在公路边的地怎么分。我说公路边的地从此就都留集体了，不分了。统一好他们思想以后，我就让他们回自己队里做队员的思想工作，谁不同意我就找党员生产队长去负责做工作。我的工作作风可能和我在部队待的时间久也有一定关系。

但事实上，把生产队队长的工作先做好之后，老百姓都是很好说话的，特别是大多数村民也是希望能重新分配，大家看到街边的房子这么赚钱也很眼红，觉得不公平。同时，我在村里也找了一些能说会道、嘴巴厉害的人和大家吹吹风。所以我们道理也说、压力也给，工作也就推行下去了。决心一定要有。我记得当时也是有挺多村都想搞这种改革的，但是很多村觉得推不下去，也就放弃了。以后要建房子，村里统一60块钱1平方米，老百姓少掏钱，但村集体可以多收50块钱。收回来的200间房子，我们向土地局要了指标，位置分配就靠抓阄，这样村集体就先后回收了300多万块钱。

有了这笔集体资产之后，我们就开始做产业。20世纪90年代开始发展"一村一品"，我们村里就开会讨论挑什么作为笕川的农产品。我开会有个习惯，我自己心里先有个主意，但是我先把题目拿出来给大家讨论，如果他们说的东西跟我想的差不多，那我就顺水推舟说这个听你的。如果大家七嘴八舌，有的要这样，有的要那样，或者说不出来的，我就说"大家观点发表得差不多了，我来提个方案，大家提提意见"。后来村委开会之后就挑中了香菇。其实我心里也是这样想的，一方面，笕川村的路平，适合种香菇，我们后来还请专家检测了气候和土质，化验了以后都认为比较适合种植香菇，自然条件和技术基础都比较好。另一方面，没听到其他村种香菇，所以有优势。其实最重要的是，香菇利润相对高一些，是农民致富很好的一个选择。同时，也不那么辛苦，特别是当时年轻人都出去在外打工，在村里"留守"的主要是中老年妇女，而这种工作就算是70多岁的老奶奶也能干。她们一般凌晨3点起来摘香菇，早上6点拿到集市上去卖，下午就可以休息。这个项目开始了才不到半年时间，就有不少村民发展得很好，效益不错，不管怎么样都不会亏，到1995年就翻了好几番。村民们看到种香菇生意很好，这么赚钱，就不需要村委发动了，已经形成自动效应，自己立马跟上去了。

到1996年的时候，我们为了进一步发展菇业，村"两委"投资了30万块钱建成村香菇市场。有市场就可以形成集聚的效应。第一年，光香菇市场的租金我们就收了十几万，后来市场越来越兴旺，最多的时候一年能收五六十万。所以，我们笕川第一个产业就是香菇，截至2016年，笕川已经变成浙西南地区最大的香菇交易中心了，村集体年收入里香菇产业的贡献超过40万块钱。

二、发展"可持续"的集体经济：从"美丽经济"到"三产融合"

我们村的香菇产业虽然发展得很好，但是香菇种植需要大量的种植大棚，再加上我们一直是缙云麻鸭的主要养殖基地，导致笕川村在相当长的一段时间内环境乱七八糟，脏乱差现象严重。而且笕川是高铁沿线，坐高铁的人路过就能看到乌糟糟的一片，环境很差。这里还有一个重要背景，缙云作为中国麻鸭之乡，笕川村出去养鸭子的人特别多，到广东、广西、福建、上海全国各地养鸭子。他们从家里赶鸭子到福建、到广东，一走就是一两个月，晚上走到哪个村就原地住下，三根柱子一扎一撑，塑料布一铺就睡在下面，所以原有传统的水稻种植就没人干了。我们没办法，20世纪90年代在村里挖了不少鱼塘，光1994年就挖了500亩，要不然农业税都没地方收。那时候上级政府也支持，反正搞什么东西发财、赚钱多，就搞什么，不仅同意你挖鱼塘，还鼓励你挖。毕竟农业一直以来都面临这个问题：成本比较高，利润又比较薄，而且每年收成可能也说不好。鱼塘虽然可能收成也一般，但总归比种水稻要好，但这给环境又带来了更大的负担。那时候的环境差到可以说是"找口能喝的水都难"，村民就跑来找我："这水都臭了，快想想办法。"

听到这些声音，我们村委就决定赶紧先投进去80多万块钱，把饮用水的问题先解决掉。但因为笕川村的集体经济短缺，我们的污水治理还是没办法搞。后来终于被我等到一个机会。我是省里第十一、十二、十三届的人大代表。在2014年的省"两会"上，省里领导开会一般都比较喜欢听基层的声音，我被选中作为丽水代表团分组发言。发言的时候我就把这个问题抛了出来。我说："农村最大的污染就是生活污水，每家每户厨房的污水都留在水沟里，在桥上闻着都臭。对乡村环境整治来说，这种生活污水不处理、不治理，环境好不了的。"当时参加会议的省委书记听了之后就问我："那农村生活污水到底能不能治？"我想都没想直接就说："有钱就能治。"结果他当场就拍了板："那污水治理就从你这个村开始，我给你100万。"那时候我们缙云县的县长也是省人大代表，他也马上表态讲："我给你200万。"我心里开心得很，但还是和省委书记开玩笑讲："你不要骗我。"结果我会还没开完，钱已经进来了。我们一月份开的会，那年年底就把污水问题解决掉了，没到一年时间。第二年我就把治水成果的一个画册拿到省委书记跟前，也兑现了自己的"军令状"。

但是乡村光"美丽"是不行的，就像我们村里那时候老说："水清了，但要过好日子光有水喝怎么行？"所以我们村"两委"从2014年就开始思考"美丽乡村"怎么变成大家的好生活？从那时候起，我们就开始多方咨询考察，最后从隔壁的金华市东阳市花园村获得了灵感。既然笕川村本来没有什么特别的，我们就无中生有，搞"花海"，发展"美丽经济"，转型成一个旅游特色村。我们村本身的地理优势还是很大的，在浙江总体丘陵地势来说算是较为平坦的，而且又地处金丽温高速、高铁沿线，交通极其方便。当时村里也有人建议，一开始搞是不是就先搞个一两百亩试试看。我说不行，要搞就要搞大的，让人家高铁路过、高速公路开过去一眼就能看得到，才能被吸引过来，形成旅游效应。从2015年冬天开始，我们拆掉了60多个破旧的香菇棚，从300多农户手中流转了500多亩土地。后来省里有位旅游厅的同志给我们的创意花海提出了一个很好的建议，围绕花海建了两辆小火车，增加旅游创收。在平整土地、道路建好之后，2016年3月我们正式开始搞花海，我那时候在各地跑，尽量压价格，但就算是这样，我们也花了500多万。那些日子下来，我从一个连花都搞不清楚的人变成了一个专业花匠了。

2016年5月28号，我们正式开业，十几种花草组成的红、白、黄、紫、粉"五色"花田看上去无边无际，很壮观，但也没想到开业第一天就一举成名、大获成功。花海是20块钱一张门票，我们第一天就收了30多万块钱，第二天、第三天又收了40多万块钱，满眼看到的都是人，来花海旅游的人比花海的花还多，车子多得堵到外面国道上。再加上5月份整个月天气都很好，30多天我们就收了450万块钱门票。

花海项目给我们笕川的集体经济带来了巨大的飞跃，不光在数额上实现了大幅增长，还丰富了原先单一的经济模式。村里的农民有很多变成了维护花海的花匠，一天就能赚100块钱。旅游发展了，游客变多了，村里的餐饮、民宿、农产品销售也一下子变好了。后来我看到情况这么好，就开始打算在配套设施上做文章，把娱乐项目、娱乐活动都跟上去，让游客过来不光就花海一个地方可以转，还可以待时间更久一点。所以我们从2016年7月开始了花海二期工程，这次在资金方面主要采取的是众筹的模式。大家看到花海项目势头红火，都抢着要入股，7 000块钱一股，3天就有1 000多户村民入股了，村集体占股53%，村民入股47%。我们就用这个资金发展了很多娱乐项目，比如说婺剧剧场、儿童游乐场等。在2016—2018年，笕川的花海在全省甚至全国都出了名。就"美丽经济"这个村庄发展课题而言，我们成为了一个"样板"，很多地方过来学习参观，甚至都上中央电视台好多次。

但这个时候，"危机"也出现了。笕川花海这么成功，其他很多地方过来学习，"取经团"一批接一批，我也愿意把经验都讲给他们听，回去以后他们就开始模仿了。再加上花海旅游其实是"一次性"的，看多了就看厌了，不能长期看。所以，虽然2016年、2017年、2018年我们都能有七八百万的门票营收，利润一般在三四百万，但自那以后我们就开始亏损。其实我在2016年年底的时候就提出过公司承包的想法，因为我认为靠天吃饭的东西都是很难做的，花海也不例外。种花本身的成本高，管理成本也很高，光是病虫害管理就需要花大力气。但那个时候生意正是红火，大家都非常向往，村民代表大会就通不过，他们讲，这么发财的生意为什么要叫人家搞？幸好，笕川在2018年10月的时候把花海经营权正式承包给私人管理，及时止损了，但这也意味着村"两委"要找新的出路发展集体经济了。

在思考新路径的过程中，我们抓住了一个关键点就是年轻人，不论是乡村振兴，还是共同富裕，实际上核心要点在于人才资源。但对于很多农村来说都存在空心化、老龄化的问题，有些村在城市打工的有1 000多人，留在家里的才一两百人，要么是已经没劳动能力的老人，要么是还没上学的小孩，加起来都没几个牙齿。那时候甚至有些人说，再过10年、20年，村子都要没人了，所以在花海项目之后，我们就以"吸引年轻人返乡创新创业"作为主要出发点去发展产业。在浙江，我们丽水属于欠发达地区和后发地区，大学生、年轻人从学校毕业以后都是去杭州、上海，都往外跑，因为家里没有什么产业吸引他们，让有文化的、大学毕业的年轻人到车间去做工、做一线的产业工人，他们是不愿意的，更不要说愿意去稻田间去种地，那更是少之又少。所以我们村"两委"一直在想：如何把年轻人引回来待在村里？一个村，没有年轻人就没有活力，没有年轻人就没有希望、没有未来。我们就千方百计地要找这么一个平台，让年轻人回家创业就业。

关键的措施还是在于村里产业的迭代。我们最早靠的是养鸭、养虾这种养殖业，再到后来种香菇，包括后来的花海，对年轻人来说没有吸引力。比如说养鸭，环境很差，条件艰苦，鸭子还咬人，现在的收益也不好；再比如养鱼，一片鱼塘一望无边，那就得搭棚从早到晚坐在那里看着，就算刮台风、下大雨，都不能离开，年轻人根本不愿意回家乡来干这些事情。但电子商务不一样，它是新生事物，也是未来趋势，特别是很多年轻人其实本来就想要回家，因为他们的小孩在村里读书，请老一辈帮忙带，但他们也担心隔代会把小孩"带坏"的。所以，如果家乡有吸引他们的产业，政府把平台搭好了，他们肯定喜欢在家乡工作。

其实从 2015 年开始，我们村零零散散地就有人开始做电子商务，有几十个店，有些在自己家里，有些在街上租个店面。有一个关键的推动人叫朱凯，他其实不是我们村里人，但他老婆是笕川的，他一直用岳父的房子在做自己的电商公司，我后来把他纳入到了村"两委"，让他主要带动发展电商产业。其实，不论发展哪个产业都是需要政府支持、政策推动的。我们确定了一条一公里长的街作为"电商一条街"，两边都是房子，在美丽村庄建设的过程中把外立面搞整洁，环境都搞得漂漂亮亮的。

政府的作用不仅在于培育、发掘人才，更在于政策支持。就像习近平总书记说的，坚持把解决好"三农"问题作为全党工作的重中之重。无论是脱贫攻坚，还是全面小康，农村不小康，光城市小康有什么意义？到底住在农村的人比城里多，村里人才是多数。农村不现代化，算什么现代化？农村不富裕，怎么算实现共同富裕？所以现在发展得不平衡、不充分，主要就是城乡差距太明显。要解决这种不平衡，农村政策一定要给予倾斜。因此，我们向县里汇报申请，让上级政府给我们一些支持，解决返乡年轻人的后顾之忧，比如说房子租金怎么办？发展不起来会不会亏钱？这些返乡的年轻人肯定都是很担心的，所以团县委那边就给我们每年 20 万的房租补贴。也就是说，返乡年轻人租个房子，基本上三分之二是政府补贴的。

就像香菇市场一样，"电商一条街"做起来之后也形成了集聚效应。这条街本身地理位置好，交通便捷，物业、物流公司又可以针对一条街进行整合性地对接和管理，特别是快递，原来零散对接需要 4 块钱左右一件（一公斤以内），后来因为都在一条街上，大家集聚对接，数量大了以后，整个价格就便宜了，变成两块钱左右。当平台搭建好，产业形成了，政策倾斜了，我们村里的年轻人不用劝就都回来了。很多人和我说，同样的工作如果到外地去打工每个月挣 5 000 块钱，还不如挣 4 000 块钱但能在家门口工作，中午还可以回家吃饭。我们还吸引了不少外地来的人，因为笕川村不欺负外地人，这是很难得的。这一点我在开大会的时候一直做思想工作，我和他们强调外地人一定要照顾，不能欺负他们，因为一个村没有外地人是不行的，产品也得靠外面的人帮你销出去。外地人越多，这个地方就会越兴盛。

笕川的电商产业发展了仅仅 3 年后，我们整条街的营业额就超过了一个亿，主要的产品就是文具类，还有水杯、服装、土特产，等等。同时"电商一条街"不光带动了年轻人返乡创业，还带动了很多本地老百姓就业增收，因为每一个电商公司就算再小，也需要员工打包、搬运。只有产业带动形成充分的就业岗位，老百姓才能有事情做，才能"致富"。现在在笕川，只要你还有劳动力，肯定都有饭吃，都能够生活得很好。我们有很多五六十岁的"留守"人员每个月都能靠打零工赚两三千块钱，农村不比城市，开销很低，光水费就低了很多，一块钱一吨，所以这些工资就能让他们生活得很好。以前年轻人在外面，父母没人管，有些家庭因为赡养费有矛盾，现在就算家里年轻人没回来，父母亲也不要年轻人管了，小件文化用品打包，一天也有 120 块钱收入，还有体力的老年人自己就可以养活自己。

所以，从笕川的经验可以看得出来，我们乡村振兴、农村发展必须要有产业，乡村振兴产业必先行。没有产业就无法带动老百姓就业，没有就业就没有增收，没有增收就不能致富。而在产业发展的过程中，人才是关键，一个单位、一个村、一个地方都是一样的。一个产业不可能自发地发展起来，一个地方不可能自发地富起来，没有好的带头人，没有一批人去干，发展不起来。因此我们一直说，乡村要发展，要实现共同富裕，人才是关键。所以我们党的二十大提出了产业振兴、人才振兴、组织振兴、生态振兴、文化振兴，我想就是这个意思。

三、从物质基础到精神文明建设

我的初心使命是笕川村每年都有变化，变得越来越好：村集体越来越有钱；环境越来越好；老百姓日子过得越来越好，老百姓日子富裕了，村民还要和谐。所以在发展产业之后，物质基础有保障了，村庄还需要建设精神文明，要形成和谐氛围。从村庄治理来说，我很重视村干部的团结，如果干部不团结，倒霉的是老百姓。一旦村里干部自己在钩心斗角，哪里还有心思去搞发展、搞建设？所以"两委"班子一定要团结，我们在会议桌上说的、定的，成员不同意可以保留意见，但我们一定是少数服从多数定下来的，所以绝不能到外面去说三道四。我们开会定下来之后就只能有一种声音，因为一旦干部有了两种声音，群众就会有两种声音，这就是组织纪律。同时，我一直强调村一级组织也要有一定的权威，村里的组织也是基层组织，一级组织要说话算话得有制度，还要执行到位，以制度管人，以制度管事。

就具体措施而言，我们强调三点。第一，村里矛盾得有人管。我们笕川为此建立了三级调解机制，分别是村民调解委员会、分管调解委员、村长书记三个级别，让村"两委"联动参与，保证矛盾化解得了，纠纷预防得住。比如说，现在有些村书记在外地开公司，自己村里搞不好，自己生意也做不好——如果村干部不能大部分时候待在村里，老百姓找也找不到，村里开会也要经常请假；如果都待在村里，对他自己生意又影响很大，所以我认识的有这种情况的村干部基本上当了一届就不干了。以我自己的经历来说，不在村里肯定当不好村书记，因为有些老百姓因打电话要花一毛钱，舍不得打，他宁愿跑个把公里到书记家里来说。而且从当村干部到现在，我的手机从不关机，一直保持开机，村民有事情，早上六七点打电话来找我，我还是会爬起来。

但村干部的力量毕竟偏小，党建工作才是重中之重。我一直认为，在村庄治理中，如果党员都没有管理好，群众就更管不好了。我一开始当村书记的时候，全村只有50个党员，现在快有200人了，大部分是我当书记后发展的。我经常和党员说，党员就要发挥带头作用，如果你连群众都不如，那你直接"打个地洞钻进去"算了。从2011年开始，我们在党员干部教育这一块除了面对面地开会，还经常会找一些网络上的教育资源，在村广场的大屏幕上播放，推出之后广受好评。而且党建的核心一定要注重培养党员队伍的凝聚力，比如村里的外出党员或者是大学生要转到我们支部，我们就跟这些在外面入党的年轻人签了一个协议，如果外出的话要办理流动外出证，每年7月1日和年底的两次会议必须到场，如果真有特殊情况，要写请假条，会后要写思想汇报，这样，对外出党员来说也有一定的约束性。而对于在家党员，我们一年不少于8次会议。我们还推出了一个党员三联系法，也就是支部委员联系外出党员，外出党员联系我们本村的外出农户（采取就近联系原则），在家的每个党员都联系15~23个群众，基本以亲戚朋友或者是就近这样联系。对于建房这种小的矛盾纠纷，交由党员去调解，因为人比较熟能够说得上话，这些小的事情就可以解决掉。如果真的是解决不了的话，我们再去调解委员会反映；如果还解决不了的话，村"两委"再参与将此事解决掉。

第二，村里矛盾一定要及时处理。从2009年开始，我们在笕川设置了村级便民服务中心来收集村情、民意，在整个缙云来说是设立得最早的。我当时通过社会招聘招来了一个大学生，白天都会在服务中心坐班，我自己有的时候也会在那里上班。这样可以保证村民只要发生纠纷，一找到那里都会有人在，服务中心的管理人员会马上打电话给分管干部，在家就马上去参与解决，不在家就换一个干部赶去现场。我们的分工很明确，每一条线都有一个干部分管，水利、农业、山林、社保、党建、水电、村纪、环境卫生等，哪条线有事情就打给哪个干部，有时间马上调解，没有时间约定时间及时调解，第一时间介入。矛盾纠纷尽量不要拖着，发现问题马上着手处理，今天解决不了就明天，明天解决不了就后天，坚决杜绝不闻不问，一定把矛盾、纠纷化解在萌芽状态。毕竟村里矛盾一般都是小事情，主要就是旧房改建，比如说某个村民的房子哪里不好了，需要重新建一下，而老房子的间隔往往很小，需要扩大，这可能就会有矛盾，因为隔壁的村民可能不肯让。

特别是村里有两个群体我抓得很牢：一是老人，二是妇女。我们在村里设置了一个老年照料中心，对于生活不能自理的老人，我们采取送餐服务；能自己走的，那就到中心来吃。就收费来说，我们今年开始70岁以上收一块钱一餐，90岁以上免费。有些特殊、困难群众，比如低保，吃饭也不要钱，再加上村里每年过年还有1 500块钱、2 000块钱的补贴。所以在笕川，我们能做到习总书记说的"全面建成小康社会，一个都不能少"。对妇女工作，我们也一直都很重视。我们农村大多数男人都怕老婆，所以我一直说"如果妇女工作做好了，这个村庄肯定就和谐了"，一般她们有什么要求，我都能满足她们。比如说村口的大屏幕，2009年做的时候要16万块钱，还没补贴，我就是为了让村里妇女跳广场舞做的。最开始我们给妇女同志1万块钱买音响，让她们开着大喇叭在广场上跳舞，后来她们讲有视频更好，我们就又买了大屏幕装了起来。

第三，笕川事笕川解，矛盾不出村。社会和谐、稳定是一个重要工作，我们村里不能老是有事情就跑到这里、那里去上访，当然大的事情我们可以上报，但一些小事情我们要在村里面自己解决好。从2018年开始，我们在上级法院的支持下推出了"云智"小程序。为了方便村民在村里就可以寻求法律援助，比如说我家庭纠纷需要怎么办、怎么寻求法律支持，当村民觉得需要反映问题、需要法律援助时，就可以通过小程序上报，24小时内一定会有反馈。这对我们村庄治理、加强村民对法律的了解、化解纠纷有很大的帮助。从2020年开始，在缙云县法院的支持下，我们笕川开始试点共享法庭。共享法庭的服务就更全面了，意味着村民不用到法院去，可以直接在村里申请开庭审理案件，降低了法院的门槛。像我们平民百姓以前去打官司的话，觉得法院其实是比较难进去的地方，但现在就觉得比较近，在我们家门口就可以把这个事情解决掉，在手机上面就可以。现在我们整个浙江省都在推出，光今年就设置了几千个共享法院。

总体而言，当村干部总是要把村里当作家里来做长远打算。我从一开始当村书记就做好了蝉联的打算，也相信下一届党员们肯定还是会选我，所以我敢做长远规划，3年、5年后的事情都会去考虑。如果"有今天没明天"，我这一届任内把村里的钱都花得干干净净，下届就没法做事。而笕川比起纯粹的"农村"而言，它更像是城乡结合部，交通便捷，是最好的区域，所以我们不但要按照上级政府的指示接受整改，更要主动谋划发展，抓住机遇，发展产业。特别是党的十八大以来，是政府对农村最重视的一个时间段，我们要把握这个机遇，该补的短板赶紧补上，农村基础建设要跟上，可能"过了这个村就没这个店"了。作为县、市、省里的人大代表，每次开会，我别的都不说，我只谈乡村的发展，因为工业有工业的企业代表说，教育有教育代表说，环境有环境代表说，我三农代表就说三农了。

而乡村要振兴，就是要产业先行。只有村里有了产业才能有集体收入，才能够帮助村民就业。有些村的集体收入不到30万，甚至才十几万，村里运转的成本都达不到，怎么过日子？笕川村就算不搞建设，正常运转起码也要近百万，没收入何谈让村民过好日子？一旦村里没钱，村干部说话就没人会听。如果村里修修路、盖个小亭子都要欠债，村里不会有人去给你干。共同富裕也是同理，如果村集体没钱、村干部自己没钱，那更是没法带领村民"共同致富"。

****

采写者名片

俞雅芸，女，1995年10月生，浙江省金华市永康市人，本科毕业于上海外国语大学新闻与传播学院，获美国约翰·霍普金斯大学传播学硕士学位，现为清华大学新闻与传播学院博士生，曾在浙江传媒学院任教，并在2021—2022年借调于教育部国际司工作。研究方向为国际传播、互联网治理与女性主义媒介研究。

采写手记：产业振兴为先的"强人"书记

施颂勤书记是一位理念突出、主张鲜明的"强人"。无论是在与他单独对谈的采访过程中，还是在网络上搜寻到的他的所有公开发言，他始终强调一个字：富。

在施书记看来，乡村振兴须产业先行，经济条件是一切的基础，这一理念与笕川村的致富之路密不可分。回望20世纪90年代初，当施颂勤刚刚接手村书记工作时，笕川村集体负债累累，致使青年时期的施颂勤既无力落实上级交给的任务，也无法回应村民提出的诉求。因此，在那一历史阶段中，产业先行是最为明智同时也是无可奈何的选择。而村庄要想发展集体经济，一个基础性的前提在于需要将生产资料"土地"的掌控权回收至村集体。自改革开放提出的家庭联产承包责任制发展以来，农村就沿袭着"统分结合"的双层经营体制发展经济。但从笕川村的历史轨迹来看，20世纪90年代的村庄土地管理只有家庭层面的"分"，却没有村庄层面的"统"。因此，施颂勤在发展集体经济前对土地管理权的回收实则是在重重压力之下对承包责任制的完善，而这也成为了笕川村产业发展的关键性前置动作。从结果来看，在仅仅不到3年的时间里，笕川的香菇产业便收获颇丰，村民无需号召便会自发地投入到香菇种植中，后续更在"一村一品"的时代机遇与村委设计的"香菇市场"运行机制促使之下，进而形成了地方品牌效应。这一初始产业的巨大成功给施颂勤留下了深刻的烙印，也促使产业振兴为先的村庄发展策略贯穿于其30余年的村庄治理过程中。

理念的始终如一并不意味着产业的一成不变。纵观笕川的30年发展历程，我们不难发现笕川的核心产业经历了三个阶段的变化，从农业作为主要经济发展模式时期的香菇产业，到抓住村庄环境整治机遇一度成为美丽经济范本的"笕川花海"，再到乡村数字化发展浪潮中一跃成为"中国淘宝村"，实现了反复的迭代与升级。时至今日，"三产融合"使笕川从原本的村集体经济收入"落后村"一跃成为村集体收入与村民个人收入"并富"的"全面小康示范村"。

同时，产业先行的战略也并不意味着只重经济的单一发展模式。无论是"笕川花海"，还是"电商一条街"，施颂勤最得意的并非村庄集体经济的创收数字，而是在论及人才的"回流"时露出的由衷的喜悦。从基于"美丽经济"生发的餐饮、民宿产业链，到由"花海观光"衍生的娱乐项目，再到以文具为主打产品的电子商务，当代笕川人回到家乡也能拥有多种职业选择与美好生活，不必再如施颂勤一般的父辈，抑或是出走"养鸭"，一去便是几月甚至几年不回，又或是别无选择地走向城市，以谋求更好的收入。正如施颂勤笑称，现在大多农村里住着的人加起来都数不出几颗牙齿，因为不是老人、就是孩子，而笕川却借助产业的创新、平台的搭建、体系化的运作，吸引了众多青年人才的回归，实现了"逆向"突破，而这也反过来再度反哺、激发了笕川村的活力，形成良性的互动循环。

回到施颂勤个体的人生选择，"富"同样是一个关键词。在被指派担任笕川的村书记时，他心中充满着挣扎，在彻夜未眠的思考后，他下决心办砖厂，先让自己富，要求自己必须富，这成为了他当书记的前提。尽管我在访谈前已经翻看了施颂勤几乎所有的公开发言和媒体对他与笕川的报道，却依旧未能洞悉其背后的逻辑与用心，但对于那个时代生活在中国农村的人而言，其中的道理却显而易见，且极具说服力。在彼时彼刻，村书记的"富裕"不仅仅代表着个人经济条件的优渥，还代表着在个人致富之余有能力、有办法带领其他人共同踏上致富之路，更代表着坚实的经济基础之上为村庄思考的充足时间，甚至代表了廉洁的底气。事实上，施颂勤虽身为笕川人，却并未成长于笕川，但他个人的致富经历助益其在初始阶段建立"威信"，使得村民愿意相信并跟随他的发展步伐，使之不至于落入农村"空心化"政权的局面。而在后期，笕川这一处于缙云这样一个资源缺乏的山区县域村庄又抓住了高铁从村庄的田野上穿过这一新机遇，利用交通便利优势成为美丽浙江建设的又一典型。当然，施颂勤的人大代表身份也使他有了争取到更多项目的机会。忆及其在2014年与时任浙江省省委书记的互动故事时,施颂勤对细节的描述历历在目,犹如昨日。我们可以说,正是施颂勤当时抓住机遇勇于表达,才使笕川作为首个获得特批资金得以治理污水的村庄,也为其后续声名远扬的"花海"项目打下了坚实的基础。

对于"经济能人治村"这一基层治理策略而言,从外部视角切入的"指摘"众多,内部视角却少之又少。在施颂勤的叙述中,我们得以窥见了他自我合理化认知的心路历程,也为"富人治村"作为持续已久的基层治理趋势提供了一种解释的可能。与此同时,施颂勤的个体经历也的确具有一定的特殊性。与大多只拥有商业经验的"富人"书记不同,5年的军旅生活和前书记的教训,一方面促使其在担任书记一职前已然形成了政治素养,为理解国家总体方针和落实上级要求打下了坚实的基础,也使其更警惕于权力资本化甚至黑恶化所产生的后果,避免落入"经济决定论"的陷阱。另一方面,入伍的经历也使得他相较于其他书记而言更早地拥有了治理的可模仿范本,帮助其积累了一定的治理经验,这或许也是施颂勤后续在村庄治理中强硬工作作风的主要原因之一。此外,早期军旅生涯的治理经验积累不仅意味着推行村委决定或注重"班子"团结等技巧,更意味着施颂勤从一开始便体悟到"富人治村"策略终将服务于农村的公共政治建设。因此,在30余年的工作过程中,他强调将党建融入村庄治理,主张培养党员队伍的凝聚力进而配合村"两委"工作,以服务队伍的壮大维系村庄的基层民主实践,以制度性的基层组织管理模式保障普通村民的话语权,最终造就如今笕川的和谐局面。因此,施颂勤的个体故事带给我们的绝非思考"富人治村"的终点,而是一个转折点,即在尊重和理解历史阶段选择的基础上,进而思考如何系统性地构建基层治理人才的培养体系。

第二章　吕以明：我的治村"三字经"

口述：吕以明
采写：陈佳逸
采访时间：2023年2月8日—2023年7月4日

> **书记名片**
>
> 吕以明，1959年8月生，2001年2月加入中国共产党，1999年开始担任缙云县壶镇镇高潮村村委会主任，曾任六届村委会主任、两届村党总支书记；2002年开始担任县人大代表，2006年起担任县人大常委会委员，现任缙云县壶镇镇高潮村党总支书记、村委会主任。荣获壶镇镇先进村干部、缙云县优秀共产党员、优秀人大代表、优秀人民调解员、乡村振兴特派员等荣誉。2018年被评为缙云县首批"明星书记"，2021年被评为丽水市兴村（治社）名师。

> **村庄名片**
>
> 高潮村位于缙云县东北部的壶镇镇老城区，是中国共产党缙云县第一次代表大会的召开地。现有住户891户，户籍人口1 887人，共有17个村民小组，9个党小组，党员63人，高潮村创新并坚持开展了村务垦谈会和财务公开制度，连续20多年公务零接待。通过土地流转、资产改造、商铺建设等方式不断壮大村集体经济。2022年村集体收入659万元。先后荣获浙江省村务公开民主管理示范村、丽水市绿化示范村、丽水市乡镇工业示范村、丽水市科普示范村、缙云县先进基层党组织等荣誉。

一、四处做工讨生活

我是高潮村本地人，1959年8月出生。我家兄弟姊妹多，有兄弟五人和姊妹两人。小时候我只读到小学，直到2000年左右，我才到浙江农业广播电视学校进修农业技术。小学的时候，我的数学和体育成绩一直名列前茅。13岁那年，我本来想去丽水地区参加比赛，但是因为父亲曾被扣上"四类分子"的帽子，我就没能去参加。小学毕业后我就开始放牛。

那时候家里穷，轮到别人放牛的时候，我就跑到外地做买卖。15岁那年，我花一毛九从壶镇坐车到金华卖黄花菜,晚上住宿很便宜,只要三五毛,两天就能回来,跑一趟能赚十几二十块。但是第七次的时候,我因为不懂秤,被人"偷"了十几斤黄花菜。16岁时,有个以前在福建光泽工作过的人叫我去卖泥鳅。那个时候壶镇的泥鳅很便宜,最早只要一毛钱一斤,后来也只要一毛一,但是在福建光泽可以卖到9毛或者一块钱。我总共去了3次,前两趟是坐拖拉机去的,每趟运500斤左右;第三趟是坐火车去的,因为一毛一的价格收不到500斤,而且天气也热起来了,所以这一趟我只带了200多斤。结果不知道怎么回事,泥鳅在火车上死掉100来斤,剩下的也是半死不活,我只好卖三毛钱一斤。除了黄花菜和泥鳅,我还曾把江西的冬笋运回金华卖。

放牛一直放到17岁,我向哥哥学了些生计方面的技术,于是跟着他在缙云、金华做竹篾。每到冬天天气冷不做竹篾的时候,我就跟着金华的姐夫去背杉木。背杉木的地方很远,从金华走过去至少有75里路。那个时候,都要走山路,一天一夜走到,然后第二天晚上开始把杉木背出来,来回一趟要3天3夜,甚至是4天3夜。那时候买杉木10块钱100斤,但是背出来在金华卖,就是50块钱100斤,每趟背100斤杉木,至少能赚三四十块。那个时候,赚了三四十块已经很有"味道"了!我一共和姐夫去了5趟,在半路上还碰到过野猪,后来我不敢再去了。除了杉木,我还到广州卖过土鸡蛋,壶镇的土鸡蛋一斤只要一毛一,而广州那边能卖到一块钱。18岁那年,我妈妈被人打了,哥哥陪着妈妈在金华的医院看病,对方赔了700多块钱,但是在医院花了1 000多块钱。妈妈生病的时候,刚好碰到生产队分萝卜菜,我就一个人一趟又一趟地把5 000斤萝卜菜拉回来。那时候生活是很苦的,吃都吃不饱,粮食没有,钱没有,工资也很低,就算是在金华做竹篾一天也只有一块五毛五。不过还好那几年我竹篾做得多,买卖也跑得勤,总共加起来赚了几千块钱,生活条件逐渐好起来。

1978年,我回到壶镇,承包了供销社、电信局的工程,找了37个工人去工地挑黄沙。工人的工钱分为七毛、八毛、九毛三档,谁挑得好,谁就能拿九毛钱的工钱。那时候工人们不仅要挑黄沙,还要烧水做饭,但是米不够吃,一袋米要36块钱,我就自己出钱买了200斤。挑黄沙的几年又苦又累,幸运的是我赚了几千块钱。1980年,我跟着壶镇的老板去江西做盖房子用的竹片,我还借给老板600块钱买米。那几年,我年纪轻、力气大,吃也吃得下、挑也挑得多,别人都是3个人一起爬到山上劈毛竹,我一个人就能做。我把毛竹一片片劈下来,别人再来收走。

从1981年到1990年,我做了很多事情,业务也跑过,办厂也办过。1981年,我在江西省峡江县算盘厂当供销科科长,跑遍了全国的供销社去推销算盘,山西大同、甘肃天水我都去过。那时候外边的生活条件很差,黄包车还是手拉的。有时候没有钱,我就步行十几里去推销,攒着五分、一毛的票据拿回厂里报销。1983年左右,我回到壶镇,在家办了小型表带厂,买了6台大冲床、5台小冲床,光设备就花了十六七万块钱。为了生产表带，我专门跑到江苏无锡采购不锈钢材料，但是原材料价格涨得飞快。每吨先是涨到几万块钱，我咬咬牙买了两吨多，拿回去生产也赚了点钱。后来每吨又涨了几千到上万元，这个价格我吃不消了，算了算没什么利润不划算，于是我表带厂也不办了，主要跑业务。1986年下半年开始，我主要跑锯条，壶镇出去的锯条3块多钱一根，外面的商家卖6块7毛钱，我就卖6块5毛钱。如果我跑圆盘锯，那就赚得更多一点。除了跑锯条，我还推销壶镇生产的工艺品和服装样品。为了省钱，晚上我花8毛钱在北京丰台找个能洗澡的地方过夜，白天就往丰台边的涿县、定县跑。北京和石家庄那一带32个县，我跑过29个，光在石家庄周边我就有10万块钱左右的业务量。跑业务时候的收入得看运气，有时候跑一次能赚到1万多，有时候只有几千，不过总体上收入不错，也正是从我跑业务开始，家里的条件慢慢好起来。1990年，我拿着4 000块本钱在石家庄买了198张圆盘锯，然后运回壶镇卖，卖了18 500块，赚了14 500块。

我跑了八九年的业务，直到1990年，壶镇当时的领导找到我，对我说："你钱都赚了那么多，业务就别跑了，你到我们这里的公办花岗岩厂工作吧。"领导想让我停下手头的业务，我老婆也把供销社的工作停下来，我到壶镇的公办工厂工作，她烧饭。当时想当厂长的人很多，壶镇的领导就让我先去外地考察，于是我坐了好几天火车到福建、广东的花岗岩厂考察。我发现当地的机器30多万块钱就能做3万平方米的花岗岩，同样是3万平方米，台湾的机器要300万块钱。考察回来后，我就向领导汇报，领导认为我能力比较好，于是就决定让我担任厂长。其实当时我也想得很多，毕竟当时在北京那边跑业务一年能赚好几万，但是既然让我当厂长，那我就接受了。于是1991年到1997年，我担任壶镇花岗岩厂的厂长。1997年，政府要出售花岗岩厂，我掏钱把厂子买下来自己做。本来花岗岩厂办得挺顺利的，后来由于事情太多太忙，1998年我把厂子卖了出去。1997年，我开始办缝纫机厂，缝纫机原先在花岗岩厂里面生产。花岗岩厂卖掉之后，我就把缝纫机厂搬到家里，在家里的第三层到第五层生产。那几年缝纫机厂的生意很好，广东、北京、香港的老板都抢着要，直到现在，家里还有当年留下的机器。

二、回归壶镇当村委

1999年，壶镇的领导问村里的老年人，谁来当村长比较合适。老人们都推荐我，于是当时镇管理区的领导就给我打了14个电话，让我回来选村长，那时候我正在广州参加广交会。一开始，我没有当村长的想法。其实，早在1996年的时候，镇里就想让我当村长，但是我不想当。直到1999年临近农历五月的时候，我才回来参加选举。选举的时候，我没有拉票，但是村民都支持我。当年村里一共1 300多张票，我第一次就拿到了768张票，成功当上了村民委员会主任。

不当就不当，当了就要当好。当上村长的头两年是很苦的，经济上不去，村民不团结，我也没时间。2000年，村里开始第二轮分田地，我们村委白天在地里测量，晚上在家里手工画图，再加上当时刚好碰上缝纫机变压器整改工作，我感到力不从心。于是，2001年，我停下缝纫机厂的生意，全身心投入到村务工作之中，其实那时候香港和义乌那边的老板还欠我五六百台缝纫机的货款，但我都没精力讨回来。2005年，我在江西以每亩38万块钱的价格买了一块80多亩的土地，本打算当完两届村长后就退下来，去江西联合亲戚朋友开发房地产，但是由于村里面事情太多，我最后也没去江西，而是在村里连任。

我这么一当就是20多年，算起来今年是第24个年头了。我当了6届村长、两届村书记和四届县人大代表、三届县人大常委会委员。以前是我不想当，后来变成了村民不肯我不当，有些老年人还跑到镇里去，如果我不当，他们还要跑到县里去，我没办法，于是继续当了下去。所以，我们村里的选举都是很成功的，我的票数也很高，每次选举第一次就票数过半，从来没有第二次。村里工作总有得罪人的时候，村民都说我好是不可能的，有时候不得罪人也不行，但是总体上我们的村民是很团结的，他们都很配合我、理解我。有一位村民特意在春节前夕为我写了一首"打油诗"："高潮村的好书记，为村为民都在意；一年到头奔波忙，勤勤恳恳为村民；带领双委凝聚强，善始善终工作谈；深学政策抓发展，拓宽思路求稳步；率双委风雨同舟，抓工作雷厉风行，求效益立竿见影。年创效益768万，村民享受喜洋洋！"

农村的生计是很苦的，其他人上班还有休息天和放假，但我们是没有休息日的，真的就是白加黑、雨加晴。农村的事情很多，只当一两届很难弄清当村长、书记的门道，很多道理也不懂。在村里工作的20多年中，我自己总结出3个字：学习的"学"，管理的"管"，干事的"干"。为什么是3个字？因为一生二、二生三、三生万物。为什么是这3个字？因为如果不学习，什么都不懂，是没用的；不管理也不行，既要管人、也要管资产、管资金；干事不带头，人家就不相信你。我认为每个党员干部都要学习这三个字，只要记牢并做好，那么什么事情都能完成，农村工作也就好做了，这些经验每个书记都能用上。

三、我的治村"三字经"之一："学"

我把学习的"学"放在3个字的首位。学习改变思维，思维改变行为，行为改变习惯，习惯会改变村的命运。要学的事情真的很多，各种各样的东西都可以学，从20

世纪80年代开始，我就肯学习。90年代以后，每10年我学习的东西都不一样。每天忙完村里的事之后，晚上12点我会安排一两个小时学习，先完成"学习强国"，再学习管理学和法律政策。农村的事情很多，笔记不写就记不牢，所以我每年至少写三本笔记，一本记日常工作，一本记会议工作，一本记录党建工作。村民提的问题、队长提的问题都要记下来，书上看到好的内容我也记下来。管理靠学习，干事也靠学习，不学习怎么懂，只要学习就会懂，做人嘛，心态年轻一点，学习不会亏本的，肯学习什么事情都能解决。

第一，学懂弄通才能完成党交给我们的工作。我是2001年2月入党的，作为村干部，党建方面可学习的东西是很多的，党建怎么干要学懂，党员制度怎么干也要学懂，这样才能完成好党交给我们的任务。因为我们村各方面做得都比较好，所以这几年很多村的党组织、县里和市里的领导都会来我们村参观学习。他们来的时候，别人不会讲，都是我上去讲的。我在缙云县一大会址旁边的教室给他们上党课，讲全中国有多少党员、讲习总书记的讲话精神、讲我们国家的幸福生活。哪个党支部有多少人来我都记下来，最多的时候有100多人。在我们村，申请入党需要先加入民兵连，参与打扫卫生维持秩序。在入党前，必须学懂并背熟80个字的《入党誓词》，这个看上去容易，但在农村落实起来还是很难的。发展党员需要征求村民代表意见和党员的表决，群众的眼睛是雪亮的，党员成熟一个发展一个。正式入党之后，我们组织党员穿上红马甲，为美丽乡村建设做贡献。更重要的是，我给党员们布置任务，70岁以内的党员必须每天学习"学习强国"，每个月我们组织党员学习党的决定和政策。

第二，法律法规政策和管理学要学懂。我家二楼的书柜堆满了法律法规文件，平时只要有空我就学习各种法律法规和政策，文件一遍读不懂，我就读两遍，再对重点部分做标记。熟读政策文件才能为村子争取更多的优惠，如果连政策法规都不懂就没法干事，只要学习了就会有收获。比如，我们村的工作亮点村务恳谈会，就是我从《村民委员会组织法》之中学习总结来的。不仅是有关农村农业的政策文件，我还懂点合同法、经济法、教育法以及地方的政策文件。我的普通话不标准，但是我要求自己发言的时候必须有理有据，有出处的内容不能出错。有时候在县里开会，领导在上面讲话的时候，我都能记得起领导说的是哪一份文件中的哪一条，甚至还能给他们补充。2014年，在县第十六届人大三次会议分代表团活动中，我提出希望县里能尽快落实省里实行项目附属设施用地规模2%~5%的标准，当时大家都不记得有这个文件，还觉得可能是我记错了，于是我当场就拿出了省农业厅和国土厅的文件。我还是人大代表和人大常委会委员，我向县里提出了《关于尽快落实被征地农民应享受政策待遇的建议》《关于全面落实壶镇行政服务中心扩权事项的建议》等议案。我不仅自己学习法律法规，我也要求村委和村民学习，在村务恳谈会上我把自己学习过的法律法规用农村土话讲出来，为村民上"法律课"。除了政策法规之外,我还学习管理学——时间管理、心态管理、行动管理、目标管理、学习管理,在学习的过程中我把书中的经典段落抄下来。如果法律法规、政策都不懂,怎么去干事,如果管理都不学,又怎么去管人啊!

第三,学习每个村好的经验。借鉴每个村好的经验、虚心向其他村学习是不会错的。我去了很多村参观学习,我去学习它们的发展,也学习村书记的讲话,当时县里在推广美丽乡村,我就带着村委到仁岸村参观绿化、民宿和水上乐园。不过,每个村的条件不一样,其他村做得好的我们学习,做得不好的我们不学,如果做起来成本太高,那么我们学了也没用。2018年,缙云县启动"明星书记"培育工程,我作为"兴村名师"与溶江乡雅江村、前路乡前路村、仙都街道鼎湖村结对帮扶。我去结对村走访,在党员代表大会上讲话,过年过节我也会自掏腰包到结对村里看望困难户,结对的村书记遇到不懂的,他们也会打电话问我。2022年如果没有生病的话,我还打算去东方镇靖岳村和前路乡大集村看一看。2017年,我还到省里参加"全省村(社区)党组织书记示范培训班",向台下数百名书记介绍经验。2020年,丽水市委组织部和农办在松阳县组织活动,我白天在村里干活,连衣服都来不及换就去了,等我到松阳都已经晚上12点半了。市里的领导临时通知我第二天早上9点发言介绍经验,当时我连演讲稿都来不及写就现场发挥,结果本来安排15分钟的发言,我讲了27分钟,后来我才补上发言稿。2021年,我到淳安县下姜村参加"百名村书记话共富"主题峰会,很多村书记介绍了增加村集体和村民收入的经验,我也分享了高潮村的致富经验。总之,我一边在村里工作,一边到外地学习和传授经验。

四、我的治村"三字经"之二:"管"

第一,管人。我刚上任的时候,高潮村是很乱的。1999年我当村长前夕,村里总共才1 000多人,就有200多个上访户。那些人在街上敲着铜锣叫着要上访,我让他们不要去敲,不要上访,他们不但不听,而且还有三十几个人在老年会骂我。我到县里之后,县委书记问我"怎么处理",我就和他讲了我的想法,解决了村里的欠款和房屋问题。后来,在我担任村长和书记的20多年间,我一年年地减少上访户,现在村民都很团结,基本没有上访户。在管人方面,我认为最关键的是开好3个会:党员大会、村民代表大会、村务恳谈会。从2000年开始,我们村的任何事情都要经过会议讨论和表决,任何事情大家都要知道,党员要知道,村民要知道。一有事我们就开会,一年十几次,最多的时候一年开二十几次。这三大会议之中的"村务恳谈会"是高潮村的特色,也是我学习《村民委员会组织法》后创立的。从2000年开始,我们每年都召开"村务恳谈会"。"村务恳谈会"是很好的,为什么?因为村民代表、党员不参加恳谈会，只有普通村民参会，每个生产队推选 5~10 名村民和老年会的老人参会。今年这两个人参会，那么明年就换另外两个人参会，每年参会的人至少有 500 位。在恳谈会上，有什么不好的事情，我就让村民提出来。村民临时提的问题，我就当场答复。问题一旦提出来，就要解决掉。我还记得在第一年恳谈会上村民提了 32 个问题，现在恳谈会上的提问没有那么多了，小事情和个人意见不在会上提了，但是代表大多数村民的事情或者意见还是要提出来的。我生病以前，每天都会在村里转一转。7 点半上班以后没时间，我就提前去看看绿化，看看村民，有什么事情就问一下人家，关心一下人家。逢年过节，我走进每个困难户的家中，问一问有什么困难，我去帮他们解决，我还自己发红包慰问困难户，每年至少 6 人，每人 600 块或者 1 000 块，至今至少帮了 100 人。我也常与 17 个村民小组组长沟通，征求他们对村务工作的意见。村民之间如果有矛盾，我先请调解主任解决。农村里面的事情很多，每次调解委员会的理念都很不一样，如果解决不了我再去讲道理。我和村民说，这个事情不能自己解决吗？如果能自己解决，那么这些小事情就过了。有时候我也自己出钱解决问题，有一次一个人要求赔 204 块，另外一个要 500 块，两个人的矛盾三天三夜都没解决，于是我就自己掏钱解决。还有一次在高潮菜市场，买菜的和卖菜的人为了菜和簸箕吵起来了，几十个人围着看热闹，我就自己掏了 15 块钱解决了问题，不能影响大家休息，也不要影响菜场营业。总之，村民之间最难的事情我都能解决，现在村民都比较配合工作。除了管理普通村民，我也运用管理学的知识管理村委，通过"三会一课"等制度管理好党员，比如我常用"聪"这个字教育干部：《鬼谷子》里面说，两眼看，用嘴说，用心记，用耳听。

第二，管资产。想要管好资产，必须要清楚村里有多少资产，有多少资产是租出去的，有多少资产是卖出去的，这些要知道，不知道是不行的。在我担任村长之前，高潮村几乎没有集体资产，仅有的 7 间半店面也是胡乱出租出去的，连几万块钱的租金都收不回来，甚至我还垫了 600 块钱，到今天都没拿回来。我当上村长之后，这些年村集体陆续拥有了 24 间综合楼店面、4 间简易棚旁边的店面、8 间朝北的店面等。为了管好资产，我们村很早就实行了"五议两公开"制度，在全国相关政策还没有落地的时候，我们就开始了。我们村所有重大的事情都要通过"两委"负责人建议、村党支部会提议、村"两委"会商议、党员大会审议、村民代表会议或村民会议决议，并做到决议公开、实施结果公开。从 1999 年开始，我们村的任何事情都要通过代表表决，比如以前老菜市场空闲的房屋怎么租、哪些人能够享受分红，都要经过表决。我也把这方面的经验组成文字到市里、省里去推广。通过管理资产，近些年高潮村的村集体收入已经超过 700 万，这 700 多万主要由农田租赁（140 万元）、店面房屋租赁（280 万元）、农贸市场租赁（250 万元）以及其他零散的收入（35 万元）构成。

第三，管资金。1999年，在我当上村长的那一年，我们就建立了财务公开制度，这是全省最早的。《财务公告》一季度一公开，每年分4期装订成册，发给村民代表和党员，到今天一共有106期。《财务公告》以前是手写，现在是打印。钱怎么用，医保、浙丽保、粮食补助款、年度分红补助款怎么分，账目列得清清楚楚。村集体如果有超过1万块的现金支出，必须经过村民代表和党员的同意。2001年冬天，先后有54名老人跑到我家，哭着告诉我，他们没有粮食也没有钱，而且孩子还不养老。那年还有媳妇和公婆为了养老问题在老年会打架、扯头发。这些问题解决了几十次都解决不了。当时刚好国家出台了《老年人权益保障法》，后来再经过村里的表决，2002年1月1日我们就开始给老年人"发工资"。当时村集体的收入还是很少的，但是我们却让老年会的老人们先享受。最早的时候，村里按照年龄每个月发给老年人30、50、70、100，现在是60~69岁发50块，70~89岁发100块，90~99岁发150块，100岁以上发300块，发给老年人的"工资"只能由老年人领，不能让小孩代领。每年年底，我还用村集体的钱给每位村民发"红包"，1999年发200块、2000年发300块、2005年发1 000块；2002年我们村开始分红，最早每人分200块；到2009年，分红、粮食补助款、门前三包费、医疗保险金、浙丽保等七七八八加起来每人每年能分到三四千块。比如去年，村里给每人补贴480块医疗保险、浙丽保100块、门前卫生费520块、农田1 000块、年终分红1 000块，房屋保险由村里交。据我们统计，多年来村里发放给村民的钱已经超过1个亿。与给村民"发红包"时候的"大方"相比，有人说我对自己有点"抠门"。在我当村长之前，村里每年公款吃喝很多。但是这二十几年来，我在公务招待上没有一分钱开支。人情往来可以，但是我宁愿自己掏点钱在自己家里吃便饭，也不让有什么其他的开支，现在有点钱了，可能买买水果无所谓，但是吃饭还是要在家里吃，否则开支没底数嘛，用的又是集体的钱。有钱不招待，不是抠门，而是当了村干部之后，为了村民必须把钱用在刀刃上，否则乱用影响不好。

五、我的治村"三字经"之三："干"

第一，干环境，把村民住的地方整治好。以前我对高潮村的印象是很差的，环境差，水也脏，属于壶镇镇的脏乱差村庄。村里的主路是泥巴路，下雨天穿鞋都不能走，坐车摇摇晃晃，路边摆满了400多口朝天的粪缸，小孩子去壶滨中学上学还要穿过坟园。当时的壶镇镇书记问我，这个村这么乱，怎么整治，整治好之后能不能把路做进去。于是我决定整治村庄环境，清除粪缸、搬迁坟墓。最开始的时候，村民都不愿意敲粪缸，我就自己带头先敲。既然我都敲掉了，反正最后粪缸要敲掉的，不然没办法修路，后来17个生产队的队长就跟着我敲，队长敲掉村民就会跟着敲。坟墓也是。我太公、太婆、爸爸、妈妈的坟墓在这里，那就先移我家的。最终我们迁移了1 286穴坟墓、44穴无主坟，拆除400多口露天粪缸，把原来的墓地变成安居公园，公园旁边搞了条安居公路，公路搞起来以后再建房子，就这样一步步我们村里干净起来了。

2018年，在镇党委和镇政府的领导下，我们高潮村开展"两清、两拆、两化"和小城镇环境综合整治工作，清理并整治了村里的地下管道和外立面。这几年经过"五水共治"、美丽乡村建设，我们村的环境越来越好了。有空的时候，我会在村里转一转。村里的范围很大，叫人家不方便，我尽量自己去。我的电瓶车的后备箱就像个工具箱，箱子里铁锤、剪刀、锯子、水桶什么都有。走到哪里看见不干净或者乱了，我就自己打扫卫生，修剪枝叶，每天晚上11点，我还在村里看绿化。2022年生病前的几天，我带着几个村委去清理农贸市场旁边的臭水沟，我先跳下去，后来村委也跟着跳下去。村里的几位老人路过那里，他们笑我们，指着我们说"在以前，这种事情是'四类分子'做的"。除了环境整治，我们还在挖掘高潮村的历史文化，打造"红色高潮"。2018年，我们修复中共缙云县一大旧址，成功举办中共缙云县委成立90周年纪念活动，并吸引了大批党员和学生前来研学。2021年，我们推出涵盖一大旧址、赵舒故居、吕平生故居在内的红色旅游精品线路，吸引了全国上百个党支部前来参观学习；接下来，我们村里还将建设红色旅游接待中心，预计每年为村集体创收50万块钱。

第二，干资产，把经济抓上去。乡村要振兴，最大的难点就是搞经济，经济搞上去了，村民享受了，什么事情都好解决了。在我小的时候，高潮村环境差，经济也差，穷得出名。1999年8月，我刚当村长的时候，村集体账目上虽然还有近30万块钱，但实际上一点钱都没有，甚至还欠债，就连换届选举买红纸的5块钱都拿不出来。我心里想，每个村都要搞经济，没经济收入是不行的，村集体要有资产，没有资产就没有钱。于是，我在会上说了"买土地建资产"的想法，大部分代表觉得还是买下来比较好。他们当时认为我当村长，我能完成得了，不过也有少数村民不同意。虽然没有钱也很难，但是我想想还是觉得买下来比较好，于是，我每天晚上带着香烟上门和村民沟通。我说，"虽然目前一个人要5 000多块，但是任务四五年就能完成，即使是把一到二层的房子租出去，这个钱也能回本"。2003年8月，我们以852万块钱的价格拍下一块1375.6平方米的土地，这是当时整个丽水地区均价最高的土地，还上过报纸，这些我都记得牢。在拍卖土地的时候，有11家房地产公司来投标，其中一个人拿出300万块钱让我不要去投标，也有建筑公司的人拿了8万块钱、30条香烟给我，这在当时是很值钱的，但是我不同意，我不要钱，我不是为自己拍，如果是为自己，今天我绝对都赚了几千万了！我是为集体，我要搞发展，再高的价格我也要拿下来，我要给村民、给集体创造资产。当年8月3号拍下土地，9月3号就到期，一个月要交款852万，但是当时村里面没钱，为了这852万块钱，我三天三夜没睡好，我也不敢告诉老婆，老婆还奇怪我为什么睡醒满头大汗。后来我计划了一下，土地征用拿到154.9万块钱，再把一些房子处理掉，15万、20万、25万块凑起来，再从村民那里借一部分。我还到银行贷款贷了300万块钱。但是因为当时我没能力，我就找天喜集团的老板担保，以前在花岗岩厂工作的时候，我是厂长，他是经理。所以我找他担保的时候，他说，"没事，你这个人说话算数，我认定你了"，他爽快地帮我担保了200万块钱。在成功买下土地后，我们在土地上盖了一栋综合楼，那时候镇里和村里是真没钱，钱都是干出来的，怎么干呢？这是有思路的。2006年综合楼建成以后，我们把一层到二层租出去，第一年租了55.8万块钱，第二年光中国银行的租金就有八九十万块。我们又把三层到六层卖出去，当时卖了1 300多万块钱。卖掉的钱，我连着利息还给银行和私人，四五年时间就回本了。靠着这栋楼，我们村赚了第一桶金，现在光这栋楼的租金一年就有170多万。2013年，我们村开始改造旧村、建设新村，我们仅用45天就完成了菜场改造和摊位招投标，每年能有250万块钱收入。经济上去以后，我们村从最差的村变成明星村，前年村集体的收入达到738万，成为壶镇村集体收入很高的村。

第三，干农田，把农田利用好。农田要干好，农田观光也要干好。以前我们村里在外面打工的人、留守儿童、老人的田都荒在那里，他们不会利用土地，也没收入，那么土地就浪费掉了。所以2004年、2009年、2011年、2015年，我们分四步走，逐渐把全村的土地流转到村集体，村民的土地流转是自愿的，如果愿意就签合同，我们就给农户发土地费。最早土地流转到村里钱是很少的，后来慢慢多起来，第一次每个人20块、第二次71块、第三次200块、第四次300块、第五次3 000块。现在村民如果把农田留在手上，种地没有多少钱。我们把土地流转回来，那么村集体每亩土地的成本就是3 000块钱，村里再把流转回来的土地用来种植茭白、发展养殖、经营农副产品。这几年，村集体每年光农田收入就有140多万块。

六、尾声：即使生病了，我的事情还很多

2022年4月18号，我不幸中风，其实生病的前几天我都是干通宵的。4月18号凌晨，我记好前一天的笔记就已经凌晨1点多了。当时市场里面肉类批发的摊位不肯交钱，我想着有好几万块钱呢，我不去收不行。我在沙发上躺到3点，然后爬起来到农贸市场收租，直到早上7点才回来。当天新建镇的书记要来高潮村参观县一大会址，在他们来之前，我先去看了看民安桥的施工进度。谁知道啊，我爬到桥上的时候就感到头昏，当时我就知道不行了。下来之后我骑车骑了3次才到一大会址，为什么是3次？因为我的大脑已经不受我控制，一骑车就要摔倒，所以骑了3次才到。第一个电话我先打给村委，第二个电话我再打给孩子，后来他们都过来了。我跟新建镇的书记

说，我今天不行了，我已经不会讲解了。

有好几个月的时间，我躺在医院里动都不会动。脑梗没有特效药，必须锻炼。所以从医院回家之后，我每天都要做十几个康复项目。以前我说话说不清楚，腿脚也没法走路，坚持锻炼了几个月之后，自己洗头洗澡没问题，腿脚也能走，但是右手手指还不行，抓不住勺子和筷子，也没法写字。

生病之前，每天上下班前后，我都会在村里转一转，看看环境，关心关心村民。我老婆说我生病之前就和老黄牛一样，一天到晚跑这跑那，从来不停，现在一下子生病了，家里人都没想到会是这个样子。目前我以康复为主，每天锻炼16个项目，早中晚各一次，村里的事情稍微放一下，小事我交给会计办理，大事我亲自去办，村里和镇里打过来的电话我也要回。我还利用锻炼的时间，边锻炼边给村里打电话询问村务工作，有空的时候再到村里转一转。即使生病了，我的事情也很多。

未来这几年，工作计划再说，目前最重要的还是身体好起来。对于村庄，我希望：第一，抓经济，农村还是要抓经济，经济上去什么事情都好说嘛，有钱了什么事情都干得好；第二，抓美丽，如果没有美丽，那么红色旅游这些都是空的，什么都很难。

****

采写者名片

陈佳逸，女，1999年4月生，浙江丽水人，本科毕业于华中科技大学新闻与信息传播学院，采写此文时为清华大学新闻与传播学院硕士研究生，研究方向为乡村数字经济，现任职于浙江省丽水市委宣传部。

采写手记：知行合一的"犟"书记

采访吕以明书记，既比想象中更困难，但也更容易。初次见到吕书记是在高潮村的赵氏祠堂，虽然知道书记身体状况欠佳，但是断断续续的谈话、混乱不清的逻辑、时常挂在嘴边的"算了，不说了"，还是超出了我对采访难度的预期。上午的采访并不顺利，村委说，"我们书记的故事就像一本厚厚的书"，但这与我获得的信息量相去甚远。中午时分，吕书记邀请我随他去家中吃顿便饭。一路上，他带我走在旧村的石头小路上，横穿过安居东路，虽然当天下着大雨，书记腿脚也不便，但是当向我描述起村庄发生的翻天覆地的变化时，书记兴致高涨。下午的采访是在家中进行的，我深知吕书记是一个富矿。但是无论我如何努力，书记依旧不愿多说，看着整理后不到6 000字的可用文本，我有些泄气。

初采阶段虽然信息量少，但是框架基本成型，所以在补采阶段我调整了访谈方式，从广泛了解转向追求完整和细节。首先，以时间为轴，引导书记回忆，拼凑完整的生活经历。其次，从具体事件入手，返回头挖掘生动的细节。随后，我从采访者的身份中退出，转为倾听者，将口述的主动权交还给书记。此后，采访渐入佳境，吕书记只要回忆起某件事，便会立刻拨打我的电话，一通电话短则三五分钟，长则40分钟，补采随时随地发生。与补采同时进行的是文章的修改工作，尽管有时几乎没有改动，但是每隔三五天，我都会收到书记的消息："最新的发给我看一下"，没想到，有一天我会成为那位被催进度的人。

如果用一个词来形容吕书记，我会毫不犹豫地选择"犟"，这个"犟"不是脾气方面的固执倔强，而是对待村务工作鞠躬尽瘁的韧劲。当问及是否支持吕书记的工作时，吕书记的妻子有些无奈，但更多的是嗔怪："我没有什么支持不支持的，他这个人很犟的，想怎么样就怎么样，喜欢干什么就干什么，反正我从来不过问，管他干什么。"妻子形容生病前的吕书记为"黄牛"，一天到晚跑这跑那，永不停歇。村委表示，吕书记事事尽心尽力，早晨六七点、凌晨两三点都能看到他的身影，这种连轴转的工作状态对于年轻一代而言，根本吃不消。甚至连中风前的那一周，吕书记依旧每天干到通宵。生病强制为吕书记按下了暂停键，但是还未等到肢体和语言完全康复，他就重新开始工作。在书记家中完成第一次采访后半场的过程中，我目睹了吕书记生病后的状态：在餐桌上，右手无力地搭着碗，左手吃力地握着勺，把饭菜"铲"进嘴里；在书柜前，翻阅着以前的笔记，有时还艰难地在用左手手指在手机上写字；在客厅里，嘴上谈论着工作，手上也没闲着，要么按压握力器，要么抬举哑铃。吕书记告诉我，在接受我采访前，他已经完成了十几项康复运动，类似的康复运动一天要重复3次，我试了试康复的器材，说实话，这些运动对于四肢健全的我来说都有些吃力。问及未来是否会继续当书记，吕书记的妻子觉得取决于身体情况，但她也坦言："我是觉得不要当了，当书记有点累，当到现在也差不多了。"然而吕书记依旧放不下村庄。做康复运动的间隙，他打电话给村委落实工作，运动结束后，即使腿脚不便，他还是会到村里转一转。

作为一份看重实干多过理论的职业，吕书记颇有些"离经叛道"。他将学习作为治村的首要法宝，不仅要学习党的政策、法律法规和管理学，还要学习各村的好经验。他向我展示了家里的3个书柜，书柜里满满当当装着各类书籍、文件和学习笔记。白天工作忙没时间，那就趁着凌晨学习，学习种类之多、学习时间之长让我这个将学习作为本职工作的学生自愧不如。对于青年人，吕书记认为最重要的还是学习，他嘱咐我："学习最重要，像你这样的学生肯学习是不会错的。"不过，吕书记的学习不是盲目的，而是有选择性的，对于书本上有价值的内容他选择摘抄到本子上，没有价值的则弃之。同理，对于其他村庄的可效仿的好经验，他虚心学习，对于不符合本村发展实际的经验，即使再好他也不会盲目模仿。习近平总书记曾指出："贯彻党的群众路线，知是基础、是前提，行是重点、是关键，必须以知促行、以行促知，做到知行合一。"吕书记是这一真知灼见的忠实践行者。他强调学习并不是否认实干的重要性，而是将学习视为村庄治理的第一步，"学"是"管"和"干"的基础，学习的最终目的在于管理村庄、造福村民。通过学习《村民委员会组织法》，吕书记首创"村务恳谈会"；通过走群众路线，与村民一起解决村里的问题；通过学习《鬼谷子》，吕书记以"聪"字教育村委。受启发于自己从无到有、积少成多的创业经历，他认为村庄要发展首先要有资产，于是他借助私人的经济优势，通过个人贷款和他人担保的"逆市场化"方式为村庄建设公共资产筹集了 500 万元。除了高潮村，吕书记还慷慨地将治村"三字经"分享给其他村书记，充分发挥"传帮带"的作用。吕书记的治村"三字经"体现了他从"知"到"行"、"行"反哺"知"的知行合一的过程。

需要强调的是，吕书记回嵌乡土并走出一条成功的治村之路不是自然而然发生的，而是在个人情感、组织引领和社会关系的多重作用下，分阶段、逐渐深入地回嵌的。如果说吕书记的青少年时期是一个不断远离村庄的过程——从在村里放牛，到隔壁金华地区做工，再跑遍全国做业务，那么中年时期则是不断接近村庄的过程——先边跑业务边办厂，再切断业务到镇上的公办企业当厂长，最后逐渐切断生意全职负责村务工作。不过，虽然吕书记曾短暂地离开家乡，但并没有完全切断与家乡的联系。例如，在跑业务阶段，他一方面将壶镇的农产品和工艺品销往全国，另一方面将外地物美价廉的圆盘锯运回壶镇，虽然在身体上远离村庄，但在经济层面他却在回馈村庄。关于回嵌的动力，既有照顾生病的母亲等主观情感因素，也得益于组织和村民的信任。正如吕书记本人所言，最初他并无回村竞选的打算，这不仅是因为选举受到阻挠，而且相较于当年红火的事业，当村委并不是一笔"划算的买卖"，而正是领导的 14 个电话、村民无条件的信任以及对村庄朴素的情感，使吕书记在村里派别林立的混乱局面中回归家乡，临危受命担任村长，并下定"不当就不当，当上去就要当好"的决心。这种从在外游走的生意人到回嵌家乡担任村委的转变，绝不是经济学意义上的"理性"所能解释的，而体现了经济利益之外的乡土情感和社会关系的作用，更类似于"社会型理性选择"。当然，吕书记也并非没有动摇的时刻，他原本打算当满两届就卸任继续从商，但因为放不下村务工作，也因为村民的再一次信任，使吕书记最终放弃了这一念头，而选择牺牲自己的个人经济利益，继续为村民服务，这么一当就是几十年。吕书记的言行反过来也感染了他人。村委告诉我，村务工作繁杂，常常令年轻的村委产生放弃的念头，但是"吕书记是我们的灵魂，他是我们的精神支柱，书记的心胸和格局引领着大家"，在潜移默化之中感化村委，令他们产生为民服务的情怀。因此，吕书记的回嵌之路也是多主体相互激励、相互塑造的过程。

回顾采访的全过程，我从"山重水复疑无路"的初采，走向了"柳暗花明又一村"的补采。工作与生活、现实与回忆，经过多次的讲述与观察，我对吕书记的印象从纯粹的、抽象化的村书记逐渐转变为丰满的、具象的人。有关"富人治村""经济能人治村"的研究强调村干部的经济地位对于基层民主的影响，尽管观点不一，但是均忽视了多元身份特质和外部因素对村庄治理的影响。然而，所谓的富人既不是先天的，也不是同质的，经济实力不足以决定一个人的村庄治理理性与行事逻辑。吕书记打开话匣子是使采访由难转易的契机，同时他的案例也表明，像黄牛一般"犟"的工作态度、几十年如一日的以"知"促"行"、以"行"促"知"的治村经验，以及组织和乡土情感等因素与他的经济实力交织在一起，使其从在外奔波的商人成长为"回嵌"家乡的明星书记。这才是吕书记治理村庄的奥秘。

第三章　章有明：党建与新农村建设，
　　　　一肩挑起幸福安康的担子

口述：章有明
采写：唐西希
采访时间：2023年2月6日—2023年5月22日

书记名片

章有明，1960年6月生，1994年8月加入中国共产党，1994年开始担任下庄村村民委员会主任，2010年担任福康村党支部书记，2017年担任福康村党总支书记，2020年开始"一肩挑"，担任福康村党总支书记和村民委员会主任。2021年11月当选第十八届缙云县人大代表。荣获缙云县农村危旧房改造先进工作者、缙云县"五水共治"先进个人、缙云县优秀共产党员、缙云县优秀党支部书记、缙云县首批明星书记、丽水市优秀共产党员、丽水市社会主义新农村建设先进工作者、新时代浙江省千名好支书、丽水市兴村（治社）名师等荣誉。

村庄名片

福康村位于缙云县北部的新碧街道，2010年由下东山、坑底、下庄、后坑4个村庄合并而成，和永康市交界，是缙云工业园区的北大门。福康村行政区域面积2.9平方公里，耕地面积318亩，水面面积42亩，山林面积2 370亩。现有户籍人口1 293人，外来人口1 680余人，共有4个村民小组、4个党小组，有党员99人，2022年村集体经济收入120万元。先后获农村危旧房改造先进村、浙江省森林村庄、丽水市十大美丽乡村精品村、丽水市党建示范点、浙江省卫生村、浙江省民主法治村、浙江省善治示范村、浙江省红色根脉强基示范村等荣誉。

一、立村之本：基层党建凝聚合力

（一）我们村的好干部和好党员

1994年我当下庄村村主任时，徐巧丹的公公是下庄村的党支部书记，2010年并村以后他退下来，徐巧丹就上来了。徐巧丹现在是村里的组织委员，我认为她是最优秀的组织委员。她很认真，把村里的方方面面都打理得很好，在我们的档案室将各种资料分门别类地摆放得特别好，之前领导参观时也夸奖了，现在新碧街道的组织委员还说要把他们街道的人都拉来学习。说起巧丹，她2014年前是支委委员，在我们新农村的一个公司上班，工资可能四五千块钱一个月。有一年，当时的县委书记来了我们村，说我们村需要大力搞发展，巧丹就辞掉了公司本来的工作来村里全职当组织委员，工资一下就降成了1 000块钱一个月。后来县委书记夸她，说他自己也做不到，要我们都向巧丹学习，她辞去高薪工作来这里也是为了福康村的发展。大家都说，这个村党建做得这么好，巧丹功不可没。

巧丹是一个好干部，我们村还有很多其他的好干部、好党员。就说去年组织党员志愿活动，那次活动是搞卫生，我们村里有99个党员，但最后来了112个人，其中有一些不是党员的人也来了。有的党员在外地工作，开会是没办法来，但如果是志愿活动，就会让自己的父母或老公老婆来。比如搞卫生那天，有一个党员他自己不在家，但来了两个人，他父母都来了，都能帮子女搞卫生。还有一个事情让我很感动，有几位是外地打工的，住在我们村里，我们搞志愿活动，他们也来参加。普通老百姓也一样，虽然不是党员，但会抓紧把自己家门口弄干净一点，因为让你们来帮他们做卫生，他们也不好意思，他们也是爱面子的。其他很多活动也一样，包括我们村的"学习强国"参与率，人均积分在新碧各村中也是第一的。

（二）必须把党员队伍抓起来

在村里头很明显，你要干个事情，就必须把党员队伍抓起来。如果这个队伍抓好了，你这个村就能管得很好，大家都干劲十足的；如果党员队伍比较涣散的话，这个村就比较难管理。我们管理党员得有纪律，说土话也就是要有规矩，按照党员纪律管党员就能管好。我们现在党员的纪律很好，但风气的转变也有个过程，刚开始我们会给党员的表现公开打分评比，从很多个方面进行打分，包括我们组织生活、主题党日、志愿活动等。我们年终考评会按照党员自己完成的情况进行考核，包括党员活动搞得好不好、党员平时联系群众没有，我们是从很多方面综合给他们打分的，每个党员都会打分，而且最后都要公示出来。

比如主题党日活动，党员到底来过还是没来过，都是要公开记录的。党员来过后就要在那里签名，要是真的没有参加，我们就实事求是，不能叫别人帮你代签，不然就搞不清楚，形成坏习惯就不好了。村里开会，如果很多党员都不来的话，我就没办法管，警示党员也搞不了这么多，那么群众最后慢慢就都会不来了。每月都有主题党日，一年12个月，党员如果一年有几次不来，都是要评比的。每次不来都要扣分，就像驾驶证一样，如果扣掉了，你就不合格了。没有 60 分的话，我们就要警示党员，到后来就会成为不合格党员，虽然基本上也不会出现这种情况，但我们肯定要先有规矩。我们现在搞主题党日活动或者开会的话，如果不是家里有特殊情况，党员一般不会请假，都能够按时参加，现在已经成为一个习惯了。党员养成这个习惯后，自己也不一样了，好像村里的事也是自己家里的事。而作为一个共产党员，每个月参加这个活动或会议，其实自己也感到很光荣。

党员对于我们村很重要，他们把全村都带动起来了，我们利用党群关系能做很多事情，党建真的是在推动这个村庄的发展。我们这里靠近新碧街道的工业园区，很多外地来打工的人住在我们村里，早些年外地人和本地人的矛盾很多。因为外地人可能生活习惯同我们这里不一样，有的时候和本地人吵架，外地人很团结，很多人一下子就涌上来了，我们村里都没办法，这是个大问题。后来我们讨论，就说利用党员来解决，当时就在村里打听外地人中有没有党员。外地来打工的人来自云南、贵州、四川的比较多，开始的时候我们是想打听有没有党员，发现没有党员后，我们就想了一个办法，就是让他们外地人自己推荐 3 个代表出来，我们村里有什么会议、重要一点的事情，就扩大会议，邀请外地人的代表也来参加。早几年，我们这个做法得到县里多次表扬。这个举措的效果是很明显的，外地代表来参加会以后，关于什么环境卫生的决议，回去后就会去宣传。我们本地人如果同外地人有什么矛盾，外地代表也会去努力解决，我们村干部去都不用去了。外地人也会有一种荣誉感，因为他们有自己的代表。几个外地代表与我们就像朋友一样，有空也过来一起喝茶、一起吃饭。如果外地人过年不回家，我们也会去慰问一下。早几年经济没那么好的时候，外地人真有什么困难，我们干部也关心和走访，做好了情感联系。

后来每次开党员会议我都会强调，我也给村里的村民说，我们是工业园区了，我们要想办法和外地人搞好关系，要相处得和谐，这样才能把外地人留在我们福康村。他们在这里打工，我们出租房子给他们住，这本来就是一个重要收入。另外，人多了，超市生意也会好一点，你的店面也能出租了。我说，你们让他们感到住在我们福康很放心，他们就不一样了。一些外地人在我们这里住过很久，后来又去很远的其他地方打工，但仍喜欢再回到我们福康。对于外地人这一块我们福康做得比较好，我们欢迎他们，他们也都是心情舒畅地住在我们福康。现在我们村的田地都征掉了，都是靠外来人挣钱。他们在这里打工，一个月几千块钱工资，住在村里，也会把一些钱花在这里。外地人多了，你收益方面肯定是有好处的，但管理方面可能麻烦一点，人越多管理越麻烦。目前的话，我们村里头的外地人基本上没什么管理问题，整个风气已经好起来了，我们村民很多年前就已经不说"他是外地人了"，也不会谈论外地人怎么不一样，早就没有这样的想法了，都喜欢外地人住在我们村里。

（三）四字经验："严管厚爱"

通过党建我总结出来，管党员就4个字："严管厚爱"。党员要有党员的规矩，管理的时候就是要严。当村书记就要敢说敢管，你如果不敢去管就不行。纪律上要严格，平时还是要厚爱，爱护每一个党员，关心每一个党员。党员有困难了，你还是要关心的。你对他们严格和对他们关心，这两个是要结合起来的。当村书记主要就是要有一帮人，没有一帮人，靠我一个人干肯定是不行的。管好党员，让自己一帮人有凝聚力、战斗力，那是我作为村书记该做的事。

"严管厚爱"，不仅是对党员，我对整个村委也是这样要求的。村委的干部也是很团结的，大家相处的氛围特别好，平时都经常聚在一起，过年时我也组织大家一起出钱去吃年夜饭，或者一起烧起来吃。有条件的话我们出去旅游也都一起去。而且我们都要求村委干部不能是自己一个人去，夫妻两个人都要去，村干部们的老婆同我老婆的关系都是很好的。我想，当干部就我们干部关系好还是不行，女人是很厉害的，她们如果不支持的话，肯定还是干不好。要他们老婆和家里都支持，那我们做事情就没反对意见，就更好了。她们女人私下都跟姐妹一样，关系都是很好的，这个很关键。我们两个干部之间真的有一点矛盾，如果老婆在背后给老公说"算了"，那么就没事了。家里有个人在那里说说，有个台阶下，矛盾就都化解了。这也是我们基层的一个特色，把人情和法治相结合。很多工作，都是看你人情的。有的时候，虽然不是什么大事情，但干部班子如果自己都做不好的话，下面可能就不满，所以我对他们很严格。但我对村委干部不管怎么样，甚至骂他们，他们也不生气，就像自己家里人一样，可能今天上午吵架，下午我们又坐一起吃饭、一起聊天了，哪里有时间赌气，大家都习惯了。我跟他们说，你如果对我这个朋友好，你就要把工作做好，工作干好了才是真的支持我。如果你平时说话说得很好听，但我这里一有事情，你这个事说不干了，那个事又干不好，那肯定是不行的。严管厚爱，这个很关键，你管也要管，对他们关心也要关心，你平时不关心就知道骂也不行。

二、建村之基：旧村改造开启新农村

（一）最早搞成旧村改造

现在无论谁走到我们村，第一印象一定是我们的村容村貌，我们村里的整个环境比一般的村要好，而且很早环境就好了。我们从2009年开始搞新农村建设，第一步就是旧村改造。之前的旧村，全部是泥土房，没路灯，路也很窄，路面一到雨天就坑坑洼洼。现在，别墅一栋栋整整齐齐的，成为我们村的特色。我们村的老百姓同其他村的老百姓已经不一样了，人的素质随着生活环境变化而变好，这是一个慢慢改变的过程。

旧村改造，就是把村里的老房子拆了，全部都重建。当时刚接到旧村改造政策时，我的心里也直打鼓。改造工程是6月份启动的，当时要拆掉的户数占全村总人口的51%，很多村民对政策都不了解，工作很难做通。开始的时候叫他们拆，他们都不愿意拆，怕拆了以后建不回去，不知道未来会怎么样。但村"两委"经过政策学习和业务培训后，可以肯定这是一项利村惠民的工程，能够改善大家的居住环境，所以就决定硬着头皮、咬着牙去做工作。我们村"两委"成立了旧村改造领导小组，坚持规划先行原则，先规划好再行动。

"拆"和"建"都是很困难的。旧村改造，旧房如何拆掉就是一个大问题：农村的老房子，这里可能有违章了，那里的房子可能本来是邻居的或亲戚的，或是他们兄弟姐妹的，有的分不清，但它们如果值钱了就有争执，矛盾出来的时候很难处理。我们就先清算了一下旧房子，给每家的旧房子都拍个照片，量好面积，做成一份清楚的资料，每家每户都有。当时我自己的老房子是200多平方米，地基的100多平方米是有土地证的，但屋前面围起来的那个空间有100平方米，是真没有土地证。那个时候，村民们都不让拆没有土地证的地方，我说我带头拆，把自己的房子先拆掉，屋前面这个地我不要了，都归还村里。就是因为我自己能够带头拆，老百姓就觉得，村主任100多平方米都不要了，也就不闹了。旧村改造的时候，我们村的资料做得最好、最早，现在所有资料的复印件都放在档案室，随时都可以拿出来看。以前也有人有意见，说房子面积少填了什么或多填了什么，我说你自己看资料，能不能找一个不对的出来。整个村叫他们找一个出来，他们都找不到，因为我们肯定都是按照规定办的。这个东西如果不按照规定，如果我当干部，当时我说我自己的200多平方米都要算起来，可能别人也没意见。但我是第一个带头旧村改造的人，必须要公正，你如果不公正、不公开，肯定是干不好的，这个很关键。

另外，确定改造的方案也很难，我们村算是缙云最早开始搞旧村改造的，没有其他什么地方可以学习，只有自己定一个方案，那段时间村"两委"忙这个事情都是早出晚归的。我们为了坐下来确定个方案，村民代表会可能就开了十几次，村民代表会开了以后，就是户主开会，都开了很多次，第一个方案不行就第二个，第二个不行再第三个，直到大多数村民都能接受得了，都没意见了，我们才定下来。旧村改造，你如果"一刀切"的话肯定搞不定，我们的方案是讨论了很多次才定下来的，最后确定了别墅、自建房、套房和调剂这4套改造方案，村民可以根据自己家的条件选择。

第一种方案，条件好一点的村民可以换别墅，就是花园式连体别墅。别墅实行"三统一"，即统一设计、统一高度、统一外形，而且集中安排到新区块。别墅每户占地面积 85 平方米，按照旧房 106.25 平方米换新地基 85 平方米的比例进行置换，相当于打个八折。但旧房必须大于 70 平方米才可以换，小于 106.25 平方米的部分就向村集体购买，多出 106.25 平方米的部分由村集体统一回购。2009 年、2010 年的时候，县城的房子也快到 1 万块一平方米了。别墅 85 平方米，三层半，把绿化配套都加上去总价才二十几万块钱，银行还可以贷款 10 万块，利息也很低，所以购买别墅负担也不重。那个时候我们搞旧村改造，银行也喜欢跟我们打交道，有房子在，也不怕贷款给你。

第二种方案，条件一般的可选择旧房原拆原建。就是拆掉老房子，在原地自己重新建回去，但要遵循我们统一安排的房屋标准。自建房虽然没有别墅这么好，但会便宜一点，也不会改变房子位置，但前提是房子不建在中间区域，对整个村的规划没有影响。

第三种方案，条件不好的可选套房，公寓式的，就是村里有一栋大楼，里面有多家多户。套房是 111.5 平方米一套，规定是旧房面积必须达到套房面积的 40% 以上才可进行置换，旧房面积少于 111.5 平方米的部分可向村集体购买。如果他有 111.5 平方米，安排套房的话，就一分钱都不要，让村里收回来旧房就行；如果他是 80 平方米，那就要交一点钱了，具体交多少，方案都有，就是按照他地基的大小，比如 80 平方米交 2 万块，但你 50 平方米可能就要交多一点。有些人地基是他的，但上面的房子本来都倒掉了，也不能住了，不给钱也能换一套新房，其实对没有钱的人也是很划算的。我们村里其实也是划算的，如果一个 100 平方米的房子在规划的中间，我们没办法要回来的话，我们起码还要在周围空置 100 平方米，因为屋边的小路和院子你不能给他强行拆掉，那一个旧房就占掉了 200 平方米。但如果他的地能给我们，我们的利用空间就大了。听起来是他们免费得了房子，其实是双赢，对我们都有利。

第四种方案，对困难户实行调剂安置。就是老房子在中间，但地基既不够换套房，也没有钱，还需要住在这里，暂时是不能拆的，我们可以把边上的房子调剂给他——村集体收回来的大一点、好一点的老房子，剩下几个不拆调整给他住。这样我们中间就可以全部拆掉了，边上不拆也没太大影响，而且整个规划还能继续推进。之后还是允许困难户再拆的，拆了之后也可以换新房子，但面积还是按之前自己的旧房面积。在农村你如果家里很穷，也不可能没有一点老房子，应该都有，如果他自己没有，他家里以前的，比如爸爸的老房子也是可以的。

无论怎样，他可以根据自己的住房条件及经济承受能力自愿选择一种方案，但我们都严格遵守"一户一宅"的原则，一户只能换取一套房或一处别墅。旧房置换协议上写清楚了怎么换、给村里交纳多少钱，复印件都还在，每户都有，很清楚。一旦与村集体签了协议后,土地就回到了村集体。以前,老房子要倒了,你拆也不能拆,很麻烦,而我们全部都重新规划了,都收回村集体,然后再把地重新给农户。

2009年第一次搞的时候投资了4000多万,这个钱是个人集资的,交给村集体统一管理。那个时候还没有并村,我就只搞下庄村,拆掉了1万多平方米的危旧房,建回去的新房有76户。刚开始我们也不是靠政府来支持,都是自己筹钱搞。我们旧村改造搞得成功以后,县里也看到了。第二次2014年并村的时候,我们再搞旧村改造,不知道怎么回事,县委书记就联系到我们村里,他来了以后,在配套上给了一些资金补助,这给我们村里又带来了一个提升,绿化、文化广场这些配套也跟上去了,有上面领导重视效果就不一样了。到现在总共有100多户重建,而且村里的公共设施配套也很完备了。

在缙云,我们村搞旧村改造算是早的,很多村都要向我们学习。很多其他村说是旧村改造,但他们老房子拆不掉,就不拆了,就到外面的地去新建,外面建起来村里不拆掉,那个时候有点乱。我们算是旧村改造比较成功的,在整个缙云影响都很好,很多村搞旧村改造有矛盾,但我们村这方面的问题很少。

(二)"他说现在还是恨我"

虽然整体上比较成功,但有一个比较突出的"钉子户",我去拔了。村里有一个老人,今年80多岁了,他说现在还是恨我。他那个房子就是在新房规划区的中间,但他不愿意拆。我们也能理解他不想拆,他的房子2008年才建成,才修好一年,一砖一瓦都有老夫妻的心血,人到晚年也想有个稳定的居所。但他中间一户不拆的话,我们四边都要给他空起来,影响整体的美观,之后的基建也没法统一规划,我们就没办法建了。所以我当时还是给他做工作,做了很多次,他还是不同意。后来我就找他,我说你如果真的不同意的话,我们也不强求了,就周围一圈给你空出来。但这样一来,他那个地就不一样了,周围新建的地基高起来了,他在中间又怕水要流进去,我说排水也都会给他搞好的。

本来没问题了,他后来又突然跟我说,你小的时候我还抱过你,我同你的父亲关系又很好,叫我再考虑一下。我说还要怎么考虑?他说就往他房子前面那里建一个停车场,他那个房子前面都不要建其他新房了。他说你这里也可以住,那里也可以住,不差这点地。我没有接受他的提议,我说,你中间那里建一个停车场是浪费地,暂时没有什么用。后来他还是想说动我,最早他是走到我家里,说对我怎么怎么好,两家以前关系是怎么好,叫我把他房前都空起来,我说我没有这个权力,也肯定不能空,你一个房子在这里,一圈给你空起来停车,那人家为什么都要拆,人家肯定也都不愿意,那就不好搞了。后来他威胁说,你如果不空的话,我就要去上访了,他说要到县里去上访告我。我说没问题啊,你去告,没关系的,你只要实事求是说,你尽管去上访。我以前住在饭店隔壁那里,他早上去上访的时候,还在我家门口说,要把我告到县里。我说你去吧,说实话就行。他告了回来又到我门口跟我说,告了没用。但他又说,如果我真的在他房前建房子的话,来挖土的话,他就死在那里,这样的话他都说出来了。第二天,我们村里本来有几个人被安排在他房前动工,但他们怕老人在那里耍赖,都不敢去了,在边上歇着。那天我就说那我自己去,那个挖机只在边上挖,我说你在中间也挖,不要管老头。老头刚开始还是在那里站着,但后来他的老婆把他拉到边上,他又没话说了。第二天他来找我,说要拆了,这样他才有钱。整个过程反正就是他先来说好话,好话不说了就去告,告了不行他又说要死在那里。

当干部,就是要敢碰钉子,巧丹就说我的特点是敢碰钉子。如果不硬的话,他就不拆,你真的敢硬了,他就软了,第二天晚上他就找过来说愿意拆掉房子了,就很好说了,就协议协调好了。改口愿意拆掉房子,我们当然也欢迎他,给他安排了别墅,他也是村里第一个住上别墅的。但他去年还跟我说,我还是有些恨你。我问为什么呢,他说,你当干部应该要照顾我一点,你给多一点,你给多是没关系的。我说,不能这样说的,要合理地给你,你已经占便宜了。反正旧村改造不是说没问题,但有些东西,自己如果有道理的话,就不要怕,你给他房子排水弄好,边上给他空起来,保证他没影响了,他还不让你建,那就是没有道理了。

但无论怎么样,我们必须遵守公平公正的原则。另外,我们旧村改造建别墅的钱都是村民自己出的,建工程的时候肯定要公正公开,公司都是自己投标,哪一个去接了或怎么样了,村民自己都知道,会监督,他们每天都有人在这里。老百姓那里,关键就是钱的问题,就怕你干部占便宜了,他们会这么想,你这个干部就不好干了。我干了这么多年,说我想在村里哪个工程拿一点好处来,拿点钱出来,这个我肯定是没有的。不管在哪里,我都理直气壮的,如果有问题,你随时给我说都行。

三、治村有道:生态、治安与医养结合

旧村改造前,巧丹说这个村是她记忆里最差的一个,她刚嫁到这个村的时候,全是泥巴路,脚踩上去都是鸡鸭鹅粪。福源坑是我们村里的一条小河,幸福的福,源源不断的源,我们的土话把这河就叫作"坑"。之前旁边的厂房建起来,很多外地人来了,有时外地人比我们本地人数量还多。人一多,垃圾排弃就多,福源坑那时也是污水横流,里面有很多垃圾。我看不下去,就带头去捡垃圾。之前是早晨天刚刚亮起的时候,有时候还没亮,我就起来在村里转悠,看到垃圾就捡起来。时间不是一天两天,

而是天天捡,一整年就一直这样子下来,所以村民们看到了,都会放好垃圾,都不敢乱扔了,后来也慢慢跟着我这样,捡起看到的垃圾。

我早几年习惯早晨都要来村里转一圈,现在不转了。年纪大了,我去年开始腰椎间盘突出,住院住了好几次。刚开始做手术后,医生说回来要养,但是我坐不住,又转了起来,于是又严重起来,又到市里面去做了手术,去年年底刚做的。好在现在环境很好了,也不需要我再去捡垃圾了。农村里,我们以前都一样脏乱差,但只要建了新房,并且搞了卫生,环境慢慢好起来,村民的素质也就慢慢提上来了。现在我们村民素质很高,路上都没有什么垃圾。2022年县里搞卫生大评比,我们是第一名,好像是九十八点几分,本来他们到这里的几个人打的是九十九点几分,可能回去以后觉得我们太高了,又综合再打的分。这些年来,我们福康村获得了很多关于美丽乡村的荣誉。

我们村的特点是平安、环境卫生好,在缙云早几年也有点小名气。村里新建起来以后,我们平时法制宣传做得比较到位,对这一块的宣传比较多,你看我们村里到处都有广告标识牌。重要的还是平时宣传,你如果平时不宣传的话,可能就不一样。所以后来近民法律宣讲团①也选择了我们,宣讲团都是调解很厉害的人,有公安,也有律师,他们决定把法治教育实践基地设在我们村,2020年12月正式建好,是我们浙江第一个乡村法治教育实践基地。他们去了很多地方,整个缙云都找过了,最后找到了这里,说我们村是最合适的。还有青少年法学基地也是这样选在了我们村,这些完全是他们觉得我们这里好,因此选择了我们这个地方,当时我们没有主动去争取这些东西。

我的理想就是打造一个宜业、宜居、宜游的美丽乡村,让老百姓过上幸福安康的生活。现在农村老龄化问题比较严重,我觉得解决农村老龄化最重要的就是要推进"医""养",医就是医疗保险,养就是养老。老人老了怎么才有保障?一是有医疗保险,二是60岁以上的老人每个月都要有补贴,那么养老就没有后顾之忧了。像我们新碧,虽然土地被征掉了,但市民保险其实够用。另外,就是要丰富老人的精神生活,老人要有活动中心和硬件设施。最后一个,就是要发挥我们中国的优良传统,就是养老、孝老、敬老,这些方面做好了,我觉得老龄化的事情也解决了。现在我们村里老人比较多,但空心化的问题其实谈不上,因为我们这里旧村改造后,外出的青年劳动力不是很多,我们自己是工业园区,留在自己家里就可以发展。年轻人不愿意出去了,出去不一定好,他可以留在家里发展,那基本上独居老人就很少了。还有我们党建也做得很好,疫情、节日的时候,我们都会安排专人定期走访,去老人家里。疫情期间我们有重点名单发下来,上面就列着老人名册,定期要去看他们,党员每天要看

---

① 缙云县近民法律宣讲团是一个从事普法工作的民办非企业单位,成立于2017年,主要由一批热心于普法和社会善治的公检法干部、律师、民间调解员组成。

两三次。我们村里大家生活条件都比较好,没有符合贫困户条件的群众,低保户都住进了那一幢楼房。

四、结语:我的村干部之路

我是 1960 年出生的,1976 年从新建高中毕业。1994 年当下庄村村委会主任之前,我也在广东养过鸭,经商做过生意。我是 1986 年开始养鸭的。成家立业了,有老婆有小孩了,就自己出去闯荡。养鸭是不需要学的,在我们缙云,家里没事情干了,很多人就出去养鸭。那个时候我感觉养鸭真的是很辛苦的,你如果养鸭都能养的话,其他吃苦的生意都能干。养鸭的生意我干了就怕了,后来也去东北做过其他小生意。我 1992 年回到下庄村,在公路边修了房子,然后开始在这里经商,就是帮人家推销电力设备。别人办厂生产,我自己不办厂,这样简单一点。

回来以后,在村里,本来书记同我关系就很好,我自己的朋友也很多,他们经常来我家坐一坐,劝我在村里当干部。1994 年开始当下庄村村委会主任的时候,我还是在卖电气设备,一边干一边卖,那时一般是村书记做得更多,我刚开始就是学习。我现在当干部,必须全心全意干,以前当干部没这么多事情干,只要肯干一点就行,比如你只要做好一条水沟就行了,修一条机耕路就不错了,其他就没有什么事情了。现在不一样了,我感觉很累,什么事情都有压力,事情要求也不一样了。现在当干部不好当,你光会干不行,你还要有一张嘴会说,因为群众工作你要去做。你如果不会说不会做工作,很多东西都是不行的。沟通很重要,有的东西群众想不通,他不明白,你如果不跟他说就不行。

总结一下我当干部的经验,一个是要会干,另外一个是要会说,最好还会写。我基本上都是自己写。有的东西我喜欢自己写,自己写起来就顺一点,别人写起来不行。

另外一点,现在如果当干部光是肯干能干,村里没钱也不行。你当干部,就要去想办法,要想怎么致富,要领导你的村民都致富才有用,这个是关键。现在考核都是考乡村村集体收入,要抓经营性收入的增加。

还有一个,我想也很重要,就是当干部要有一个当干部的样子,应该要在群众中有威信,就是你要敢说,你当干部如果说都不敢说,那就什么威信也没有,很多东西都要你自己单打独斗。威信、威望,简单来说,就是你自己敢说、敢做、敢当。

当干部,要有规划,这个也是很关键的。干部脑子里应该有一张图,作战图,想清楚你今年有什么事情想干。如果你当干部自己都不知道,村民怎么会知道呢?你当干部自己心中肯定要有数,今年你打算干什么事情,不管你干得了干不了,如果你连个计划和打算都没有的话,你就会稀里糊涂地跟村民一样。我如果开会的话,对每个自然村的干部，都要叫他们想好你今年要干什么。到了年终的时候，再对照看看这个事儿是不是干完了，反思没干完的是为什么。

当然，我现在成为明星书记之后有一个荣誉感，感觉很光荣，还成了兴村治社名师，去其他村庄指导过，包括黄店村、舒洪村、山坑村。去指导，要看你到哪个村，一个村它是有很多方面的，同我们这里的条件本来也不一样，而且地理位置也不一样。有的村可能它这个方面不行，但另外一个方面比我们好，要根据这个村的实际情况指导，有的东西可能我们还要向其他村的领导学习。不是说都是我们去指导他们，互相之间都有好处。除了明星书记之外，我还是选村书记全票，村委会主任全票，人大代表我也是全票。我感到很自豪，这些都是全票，这个还是比较难得的。我们新碧街道这里其实还挺复杂的，因为涉及到各种工业用地项目，争议、矛盾很多。因为这个地方有工业，说明你这个地方经济发达，经济发达说明你利益就比较多，利益多的话就容易复杂，所以当时能够这样全票当选是真的不容易。

现在当干部肯定还要比以前多学多看一些，电脑、手机、电视我都喜欢看，还是要坚持学习。很多新的东西我也不懂，都是老的东西肯定不行，肯定要多看看、学学。现在也要多走访群众，多了解、多调研，如果有事情就要多走一点，这个不光是我们村委要走，党员也要走。要求就是每个月你如果有空，都要走一下，平时聊聊天，不是说一定要干什么事情，就是关心一下，联系下感情。

我们当干部，一个是要上接天线，另一个要下接地线。接地线就是我们村干部肯定要考虑老百姓，现在村里的矛盾总体比以前少很多了，但有时候上面的政策下来，如果牵扯到村民利益的话，还是需要去调节。老百姓如果想争取更多利益，我们也会去争取的，但我们尽力争取了，如果没办成也没办法了，我们会说清楚的。比如，2022年我们村里下东山和坑底的铁路平交道口要改造，涉及一些村民收入的问题，因为道口本来是需要人去守的，但改造后就不需要了。遇到这种事情，我们干部都会给他们做工作、讲道理。我们干部去说的话，一般还是说得通的，老百姓也会考虑我们说的话，他们不是不讲道理的。

我的高中同学现在很多都在教书，都是老师了，我是走了一条不一样的路。在没当干部之前，我感觉在广东那边养鸭真的太辛苦了，但现在其实也辛苦。一开始回到村里，我自己当时其实也没有想当干部，就是想回来做点别的生意，都是老书记和朋友劝我才当的。我儿子和女婿都在附近办厂，我当了这么多年干部，我儿子一点厂房也没有，现在都是租别人家的。名利两个，以前我都不想要，现在有一点名气，但利我还是不想要，这么大年纪了，再当几年书记就不当了，还想什么利？我这么多年都已经过来了。名利双收是很难的！

我儿子的厂是做不锈钢的，我儿媳是老师，我女儿在中国银行上班。年轻人现在可能同我们这一辈人不一样，年轻人的经济头脑比我们好。但年轻人还是要吃苦肯干，如果当干部的话，你还要有奉献精神，要像老的党员干部一样。我开会经常表扬老党员，老党员有的思想就很好，以前开会的时候，有的党员 80 多岁了，但最早的就是他们在这里等，早就在这等了好多分钟。有时上面有书发下来给党员，老党员他们都看得很认真，记号都做起来了。

我现在最大的愿望就是有空出去走走，去其他地方旅游。在村里，朋友就是自己的村干部，晚上有的时候他们都到我家里，一起喝茶聊聊天，聊天也是聊村里的事情。一辈子我其他什么爱好都没有，打牌我都不会。

****

采写者名片

唐西希，女，1998 年 8 月生，重庆九龙坡人，本科毕业于武汉大学新闻与传播学院，采写此文时为清华大学新闻与传播学院硕士研究生，研究方向为传播政治经济学、智能传播和文化产业，现任职于北京某公司。

采写手记：立足乡村，叩问心灵

采访之前，河阳乡村研究院陈春才副院长评价章书记，称其"很有长者风范"。的确，我在采访章书记时，最大的感受就是：他是福康村的大家长。2023 年 2 月 6 日下午，在村委会办公室，章有明书记边磕花生边和我聊村里的"家常"，如数家珍一样把村庄发展和个人经历徐徐讲述。跟很多出生于 60 年代的长辈一样，章书记用普通话表达就显得不善言辞，说到兴头会忍不住飙起方言，这里要感谢新碧街道组织委员帮我做了一些翻译，我很幸运地挖掘到了一些真实的生动故事。在故事中，我逐渐体悟到了乡土的人情世故与基层党组织的独特交融方式。

章书记是福康村的大家长，他也认为当干部必须要有威信，但村子不只有他一个主人，事实上章书记挖掘出了福康村里每个人的主体性。他让外地打工人员代表也作为村主人参与到集体大会中，他以身作则捡垃圾带动村民自觉做环境的主人，他让嫁到福康村当组织委员的徐巧丹和联系福康村的街道组织委员都成为了这个村的主人。

在与扎根乡土的书记面对面的交流沟通中，乡村在我眼里不再是一个抽象的、田园主义的、远离城市的代表，缙云的乡村在实实在在地拓荒、创新，并与城市碰撞和交融。拿福康村来说，村里通过旧村改造，形成了优质的居住环境，吸引了周边工厂的外来务工人员入住，增加了村民和村集体的收入。解决温饱问题之后，村民还需要走向富裕，但大量土地的征收让村庄资源匮乏，村庄发展存在后劲不足的问题。

在缙云县河阳古民居看到一副对联，内容是"门心皆水，物我同春"，忽感这是我眼前的这位乡村一线干部的内心写照：不求一己私利，担忧一方百姓的日常生计，做这片土地和人民的坚定守护者。尽管村书记相较普通村民的突出地位还是会招来一些风言风语，但他们中真正的优秀者能用长久的行动和坚持证明自己。他们选定了一条路，就坚定地走了下来。

本次采写不负我参加此次乡村实践的初心：纸上得来终觉浅，绝知此事要躬行。采访明星村书记，我们朝土地寻根问祖，也对青天拨云见日。记得采访另一位明星书记何伟峰时，他重复说了好几次，说我们这些年轻同学以后会是"社会精英"。彼时我觉得"精英"一词竟有些刺耳，再次思考赵月枝老师在采访明星书记前的座谈会上的发问："爬上去之后干什么？"爬，是在优等生逻辑下的向上内卷，这个问题也可以变成：卷进去之后做什么？诗人博尔赫斯说：任何命运，无论多么复杂漫长，实际上只反映一个瞬间，那就是人们彻底醒悟自己究竟是谁的那一刻。这场调研，让我扪心自问那个终极问题：我是谁？而在村书记的烟与酒、笑与泪中，答案已经清晰了些。

通过对村书记的采访，我明白了：我可以是扎根一份平凡事业的人，而不必活在一种世俗的框架中。之前的业余时间，总是被潮流裹挟着挤入各种知名企业的实习招募，偷偷摸摸享受着他们的笔面试资源。哪怕自己已经拥有一份足够满足求知欲的、清晰和坚定的人生事业路线，但还是忍不住想练练自己的笔面试能力，生怕自己在职场竞争力领域落后于人。为此，我窃喜又感到羞耻。假面试却收获了不少的真 offer，我的羞耻感变得复杂。不好意思地拒掉那些 offer 后，我开始反思自己病态的贪婪。在应试教育里生长了近 20 年，最怕的就是"躺平"，似乎必须要时不时鞭笞自己，追求永不停歇的紧张与疼痛感，才没有负罪感。从初中开始，我就是考试机器，一次考不好就会狠狠自责；高考失利，意志消沉了整整两年而不知身处中国最美大学的自由与幸福。高中班主任那时评价我"倔强又好强"，的确，我在中学时代被胜负欲完全支配，价值观单一而幼稚。这种状态一直延续到大学，我的理想和欲望交织不清，内心一度是动荡的。被《看见》感动得一塌糊涂，就立志要做最伟大的调查记者；被商界精英视角吞噬后，企图暗自努力成为麦肯锡咨询顾问。结果是，理想被错位的立场捆绑，欲望被现实的惯性击碎。反倒是来到乡间田野，我捋清了自己的想法。

虽然现在我还是想要无穷无尽地经历更多，但对"我的人生将会如何"有了更包容的观点，也更有在一个热爱的领域深耕和沉潜的决心。我不再把每一次"考试"看得无比重要，人生的选择题没有绝对答案。岔路口的每一条路只是风景不同，但都不能决定生死。我只需要选定一条路，遇见山就爬上去，遇见水就一头扎进去，终点是什么样已经不重要，重要的是当下每一刻的体验。毕竟，我们不能把人生看成一条从生到死的曲线，生活应该是一望无际的旷野。我上面的叙述可能仍有"精致的利己主义"痕迹，但我确信自己的这条路的信仰是马克思主义，我只要站在人民的立场，将个人的价值与"无穷的远方和无数的人们"相关联，个人的价值就能变成社会的价值。想不明白，就再回到田野，田野会告诉我们答案。

致敬基层干部，向明星书记学习。愿我们都能从人潮中走出，找到并耕耘好自己的"一亩三分地"，并让收获的粮食滋养更多人。

第四章　吴明军：奏响"团结进步"幸福曲，绘就"红绿融合"新画卷

口述：吴明军
采写：陈斯达
采访时间：2023年2月4日—2023年6月8日

书记名片

吴明军，1963年4月生，1986年3月加入中国共产党，1982年10月至1986年10月在南京军区某部服役；1987年开始担任村干部。2014年至今任三溪村党委书记，当选县十四届、十五届、十六届、十八届人大代表（常务委员会委员），多次被评为县优秀人大代表，荣获2018年浙江省千名好支书、美丽浙江建设突出贡献先进个人、丽水市年度贡献人物，2019年丽水市担当作为好支书，丽水市兴村（治社）名师，缙云县小城镇综合整治"小镇英雄"、缙云县金牌调解员等荣誉称号。

村庄名片

三溪村位于缙云县东部，是乡政府所在地，距离缙云县城38公里。现有户籍人口3615人，共有17个村民小组、25个党小组，有党员134人，2022年村集体收入166.02万元。近年来，三溪村深入挖掘红色文化，合力开发绿色资源，走出一条以红色文化为引领、绿色发展为核心的"红+绿"融合之路。先后获评全国红色美丽村庄、全国造林绿化千佳村、革命老区现代化建设示范村、全国民主法治村、国家森林村庄、诗画浙江十大美丽乡村、浙江省科普示范村、浙江省巾帼示范村、浙江省"红色根脉"强基示范村，丽水市最美乡村、丽水市美丽乡村示范村等荣誉。

一、悠悠数载：奔波踌躇终返乡

（一）退伍回家

我出生在雇农家庭，爸爸当过"贫下中农协会"主席，9岁时爸爸去世，11岁时妈妈因身体不好改嫁了。小时候我学习成绩不错，初一考初二是全乡第一名，但因为

家庭条件不好,早早就辍学放羊放牛、养兔养猪,日子过得很苦。

我辍学以后就在村里生产队干活,年纪小工分很低。后来想去做生意改善家庭条件,但做生意还要给生产队交钱,压力也很大,而且总感觉没有实现自我价值。

我从小的梦想就是去参军,但我的入伍之旅一波三折。第一年体检没通过,第二年体检通过后又因为其他因素卡在这里。不过我入伍的意愿十分强烈。我各项条件都符合,想着年纪摆在这里了,今年不去,明年也去不了。初生牛犊不怕虎,我就直接到县人武部跟部长反映:"我为什么不可以去当兵?我哥当过兵,是党员,我爸也是党员,我政治面貌都好,身体素质各方面都没有问题,怎么不能当兵?"刚好前年征兵的带队领导也在县人武部。他了解到这件事,详细核查我的档案,第二天就到我家家访。后来入伍我被分配到了南京,恰巧就在这位带队领导的部队里。那一年我19岁。

我家里很穷,入伍前常处于吃不饱穿不暖的状态。首长(那位带队领导)将我当孤儿一样照顾,经常辅导我学习,督促我考取高中文凭。我在部队烧过饭,养过猪,开过船。刚去部队的时候连共青团员也不是,后来在部队入了团并加入了中国共产党。

入伍4年多后,首长与我谈话,他对我评价很高,想让我继续留队。但我思前想后还是决定退伍。我回来以后还给首长写了很多信,说回到家里以后,才感觉还是在部队舒服。他就讲,世界上没后悔药。总之在部队当兵,确实是极大地锻炼了我的意志。

1986年退伍以后,我和老乡先去江西打了几个月工,是到砖瓦厂做砖瓦工。1987年刚好符合政策,可以分配我到乡镇工作。我当时被分配到白六乡,担任土地管理员,月工资70块钱。但我的老家三溪乡木珠产业那时候发展兴旺,我就和几个老乡合伙创办木材包装厂,专门给永康拖拉机厂做包装箱,一年利润分成超万元。20世纪80年代末90年代初的万元户了不得,一对比收入,我果断辞去土地管理员的工作,全职创业。

回村后,老书记、老村长经常找我谈话做思想工作。他们认为,我年纪轻干劲足,是党员又是退伍军人,应该多为村里做贡献。我心想,自己小时候也吃过苦,又看到村里的干部都是一心为民,做的工作都很多,加上我包装厂办在家里面,就决定加入村干部队伍努力改变村庄面貌。

我担任村党总支副书记等职务11年,还担任过民兵连连长、治保主任、共青团书记。村干部们在老书记带领下都很齐心,从协助征收农业税到参与植树造林、巡山护林,我自己也配合老书记、老村长做了很多工作,在工作中总是站在村民角度思考问题,处事公平公正。

老书记很重视树木养护。现在的鹤林公园当初是两块丘陵地,我们村"两委"干部商量着把地征回来,然后到壶镇找树苗回三溪种。现在的鹤林公园郁郁葱葱,是村民休闲的好去处。

到了 2001 年,村级组织换届,我没想去担任村里的正职,还是想配合书记、村主任做好工作。在推选的时候没有进入候选人名单,但是村民们把我作为"另选他人"推选出来担任村民委员会主任。

(二)换届时的犹豫

村民委员会主任当了 12 年,里面的酸甜苦辣只有我自己知道。干得多累得多,家里顾不上,村民还不理解,甚至有人到我家里来寻死觅活,出钱出力还吃力不讨好,确实有段时间很灰心。到 2013 年换届选举的时候,我态度很坚决,一定要辞去村干部职务。当时的村班子很舍不得我,连着来劝我:"你可不能完全退了,不当书记、村主任是可以,村干部还是要当在这里。"我也确实舍不得付出这么多年心血的村子,后来就担任了村里的村监会主任。

2013 年年底到 2014 年 9 月,我投了 500 多万块钱在丽水市莲都区开了家建材店,是广东唯美公司的丽水地区唯一代理,专卖 L&D 品牌瓷砖。因为我之前特别穷,所以创业会比别人更努力。那时候一年就能赚 100 多万,事业推进很顺利。曾经有篇文章写我放弃百万年薪回家乡当村书记,这是真的。

换届后,我担任了几个月村监会主任。但老书记当时身体不好,村庄管理确实又有点混乱,发展存在问题,大家就都来劝我回村。说实话,我和老书记搭档了 12 年,他是书记我是村主任,配合得很好,确实也舍不得自己一手打造的村子。反复思考权衡之下,我关掉了已经走上正轨的瓷砖店,在 2014 年又回到村里全职当起书记。

二、以和治村:团结一切力量

2001 年,我当上村民委员会主任(简称"村主任"),一年主要抓了两件大事:第一件是把全村的户主都请到村里来吃饭,饭吃完了,村规民约也制定好了,我们第一次把破坏山林、偷摘邻居水果等都规定了明确处罚措施,那几年村里风气明显好转。第二件就是号召村民少铺张浪费,多做公益事业。当时,50 岁的村民都过生日,我就号召他们把过生日办寿宴的钱拿出来,捐给村里做公益事业,困难的少出点,富裕的多出点。在 2018 年过 50 岁生日的捐得最多,有 3 万多块钱,我们就把这笔钱用来种了片梅花林。这是我们乡风文明的最早体现。

我回来当书记后,村里派系依旧存在。几个大家族之间摩擦很多,也有村干部和村民不和谐。我认为要把村子发展好,一定要团结一致齐心协力。首先,就要抓好"两委"班子一帮人的团结,再带领党员和村民代表搞好团结,消除派系思想。

总体来说，就是我们干部联系党员和村民代表，再由他们去联系群众，把联系网络搭起来。

我们村人口不多，就 3 000 多人，但有较多外出人口，基本都是净流出状态。在把村子团结好后，我就开始琢磨怎么把外出的人引回来，帮助村子建设发展，要把在外面从政的、当老板的吸引回来，为家乡献计献策，帮忙筹资，这就是乡贤回归。

（一）党建引领与红色纪念馆

党建引领这方面，我一直放在工作首位，自己带头，以身作则带领大家干。必须先把党员思想引到正道上，大家劲才能往一处使。我们以前几个村干部又都是退伍老兵，工作作风好，纪律性强，尤其是能把党员联系群众工作做到实处。一个村里几个支委干部，我自己当班长，先把几个干部管好，再下设党支部，党支部里面又分党小组，一个干部担任一个小组长，再由党小组的党员联系群众。我工作推进时就抓好党员，由党员联系群众。在党员联系户的选择上，我们让党员自己先选，毕竟总有几个关系亲近的群众，既然关系好，那他就会听你、信你。剩下还有几个户没有被选，就由我们干部来落实分配。所以说党员网格化管理落实得好，群众工作就做得好。

现在的绿化带、绿化区块就划分了党员责任区。靠一个人在管，那老百姓很多，根本管不过来。可如果每个区域都有一个负责人，就不一样了。谁来破坏你负责区块的绿化，那就是破坏你的工作成果，跟你过不去，这样把责任落实到人，工作就好开展了。

又说到红色纪念馆。我们考虑建这个馆的时候，真的很超前。在战争年代，革命先烈都是用牺牲生命来换取革命胜利的。我现在经常说类似的话，新发展的党员入党的时候讲，每次党员大会也讲，党员因为自己一点利益纠葛而犹豫的时候还讲。村里发展，叫你党员拿一块地出来修路或者拿一点钱来给村里做公益，结果还过不了个人得失这一关，那不行。没说让你去牺牲生命，但是在做村里工作的时候，要想到入党时的宣誓，想到革命年代共产党员的革命斗争精神和奉献精神。我们也是想着用这些精神和故事去引导现在的年轻人，坚定理想和信念，坚信共产党能带领我们老百姓过上幸福美好的生活。

其实我去延安学习参观过很多次，看到很多红色老区都在整合革命故事。三溪乡每个村都是革命老区村，红色资源也非常丰富。应成连老师当初甚至写过一部《三溪革命斗争史》[①]，这本书现在都放在红色纪念馆内。我就想着能不能也做类似工作。刚开始建设的时候，我们也没想着做红色旅游，只想把红色革命精神传承下去，把三溪

---

① 这是一部由中共缙云县三溪革命斗争史编纂组负责组织编写的内部资料，2002 年 3 月印刷，应成连任主编。

的革命故事留存下来。真正建设丽金台温边境革命纪念馆是在2018年，从那时开始收集相关资料。另外，我还结合我们村的实际，几乎是同步建立了乡贤馆。

后面我们逐步发展，也做红色旅游，把党员培训基地、红色研学、红色团建活动一步步做起来。到现在，我们已经有"一程参观、一次誓言、一堂党课、一杯初心茶、一次与乡贤相约、一条红军路、一餐红军饭、一心共建"的"八个一"的红色之旅，打造出了三溪村的一个特色。

（二）把乡贤引回来

我们从2010年开始做乡贤工作，那时候就有了"在家在外·两个三溪人共发展"的口号。行政村规模调整以后，井南、东雅宅两个1 000多人口村再加上我们原来后吴自然村，合并成为现在的三溪村，人口多，工作量更大。我当村主任压力很大，很多工作难以开展。于是我就想到了乡贤。但其实那时候还没有"乡贤"这个名词，我只是觉得外面当企业老总的思维更活，还有资金，说话管用，去找他们回来帮帮忙会很合适。我也跟在外当领导的三溪人沟通，请他们出面和自己的邻居和亲戚做工作，支持我们村庄发展。

当时，我牵头成立了三溪人创业联谊会，就是给在外面工作、创业的三溪人搭建相互沟通的平台。创建联谊会后，我会经常找会员帮村里做些工作，因为他们讲话很管用、很灵。后来我们也发现，这个模式效果非常好。我们作为乡党委政府跟村里的桥梁，跟老百姓之间看上去好像是上下级关系，所以我们一讲话，老百姓可能会觉得立场不一样。但他们乡贤出来讲话作用就不同了，作为中间人角色，讲话更有说服力。他们出来讲乡村要振兴，要搞建设，村民需要给予支持，取得了非常好的效果。在搞"厕所革命"的时候，我们厕所拆不掉，工作做不通，就请乡贤回来做工作，请他们来帮忙协调一下，一讲就通了，工作推进很顺利。其实在外的人也都很团结，很热心为家乡出力，愿意经常回来帮忙。现在我们已经有"和事佬"和"闲事哥"两个乡贤调解队伍，解决了村里很多历史遗留问题。

就这样，三溪人创业联谊会运行3年后，我们都觉得"联谊会"这个名字太土气，也不接地气。于是，2014年根据乡贤吕博士的提议，我们把"三溪人创业联谊会"改名为"三溪文明促进会"。2017年年底，根据市县统一部署又改为"三溪乡贤联谊会"。

我一直都担任三溪乡贤组织的常务副会长、秘书长，会长请德高望重的退休干部、我的老师担任。他原是三溪小学教师，后担任过县委办副主任、区委书记、副县长，在丽水市科技局调研员岗位退休后，又在丽水市政府咨询委任秘书长、办公室主任职务，干了12年。他热爱家乡，关心和支持家乡发展。我们配合得很好，三溪的乡贤组织确实做了很多事。

2018年6月，为贯彻市委关于加强新时代乡贤工作的文件精神，缙云县召开全市乡贤工作大会，上午先到三溪考察，下午集中在县城开会，我们会长在大会上发言介绍经验，受到广泛好评。三溪乡贤联谊会被市领导称为"全市乡贤工作的龙头和标杆"，会长和我也被称为"掌舵人和引领者"。

（三）为三溪游子看家

"团结爱乡、拼搏进取"是我们的精神和口号，乡贤确确实实为家乡付出了很多，我们为在外乡贤也考虑了很多。比如，我们三溪村最早建了居家养老中心，把乡贤在家的老人照顾得很好，让游子在外安心工作。

2013年的时候，我想着村里有很多年纪很大的老人，他们子女长期在外工作没有办法照顾，对父母肯定是担心记挂着，有的在家只有一位老父亲，不会做饭，一天三餐吃饭都不规律。所以，我们在原来村集体废弃的旧茶叶厂基础上，花了100多万块钱修建成居家养老中心。

有的老人，早饭不烧给他们吃，就会饿着肚子不吃了。我就索性早中晚包一日三餐，还让他们可以在中心洗澡、洗衣服。这样一来，日常运营靠政府补助肯定是远远不够的。所以我自己捐了六七千块，再发动党员和社会上的爱心团队一起参与。节假日的时候，我们也一起做活动。

我们后面慢慢摸索，定出一个价格。除了特别困难的特殊人群，价格会放得低一些，其他全按照年龄段来收费。在我们农村，60岁到70岁的老人身体都很好，所以60岁到70岁的老人，收300块钱一个月，每个人一天也就10块钱。农村人想着节约，10块钱一天有的人都舍不得吃，因为他自己家里做三餐，也用不着那么多钱。所以定这个门槛，也还是希望人少一点，不然人太多了我们经营不起，还要往里面贴钱。70岁到80岁的老人，我们会更希望他们过来吃，所以减了一半，每个月150块，5块钱一天。80岁到90岁再减50块，100块钱一个月。90岁以上的老人都是宝了，我们就希望他们都来居家养老中心吃，就给他们免费了。有的人走不动就给他们打包，让他们托人来拿。有的时候真的没人来拿，我们也会送上门去。老人有机会一起吃吃饭、叙叙旧，全村走动走动，氛围还是非常好的。

我们还另外建了一个儿童之家。考虑到我们是山区，留守儿童特别多，父母亲都在外面赚钱打拼，小孩周末没地方去，只能跟着爷爷奶奶在田地里做事情，所以我们办了个儿童之家，让他们周末集中在一起学习。他们的活动也很丰富，这里有爱心农场、爱心课堂等。

村里很多在外面赚钱和当领导的也看到了，家里父母亲小孩都被我们照顾得很好。因为我们把他们的家人当作自己家人一样，以心换心，家乡建设需要他们的时候，自然会大力支持。他们捐款做公益事业，也愿意奉献。龙溪沿线的树都是乡贤捐种的，他们也给学校捐过校服，抗疫时还捐过药。

每年重阳节，我们都办一场重阳敬老文艺晚会，传承敬老礼仪。举办晚会的时候，我们都会把文化礼堂前面几排留给60岁以上的老人，把90岁以上的请到台上，给他们切蛋糕、敬茶，给长寿面、长寿桃，发红包。敬茶的时候，我们还是跪在那里给他们老人敬的。对于婆媳关系、长辈与下辈关系，我们还用演戏、选典型的方式教育大家，每年都评"好婆婆""好媳妇"，评"星级文明户"。通过这样的活动，我们这个地方的风气好了起来。

另外，我们乡村两级干部捐钱建了同心亭、同心大道、同心桥、同心林，取名的时候就想到乡村同心，因为有很好的寓意：一帮人捐钱做事，带动村子风气，能让整个村风好起来。

不光是对老人和小孩，我在其他事情上也始终强调，一个地方搞好团结是很重要的。如果两个村民发生矛盾了，我就要做工作帮他们搞好团结。要是偏向某一方不公正了，自然会不利于团结，工作也就不好推进。跟村民打交道，我要自己做得正，率先垂范，对事不对人。有一次村民建房有争执，其中一个跟我日常关系很好，觉得我会站在他这边。但我首先跟他把这个事讲清楚，不偏袒任何一方，该怎样还是怎样。老百姓眼睛雪亮，看到你做事有原则、用心用情，自然会报以真心真情。

三、前人栽树：从环境治理出发

（一）两次厕所革命

我刚任三溪乡后吴村村民委员会主任的时候，村子中间、老街巷里的路都是很窄的，旁边还都有露天粪缸。一大早起来，不分男女，都是面对面如厕，蹲便场所四面透风。

我那时候就想到，一个家再穷，衣服也要穿得干净；一个农村，也该首先把环境整治好。那时候缙云县里还没开始搞"五清"①，行政村还没合并，我们后吴村就率先开始整治厕所。不仅要把露天粪缸撤掉，还要把连带的猪栏都撤掉。不过农村种田地还用得到粪肥，所以就在龙溪两边给每户都安排了6平方米的厕所。整治完成以后，后吴村成了全市环境整治的先进村，吸引了许多人来参观学习。

那时候拆厕所、拆违建，老百姓思想还没转变过来，是有不少阻力的。有个村民就跑到我家里，用死威胁，要跟我拼命，他想不通为什么要拆掉旧厕所。尽管压力这

---

① "五清"指清河、清渠、清沟、清路、清院行动，旨在深入实施农村人居环境整治，建设生态宜居的美丽乡村。

么大，我还是很坚决地把环境整治好，因为全村厕所统一整治是村民委员会的决定，对事不对人，我问心无愧。有人闹事，说到底就是他那间厕所可能面积大一点。但面积大补偿价格也高，大概400多块钱一平方米，根据有无建筑物分别补偿，这在整治前都已明文规定。工作公正，真正做到对事不对人，大家才会团结、服气、跟着你干。所以，一时想不通的村民也不会纠结很久，过了段时间想到自己做得不对，还会觉得后悔。整治一段时间后，那位村民在路上碰到我，说多亏我坚持，拆掉之后才有了村里现在这么好的环境。

如果干工作真正为老百姓干实事，老百姓是会理解的，干过以后，你干的事情，有利于老百姓利益还是个人利益，人家都看在眼里。整体发展以后，我后来开展工作都很顺利了，因为后来干的事情都是真正为老百姓办实事。我当干部时间长，一直做过来，一点点去为老百姓改变生活面貌，慢慢一个过程过了以后，老百姓自然而然就会理解了。现在有的事情涉及到个人利益，有人还是会有想法的，还是有阻力的。有阻力要去做好工作，工作做细了以后，他就想通了，理解了。

最大的压力在于，后来我又必须从自己手上把这些外面建的厕所拆掉。因为随着时代发展，农村人居环境好起来，后来要开展环境整治、环保工作。龙溪边上都是厕所，就不太好了。那时候龙溪两边简易厕所就有170多个，防洪堤也很破。于是2010年行政村规模调整后，我们开始整治这个。以前是把厕所从村中搬到外面，现在外面又要我自己拆，很有压力。有人想不通，觉得我是骗子，先骗他建到外面又把它搞掉。有人觉得就算环境不好，也不能拆自己的。但说到底，这个是有历史发展过程的。像村里的桥也是在我任上建的，但经过一段发展过程后，却要拆掉。房子也是一样的道理，住久了也要拆建，只不过是过几年别人帮你拆，不是自己拆而已。

几年过去了，村里建了很多公共厕所，方便村民和游客使用。家家户户也都建起了卫生间，生活水平显然上了一个档次。现在与村民再讲起两次拆建厕所，大家只会哈哈大笑，都说现在好。生活方便了，人们当然也更高兴。

（二）生态助力持续发展

农村要富裕，首先肯定要有人气，种出的农产品要有地方销。农村产品的附加值很低，种点地供自家吃基本没问题。但不市场化经营的话，农民增收是很难的。把在家的三溪人团结起来，把环境整治好之后，接下来就是做"引进来"的工作，把人引进来，其实就是发展旅游。

为村里做事，光靠自己村资金是不够的，要有项目才能发展、振兴村庄，改变村庄面貌。所以项目无论大小我都尽量争取。现在我们很多项目已经取得相当成效，比如龙溪、十里花溪、银杏长廊、桃源山森林公园等一些景观都很漂亮。其中，我们做得最多的是基础设施建设，比如道路硬化、绿化和美丽环境整治。

基础设施是创业的基础。市县周边的地方，交通便利，基础设施较为完备，而我们偏远山区，要想发展非常难。而且看农产品原料、加工、生产、销售各个环节组成的链路，农村绝大部分只停留在原料环节，三溪更是因为农产品规模有限、位置偏远、交通不便，难以形成规模化、企业化的经营模式。就算引进初级加工厂，农民也很难靠农产品获得足够的利润。产品附加值过低，农民不可能全靠这个增收。

从产业角度来说，三溪村工业资源匮乏，目前集体经营性收入能维持村里的基本开支就已经不错了，很难分到农户身上。如何让农民富裕，乃至乡村振兴、共同富裕？这是我们在工作中不断思考的难题。目前，我的理念是先把环境治理好，以一个开放的态度把自己村搞出特色，让人家来了能游、能吃、能住，才可以走上共同富裕道路。城乡之间应加强互动，让城里人能够到村里消费，人流量大了，哪怕消费些小东西，也能给村民带来收益，切切实实惠及村民，带动共同富裕。我想，什么时候城里人都往农村跑，那就是共同富裕有雏形了。

乡村振兴要靠农业，但不能单靠农业，必须搞特色多元产业。我认为，在三溪发展乡村旅游的道路是正确的，但也不想模仿很多乡村旅游现在搞的观赏花卉，因为种植和养护成本太高，不可持续，要是过几十年能看到一片树林，难道不是更好？归根结底，基础设施规划建设目光一定要长远。所以我就计划打造一个缙云最大的梅花林，哪怕不能一次性拿出这么多资金，也可以年年种植，细水长流，积累起来，过几年梅花都长大，全域就变成旅游景区。我希望游客以后来缙云旅游，到三溪村赏梅会成为首选。再往远了想，以后若能在这里搞一片古树，大片梅花都是有历史的，加上我们的山水、绿化、美丽乡村，整体观赏性就更强了。

现在，村里的山基本都由村集体收回种上了树，大家也已经有植绿护绿的良好氛围，房前屋后都是村民们自发种的植物。哪怕看不到眼前即时效益，但我们每年都种树。搞好绿化生态，村子自然而然会更有吸引力。现在，我们三溪村是全国千佳绿化村，又是国家森林村庄，2023年又被评为浙江省"一村万树"示范村。另外，我们建设丽金台温边境革命纪念馆、乡贤馆都是这样，前者是为延续红色根脉，继承革命传统，后者是让乡贤更有归属感，鼓励他们为家乡建设多作贡献。这些工作都是持续性、有长远利益的。

当然环境整治好以后，搞好像民宿这样的配套设施也非常重要。我这里现在还在规划建设专门的国学书院"梵邨书院"。这也是在外乡贤引进的先进理念和项目：城市的孩子假期到这里来学习，双亲等也可以过来同住，到这边消费，不失为乡村旅游的一种良策。三溪村也在不停摸索，想办法把更多产业引进来，做精做细。基于现有条件，我们只能每年想办法多做一点事，多取得一点进步，给群众多谋点福利。

四、教学相长：青出于蓝而胜于蓝

2018年前后，明星村书记"传帮带"机制逐步建立完善。那时我在缙云县、景宁县、松阳县都为村书记讲过课，有100多个村庄的村书记都带着党员、村民代表到我这里来学习。

楼干强是我的开山大弟子。我们原来认识，我当时还劝过他不要当村干部，因为我知道他那个村脏、乱、差，而且我还认为当村干部是一份累人的活，当了就要为村里干点事。而一旦你做出一点业绩，坐在那个位置上有点成就感，自己就不舍得半途而废，村民也不想让你退下来。所以我一直说，跨进村干部这个行列以后，就要做好"出不去"的心理准备。

缙云农村拜师学艺的传统，是要拿上猪头肉和鹅肉的。2018年，楼干强郑重地拿了整个猪头、整只鹅前来拜师，还由他们镇里的常务副镇长带队，带了党员、村民代表到我这边来参观新农村建设。他们的决心很大，但我深知他们村村情复杂、基础差，部署和行动都很难启动，难以整治。他们一再坚持要我说点什么，我告诉他们，想要搞好一个村，光靠书记是不够的，要靠党员、村民代表这一班人才行。我对他们村的全体党员说："你们既然选举楼干强当书记，就要全力支持他工作，每个党员都是村里面的红旗，要为村民做表率。村民代表也一样，只有扎实干事，才能真正代表群众的利益。团结起这批人，村书记就有决心、有信心、有力量干下去。"党员和村民代表们听了，觉得很有道理，但部分党员也在议论说"主要看书记怎么作为"。我继续说："现在新书记很有信心和决心，但也要看到，在新农村整治里，我见到过有的人为了利益要跑到你家里闹，要跟你拼命的情况都会有。既然是党员，是村干部，是村民代表，都要做好面对困难的心理准备。"党员和村民代表表示，只要书记有决心，我们大家都有决心。回去以后，楼书记就干得如火如荼。他干得确实比我好，现在我甚至觉得徒弟比我厉害多了。现在的联丰村，无论是农户和村集体增收，还是环境整治等各方面都欣欣向荣。虽然在整治过程中也遇到了各种困难，甚至有人把粪挑在他家门口，他都克服了。顶住起步时的重重阻力，村民现在都很尊敬他。楼干强现在也是当之无愧的名师了。

我们缙云就是这样，县委组织部组织先进村带后进村，名师带徒弟。我们首先按照自己的做法给他们讲讲，村情适应的可以移植，不够适应的需要因地制宜，共同谋划发展。我自己主要是从怎么管好党员、怎么谋好项目、怎样做好乡风文明等方面给他们授课，效果比较好。比如，楼干强的联丰村就是环境整治的一个模板；再如东里村，我的另一个徒弟因地制宜搞旅游，一班村干部从环境整治以后到大搬快聚，再到葡萄产业，做得也非常好。

名师身份、领头雁等头衔和荣誉是组织给的，我们珍惜但不会过于看重。名誉越大，压力越大，所以还要在全县乃至全市范围内做得更好。如果不能做得更好，一是辜负了组织，二是对不起这个名号。我们当干部就要懂民心、顺民意，老百姓的需求是我们最大的愿望，老百姓的愿望就是我们的努力方向。

2022年第五届中国特色新闻学高级研讨班[①]在我们村里举办，赵月枝教授叫我分享一下治村经验，我就把三溪村的发展过程、我在农村的经历，以及自己身边所看到的、所做的分享给各位学者，许多学者也表示听过后对乡村治理有了更深的了解。

（一）读万卷书，行万里路

我为村里做的事，都是我当干部这些年通过积累经验不断摸索出来的。我经常出去走，"跳出本地看本地"，考察过全国上百个地级市。丽水市本地的明星村我全都去过，看到他们搞得好的就问，就记下来，边看边学边总结。另外，我原本的主业是建材装修，对农村建设方面本身有一定的构想，所以在村庄建设中也充分应用了这些想法。

俗话说，读万卷书不如行万里路。我在外面开阔眼界，回来后也总能看到自己村还有很大的发展空间。三溪村村级规划都是以审慎长远的目光制定的，现在看来，坚持这个原则没有错。

因为有时我的观念太前卫，许多村民会不理解。例如修路，原本龙溪大道这条路我想做到十几米宽，但在村民代表大会上8米宽的方案也没有通过，之后缩减到6米才通过进行施工。村民代表们觉得，别的村公路才五六米，我们为什么要做这么宽，难道是想标新立异？而现在看来，大家觉得6米还是窄了些。又如龙溪两边乡政府通出去的那条路，我是先规划了一半的桥和路，做得比较弯。这也遭到了质疑，为什么不做整条呢？其实我在想以后的发展。过了一段时间，再加上半座桥和半条路，整体的桥和路就都是笔直的。我觉得发展眼光是要不断锻炼的，走得多、看得多，实践经验多了，发展眼光就会长远些。

2005年，我在浙江芳华缝制设备公司担任职业经理人，同时兼任三溪村村民委员会主任。管理上千人企业的机制，也被我运用来治理村庄。在这种经历中我就越来越明白，管人也好，管事也好，一要自己带头做，二要公平公正。

三溪村每年还会做年度规划。为了整个村庄的发展，该规划集合村"两委"干部的智慧群策群力，再经村民代表大会讨论通过。2022年年底制定的规划图，现在还贴在我们便民服务中心的大厅里，为我们做事业指引方向。民主是一种办法，集中是想要做的

[①] 2022年7月25日，"立足中国土，回到马克思——中国新闻传播学再出发"第五届中国特色新闻学高级研讨班于浙江省缙云县三溪乡开班。2022年7月27日下午，三溪村党委书记吴明军以"红绿融合促新力"为主题，为研讨班学员带来关于乡村振兴与乡村治理实践的讲座。

一种力量，让好想法通过集体讨论来变得更好，可减少头脑一热就直接干的风险。

（二）能挑担子，能解纠纷

自2017年开始，村支部书记、村委会主任转为"一肩挑"，我也感到了更重的责任和压力。现在发展方向和行政方面要"两手抓"，担子变得更重。除了村里"一肩挑"，我还是县人大代表和市级兴村治社名师，有时直接与县人大和县委组织部对接，大多时候是直接与乡党委和政府对接工作。作为书记，我要首先完成上级布置给我的工作，在完成这些工作的前提下，再去干村里其他工作。

我觉得"一肩挑"后，更要奉献。以前我当普通村干部的时候，村书记能够独当一面，我还可以搞第三产业。当了书记以后，现在一是难以走开，每天琐事很多，二是必须多在村里，不然没办法上传下达。每天县乡层面有工作任务需要布置，村里和谐发展需要过问，还有三溪村3 000多位村民时有的诉求，工作量可谓相当大。

村里经常发生需要调解的事情，如田地纠纷、山林纠纷。土地是农村人的命根子，两畦田间的一点点边界，就可能会有矛盾纠纷；从邻里间的住房修缮到小孩子间吵个架这样的琐事都会影响和气。我既要干好村里工作，又要把绝大多数矛盾纠纷解决在萌芽状态，免得影响治理大局。

我的日常爱好是喝茶、聊天，一般不打牌，也不喝酒，平时经常在村里走动，和村民们沟通、了解村情。其实我对3个自然村3 000多位村民的性格、生活、大小事都有一定了解。在了解的基础上，调解就能对症下药，村民吵架了，不用闹到派出所，我一个电话打过去，他们可能就和解了。所以要了解村情，更要了解透村民，对自己辖区的了解是负责任的体现，也是开展具体工作的保障。

我还是缙云县的金牌调解员，调解了不少疑难案例。调解主要就是做双方的思想工作，人熟就好说上话，求助当事人亲近的人，用心用情去做这些工作，把思想做通，矛盾就解决了。有两个很好的例子：一个是最近乡里报道过的，是长达30多年的案子，法院判了两次的矛盾纠纷，在我参与斡旋下和解——两家人为了建房预留通路的问题，争吵延续了两代人，我参与协调解决，最后双方心平气和地坐下来，终于谈妥。另一个也是因邻里建房纠纷，到省里信访数次，我把它调解掉了。我们要贯彻新时代"枫桥经验"，小事不出村，让能调解的矛盾都不上交。

尾声：建设家乡的成就感

我一直在这搞建设，最主要的一个是自己从小在这里长大，热爱家乡。我在村口那里搞两台水车，就是想回忆这个地方。一个地方如果没有个家乡的味道，没有个乡愁，回到这里也没有那种感觉，那不行。以前这个地方本来是一个老的水碓，是碾谷子碾米的地方，碾米就是用水推进来，把水带动起来，那个石头柱子就把稻谷搞成米。我小时候就见过。大家要回忆一下老的东西，才可以教育下一代，让他们知道以前生产生活的过程。所以我们现在把以前碾稻谷的机器立起来，走到那个地方就能想起以前。

真正为村里干事情干进去以后，自然觉得很有成就感。很有成就感以后，觉得这个事情好像没干完，就一个一个接着去干，就总想留在这里。所以这么多头衔给我，压力越大，越能推动我去做这些事情，为老百姓实实在在做点事，给下一代留一点东西下来，让村里老百姓真正看到发展的过程。

每个人做事情做到一定程度的时候，总是去想怎么把这个事情做好。确实人到了一定的位置、到了一定的境界以后，自己就会很用心用情去干这个事情，就像读书一样，你读书也总想着考研。你有目标，那我也当然想在我本届任期内把这个村庄的事情干好了，把村子建成更好的村庄。每个人都是这样子的，总会有一个目标。

前几年都是农村往城市里进：一个是读书，在县城没有房子不能读书；还有创业，在家里一年你没钱赚，在外面有钱赚。年年出去都赚钱，钱赚来自然在外面买房子。早几年，就是过节也很少有人回来，都是把父母亲接出去，慢慢地，这里家也没有了。

不过出去的人在外面赚到钱了，现在会想到回馈家乡。前面肯定先富一部分，他们慢慢地有的给居家养老中心捐款，给村里捐钱，也等于回馈了家乡。2022年，他们捐100万为村里建了座桥，他们现在很多人想回归家乡了，回来修房子、建房子，想回来住到村里来。以前是空心村，这几年农村好起来，整体看慢慢有人回来了。

我相信，国家把城市发展得再好，城市化水平再高，也不可能没有农村农民。农村也要随着国家发展繁荣，逐步发展振兴，让农民的生活越过越好。

****

> **采写者名片**
>
> 陈斯达，男，2000年3月生，广西桂林人，本科毕业于上海外国语大学英语学院，现为清华大学新闻与传播学院硕士研究生，研究方向为传播政治经济学。

采写手记：原来，他给村庄带来了这样一条路

开始写手记时，我离开三溪村已经3个多月了，记忆有些模糊，但依然能围绕吴书记织出三溪这片土地的点滴。

朱乐君是吴明军书记派来和我对接工作的。有一天在食堂吃完晚饭后，乐君邀我在村子里漫步。他领着我参观了乡贤馆和红色纪念馆，登上了平常在住所远眺的小山，漫步在田间的小道上。黄昏时分，阴云弥漫在天空，让天色暗得更快。路灯猛地整齐亮起，村子里出奇地静谧。

他是去年下半年才来三溪村的选调生，算是吴书记的助理。村里的问题，他基本摸过一遍。乐君年纪和我相仿，但对村子里的事肯定比我熟稔不知多少倍。走访群众，了解村情，是他的工作。他说，之后还要好好写篇汇报交上去。

在和他展开一番围绕三溪村的聊天后，我感觉，村里工作多少会有些左右为难的。为了实现某个工作目标，不能想当然地一蹴而就，也不能碰到钉子就泄气，很多时候需要通过诸多沟通达成一些折中迂回的方案，这样对上可以汇报交代，对下也能让百姓满意。如果真要做一些多方都不讨好的事情，村干部们就不得不啃下硬骨头，不厌其烦地和村民解释。话说回来，这位选调生觉得现在的工作固然琐碎，但还能应付。琐碎的工作是否能让三溪变得更好呢？我见乐君叹了口气笑了笑说，难当然还是很难的。不管怎么说，三溪村比较偏僻，在未来相当一段时间里，交通还是会很麻烦。

采访时，吴明军书记提到：要是三溪离县里再近点，会比其他村干得更好。我想起书记开车接我进三溪的蜿蜒山路，不远，大部分也没那么险要。可就当书记提醒"开始进到三溪界"时，我就感觉路旁的石壁高大起来，车也紧贴路旁，几个突兀的大弯让在车后座的我难免有些慌慌的。相比之下，书记的方向盘把推得十分稳健，想必忙里跑外十几年，熟络极了。

三溪村离得太远，也太小。我站在半山腰上俯瞰着山下。零星的灯光下，整个村子都被包裹其中。我走在村子主干道正中间的虚线上，置身于明亮的路灯下，身前身后都不见一人。要让资本回嵌到穷乡僻壤，或者确切来说，让资源心甘情愿地流入这片土地，没有细水长流的耕耘，肯定是痴人说梦。

此景之下，我对吴书记的佩服油然而起。在我看来，吴明军书记最重要的就是做到了"团结"，我曾怀疑这个词会不会过于宏大，无法提供足够的抓力。但回嵌的理解角度之一，就是流出的人和资本与村庄间的纽带没有断裂，从而能反哺乡村。把团结作为关键词，就是把"回嵌"的问题往前想了一步。从受访者的角度来看，吴明军书记本人也十分强调他在团结人心方面的成果。

若要解释"团结"二字，我提取出这样几对关系加以解释：村书记与村庄、村书记与党员、党员与村庄、村庄与乡贤、环境与发展、村庄与村民。第一对关系，即村书记个人与村庄，起到统领其他关系的作用。从退伍还乡到换届时放弃百万年薪回到村里，都是吴书记主体性的表露，体现了他把个人发展与村庄发展联系在一起的抉择。后几对关系由其延伸，真正体现在村庄发展当中。

吴书记最为突出的贡献便是引导乡贤参与村庄建设。他通过建设居家养老中心和儿童之家，为在外打拼的村民照顾家中的老人和儿童，承担起了"为三溪游子看家"的村庄共同体守护者角色。

　　但要真正建立好"村庄与乡贤"这对关系，照看村庄的老人与小孩只是开头。要使乡贤真正回流，给在外三溪游子搭建联谊平台的举措更能体现吴明军书记的创新。游子能感受到三溪为自己的家中老少做了什么，零落在外又得到呼应，创造契机，激发他们思考"我能为家乡做什么"。由此看来，三溪内外团结举措互为补充，相互促进，是促进"回嵌"的健康机制。

　　但此般机制若要运行需要结构性的组织力量，这就体现为村书记个人与党员、党员与村庄两组关系。吴明军书记是退伍还乡的军人，很早就建立了对党的信仰，在多年工作中也十分注意党建工作的引领。从领导班子的建设，到网格化落实党员责任，再到挖掘三溪的红色文化基因，打造红色纪念馆，都是在围绕党的体系打磨村级治理工具，提升凝聚力。以党员为引领，促成村庄内外团结，重视人这一要素，三溪就具备良好的社会条件。不过现实工作并非"万事俱备只欠东风"的先后有别，各组关系的建立和维系必然是齐头并进。这样总结是便于我们观察三溪发展的动力来自何处。此外，团结的社会氛围并非只能在总结成果时提及，因为村书记也注重"团结"形式的营造，例如全村人吃饭商议大事、重阳敬老的演出活动，再细到村中随处可见的文明标语，耳濡目染，潜移默化。笔者在元宵节当天也亲眼见证了村干部和老人们一起做元宵的活动，也算参与其中。

　　在三溪这样的地方，脏乱差的环境只会给资源的回流带来更多阻力，不利于长远发展。"厕所革命"的成功以及"同心桥""同心亭"等景观的建造，强化的是团结。其中一个例子便是，在捐钱植树造亭的工作中，党员会带头，乡贤也会积极参与。说到底，依然是组织引领加上人和资源的回流在发挥作用，为村庄环境建设提供了动力。最后，"村庄与村民"便是吴书记工作结果的体现。当党员齐心协力、当村民之间和睦相处、当在外游子愿意回归、当村庄山清水秀，村庄主体性便形成了，这也使得资源回流成为可能，也让"红"作为结构性的引领力量，真正和"绿"融合。

　　回忆起离开三溪的那天，我和书记合影，他很关心我怎么回去。朱乐君说可以开车送我，正好回趟县里的家。坐在乐君旁边的副驾驶座位上，我更能感受到通往三溪村的道路有多么险要，毕竟来的时候只是坐在后座，看得没那么清楚。我心里想，这个结尾反而足够巧，也足够有深意。来的路上，我不清楚三溪村过去走的是怎样的一条路，但离开的时候显然体会了。在采访中我才知道，村子里的主干道以及向外界的路很多是吴书记主导修的。又是在完稿后我才感叹：书记给三溪村带来这样一条路，建成勾连起这样多的关系，真是一点都不简单。

第五章　卢桂平：陇东村的"后工业村庄"改革之路

口述：卢桂平
采写：俞雅芸
采访时间：2023年2月7日—2023年8月25日

书记名片

卢桂平，1968年10月生，1994年11月加入中国共产党，1997年开始担任缙云县壶镇镇陇东村党支部书记。曾获2014年浙江省千名好支书、2016年浙江省"五水共治"先进个人、2019年浙江省首批兴村（治社）名师、2021年丽水市担当作为好支书等荣誉。

村庄名片

陇东村位于缙云县东北部的壶镇镇南部，距县城34公里。户籍人口1 062人，共有5个村民小组、8个党小组，有党员57人，2022年村集体收入166.07万元。自村庄环境改造后，陇东村成为浙江省"千万工程"的典范村庄，曾获国家级群众体育先进单位、第六届全国文明村镇、第八批全国民主法治示范村、浙江省文明村镇、浙江省美丽宜居示范村、浙江省美丽乡村特色精品村、浙江省3A景区村、浙江省历史文化古村落、浙江省卫生村、浙江省森林村庄、浙江省高标准农村生活垃圾分类示范村、丽水市精品花园乡村等荣誉。

从小到大，我一直都是"孩子王"。我从1985年开始在乡镇企业缝纫机厂上班。那时候我才17岁，还是个孩子，但3年后我去参加全丽水地区的"轻工技术大比武"，靠自己的本领拿下了第三名。不管是做"技术"，还是干别的工作，我都比其他人干得好，所以大家打心里佩服我。3年后，我当上了车间主任，成为缝纫机厂历史上最年轻的车间主任。当时车间里其他人的年纪都比我大，但都很服我，同我关系也很好，因为同样的工作量，他们需要干一天，我只要半天就肯定做完了，所以我有空都会帮帮他们，这样大家就都"欠了我的人情"。平时，我一个月的工资除了给父母100块钱以外，剩下的都请客花完了，一般出去吃饭我都是先把自己的钱掏光。

又过了几年，我虽然年纪轻，但基本上半个缝纫机厂都是我在管理了。那时候厂里有500来个工人，都是同乡18个村来的，我的声望很高。24岁的时候，村里竞选干部，我人虽然不在村里面，但因为我一年的收入比其他同龄人都要好，村里很多年轻人都很佩服我，一定要我来当村干部，大家就把我选成了村主任。那个时候其实我是不想当村主任的，因为20世纪90年代是比较混乱的一个年代。那时候当村干部，尤其是一、二把手，是社会上身份地位的象征，所以"村主任和村书记"成为了"面子和利益"的代名词。我对当村干部的态度甚至可以说是"回避、逃避"的，缝纫机厂是全市有名的单位，我也是重点培养对象之一，厂长和厂里的其他主要领导都坚决反对，叫我不要去给村里的事情"打工"，分心了对厂里不好。而且，那时候我刚结婚不久，孩子才两岁。所以被选上之后我其实很矛盾，也很迷茫，甚至有些时候觉得尴尬，村里管多一点，对厂里肯定有影响，但如果不去管，我心里、面子都过不去。到最后，我就是觉得既然大家这么卖力、用心地把我选作村主任，我总不能对不起他们，我总得要为他们做点实实在在的事情，而不是光挂个名字，不然我自己这关就过不去。

说实在的，那会儿我压根还没有什么"党性"，我连村主任和村书记"谁大谁小"都分不清楚。那个时候年纪轻轻，觉得村主任是这么多人选出来的，肯定是比书记"大"，所以我当村主任的时候都让书记听我的。但后来，就有人来告诉我，你的这个（搭班）书记是脾气好、好商量，也看到你是有能力、有水平，所以全部事情都由着你，但按照道理来讲，书记是一把手，你得听书记指挥。我当时一听马上觉得："那不行的，我要当一把手。我得马上入党，自己当书记。"所以我在1994年年底入了党，两年多后又开始担任村书记。最开始的时候，我也没有什么"情怀"，对农村的感情我没有多么深刻的理解和感觉，这些都是后来随着干的时间久了、年龄和知识面增长、认识提高才逐渐明白的。

我从1994年当村主任，1997年开始当村书记，一直到了现在，算上头尾都快30年了，在壶镇镇是肯定没有第二个了，在缙云县也不多。一路走来，有过几次其他村民要出来同我竞争岗位，虽然都失败了，但是其中有一次让我印象深刻。1999年的时候，有人提出要当着全村人的面同我竞选村书记，他的发言中有些误解是因为不了解，但是也有一些说的是对的，对我有鞭策作用。那时候缝纫机厂效益已经开始不好了，其实再过一年厂子就解散了。他竞选时候就说，你自己的日子都搞不好，你怎么搞得好村里呢？那时候，我就决定自己开始办厂。

前3年厂里生产缝纫机，就是以模仿为主。到了2003年以后，我跟上海联营的上工集团做定牌生产，牌子和销售的问题就不用我操心了，只要质量、生产管好就行了。后来到了2007年，我们开始办钢厂，又进入一个全新的领域。一开始我们什么都不懂，只能重头开始，前5年很困难，基本上赚不到什么钱，技术我们都是边干边学，特别是在材料这一块一直以来都是弱项，只能用"黑科技"去研发，尽量"走偏门"。到2012年以后，就开始发生质的变化了。就目前来说，我家的企业在壶镇镇能排到十几位，产值也能到1亿多，工人也有170来个。

其实一边当村书记，一边去经营企业很难，两边事情都很多，忙不过来，但好在我们家里分工很明确，我老婆以前在缝纫机厂的时候就是一个"装配能手"，现在管材料进进出出，还管财务；我孩子现在30岁，管销售和市场，他在外面跑很辛苦，也很有一套；我基本上只管设备工艺这一块，就轻松很多。我自己办厂这件事情，不光是为了让自己生活好过，和当村书记也很有关系。在我们浙江，当村干部都不划算，如果条件好，那就可以不计较这些"划不来"。如果连吃饭都成问题的话，让人家当村书记是在为难人家，他不可能把心思都用在村里。精神文明再重要，也要建立在物质基础之上。就跟当时我们浙江省提出来"能人治村"是一样道理，要先把自己发展好，才能带着村里其他人一起发展。"能人"跟"不能人"最大的区别就是"能人"是能够适应时代发展潮流的人，也是能引领时代、引领发展的人。当时我被竞选的人激发着去办企业，到今天办得比较成功，也是我要向村民证明"我能带他们一起发展"。

一、序篇：何以走上"后工业村庄"改革之路？

这么多年来，对我们陇东村影响最大的事情就是2013年我们浙江省开始的"五水共治"工作。在2013年之前，陇东可以说是壶镇镇最"脏乱差"的一个村，但当时很"引以为荣"。为什么会这样子？20世纪80年代乡镇企业兴起的时候，全浙江省最有名的3个乡镇企业，我们村就有一个——缝纫机厂。这个厂的生意非常红火，开办以来在丽水地区连续10年交税都排在第一位。在缝纫机厂的带动下，周边工人、村民的工业基础氛围都很浓。

我们壶镇也被叫作"工业壶镇"，2015年的时候统计，全镇有1 500来家像模像样的企业，其中有150家都是我们以前缝纫机厂的人出去办的，所以整个壶镇工业的发展跟缝纫机厂息息相关。现在来说，壶镇有几大支柱产业，一个是缝纫机，是最早的支柱产业。过了20来年，发展出了带锯厂，像现在我做的就是工字锯，从炼钢开始做产品。还有一个产业就是小家电小电器，比如家里用的电饭锅。但这些支柱产业里面缝纫机一直是排在第一位的。在这种情况下，就有很多人在周边开始办"缝纫机加工厂"，生产缝纫机零部件，和缝纫机厂形成产业配套，所以在环境整治、"五水共治"之前，整个壶镇都是一样，环境都很糟糕。而陇东又更特殊一点，由于地理区域范围所致，早年缝纫机厂就办在那儿，村里人的工业氛围更浓，村民办小企业、加工厂密密麻麻，到处都是。

可以说，如果是2013年前，我们在村里走，听到的只会是机器声，村里老房子都是"加工点"，连村里的文化礼堂都变成翻砂厂了，看起来一塌糊涂。一年到头乌烟瘴气，污水四流，垃圾成堆，蚊蝇满天飞，这样形容一点都不夸张，因为远远就可以闻到气味，远远就可以听到机器的声音。在整个村庄的任何一个地方都能听到、都能闻到，还能看到冒出来的烟。这些话放到现在来说可能会觉得不可思议，但对当时而言，这是那个历史阶段的"产物"。20世纪90年代，我们政府提倡的是发展经济，只要你有能力办企业，政府就鼓励你办，和现在的"乡村振兴"是一模一样的，都是阶段性主题。只是当年是发展经济，现在提倡的是绿色发展。

在那个时代背景下，只要村民自己有能力、办厂能办成，我们都会支持。所以那个时候，哪个村听到的机器声音响，就是这个村能力水平的体现。当年我们陇东也是发展最好、最兴旺的一个村，村里都是小的"家庭作坊"，村外面围绕着一圈10来家制造企业。到2013年，全村平均每20人就有一个工厂，一半以上的村民靠在家里打磨加工缝纫机、锯床这些机器零部件赚取收入，光我们陇东村一个村就提供了60%的制造材料，那个时候还不是中频炉熔炼，像现在都用电，当时都是用充填炉，焦炭烧起来乌烟瘴气，整个村的样子可以想象。

但到了2013年，我们浙江省出台了"五水共治"政策，走在全国前面，"三改一拆""三化三美""美丽乡村"的组合拳来了。一个"阴差阳错"的故事让我们陇东村走在了缙云县最前列。我们壶镇高中原本是设在镇里，大部分也在陇东村村域范围内，但硬件已经不符合办学条件了。县里想把壶镇高中撤掉，但作为我们壶镇人来讲，肯定是不愿意的。每次县里开"两会"，我们都呼吁。当时壶镇的镇委书记就找我过去出了个主意，想办法让县委书记联系陇东村，便于我传递壶镇人想保留高中的心声。当然，现在壶镇高中确实成功落地了，但对于县委书记来说，他可不知道我们是为了壶镇高中这个原因才让他联系陇东村的。他既然是自己联系，就得在政策推出的时候把陇东村当作全县的一个示范点，做出翻天覆地的变化。所以，他第一次来的时候，我印象很深，他对我说："既然是我的联系村，肯定要在全县做个示范，从现在这个状况给我变出另一个样子来。"

今天回过头来看，"村庄环境整治"是最简单不过的事情了，但当年真的是很难，难就难在"第一个做"。"乡村整治"的关键涉及到两件事情。第一，"拆违"，把村里的厂都迁出去。对陇东来说，以前村里到处都是村民家里做零件搭一点出来的"违章建筑"。特别是有一家搭出来了，那其他家也这么干，反正你要搭，那我也搭点出来，不然我心里不平衡。其实以前的政策在2005年取消后，村里的这些厂房从某种意义上讲就都是违章建筑了。可如果要整治乡村环境，就必然涉及到要拆那些违章的厂房，一旦要拆，人家损失至少就是50万或者上百万，对生意还会形成很大影响，所以这样

"拆厂"就等于是"拆他的命"。特别是对于陇东村而言,作为第一个"拆违"的村,在被拆的人看来,"拆违"是"你个人跟他过不去",因为他们说"隔壁村谁谁全都这样子,为什么我们陇东村非得这么做?"第二,污染整治,这就更关乎人们的"思想认知"了。我们为什么会说当第一个整治环境的村特别难?因为那个时候甚至连上级政府也不清楚,镇里的领导班子思想都不统一,大家觉得在农村搞环境整治纯粹是一种"政治作秀",连城市都搞不好环境,农村怎么会搞得好?所以很多人其实是没有认知和决心去整治农村的环境问题。

但思来想去,我还是咬咬牙决定干了,主要是三个原因。第一个原因是党性的需要,讲起来可能有点虚,但这是党和组织交给我的任务,是县委书记向我提出来的工作要求。第二个原因是村民的要求。我们村里虽然到处是厂房,但办厂的人其实都是村里面的精英,他们在人数上不占主体,是少部分的人。他们办厂大部分赚的都是自己的钱,顶多是拿一点出来做"公益事业",村里搞娱乐活动,比如做平安戏,还有修路,他们只是赞助一点而已。而办厂形成的环境污染、噪声污染,一年到头乌烟瘴气,没钱的老百姓是受害者。因为有钱的人都住到镇里了,他们在镇里有房子,没钱的人只能住在村里,很多农村老百姓是敢怒不敢言,因为他们觉得自己是普通人,怎么可能左右得了这些精英?既然大多数普通村民心里觉得是需要改善环境的,但他们敢怒不敢言,怕得罪村里的精英,那我就替他们去得罪。第三个原因是发展的需要。如果不进行全面的环境整治,不公平公正地治理,很多问题就没法解决,那么,就必然会制约发展。比方说,如果那些违章的建筑不去拆掉,你也不拆,我也不拆,没有人带头,所有人都不拆,任何事情都会变得寸步难行,一定会制约未来的发展。不光我这里一个村,整个社会都是这样子,我们陇东村只不过是整个社会的一个缩影而已。所以,我自己也知道,在我有生之年,在我的任期内,我需要把之前遗留下来的"毛病"尽量地处理掉,既然县委书记交代了任务,也就给了我一个契机、一个开始。

所以综合以上三个原因,为了完成组织交给我的任务,为了广大村民的愿望,为了村庄后续发展的需要,我发自内心地形成认识,并作出决定。但下决心只是第一步,关键是做。下决心谁都会,决心跟行动衔接是最难的。对于我来说,干农村工作就是要敢于、善于破解难题,"敢于"是一种精神,是一种决心,"善于"是方法,是更重要的。决心再大,没有方法,也是干不了的。

二、"把村里的工厂'迁出去'"

既然决定了要干,那第一件事情就是要把村里的这些厂房都拆掉,迁到壶镇镇上的工业区去,但最担心的就是村里的"精英们"不买账。"违章建筑"厂房都是村里比较有实力的大户的，这里面有我自己的亲弟弟，还有堂兄弟。这些人干了这么多年都有几个钱了，有钱就有社会关系，社会朋友很多，甚至与镇里的一些关系网都有联络，所以我自己也知道，这些东西越晚越难弄，矛盾会越尖锐，难度会越大。如果政府不下决心，这种事情就真的是很难办。那么到真的要去拆的时候，那只能是从自身做起，我们干部先拆，不然人家一句话就把你堵住了："你们不拆，凭什么要拆我的？我就不拆。"现在农村干部不以身作则，很多事情行不通，人家肯定先把你揪出来，要跟你比，叫你下不了台，叫你们干不下去。我自己的厂房因为早些年已经交了几十万的罚款，也拆掉了，但我弟弟、其他亲戚的厂房还在，所以为了整个事情能推行下去，"拆违"我们自己先拆，我自己兄弟、亲戚、朋友带头先拆，接着村委班子成员跟着拆，再接下去党员拆、村民代表拆，从最核心的圈子慢慢扩大。

在村里做重大问题的思想工作是讲究方式方法的，我们需要紧密、慎重地研究一步一步应该怎么走。对于我们20世纪90年代出来干的人来说，办法是很多的，我们什么事情没见过！那个时候不管是选村长，还是选县人大代表，都是正儿八经的，比你国外选举还厉害、还民主。那竞争什么东西？水平、能力、关系、方法，全方位的竞争。做思想工作就是要懂得"造势"。就"拆违"这件事情来讲，本身对自己有损失的事情，被拆的人肯定不愿意，但如果我弟弟都说没问题他要带头，人家就有压力，"没脸"反对。那么我弟弟第一个表态之后，再接着又有几个人站队，这个氛围形成了以后，不愿意的人也变成了愿意。所以，所谓"制造氛围"就是这个意思，我们稍微关系好一点的先开小会，一个小会、两个小会，再开稍微大一点的会，提前达成统一，在大会上面我们要怎么配合、怎么响应都提前商量好，最后在村民代表大会上形成一个氛围，让所有人都能同意。

思路定下来之后，就要开始做工作。我首先要做思想工作的就是我自己的亲弟弟。那个时候我弟弟也不理解这件事情，甚至我妈妈都和我闹了很多次别扭。她说："人家当村干部都是把自己家里保护得好好的，你怎么先从弟弟这里弄，你是什么意思？"她根本想不通，她认为当村干部是可以占便宜的，这是王道，结果我现在损自家人，简直就是"天理难容"。

我当然不是傻瓜，我也不是六亲不认的人，但要站在大局的角度来评判、来做事情，而不是只考虑自己家里是否能得利。我和我弟弟、我妈妈说，"拆违"这个事情你就算是不支持、不配合，结果都是一样的，大不了就是显得你的素质差一点。因为你是党员，你就必须要拆，这个是结果，已经定了，没有商量的余地。就算退一万步说，我不拆他，那我这个书记就不称职，我就下台，人家来了照样拆他，结果是一样的。

做通家里人的思想工作以后，接着我就约了我们村"两委"晚上喝茶，讨论接下去要怎么做，我和他们说"拆违"已经是政府决定必须要做的事情了，既然是必须要做的事情，我们干脆主动出击，不要像其他村一样，事情干是干了，但干得很烂。这和我几十年来的个人风格也有关系，"拆违"这件事情不是能够糊弄过关的，所以村委必须支持。当然，我也告诉他们了，我说我第一个承诺拆违，因为村口最中心、路口的这个地方本来是我爸爸盖的猪圈，我就带头先拆，我义务地不要一分报酬拆掉，厂房也一样，我弟弟带头先拆，那他们就没有理由不拆。

再后来，我们在村里准备开村民代表大会，面临第二个难题，也就是村民们怎么理解"村庄整治"这件事情。当年，我们很多村干部是为了赚钱去搞项目，而不是为了民生去搞项目。很多时候村干部为了赚钱，千方百计地去弄点事情来干，不是这些事情必须干、必须干好而去干。所以很多村民是不理解的，村委开始干一个项目的时候，他们的第一反应是你们肯定想在这里面捞好处赚钱。所以，为了让他们放心，为了让他们相信我们不在这里面赚钱，作为村干部先向大家承诺了我们自己先拆，让老百姓知道我们带头拆。而且，我们当众承诺全部都义务劳动，不要一分工资，也不要一分补贴。所以，从2013年开始，我们陇东的村干部就没有拿过村里的一分工资、一分补贴，全部都是义务的，到今天为止一直都是。有村民提出不相信我们，那就在不相信的人里面挑一个最有代表性的人物出来，当村监会委员。这是很关键的一个动作。最不相信的"头头"来当村监会委员，我说一百句还不如他说一句。因为当年他最不相信、最反对，现在他最相信、最支持。他后来和我说："看来以前我是真的不了解。"后来我们讲什么他都第一个表示相信。不过我告诉他，你就算相信，你作为村监委还是要多去了解情况，这关乎工作态度的问题，你就算心里相信也还是要实事求是。

我们的村民代表大会，100多人连续开了4个晚上的会议，其实反反复复就是讲了3句话。我们如何让村民信任？一个是自己先拆，我们在座的这批人里面干部带头拆，自己的亲戚朋友都先拆。第二个让村民放心，我们不在这里捞钱捞好处，我们都是实实在在为村里办实事办好事。第三个，从今往后我们要求村民做的我们自己先做，要求村民不做的我们自己先不做。如果我卢桂平做不到以上三点承诺，你们都可以不听我、不理我；村"两委"做不到的，党员代表可以不听他的；党员代表做不到的，村民可以不做。我们开了4个晚上的会议就讲了这么3句话。

村民对我们的信任肯定也不只是这几个晚上的事情。这么多年下来，他们是从心里相信我们的。比如说，我们村里的财务管理一直相当严格，任何一分钱用出去我们都需要通过5个人的监管、5支笔的审核和签字，分别是经办人、经手人、监督人、村监会主任，以及村监会和村里的法人代表。到后来，我们更是公开透明，一个月用一天，用规定的时间以前我们是最后一天30号，现在为了跟镇里对接，一般定在10号，我们4套班子的人全部坐在一起，一个月下来处理的任何事情都要坐在一起审核,每一分钱的来路,进来、出去、怎么回事,每一张发票都要在会上说清楚,大家认为没问题,那就过;有问题的,发票拿出来,重新再审核再查;要真的是有问题,那对不起,谁负责就谁承担。我们这个做法是因为我们心底无私,任何事情可以摊开来,可以让任何人知道。除此之外,村里现在财务的事情网上全部都可以看到,我们还会在公示栏里面贴出来让村民可以监督。我不是怕人家知道,我是怕人家不知道,人家不知道才是我最担心的。我不怕人家来查。我们村里的账目是两年一审核,像上一届审核,县纪委下来查了以后叫我去谈话,他说在缙云还没碰到一个像你们村做得这么好、这么公开透明的。其实这样干下来,我们村的"两委"干部都是自己贴钱,只是贴多贴少的问题。比如,请客吃饭这些开支都是我们自己付钱,因为我们村里的主要领导也都办一点大大小小的企业,都自己开支得起。像我自己,早几年贴得也比较多,像现在也要贴十几万,村里的钱我们是一分都不会去乱动的。

但就算思想工作已经做得这么充分了,"拆违"过程还是很煎熬。我们从2014年开始正式动工,一个月的时间就拆了1.8万平方米的厂房。拆的第一天,我就当着大家的面把我弟弟的厂房拆了,向大家表下这个决心。现在,谁都知道要"拆违",只要政府一个文件、一个通知下来,不可能来对抗,他只有请求说"你能不能让我再晚几天"。那个时候不一样,刚开始"拆违"的时候,社会上很多人都觉得和政府有商量的余地,还有人要找拆他厂房的人拼命,特别是镇班子成员的思想还不统一,甚至有领导出于私交,居然向着那些人说话,找了陇东村里的一个村干部来说服我说"拆违"没必要,是多余的,甚至说我们是在"作秀"。我当时马上说:"他是什么政治素质?作为镇里领导,不支持、不保护农村干部就算了,居然还说这种话。你帮我转告他,连他这种人都能当镇里领导,那我连当镇委书记都嫌小。"所以,连干部队伍都没有觉悟,更不要说普通老百姓了。当时碰到泼粪泼尿这种侮辱性的事情,忍忍就过去了,但有些时候真是在"搏命",连我自己家里的一个亲戚都叫了几十个人过来打我,闹到最后,出动了一大批公安到现场维护秩序,我们都去做过笔录,最后惊动了县委书记。县委书记说这个还了得,无法无天,要全部把他们抓走,该判的判,该拘的拘。我说算了,我们还是教育为主。毕竟还是乡里乡亲的,我要是真的把他们最后弄起来去坐牢,50年、100年以后家谱看起来都难看,反正只要"拆违"这件大事能继续推进就可以了。

我心里知道,当农村干部一定要坚定,要有定力,只要你知道在做的这件事情对大部分人来说是有利的,对村庄的发展是好的,就要坚定地去做,千万不能泄气。一旦泄了气,最后一事无成。很多农村干部碰到难题就"归零"了,什么事情都不做了。但其实碰到难题的时候,大胆地闯过去,就会是另外一番景象、另外一个天地。如果只是人家为难一下，就不敢了，那什么事都不要做了。同时，农村不比其他行政单位，我们的资源是很有限的，所以决心要跟方法有机结合，要讲究方式方法，很多事情需要"营造氛围"，让它推进下去。

三、"把陇东的生态文明建起来"

"环境整治"不像"拆违"那么有冲突性，它是一个先进观念如何落实的问题。陇东村以前工业发展得最好，所以环境当年是全镇最落后的。2014年，我们村干部在估算后定下目标，决定争取3~6个月的时间，彻底改变村庄环境。决定后，我们村"两委"人员就在村里开始带头捡垃圾。怎么捡？我们7个人在每天的下午5点从村办公楼统一出去，带上垃圾桶、扫把，把村里的主要道路走一遍，边走边捡，特别是挑人多的地方，看到烟头就捡掉，有垃圾就收起来，最后一起烧掉。一开始人家笑话我们神经病，我们就当无所谓。一个星期下来，他们笑不出来了。比如说，有人把烟头丢在地上，我们就走过去，当着你的面帮你捡垃圾，或者在你家门口帮你捡垃圾，后来他们一看到我们走过来就会觉得不好意思，自己立马就捡起来。我们还在全县"首创"了网格化的村庄卫生保洁机制。我们统计了全村的党员数量，70岁以下的党员刚好80个人，我们就把全村分成80个区块，每个党员就近认领一个区块，你住在哪里就"就近分管"。

我们要求每位党员都要在区块里做好3件事情，第一，做好分管区块里每家每户的"环境保护"宣传工作，讲得越简单越好，反正村民也不会听大道理，村里党员也讲不出大道理，就老老实实地讲，为什么要搞卫生。第二，在宣传理念之后监督到位，要求每家每户打扫好自己房前屋后的卫生。第三，如果村民真的不扫，那分管的党员自己去当保洁员，每天都扫，扫到他不好意思，扫到他会扫为止。最后，我们每个月组织一次全村大扫除，让村里人从水龙头接水出来，全村清洗一次。在这一系列措施执行下来之后，本来我们想的是3~6个月彻底改变村庄环境，结果只是一个月下来，我们陇东村就已经从最"脏乱差"的村变成了全壶镇镇最干净的一个村。再后来，我们变成了全县最干净的一个村。

2016年，我们在陇东实施了"花样村庄"的概念，也就是全村在环境整洁卫生的基础上，用种植花草来美化村庄。同样，我们要求党员代表带头示范，从亲戚朋友开始做工作，同样在维护花草这件事情上形成了"网格化管理"，让村里的党员义务地去除草或者松土，但以人性化的方式，按照他自己喜欢的区块来分配。本来当时只要有70%以上的村民种花就算是一个"花样村庄"，结果后来我们一发动，所有人都开始种花，没有一户人家不执行，甚至如果自己房前屋后没有几盆花，村民反而觉得很丢脸、没面子，后来还传出"没种花可能影响风水"这种话。所以，在全市统一评比的时候，陇东村又是全丽水市的第一名。分管这一块的丽水市农办主任说："在整个丽水，如果陇东村的花样村庄不是第一，至少也是并列第一。"因为那时候，当很多村庄环境还是一塌糊涂的时候，我们这里已经形成了一个完整的美丽乡村。

跟后来其他把生态环境承包出去的村不一样，陇东在生态环境方面只支出"必须支出的"，其他的尽量都靠自己解决。有的村承包给人家，光花草管理就要几十万块钱。还有外村的干部和我说，他们一年村里的运行资金根本吃不消，没有100万块钱就过不了关，我说那这100万给每个村民平分都可以分到很多。我们只有垃圾搬运队、公共区域的卫生清洁、整个村庄花花草草的肥料、农药、修剪要花钱，七七八八加在一起10万块钱不到。这样，政府补贴4万多，剩下的乡贤补贴一下就够用了，像每年村里买的花草就是我老婆自己掏腰包负责的。

在这之后，镇里领导在陇东村组织开了一次全镇干部的现场会，这个会议就是让各村的干部亲自来看看陇东村曾经这么一个脏乱差的村都能弄得这么干净，那你们看了之后想想看，你们回去该怎么弄？我也在壶镇大会堂，当着全镇的那些干部给他们介绍了经验，从"拆违"到环境整治，我们陇东村的村干部全部都是以身作则。后来，其他村庄也基于陇东的办法延伸、完善，针对它们自己的实际情况加工落地。

我始终相信，我们浙江要"走在前列"，这是需要一步一个脚印、实实在在"走"出来的，这本身也是一个探索的过程。在摸索的过程中，整个内容才一步一步地、渐渐地充实完善起来。而在这个过程中，党委政府的支持也起到了关键性的作用。如果不支持，我们很多资金就没地方来。就这样，我们把陇东村这个原来环境倒数的村庄变成了最漂亮的一个村庄，被他们称为是"乡村客厅"的始祖。我们当年确实很难，因为我们干了当时人家认为"不敢做、不能做、做不了"的事情。而我们真正做到之后，陇东村就成为全县、全市的一个典范。其他村要整治村庄之前，都要去陇东先听听我们是怎么做的，陇东的干部是怎么以身作则的。所以，今天凡是缙云稍微好一点的村都来过陇东学习。到2021年，我在文化礼堂总共接待1 100多批次的人，向他们介绍陇东村的村庄整治经验。

可能在今天来看，陇东村在"村庄颜值"上已经有点落后了，毕竟任何事物都在发展、都在提高，但是其中的内涵是永远存在的。因为陇东村在整个村庄环境整治的过程当中起到了一个特殊的作用，以前人们觉得农村的环境就算搞得好也没必要搞，陇东村的变化证明了那是他们没有认知和决心去搞好，陇东村的变化证明了"原来农村也可以这样子搞"。

四、"精神文明永远是村庄治理的核心"

在环境整治的过程中，我们陇东的村容发生了翻天覆地的变化。更重要的是，这个过程还改变了村庄的"人文环境"。如果说仅仅是解决村庄环境问题的话，只要有钱、有政府资金支持，表面的环境谁都能做起来，只有人文环境才能真正体现这个村的内涵，不是光靠弄几个钱就可以变好的。我一直认为，改变一个地方的人文环境，要把学校当作重点，对城市来说也是一样，这也是为什么当时我们为了保住壶镇高中引发了后续这么一系列故事的原因所在。在一系列改革措施之后，陇东村党员干部的付出与行动让整个村庄和谐起来，村庄老百姓跟干部的关系也完全改变了，从以前的对立、不相信变成完全相信。而最终，村容村貌也得靠村庄的人文环境内核去长久维系。因为漂亮的东西做起来很容易，但维持很难，有很多小城镇因为一股"改造风"吹来一下子能变得很漂亮，但后来却没维持住，这说明背后维护地方样貌的人文力量不存在了。所以，这个过程其实是通过改变环境来改变人，然后这些已经改变了的人形成一种村庄整体的人文环境，最后造就整个村庄的和谐。

对陇东来说，村里的人文环境从"转变作风"开始。从严治党，纪律是关键，规矩是关键。我们陇东的党员大会可以说是全镇，甚至是全县开得最好的。我们开党员大会，除了发言的，那真是鸦雀无声。一开始也不是这样，总会有几个人在下面讲话。我看到如果有人在下面讲话、开小会或者是做小动作，我就说："你要讲你先上来讲。如果你觉得我讲得不对，你可以先来讲。如果你说的话不重要，不需要上台讲，那你就不要讲。"如果有两三次他们还不改，我就把他推到镇组织办、镇纪委那边去："你到那里去学习，我这里不需要你。"如果还不行，我就动用组织手段处置。曾经有一个党员，老在外面以各种理由不参加组织生活，我就提议把他开除掉了。结果，开除了这一个，比我唠唠叨叨强调纪律讲一百次、一万次还要管用。我之前在党校学习的时候也基于我们陇东的成功经验提出过，如果我们以后"反向思维"，每个支部每一年要弄出一个不合格党员，如果弄不出一个不合格党员，你要准备很多资料讲清楚什么原因，这样一来组织生活肯定一下子就变了，因为人都是要面子的，你不给他危机感，他有什么感觉？

严的同时肯定还要有关怀，所以我们陇东坚持"联系群众"。听起来好像很虚，因为的确很多地方都是虚的做法，是为了应付上面组织，为了让自己过关，但我们是为了过老百姓这一关，有质的区别。我常和党员干部说，村民碰到事情的时候，要把他们当自己亲戚去看待，不要说解决不了问题，也不要觉得烦。有时候村里人"记仇"，你帮他办了10件事情，他只记得那件没解决的事情，那就不要和他们一般见识。如果他们和你都一样，那他们就自己当书记了，毕竟大部分村民还是会理解的。总体来讲，村干部诚心诚意为村里人好，为他们付出，他们心里还是有一杆秤的，就像我们共产党当年打天下，都是跟农民打交道，他们可能比较"蛮"，但农村有人情味。

在这方面，我们还是采取"党员分包"的策略，每个党员负责自己关系好的，让他们自己去挑，每个人负责几个，大家觉得最不好讲话的、最不愿联系的群众，我们主职干部自己来联系。那什么叫"联系"呢？我们制作了一年一本的工作本，一个党员基本上联系8~10家农户，我们要求党员每个季度走访一次，具体时间自己确定。走访内容基本上就带着三个问题：第一个，对村里的主职干部有什么意见和建议？这一点我想知道；第二个，对村里的建设和发展有什么好的建议？这方面我也觉得需要多听听村民的想法，因为很多好方法、好建议都来自民间；第三个，在法律法规允许的范畴内，你有哪些困难需要组织帮忙解决的？越简单、越真实，"联系"就越有效。我也设定了"监督机制"，不希望这些"联系群众"变成"弄虚作假"，所以每一次的联系记录我都要求他们写上时间并且让被走访的群众签字确认，代表这是真实来走访过的。同时，我们村一共3个支部，每个月都会在一个支部召开主题党日会，一个季度正好一轮。我们就让每个党员在全体党员面前汇报自己的"联系情况"，让他们有一种仪式感，再通过这种仪式感让他们形成身为党员的责任心。当然了，这也不仅仅是个仪式，还起到监督效果，因为当着一百来号人的面说假话，说一次可能不会被人家看破揭穿，说多了以后肯定就不行，我就是想让这么多人一起来监督党员。

以前很多村民觉得他们有想法、有意见、有冤屈，但没地方诉，因为他们找干部不容易，不好碰啊。现在我们上门服务、上门了解，把以前"找干部难"变成了现在"嫌干部烦"。一开始他们觉得来联系了之后，认为机会难得抓紧说几句，后来党员联系群众常态化了，大家甚至觉得烦了，说："你不要问了，没事，有事我找你好不好？"

最后，还有一个关键的理念维护住了陇东村常态化的和谐，就是村庄治理里的"公平"。对于"公平"，我有一个特殊的理解。有些人讲究流程公平、表面公平，我这个人喜欢追求内容里实质的公平。比方说农村建房，这是农村最大的事情。比方说我这个村今年批下来10个指标，很多村会通过招投标的方式进行招标，假如我这个房子在市场上要60万块钱，投标之后村里拿了50万块，村民自己就只能拿10万块。但在陇东，我们推行的办法就是1 000块钱一平方米，如果地基占面积85平方米，也就8.5万块钱，全部七七八八水电路这些东西加起来，大概也就12万块钱。如果这个房子卖60万，村民就能拿到48万。前一种方法在流程上来说确实是最合规、看起来最公平，甚至可以说，通过这个方法壮大了村里的集体经济。但这样对村民不公平，因为如果按照市场的方式来运行，穷人永远是穷的，永远住不起房子，他们的户头被弄得只能拿到几万块钱，大头都被集体拿走了。这相差的几十万块钱对有钱的人无所谓，关键是对没钱的人，几十万可以彻底改变他家里的状况，甚至改变一家子的命运。通过招投标或者是抓阄，确实谁都没话说，因为形式上是公平的，但是内容不公平，框架是不对的，最后的结果会造成实质性的不公。

我们村里建文化礼堂的时候，也是一样的道理。我还记得2017年的时候，缙云县县委书记到陇东来暗访。那天，我正好准备到村办公楼准备布置工作，结果刚好碰到县委书记。我看这个人好像很面熟，后来想想好像在电视上看到过，我就去问他："你是不是县委书记？"他跟我笑笑，一句话不说，我就马上说我是村里的书记。书记说："你村里确实搞得不错，我私下里转了一圈。我们到什么地方去坐坐？"我就把他带到村里的文化礼堂，他刚进去就愣在那里，我就知道他的想法是什么，他估计是觉得这个村哪里来这多钱，他感觉文化礼堂要很多钱。我看出他的心思，我说，书记你猜猜这个文化礼堂要多少钱？他转了一圈说："你说我内行吧，我不是，但说我外行吧，我也不是。不管怎么说，总不会少于200万。"我说："你这样子说，我就放心了。其实是81.8万。"他马上说："你怎么弄得这么好的？你到缙云电视台去，讲讲你们是怎么干的。"我说："书记，这个事情是合情、合理、不合规，我们干的事情是不能讲的，只能做不能讲。"为什么？我们农村有规定，30万块钱以上的工程项目全部要招投标。①但如果招投标，我这个文化礼堂是不会少于250万块钱的。我当时带了3个公司来看，第一个报价300万，第二个报价260万，第三个报价220万，他说这个价格已经不赚钱了，就当是广告，因为陇东当时最容易出名，最容易宣传出去。

说实在话，我的想法就是，我没钱、做不了，我宁可自己分多年做。所以我们当时就是乡贤赞助了40万块钱，政策补贴了二十几万块钱，我们村里只贴了10多万块钱，我就把这个事情做起来了。我是"违规"操作，表面上看起来"不公平"了，但是账目我们是很清晰的，我们有7个人全部在这里监督，组成一个组，叫监督管理组，他们全过程参与，一分工资都没有，我们党员代表当集体活动自己做，就当义务锻炼身体了。如果我要流程公平，通过招投标，要设计费、要利润、要监督，一大圈下来不会少于220万块钱。所以，陇东的村庄治理有自己的想法，任何事情讲究实事求是和接地气。

也就是因为这一系列改革，从生态环境建设，到精神文明建设，陇东村在2018年作为浙江省"千村示范，万村整治"（"千万工程"）的示范点上了中央电视台《焦点访谈》栏目。"千万工程"就是习近平总书记在浙江当省委书记期间提出来的，也就是这

---

① 2017年前后，全国各地陆续有基层干部作出"非标做法"的冒险尝试。2017年，福建省屏南县基于龙潭村古村修复项目案例，将此种"非标做法"提炼成为""工料法"，并拟定数份文件报送上级单位。2018年，这一案例入选住建部乡村营建优秀实例，原本在法律层面存在争议的"非标做法"正式得到了中央政府的认可，"工料法"案例中的部分细节甚至被吸纳至2022年一号文件中。

个工程的推出，使我们浙江农村发生了翻天覆地的变化。所以，当时中宣部为了助推"美丽中国"建设，要求《焦点访谈》栏目到浙江选择三个点作为示范点宣传，丽水地区占了其中一个点，因为丽水是我们浙江大花园的核心区，可以和浙江其他村的选择形成差异化。

在丽水地区这一个点的选择过程中，市里相关职能部门推荐了16个村给他们，这初步推荐的16个村里面是没有陇东村的。2018年11月9号，《焦点访谈》栏目组到浙江来踩点，拿着16个村的推荐名单，用了一个星期全部了解完。结果到了11月15日中午，《焦点访谈》节目组走访完所有村，跟市里相关职能部门说这些村都不行，不具有示范性。市里很尴尬，不知道怎么办。在那个时候，我们当年的县委书记就叫我们缙云的宣传部去邀请栏目组到陇东村来看看，他觉得陇东村跟其他地方不一样，其他地方"高大上"，陇东是土里土气的。缙云宣传部部长出发的时候就把电话打给我："有这么一个事情，我们去争取一下。你下午就待在村里，别的地方都不要去，最多耽误你一个下午。如果能邀请过来那最好，如果不过来就算了。"

那天下毛毛雨，我在村里等，到了下午2点45分，栏目组一行人到陇东了。我就带他们在村里转了一圈，坐在文化礼堂里头，我们整整聊了三个半小时，他们问我答，像做笔录一样。到了傍晚6点多，镇长叫我送他们回丽水市区，我就沿途在镇上陪他们吃了点缙云特色的馄饨烧饼。平时我开车去丽水其实是一个小时，那天我故意开慢一点，开了一个半小时，路上再和他们聊聊。下车的时候，他们和我说："卢书记，我们可能还会再见。"当天晚上，他们就把我们聊的资料整理起来，向上面重新汇报了。16号晚上，我就接到宣传部部长给我打的电话，他说："首先恭喜你，这个事情确定了，就放陇东。"又过了一天，栏目组就过来了，17号、18号、19号，连续拍摄了3天。最后一天拍完要走的时候，我在农家乐陪栏目组吃了一个简简单单的农家饭，带头的记者问了我一个问题，他说："卢书记，我为什么要把点放你这里，你知道吗？"我为了表示谦虚就说："不知道，请指教。"

他说，陇东的特色体现在两个地方。第一个，陇东村是因地制宜的、实事求是的。不同年代的房子还是不同年代的房子，只是把它弄干净整洁，再美化一下，这种做法全国可以示范，尤其是中西部不发达的地方。只要有理念、想法、认知，弄干净整洁是谁都能弄的。当然，有条件的话适当弄高档一点也是可以的。之前看的那16个村，因为都是太"高大上"的东西，用钱砸出来，全国不能示范，一示范有些地方财政没法支出，还会起反作用。陇东村的建设理念很好，这是第一个理由。

第二个理由是核心，也是关键。他说，他们也是走了很多地方，每个地方的广告都做得很好，社会主义核心价值观的大标语放在村口最显眼的地方。但是陇东，他们在这里拍摄了3天，也走访了无数的群众，而且他们采访都是随意采访的，不是你说叫他采访谁就采访谁，陇东的党员干部和普通村民是用行动的语言在践行社会主义核心价值观，也是在用行动的语言在诠释陇东的党建内涵。他说，这个在当今社会是最难能可贵的、最不可想象的，也是最关键的、最需要宣传和弘扬的。

所以，村庄的人文环境、精神文明说起来很虚，但其实都是村民发自内心流露出来的。不是说挂挂牌子，结果村里面的人动不动就吵，动不动去告，那怎么可能和谐？一定是工作没做到位。只有大家的需求真的被重视、被解决了，像中央电视台《焦点访谈》来随便采访，大家都觉得村里好，这才是真实的人文环境，这才是没有水分的精神文明。

五、结语

我自己当村干部有几个体会。第一个，要把这个村庄当自己家里一样，要有一种情怀。说实在话，当村里的干部划不来。要是我把一年用到村里的心思拿去赚钱，那我肯定搞得很好了。如果是从利益"划算"的角度，我们都没必要去做村干部。特别是，我自己的感觉来说，我对家里的事情肯定不如对村里尽心。村里不好，我是整晚睡不着觉；我自己家里的事情，其实现在都"麻痹"了，无所谓，大不了多赚一点、少赚一点，多1000万跟少1000万块没什么区别。所以，"有情怀"这个东西听起来很虚，但这是真实的。有时候，当你感觉村里被改变了，或者村民觉得在你当干部的时间段里让他们日子好起来了，自己的成就感是独一无二的。所以，一定要有责任、担当、情怀，缺一不可，如果缺了，村里的有些工作自己都会觉得没意思。

第二个，当村干部自己要对村庄有个定位，对整个村庄的实际发展要有一个清晰的路线图。2014年村庄建设的时候，每个人来陇东都要给我指点一下，其实这里面有些人根本不懂。我这个人很直爽，有时候说得很直白，得罪人我自己也不知道。所以关键的东西，自己心里一定要有个数：这个村要怎么发展？路线图是什么？节奏要怎么走？我觉得对村庄的面貌和实际的发展，村干部一定要有一个清晰的路线图。哪怕是步子慢一点，但是要脚踏实地。比如说，搞环境整改，面上的村庄环境和里头的人文环境都要兼顾，你不能这个村看上去很漂亮，结果村里的人不讲道理，歪风邪气盛行，那这个村不管弄得再怎么好看都"死"了。这个很重要，所以我在这块用心用得最多。

最后一个，也是我自己觉得很重要的关键点，不同时期的村民的重点想法村干部要心中有数，因为不同时期村民的想法是不一样的，关注点也是不一样的。比方说，八九十年代的时候，大家肚子都没吃饱，肯定想的是要赚钱；到2013年、2014年的时候，村民对环境整治的呼声就很高，因为他们发现没法在村里生存下去了，在这里肯定要生病，不是肺病就是其他病；再后来，整治了以后，肯定是村民建房，这个是最大的利益。所以每个时间段的关注点是不一样的，村干部一定要做到心中有数，不能老按照自己的节奏来，村干部自己的节奏要跟村民主要诉求有机结合在一起，这样子工作也会顺利一点，成功的可能也会大一点。

我对农村的感情最早没有这么深刻的理解和解读，但是我觉得我当村主任、当村书记，不能很落后，总得尽量比人家干得要好一点。我以前常讲，你只要给我一点阳光，我肯定给你灿烂。有的时候，可能越付出，感情就越深了。不过我还是很释然的，像很多村干部，因为村庄是他一手打造起来的，他可能会放不下，觉得村子离不开他。其实没有什么好放不下的，这种放不下可能是一种骄傲。对我来说，在位的时候肯定要尽心尽责，但该下去的时候好好做一个"退休老干部"就好了。我现在年纪也大了，接下来也开始慢慢打算接班人的事情了。

****

采写者名片

俞雅芸，女，1995年10月生，浙江省金华市永康市人，本科毕业于上海外国语大学新闻与传播学院，获美国约翰·霍普金斯大学传播学硕士学位，现为清华大学新闻与传播学院博士生，曾在浙江传媒学院任教，并在2021—2022年借调于教育部国际司工作。研究方向为国际传播、互联网治理与女性主义媒介研究。

采写手记：与"后工业村"共成长的能人书记

"后工业村庄"是赵月枝教授的原创概念，而陇东村就是这个概念的灵感来源。在赵月枝教授2022年12月21日在《农民日报》上发表的《村庄、县域与大地上的学问》一文中，专门以陇东村作为在地化代表性案例阐释了这一概念。[①]2018年12月30日，央视《焦点访谈》节目组将陇东村作为"千万工程"典型案例作出正面报道，对这一曾以工业化作为主要发展方针的小村落在"乡村振兴"的时代背景下再次完成"蝶变"，化身为富含绿色生态内涵的"新现代化"农村进行了全面的报道。而卢桂平书记对于陇东村改革过程的口述更是深刻阐释了这一概念不同于资本主义体系中"后工业社会"的独特内涵。

---

① 赵月枝. 村庄、县域与大地上的学问. 农民日报，2022-12-21, https://new.qq.com/rain/a/20221221A019XJ00?no-redirect=1.

首先，陇东村的"后工业"内涵体现于宜居环境的建设。或许是担忧陇东村"美丽乡村"的声名远播使我形成过高的期待，卢桂平书记在带我参观村庄前谦虚地说道："现在这么多新的美丽村庄出来了，再看我们陇东可能'颜值'就没那么高了。"的确，相比于美丽乡村风潮下许多村庄所选择构建的景观式"美丽"，陇东的改造理念则更贴近构建整洁、绿色的人居环境。这不仅仅是因为陇东村村民总体较为富裕，无需将村庄环境整治与旅游产业相结合，以经济创收作为主要导向，更重要的原因是，在卢桂平眼里，一方面，健康的人居环境是"陇东为什么需要变得美丽"的出发点，当富裕的村民得以搬离污水横流的村庄，"无处可逃"的村民却只能承受发展带来的弊端，农村环境整治的本质是"公平"。另一方面，这种"最低限度的美化"代表着一种可持续的、内生性的生态文明。卢桂平着手于陇东村的"美丽村庄"建设之前，曾四处考察。他发现，虽然有许多小城镇在政府的项目支持之下得以建设起美丽的环境，但是一段时间后，就会由于巨大的开销而难以维持，或者由于人文内涵的匮乏无以为继。因此，在陇东村的整治理念中，环境的改变只是起点，观念的转变才是终点，即农村并非注定脏乱，城市也并非宜居的唯一选择。

其次，陇东村的"后工业"并非"去工业"，而是将工业规范化。尽管"工业化"是村庄环境恶劣的"罪魁祸首"，但卢桂平书记从未否认过发展的重要性。相反，他以辩证的眼光看到了每个历史阶段都有各自需要完成的任务，发展既是民族复兴的基础前提，也是个人通往美好生活的主要路径。对陇东村而言，其村民大多得益于改革开放的发展战略，以制造业为核心积累了不菲的财富。因此，即使将改造村庄环境作为主要目标时，卢桂平及其所处的当地政府，也并未片面地推翻过去的成就，更未曾极端地企图走向"去工业化"，而是将原本设在村内的所有工厂迁至镇工业区进行标准化生产。

最后，陇东村的"后工业"发展并未带来"去组织化"与"个体化"。相反，在环境整改与村庄治理过程中，恰恰是乡村党组织的网格化管理与服务发挥了关键作用，让村庄中依旧延续着的"人情关系"成为了其中的"润滑剂"。

陇东村的"后工业改革"自然离不开与村庄共成长的老书记——卢桂平。从一名乡镇企业的优秀骨干到当地企业家群体中的佼佼者，再到突破万难、勇于率先进行环境整治的优秀书记，我们不难发现，不论是在哪一个人生阶段，不论处于何种行业，卢桂平身上承载着的正是习近平总书记所总结的"浙江精神"，即干在实处、走在前列、勇立潮头。特别是卢桂平在村文化礼堂修建项目中采取的"非标做法"冒险尝试，进一步彰显了当"层层剥皮"的招标办法脱离村庄实际时，基层农村干部敢于"抗击"政策，代表乡土社会发挥出了主体的能动性。

纵观他的人生变迁，我们不难发现"富人／经济能人治村"策略中蕴含着的"双重回嵌"逻辑：第一，这是改革开放时期"先富者"对于乡村的回归与嵌入。正如卢桂平所说的，在21世纪初，大多经济条件优渥、有能力移居城市的村民早已"逃离"了农村，只有逢年过节之时才会回到家乡，而他作为同辈中的"弄潮儿"不仅因承担书记一职至今举家居住在陇东村中，更是在工作过程中对乡土积累了愈发深切的情感，未曾领取一分村书记工资，更是每年主动自行为村庄承担至少十余万的开支。直到今天，我还记得他在介绍妻子时自豪地说道，自打造"花样村庄"以来，村里每年每家每户所添置的花草皆是她出资购买。也正是由于这份对于乡土热切且充沛的情感，他才得以挺过艰难的"拆违"，忍受环境整治时的嘲笑；才会当自己、家人、亲戚、朋友同属于企业家时，却更能与普通村民共情；才会在关键时刻，勇于站在村内"精英"及利益相关者的对立面，为依旧居住于陇东村的民众谋求更为宜居的保障。

第二，这是中国共产党以"富人治村"之法对这批"能人"的召回与吸纳。曾经的少年卢桂平"弄不清楚村主任和村书记谁大谁小"，如今的老党员卢桂平虽笑称自己没读过多少书，却通过近30年的实践深谙马克思主义哲学。他在环境整治的初衷中深刻贯彻着"生态正义"的内涵，通过农村治理生发出"程序公平"与"实质性公平"的概念，在谈论到其钢铁厂时，言明私营企业家同样应当具备伟大的使命感；在论及"一带一路"时侃侃而谈孕育其中的"共富"内涵。我从开始与现在的鲜明对比之中，窥见了他的部分人生，却依旧难以想象是怎样的经历与磨练锻造出了他如今的马克思主义实践哲学。在卢桂平看来，他所承担的不仅仅是陇东村的美好未来，更是作为全国千千万万村书记的一分子，希冀万千村庄和谐、百川赴海后的中华民族伟大复兴。他表示，一旦有了这个格局，眼前的困难再大也就变成小困难，咬咬牙就能闯过去了。

诚然，在访谈过程中，我们同样发现包括卢书记在内的不少"明星"村书记都面临着接班困难的问题，不得不以"老龄"甚至"超龄"的身份继续坚持。而在明星村书记之外，也存在着不少接下村书记一职却落得"村庄、生意两头空"的失败案例。种种事实也揭示了"富人治村"的另一面，即在缺乏基层人才培养体系下"人治"所带来的偶然性与不确定性。因此，我们也亟须及时省思这一萌发于改革开放时期的基层治理策略，并对下一个历史阶段抛出问题："富人治村"之后是什么？后工业时代的村庄治理又该是怎样？

第六章　周建勇：要有一颗为群众服务的心

口述：周建勇
采写：施星言
采访时间：2023年2月4日—2023年7月8日

书记名片

周建勇，1969年7月生，2010年12月加入中国共产党，现任缙云县五云街道五里牌社区书记。2007年进入缙云县五云镇水南社区工作，2008年转入五云街道风景山社区，2013年担任风景山社区书记。2019年年末担任五云街道五里牌社区党委书记。曾获2020年浙江省城乡社区千名抗疫英雄人物、丽水市兴村（治社）名师等荣誉。

社区名片

五里牌社区成立于2019年12月，位于缙云县城新区东侧，地处城乡结合部，辖区面积大、范围广，社区有7个建成小区，共划分20个网格，86个微网格，户籍居民1 149户，2 524人，常住居民3 845户，9 554余人，党员35人。近年来，该社区乘着现代社区建设东风，加强了阵地建设和人员配备，同时在综合服务基础设施完善、文明城市创建、社会工作建设等方面均有较好发展。先后获评丽水市民主法治社区、丽水市绿色社区、丽水市现代社区等荣誉。

一、人生转折：从国企下岗工人到社区书记

我叫周建勇，1969年出生，高中毕业之后就没有读大学，1990年直接参加了工作，但其实我一直都很想考大学。我家中兄弟姐妹四人，我是其中最小的。七八十年代的时候家里很穷，整个村都没什么人读书，但是我爸妈在村里算是有些文化，他们总和我说，只有读书才有出路，才能不在农村受苦。

初一、初二我是在乡里念的，初三的时候插班到了河阳。那时我觉得自己挺有希望考上大学的，但是后来因为家里困难，就放弃了考大学转而去工作。我还记得当时我问妈妈："为什么爸爸不出来工作？"我妈说："爸爸生病了，没钱，家里生活很困难。"现在想想还是有点感慨。没上大学成了我的遗憾，三十来岁的时候晚上还会梦到

我在读书、考大学。我现在最大的梦想就是在学校读书，所以每次我看到穿校服的学生的时候，总会感觉特别亲切。

后来，我被招到了物资局下面的国有企业。20世纪90年代还在实施计划经济，像煤炭、钢材、化肥这样的原料，哪个工厂给多少，国家都有计划。我当时就在燃料公司工作，去的时候一起工作的那些年纪比较大的前辈还问我，是不是家里有关系。因为当时的燃料公司背靠国家，钱赚得还可以，企业效益也还不错，很多人都是凭关系才可以进来。我说，我哪里有关系，我是没关系才到这里来的。我到燃料公司是1990年，1992年之后进行了市场化改革，国有企业因为各种原因，效益逐渐变得不好，所以1998年或是1999年7月份的时候我就下岗了。

我领了十来个月的失业金后，又去广州那边待过一段时间，做点自己的小生意。之所以从广州回来，是因为我女儿要读初中了，我觉得不能再出去了。记得在广州的时候，我女儿正在读小学，四五年级的作业不会做。那时候还没有手机微信，只能用小灵通打电话，我女儿拨过来问："爸爸，这个数学作业怎么做？"我只能在手机里听了之后记下来，等有空的时候想想怎么做，之后再打电话回给她。这样经常在外面没有办法照顾女儿，所以我2007年回来，之后就去社区里工作了。

我第一次跟社区接触是2007年，但当时我都不知道社区是干什么的，只记得学校老师叫我到社区开个证明。我很犯嘀咕，心想，社区又不知道我的情况，它会开给我吗？于是我很忐忑地去开证明，去了之后发现社区的工作人员我认识，我们以前还是同学，他想都没想就给我开了。当时我还想，怎么会有这种事？现在我才明白，是什么事情其实不重要，但就是社区要出示一个依据。就拿我这次的经历举例子，如果社区不开证明，那学校不好报名，学生没法读书，跑来跑去的非常麻烦；如果社区给开，方便的就是老百姓。

当时进社区是需要考试的，经过这件事之后，我其实还没有想到要去社区工作，而且那时也还没有招考。不过办完这件事情后我写了一篇小文章，大概意思就是从这件小事上可以看出来，社区做事是为了方便群众。这篇文章还在一本期刊上发表了，有四十几块钱的稿费。后来我去考了社区的职务，考试是人保局出的卷子，分为笔试和面试。以前面试都是放在街道去进行的，和现在的公务员面试不太一样，我记得很清楚是街道的书记给我们面试的，那时候还不知道他是书记，特别紧张。我考进来的时候已经30多岁了，高中毕业之后上岗又经历失业，之后一直在企业里干活，没有在体制内工作，感觉工作模式上还是有很大的差别。在企业干活，只要把工作做了，其他的都不用管，大家上班都是为了混口饭吃，像党员学习这些事情都开展得较少。但是社区是不一样的。我2010年12月20日正式入党，后面又在社区做了党委书记，这让我明白，"我志愿加入中国共产党，拥护党的纲领，遵守党的章程，履行党员义务，执行党的决定，严守党的纪律，保守党的秘密，对党忠诚，积极工作，为共产主义奋斗终身，随时准备为党和人民牺牲一切，永不叛党。"这几十个字不是空话，而是真正要落实在行动上。

社区工作的好处在于比较规律，整体来说要比做生意的时间好控制一点。所以后面我女儿的功课，除了学校辅导班老师规定她们上课以外，一般来说都是我自己辅导。还记得我女儿读高一的时候，历史课上讲资本主义国家的政体，就是议会制、总统制和君主立宪制这些，我女儿就死记硬背，英国是君主立宪制，法国是总统制，这些都知道，但是问到其他国家她就不知道了。可是考试可不一定只考这3个国家，所以她回来吃饭的时候，我一般都开着电视，边看电视边吃饭。当时正是英国的凯特王妃和威廉王子结婚，我开着娱乐新闻台，有好多国家都去送礼，我就和我女儿说，这些去送礼的都是君主立宪制的国家，因为同为王室所以要去祝贺，所以像北欧的这些国家，一般都是君主立宪制。我这样子跟她说了之后，她整个就明白了。我还给她讲，美洲的这些国家里，加拿大以前是英国的殖民地，加拿大的国家元首不是自己国家的，而是英国女王；其他的国家除了古巴是社会主义外都是总统制，因为受到美国的影响很大。这样就很好记，这一大片国家她就都记住了。话说回来，社区相对来说上下班时间稳定一点，家里自然就可以多照顾一点。

不过在社区工作，忙起来也是很忙的。我那天回到岳母家时岳母还说："还这么忙呀。"平时和老婆我也是报喜不报忧，如果今天发了奖金那可以和老婆说一下，工作上的烦心事我不会和她讲很多。我女儿毕业后也要进入基层去工作，有时候有些东西我写得不够好，发给她后她还会帮我改一改。我总和她说，年轻人要多干活、少说话，工作要主动一点。比如说，现在社区工作也要拍视频剪视频，年轻人懂得多，自然要主动一点，我跟女儿都是这样说的。还有就是要多写，做出来的东西总要表达出来，要留下来，特别是我们社区、街道、乡镇，工作都很零碎，如果不记录下来，可能干了一年自己都不知道干了什么事。

二、联系群众：社区工作主要是人的工作

正式进入社区之后，我首先明白的一点是，要做好社区工作，熟悉居民的情况很重要。2007年我到水南社区工作，后来水南社区的主任到风景山社区当书记，她带着我一起过去，所以2008年11月4日我又到风景山社区当主任。2013年她退休了，我就在风景山社区接任书记。五里牌社区是2019年12月30日成立的，当时位置在鼎龙小区，很偏僻，办公的房子都是租来的。我们这里原来叫新城社区，后来一分为三，分成了金梅亭、西桥和五里牌，2019年年末我调到了五里牌社区当书记。

我刚到水南社区的时候，那里已经成立5年了。原来的主任经常给群众打电话，居民的名字她都记得住。社区主要的居民骨干都有名册，我对着名册看了好长时间，

就是记不住人。但后来我发现，只有跟群众接触多了才能把人记住，社区工作主要是人的工作。当时我心里就想，我要服务群众，要多跟群众加强联系，这一点是从原来的社区主任那里学到的。

那时候正在搞文明县城创建，社区的角落上有很大的垃圾堆，没有人管，环卫所也不去清理，居民的垃圾全部都倒在那里。我们主任领着一帮群众去清理，作为一个女同志，自己首先跳到最脏的地方干活，这给了我很大的触动。社区是有居民志愿者来帮忙干活，如果给他们发工资，或者有一定的权力，可以安排他们去做事，可是没钱没权要怎么安排？只有自己带头，广大群众才会跟着。我刚到社区的时候什么都不知道，因为普通大众跟社区不怎么接触，接触社区的只有一部分人，所以我更觉得要跟群众多加联系。遇到比较困难的事情，自己要先带好头，大家才会跟着你。就像当时，我们主任一个女同志率先示范，我作为一个新来的男同志，怎么能躲在后面？自然而然要跟着干。这两件事，是我刚进社区的时候对我影响比较大的。

到了2008年，我去风景山社区工作。当时是11月份，晚秋，其实也可以算是早冬，已经有点冷了。我刚到社区就有一个妇女跑到窗口喊叫着："哪个是主任？哪个是社区主任？"那时候和现在不一样，现在是书记主任一把抓，以前主任是主任，书记是书记。她问"哪个是主任"，我说"是我"。她很凶，嗓门也很大，她说："我门口那些地方都是污水，没人管！冬天如果结冰摔倒了，摔痛了，摔断腿了，你们社区要负责！"当时我不知道情况，也不知道她说的地方在哪儿，但是我把这件事放在心上了。我到她住的地方去看，确实很脏，污水横流，我就开始想办法。最大的问题是没钱，一个社区只有三五千块钱经费，没办法拿出来；小区里居民自己家门口的事，不在大街上也不是公共设施，政府也不会给钱。我新来到这个社区，又刚当上主任，也很有热情，觉得一定要把群众事情解决掉。于是我就入户了解情况，走访排查信息。该住户的那栋楼有20来户，每个人我都得想办法让他们出点钱，把钱凑一凑。因为要修理的地方较多，我们也想办法去找市政。那位妇女住的房子是20世纪80年代末90年代初建起来的，是建设局下面的城投公司造好拿来卖的，所以我找到市政后和他们协商，毕竟是房子没造好才流那么多污水出来，他们也要出点钱。让老百姓自筹那么多资金，他们会不情愿，离路边稍微远一点的人就更不愿意，觉得对他影响较少，不太想出钱。但是无论怎样，要把老百姓的事情解决掉，所以我们就想办法叫市政出一点钱，让老百姓筹一点钱，拿着这笔钱叫工人来做。我就一直在那里盯着，看得比自己的事情都还重要。

跑来反映问题的是一个家庭妇女，她老公在法院里工作。装修的时候，电也从她家里出，水泥都放在她家的小院里头，逐渐地把污水事情处理完了。那个妇女其实人很好，她性格就是这样的，嗓门很大，说话也不会转弯，其实很多老百姓就是这样子的。这件事情解决之后，其他相同的或类似的事情，我也是叫政府出一点钱，居民筹一点钱。

很多住户住的都是老房子，卫生间漏水这些事情很多，我也解决了不少这种事情。

所以，社区工作主要是要有为老百姓办事的心。这些事情你说大吗？不大。如果真的去拖延，你也可以往后拖，真的不愿意干，你也可以不干，到最后老百姓热情的火苗没有了，也不会叫你解决，事情可能就过去了。但是它小吗？如果污水流在老百姓家门前，很臭很滑，一不留神摔一跤，对个人来说也是大事了。老百姓的生活都是平平淡淡的，那些小事对于他们来说其实不小。所以，应该要有一颗为群众服务的心，还要有实际行动，要想办法，不能有畏难情绪。

除了全心全意为老百姓服务，想做好社区工作还有很重要的一点，就是要学会发动志愿者。其实会做志愿者的人，生活一般都还过得去，连饭都吃不饱还搞啥志愿活动。他们有些退了休拿着退休金，有些儿子女儿大了，自己开支较少，都愿意来社区参加志愿活动。对于这些志愿者，首先要带头，还有就是要尊重他们，对他们参与社区工作作出肯定，多赞美他们。有些工作他们做得不是很好，我们要表达得委婉一点，不是很大的事情，不提也没关系，下次做的时候再提醒一下。但是如果他们做了，不要说这样子做不好，这很打击积极性，一定要尊重他们。另一点就是要关怀他们，比如生病的时候打个电话或者上门问候一下，当然也要对他们有一定的物质奖励。我们以前巡逻会给一块肥皂，虽然就值两三块钱，但他们很开心，一年下来能攒一二十块肥皂。还有就是给他们一些精神鼓励。人都需要肯定，比如，小孩子给朵小红花，领导给你颁一个红绶带……其实人都差不多，通过这种方式，就可以带动更多的群众为社区服务。

以前刚到社区的时候，"社区是我家，建设靠大家"这句口号我是不清楚的。当我真的在社区干了之后才知道，社区工作确实是靠大家。社区以前只有四五个人，2023年规定的12个人是浙江省现代社区建设的要求，比如万人以上的社区要有14个人，综合型社区要18个人等等，以前都是只有几个人，力量很薄弱，光凭自己啥事情都干不成。像过春节的时候去治安巡逻，提示人家注意防火不能放鞭炮，这都需要群众的力量。我记得很清楚，过年的时候我们在教群众志愿者宣传，有一个居民在帮忙发宣传单，拿着话筒走街串巷，用最普通的方式也是最直接的方式去宣传。我年初一去值班，他在路上碰到我的时候，特别高兴地和我说："书记，今年过年一个放炮仗的人都没有！"他觉得自己付出了，也有成效，很有成就感。所以说社区发动志愿者做工作，他们如果有成就感，就会更愿意来。

三、社区防疫：发挥党员和志愿者的模范作用

2019年12月30日，我到了五里牌社区。这里是没人喜欢来的，因为这个地方最偏，原来周围都是田地。五里牌在铁路桥以东，地方很大很宽，老城区那边两三个社

区都没有这一个社区大，这个社区农村的人住得较多，有些家庭条件稍微好一点的，为了孩子读书在这里买了房。体制内的人在这边买房子的较少，因为这边较偏，早一点的时候也没学校，现在有个培仁学校，也是这几年才开起来的；医院也没有，大一点的超市也没有，配套设施都不齐全。不过这几年好多了，现在我们有一个养老照料中心，有卫生服务中心，还有城市书房和绿道。我到这里来的时候正好是疫情防控时候。刚才说要深入群众，可是刚到这里来的时候真的什么都不知道，连东南西北都分不出来，因为我住在老城区，这个地方基本不会来，平时开车过来也不会停下来。我们社区过条马路就是鼎湖小区，当时有一个党员住在鼎湖小区，我就利用中午休息的时间叫这个党员带我去那个小区里转一转，小区里有几幢房子总要知道吧，基本卫生情况也要了解一下。我笔记本也没带，从家里出来直接就去了。碰到居民，他就跟他们介绍说："这个是新来的社区书记。"我打个招呼，群众也都很热情。

2020年1月23日凌晨，我接到了一通电话，让我们早上7点半到缙云县土地征收中心去开会。我当时心里还纳闷，心想，征收土地还要我们社区人员参加吗？我稀里糊涂地早上七八点钟就去开会，去了才知道是疫情这个事情。当时距离春节还有三四天，那时的街道主任跟我说，疫情来了，让我们告诉群众要注意，疫情可能很危险。我们街道的主任很有超前意识，当时只有他买了口罩，后来去买口罩的时候基本上都买不到了。我们回去宣传的时候，都不敢用大喇叭喊"疫情来了，大家要注意"，怕过年了引起恐慌，当时我们的宣传是内紧外松这种形式。过了一两天后，我们发现这个事情越来越严重了，所以大年三十的时候都没回去过年，都在那里打电话摸排情况。我们缙云有很多到武汉读大学的，因为武汉是教育强省的省会，特别是高等教育，所以好多人在那边读书。当时也动员了一批志愿者，有一个志愿者，她叫自己的女儿也来打电话帮助摸排，摸排的都是户籍人口，因为常住人口有八九千人，时间上来不及。我们社区每个工作人员只发了几个口罩，根本不够用，那时候也没有戴口罩的意识。再后来逐渐变成"武汉来的人不能出户"，所以我们每天都要去上门了解他们是什么时候回来的，让他们不要乱走，一天都要待在家里。

发动群众的力量在这个特殊时期尤为重要。当时社区是4个人上班，电话都打崩了，我那时的手机电池就是因为长期打电话发热坏掉的。我们社区的几个工作人员报数据都来不及，因为刚开始进行疫情防控，哪些地区的人要管都不清楚，今天说登记什么时候回来就行了，等一下又说要明确是坐飞机回来的，还是坐火车回来的，或者是自驾车回来的。刚开始没有经验，不像现在有条理有程序，谁干什么事情各就各位。有个小姑娘，现在已经考到新建镇去了，数据统计出来发现不对，之后还要报到县里去，压力实在太大了，就哭起来了。我问那个小姑娘怎么了，她说："没事的书记，我就哭一下。"我们社区没办法，只能动员群众。后来排查常住人口，需要上门去摸排，去住户家里问他们从哪里回来、几个人回来、什么时候回来、坐什么交通工具回来、现在感觉怎么样……一户一户动员志愿者去问。好长一段时间里我都不记得那些志愿者的名字，也认不得人，他们来了之后我就直接安排，哪几幢房子需要去摸排，直接干就行。那时候真的是手忙脚乱的。我真的觉得有好多党员和群众思想真好，为了疫情防控这个事情，自己的健康安全甚至生命可能都顾不上，我很感激他们。

在疫情防控期间，党员发挥了先锋模范作用。我来的时候我们社区只有十七八个党员，还有好多是年老体弱的、生病的，有些党员是外出的，过年也回不来，所以社区内可以出力的其实没几个人，我只能给相对年轻的党员打电话。有一个党员，我打电话给她的时候是她妈妈接的，她说我女儿刚生了二胎，中午在休息。我想，人家生了二胎，可能也正在恢复期，就算了。没想到过一段时间她打电话过来了，她说书记没事，你安排我事情就行，我能来。当时小区门口进出都要发出入门口的牌，两天只能出来一次。我们这个小区很大，户籍居民有1 000多户，物业的人很少，最开始只有一个人发牌，物业也不知道怎么搞这个事情。我知道有一个党员是住在这个小区的，我就打电话给那个党员，说发牌的人不够，党员要出来带头，她说她可以。我不知道她长什么样，也没和她见过面。后来有一次到小区去，我看到门口放了一张桌子，有一个人穿着羽绒服坐在那里，那时候是阴天，天气很冷，我想可能就是这个党员，于是我问她："你是这个社区的党员吗？"她说是。她一个人在那里做发牌的工作。后来到了第二年我才知道，她老家在壶镇，不在城里。她那时候刚刚小产，其实还没有完全恢复好，但还是出来做志愿工作。当时她也没有跟我说，我是后来才知道的。

还有一个小区是村民安置房小区，不大，在最角落里。那会儿不是要守卡口吗，我们要发动村民们、发动志愿者，可是那个村就是发动不起来，因为我一个人都不认识。幸好当时县里组织部、团委都在发动党员、团员和年轻人带头参加疫情防控，就有几个党员来报名。守卡口这个工作很辛苦，除了晚上12点之后没人，平时一天都要有人看着。我说，党员到卡口去守一下，他们就都去了。其中有一个党员是两新支部中的党员，有一个是群众志愿者，还有几个是公租房的工作人员，他们都在那里守着小门。当初有个女党员，她女儿要上网课，现在小孩子上网课你不在家里盯着是不行的，但她也没跟我说家里有孩子要上网课，一直坚持着，我也是后来才知道的，直到疫情结束那些卡口都撤了，她才回去。还有一个党员是开出租车的，在双龙村，我好长时间都不知道他名字是什么，他来了后就坐在我办公室的沙发上问："书记我来了，需要我干什么事？"我就告诉他到哪里去干什么活，每天就是这样。当时工作很忙，我也很生疏，没有时间跟他们聊天，不知道很多群众都有自己的困难。但是他们从来不说，都坚持去为社区服务、做工作。

我刚才提到的鼎湖小区，说是小区其实不像小区，更像街面一样，是开放式的，有好多出入口。当时夜里一两点钟的时候，街道组织我们社区书记、领导干部还有疫情防控办开会，说白天要把门口守住，只留一个口进出。社区只有4个人，肯定要动员群众。小区里有一个党员，但是他回老家过年去了，除了他社区里我一个人都不认识。没办法，只能在小区里找，找的时候看到了一个群众，脸熟，我就叫住他，让他跟另外一个人在那里守着。那个卡口一共守了78天，都是群众守的，名字登记册我现在找不到了，是要在上面打"正"字的，你来3次，我来5次，总共可能有六七十个群众参与过。守卡口的工作是很辛苦的，早上6点半要提前把桌子、椅子、登记本拿出来，晚上还要收回去，正月时经常下大雨，帐篷都给风刮走了。那个帐篷还是我当时想到得有个帐篷，不然大马路上吃不消，去电信公司借的。电信公司不是经常去宣传推销电话卡嘛，我就想到他们那里应该有帐篷，所以当时就找到电信公司办公室，公司的人我也不认识，我就翻看手机里面有什么人的联系方式，终于联系到他们的负责人借到了帐篷，我自己开车运，把帐篷支起来。后来慢慢不一样了，刚开始确实是这样子搞起来的，坚持了78天。那个群众他是一个参加过越战的老兵，虽然不是党员，但他说他是当兵的，关键的时候也能发挥中流砥柱的作用，他出来了就能带动群众出来，一个个人接着就这样出来了。

还有一个典型的例子就是和谐家园的余美凤同志。我前面提到，我们夜里1点来钟开会，说要把小门守住，她是从手机里看到这个消息的，自发地来帮我们守卡口，也组织群众，发动小区居民，从早上6点半到晚上11点，一直在那里守着。她还发动每个楼道的住户，安排楼道长守楼。当时，政府还没有布置，但是群众很担心，所以都自发地行动起来。那时，其他市县的人不能进来，马上要封城了，人们都拼了命地要回来，高速公路出入口都堵，人都在那里等。那天晚上十一二点钟，我接到一个电话，说有个人从温州回来，年纪很大，八九十岁了，要我们社区同意才可以进来。我晚上12点自己开车到高速公路路口去接他。回来的时候，余美凤同志就是不让那个人进来，觉得他有危险。我知道她很积极，过年的时候给住户打电话，她也动员女儿帮社区打。于是我就做她的思想工作，我说，他没有病，他回来自己家的房子住，他是有权利的。可是老百姓不一样，她想的也没错：有危险的人怎么能进来？反正我这里不能住，至于住到哪里那是你自己的事情。我做了好长时间的工作，她才同意他进来。我回到家的时候已经很晚了，她还打电话给我说，书记，你如果再这样我以后就不守了。我也很无奈，在电话里和她说了一个多小时才勉强说通了。她真是在很认真地守卡口，每个人进出扫码登记，她都很认真。后来还有一次，有一个人感冒了，有发烧症状，还到温州去过。温州当时很危险，他也要回来。但是守门的群众防护意识越来越强了，怎么也不肯让他来，可是他有权利回自己的家呀。我为了这个事情花了好长时间与他沟通，后来那个人觉得，要不回乡下去，人少一点，对群众也更安全。可是当时路都封了，村和村之间都拦住了走不通，乡下也回不去。最后他成功回到家了，我还是不放心，一直给他打电话问他到家了没有，我怕万一给路上拦了不让他回去，他又回到社区里来或者无家可归了怎么办？他说到家了，我才把心里的石头放下。我是想，如果他回不去到别的地方乱走，可能把病毒传到别的地方；如果他回到这里来，这里又会出现矛盾；或者他没地方去，他不安全又该怎么办？所以他说到家里了，我才放心。

后来余美凤同志和我说："书记，我要入党。"我说可以，你先写入党申请书。她又说，我才不入党，入了党，你这个书记叫我干吗我就干吗了。我以为她说入党是开玩笑，因为她也四五十岁了，但是2月13日，她真的把入党申请书送到社区里来了。她们这一批，2023年7月份就可以转正了。她说："书记，入党一直是我的心愿。"我也很高兴，我说："你不是说入党之后书记叫你干吗就干吗吗？"她说："你是书记，什么最困难的事情，你自己都冲在前头。只要你周书记在一天，你叫我干吗我就干吗。"她说话其实很直白。我当时就觉得，社会上思想不好的人确实有，但思想好的人也很多，只是我们没有在人群中发现他们。平时大家都普普通通的，但是在困难的时候，有的人就会站出来。后来体制内党员干部都要到基层社区来值守卡口，有一个文联的党员也在卡口值守，他很感动，就写了一篇文章来记述这个事情。

疫情防控的时候也是党组织处在关键的时候。党员是一个堡垒、一面旗帜，这一点在困难的时候真正体现出来了。我们基层党员干部在群众中还是有威信的，还是能够动员广大群众的。在困难的时候，为了保护人民的生命健康安全，也是可以发挥先锋模范带头作用的。

四、社区工作："微心愿"与"共富工坊"

我们现在主题党日会每个月都开一次，开会之前要重温入党誓词，其中，"随时准备为党和人民牺牲一切，永不叛党"我觉得这在疫情防控的时候真正体现出来了，是真实的，不是虚的。我作为书记，平时要在工作中起带头作用，说起来简单，做起来有一定难度。有一次我参加现代社区建设的一个座谈会，一位县领导说，社区做事超难做。为什么？主要还是因为社区没钱又没权。老板叫员工去做事，不做就扣工资不发奖金，那没办法不做。但是社区叫群众去做事，做了不给钱，不做也拿他没办法，所以非常难推进。其实我们社区做事，就是靠一张嘴、一张脸。你的脸为什么值钱？就是靠你平时为群众服务，群众觉得你平时为我们做事，你说要做的事情一定也是为群众好，所以他们也愿意相信你。中国人都讲情面，有些事情即使他不太愿意，看在你平时为大家服务的份上，不管是真心还是假意，他也会去配合的。

举个例子，去年浙江丽水市推出了一个全民健康医疗补充保险叫"浙丽保"。我们浙江省有两个"先行"，其中一个是共同富裕先行。浙江省是全国唯一的一个共同富裕示范区，简单点说就是"浙江样板"，因为浙江省是一个相对来说贫富比较均匀的地方，老板多，个体户也多。老百姓现在如果肯干，生活基本上都没问题的，打打工，送小孩子读书，农村房子修一修，生活都还过得去，主要是怕突然生了一个大病，一下子就回到解放前了，所以"浙丽保"是防大病的。像农医保和城乡居民医疗保险，每年老百姓很愿意交，但是大部分老百姓会觉得，其他保险已经交了，"浙丽保"交不交无所谓，我也不一定会生大病。现在老百姓的事情，政府其实管得很多，"浙丽保"要交的啊，不然万一生病他又没交，又要返贫了。所以我要动员居民去交保险，有几个不愿意交，我打电话过去，他也就交了，因为我平时为他服务过，他不好意思拒绝我。

社区工作服务群众如果能做得好，其他事情就容易打开。有一次我刚刚选举完，街道叫我拍一个视频做宣传，拍了一天，刚回到家，8点来钟，饭都还没吃，一个居民电话打给我，她说，"书记，我卫生间上面漏水，你来帮我解决下"，说着说着就哭起来了。这个居民年纪较大，我大概知道是哪个同志，因为有居民平时跟我说起过，说她跟邻里关系不好，性格古怪不合群。我家离她家有七八里路，开车要20来分钟，我就说要不明天再处理。她说，书记，你最好今天来一下。后来我想，首先群众需要，其次我刚到一个社区来，需要做点事情让群众知道我们社区的作用，所以我就又回到社区。到她家后打开门，一进去臭气熏天。到房间里面，发现卫生间她都自己拆了，吊顶也拆了，隔壁的卧室是木地板，踩上去咯吱咯吱地响，地板下面渗水了，墙上的壁柜也已经烂掉了。其实她房间里漏水好多年了，找了好多人，很难修，另外她住在一楼，房子一共4层，水是从上面流下来的，她叫楼上的人出钱，都不肯出，就是不搭理你。她和我说着话又哭起来，夫妻俩怪可怜的，我也想到我的父母。我父母也在农村，我母亲80多岁，如果有事情，家里孩子不在身边也很无奈，我其实也是抱着同理心的。我问她："有人修吗？没人修的话我帮你找人。"她说有修理师傅，我说别管多少钱，你先修理，钱的事情交给我就行。过了几天她来社区，说修理大概花了多少钱。我向她要了楼上人的电话，一个一个打，一下子就把事情解决了。楼上有一个居民还是学校的校长，当时他不愿意交钱，而且在农村当校长很忙，平时也不大回来。我会跟群众讲道理，我说这个钱你们要出，按照法律法规也要出，楼上漏水把楼下地板都搞烂了，不叫你们赔都算好的，群众也听得进去。后来我加了他微信之后，他把钱转给我，因为老太太没有微信，我自己跑到柜台去取钱后再把钱给的她。

后来我才知道，那一对老夫妻是失独老人，她的儿子本来很出色，在宁波当律师，回家的时候出车祸死了。我们社区的这些房子是脱贫下山的房子，就是把自然条件很恶劣的山区的人转到城里，所以她本来是农村的，现在住在这个地方，环境不熟悉，儿子又不在了，心里很难受，总觉得如果儿子还在的话，有事情可以找儿子解决，邻居也不会欺负她。其实不一定是邻居真的欺负她，她可能是心理比较敏感，所以跟邻里关系都搞得不好，漏水这种事人家更不理你了。讲句实在话，解决这个事情没有花多少时间，那天晚上回来做楼上群众的工作，打电话一个小时就打完了，总共两三个小时我就把事情解决了。但是对她来说，真的是一件大事。你想想看，如果楼上天天漏污水到房间里，房子臭气熏天，地板壁柜全部烂掉，这过的是什么生活？

她后来说了一句话："书记，如果社区有什么事，你尽管找我，我什么都愿意干。"一般我也不找她，因为她年纪较大，但是简单的事情会找她，比如说三八妇女节有活动，有一些小礼品发，我会有意打电话给她，或者直接把东西送给她。我们有时候有点补贴，也会给她点油米，想着多关怀她们一点。

还有一个服务群众、关怀群众的举措，叫"党员微心愿"。"微心愿"就是老百姓的小愿望，党员帮他完成，这是我们丽水党员干部服务群众的一个载体。比如，门前楼道加栏杆要500块钱，我收集好群众的需求，把这个需求放到在职党员群里，大家一起解决。我们现在有276名在职党员到社区网格报到[①]。2022年春节，有一个群众生活较困难，我就在群里发信息，有8个党员，每人出了100块钱，筹到了800块钱。我分成两份，一份给了那位生活困难的群众，另一份给了一个残疾的退伍军人，他当过兵受了伤，回来之后生活也很困难，又满身是病。钱虽然不多，但是表示了我们党组织对困难群众春节生活的关怀。在这个过程中，党员也发挥了协同作用，完成了群众的微心愿。

还有一个例子，我们要搞文明城市创建，社区环境卫生都要整治，小区也要管理。我前面提到过，我们这里是很偏的，小区里本来是有绿化的，但是物业、业委会都不怎么管理，有些村民就把绿化的挖掉，种几棵白菜，种几棵葱，把它当作一种爱好。大部分群众也很反对，又不好说，怕伤了面子。所以我就发动群众，告诉他们这个菜要拔掉，要把绿化种回去。前面我说的那个守门很积极的妇女余美凤，我叫她在群里发通知，几天之内自己先行处理，不处理的就要集中处理复绿了。大部分群众也理解，因为大家也是跟风，别人种我也种，不能种就算了。只要我们工作做到家，跟群众解释清楚，群众一般都会理解。但是有一个人一直联系不到，他种的是油菜，给他拔掉的时候可能油菜正在结籽，第二天他就跑到社区来闹，说要找我们的麻烦。我跟他讲，毁绿种菜，严格来说可以罚钱的。这个道理要跟他讲清楚，不然他以为他是正确的，我们是错误的。我跟他说：首先，你是错的，我们是正确的；其次，我们宣传动员工作已经做了很久了，公告还贴在门前，你自己不听。跟他说了好长时间，总算是说通了。他说，书记你说得

[①] 疫情期间，居住在该社区的276名党员就近在所住社区报到。

很好,我要给你写个报道表扬你一下。到后来我也从来没见过他写的报道。

总结一下就是,做群众工作,首先,我们自己要正确,出发点要对,要为了群众好;其次,就是不能得理不饶人,还是要跟群众讲清楚说明白,才会得到群众的理解。社区里面的小事,比如文明城市创建要清理小区楼道,居民在自己家门口放几把伞、乱放个鞋,把他的鞋扔掉不太可能,天天帮他整鞋也不可能。虽然我们是为群众好,但他们如果不理解、不支持我们,事情就搞不定。所以有些事情即使是正确的,也要群众支持,要做细群众工作,这个也是不容易的。

社区跟村里不一样,村里有个大项目,几十万几百万的,可以带领群众致富,但带领社区群众致富是不好办的。现在组织部有个"共富工坊"项目,就是党组织、党员要带领群众致富,比如说农村里有一些土特产销售渠道单一,农民只会干,不会吆喝不会卖,那政府帮群众吆喝,帮群众找出路,让我的支部跟你的支部整合资源带领群众致富,出发点真的是挺好的。

但是"共富工坊"对社区来说挺难做,因为社区资源较少,在共富方面为群众解决的事情相对来说是有限的,不过我们也做了一些事情。我们这里有一户居民,男同志小时候溺水了,智力有点问题,跟我同年,是1969年出生的。他老婆是柬埔寨人,也是我们的居民。她生活挺困难的,本来有一份打扫卫生的工作,后来也不让打扫了,就靠一点低保金生活,还有一个小孩子。当时我们社区有一些手工活,串些珠子什么的,我们就给她介绍,让她做一点活,但是花时间还赚不了多少,后来通过一些渠道,让她在培仁学校的食堂里做工作。

这位女同志很年轻,三十来岁,有力气,也很阳光。后来我们社区有一个公益性岗位,就是政府出钱给社区里头生活困难的居民提供的岗位,钱虽然不多,但是工作时间较灵活,对她挺适合的,我们就把公益性岗位给这户家庭了,用来增加她的收入。那天那位女同志来社区,有人问她一个月要花多少钱,她说1 000块钱就够了。我们就又问:"那你一个月不是还存了不少钱呀?"她说,公益性岗位给她一点钱,低保金有一点,食堂干些活也有点,一个月赚五六千,能留下四五千。她又说,我要存钱给孩子读书。虽然是很朴素的语言,但反映出她希望她的孩子读书,不能像她一样没文化,否则要吃苦。她当时就说她有一个"微心愿",就是给孩子找一个辅导做作业的老师。虽然她中文字写不好,自己的名字都写得歪歪斜斜的,但她也希望孩子要读书,因为读书才有前途。她家里种番薯,我们社区平时多关怀她帮助她,她也来表达她的心意,有时候还会送几个甜甜的番薯给我们社区的同志吃。

2021年的时候正好是建党100周年,要求贫困户全部要脱贫,我们也要排查摸底,一个都不能落下。这样的贫困家庭,我们会想办法给他增收,不单单说是给他一点钱,而是让他能真正地脱贫。从大的方面来说,我们是响应党的号召。从小的方面来说,我们是关怀群众，群众有困难我们就主动去帮助他。还有一个家庭，小孩子得了白血病，之后社区有些有补贴的工作，我们都叫他来干。那个人是高中毕业，年龄跟我差不多，文化水平算不错了，一般干什么事儿都没问题，我们有事情也都找他，比如说绿化除草这种事情，都会给他一点补助。2022 年有一个应急管理员的岗位有点补贴，我也报他的名字。他来我们社区的时候很高兴，"书记，这个月政府给我 3 000 块钱！"他还说了一句话，"书记，我觉得现在政府很好"。怎么好呢？"一个是我现在住在廉租房，廉租房一个月就三四十块钱，房租很便宜，都是新房。另外一个，社区平时都能关怀照顾我，有事情都叫我，有时候还给我一点资源补贴"。原来他是低保，后来有退休金后就不再领低保了。他说，政府真好，共产党真好。他的话一句也不多，但是我们到他家里去，他满脸都是笑容，那是装不出来的。所以共富是党为了让老百姓脱贫，为了让他们达到小康水平，到 2035 年基本实现社会主义现代化，这也是我们为普通群众做出的自己的贡献。

五、基层治理：共建共治与共享

说到党建联建，社区现在是网格化管理的，有点像大学分班分院系一样。比如我们社区，书记是网格长，普通专干是专职网格员，群众是兼职网格员，党员干部要 24 小时为群众服务。网格化管理，首先自己要带好头。比如文明城市创建，自己家门口先不要放东西，物业费自己要带头交，邻里关系带头搞好。除了这个之外，还要参与小区的管理、治理。这种"1+3+n"，是我们社区管理的一种方针。

其实网格化管理，就是一个"细"字，要把所有的人口情况摸清。这个尤其体现在疫情防控的时候。2022 年放开之后需要发放防疫物资，社区 60 岁以上的老人都要发到。我们的时间很紧，晚上八九点钟在群里接到通知，10 点之前到街道拿防疫物资，第二天早上 9 点钟之前就要发完。我们社区的户籍人口还算少，60 岁以上的只有 280 个，有些社区更多。东西拿来的时候已经晚上 11 点了，把防疫物资一包包分好已是凌晨 1 点多了，第二天 7 点就要回到社区来发。有些小姑娘家住得远，离这里有二三十里路，大冬天的早上骑电瓶车过来，都是这样子在工作。这些防疫包要一个不落地发放到位，因为 60 岁以上是重点保护人群，如果情况掌握不明，电话不知道，人住在哪里也不知道，那根本送不了。还有就是要发挥党员群众的作用，社区这边有时候来不及送那么多人，就叫党员群众帮忙送，这就是网格化管理。比如，把防疫包发到鼎湖小区，党员群众拿着喇叭宣传几点钟到小区来领，如果不能来再把它送上门。有些人在外地，我们需要给他存着，他们回来了再给他。这就需要我们在平时的工作中把常住人口、户籍人口都摸到位，每个礼拜汇报一下进度，如果一些同志工作慢了，我就要提醒他一下。平时上班，我也是比较早就到这里来了，我也要起好带头作用。我经常跟他们说，做事向前一步，荣誉后退一步。服务群众的时候，该我们做的事我们一定要做，不应该我们做但我们也可以做的事情，我们也要做。如果真的不能做，也要给群众解释清楚，千万不能跟群众吵起来，这样老百姓也会理解我们的。

在服务态度上，我自己带头，认为自己做得挺好。可能因为年纪大了，也是党员书记，有些事情本来想发火，后来一想，不能发火，要控制一下情绪。有一次我到银行对账单，柜员说你先登记着，什么时候来拿我通知你。我心想回去再来也太麻烦了，就和他说在这里等，结果没3分钟就办好了。当时我就有点生气，没3分钟的事情叫我回去等，这不是折腾群众吗？说句实话，跟我们自己服务群众的态度相比真是相差太远，我们好得太多了。

另外一种社区建设的方式就是共建。社区资源少，要把社区管理好，只靠社区是不行的，靠社区志愿者、靠社区党员也还不够，还要发动社区范围内的社会组织，比如物业公司、业委会、社会团体、机关事业单位等，这些力量形成合力才能把社区建设好，这个是社区治理的关键。缙云县的社区是2002年成立的，我刚到社区的时候还没有物业、社会组织什么的，就是县里的党员机关干部要为社区建设做贡献。体现在哪里呢？就是每年给钱。当时有一个名称叫作"共建经费"，因为那时候对社区重视不够，或者意识还不足，社区开展工作缺少钱，辖区内的事业单位、国有企业给点钱支援社区工作，主要体现在这方面。现在不出钱了，我们去讨钱也很麻烦。有些领导干部对社区重视一点，意识到社区工作的难处，还会跟我们客气一点，有些人根本不会搭理我们，去讨钱也很憋屈。钱给得越来越规范，社区又没有正规发票，就不了了之了。

社区发动大家参与建设服务，就只能通过其他的方式，比如提供一些资源或者帮助。有时候我们社区2 000块钱都拿不出来，但有的单位一句话就把问题给解决了。所以说发挥他们的作用是很重要的。我们社区还成立了大党委。有一些失业人员党员，或者在大学入了党，找工作没找好或者找的工作没党支部，党组织关系就在社区，社区的党员主要就是由这几部分人组成。所以说要发动党员其实也很困难，有些社区的党员外出不在社区，有些思想差一点、组织观念弱一点，叫他开会他也不来。但是我们社区内情况很好，外出党员每个月学习时都会返过来，在家的党员除非有特殊情况或身体不好，他都会来。我们这方面做得挺好的，可充分发挥他们的作用。大党委中那些共建单位也要成为社区的兼职党委委员，参与到社区建设中来。

我刚才说的"1+3+n"，其中的"n"就是指社会上的其他力量，比如派出所的干警、机关党员干部、物业、业委会的相关人员等，都要参与到社区的建设中来，这都是双向的。举个例子，一个人可能既是业委会或物业公司委员，也是我们大党委的委员，这有利于我们社区跟物业业委会工作沟通协调，我们社区的人员也可以到业委会、物业公司去当一个兼职委员。所以说，我们是在以社区党组织为核心的共建单位，以及社会组织、社会团体这些人中组成了一个大党委组织架构，来发挥党组织的核心作用。

其实这些东西在党的二十大报告中都有提到，原文我看了两遍，重点的关于社区社会治理的内容，我都把它勾画出来了。比如坚持文化自信、制度自信、道路自信、理论自信"四个自信"，还有加强城市社区党建工作，党建引领基层治理，以社会党组织为核心，干实事、谋实招、求实效，等等。我都读了原文，有些跟社区远一点，我就稍微过一过，但是像完善社会治理体系、枫桥经验、网格化管理、精细化服务、信息化支撑的基层治理平台……这些东西，我就要学得透一点、细一点。我们党的二十大报告都有指导的，是有教我们怎么干的。我也是碎片化学习，不然去给党员上主题党日课也说不出个一二三来。

所以说学习很有必要，我自我剖析的时候经常写，要不断加强学习，虽然是套话，其实也真的是这样子，要学到老。2023年我想去参加高级社会工作师的考试，中级我2015年就考出来了。2015年五云街道社区，我是第一个考出来的，是考生中年纪最大的。一级建造师我也考了，这个考试也轻车熟路了。社会工作考试是不难的，我们本来就在干社会工作，干的事情比考试的内容要多得多了，课本看一看就没问题。我记得很清楚，中级考试的时候我知道时间来得及，做完卷子之后要涂卡，我涂的时候稍微检查了一下，知道正确就看也不看了。监考老师看到我涂完把卷交了，看我年纪较大还很关心我，说你先不要交，还有半小时，多检查检查。我很感谢那个老师，但是其实我还是故意放慢速度了，因为做题久了，过一个小时再回去看，可能脑袋更糊涂，考试就是越改越错，所以我过了一遍就把它交了。

虽然中级考试我是第一个考出来的，但是高级的超级难考。我2021年考了一次，好像是考了49分，60分合格，我都受打击了，因为从来没考得那么差过，所以2022年都没去考。2023年我又想要去考是因为现代社区建设有要求，五里牌社区如果要报省现代社区需要达到硬性指标，就是在职的社区干部60%要有证。2023年好多是新招来的同志，有些大学刚毕业还不能考，我自己确实也觉得现在社区工作越来越跟以前不一样了，不能只处理婆婆妈妈的事情了，要求越来越高，所以我自己也要提高。因此我想2023年去考一次，而且考试的内容主要都是二十大报告中的理论，在指导社区工作中也挺有用的。另外，也可以借着这个事情带动一下新来的同志们，跟他们共同学习。我跟他们开玩笑，说考不过就把你们调到其他社区去，把其他社区有证的调到这里来，不然的话现代社区评不上怎么办。我书记55岁还在学习，你25岁不学实在说不过去，是不是？

共建、共治、共享是基层治理的方针，也是党的二十大报告精神的体现。讲句实在话，在我们社区工作的具体举措也是要学习党的二十大精神，落实党的二十大精神。在网格化管理、精细化服务、加强社区基层党组织管理中，要发挥党员的先锋模范和党组织的战斗堡垒作用，党员是一面旗帜，组织是一个堡垒，我们是有依据的。在这个依据下，怎么做好共建、共治、共享？出钱出力是一个方面，最主要的还是怎么样把它融入社区里头。除此之外还要共同学习。缙云县有个啤酒品牌叫仙都啤酒，当时我们主题党日活动，共建、共治、共享的具体举措就是开展联合主题党日活动，跟党员们到啤酒厂考察。这个啤酒厂，习总书记2004年在浙江当省委书记的时候就去考察过，我们就是去重走习总书记的考察之路，一起学习二十大精神。我们还和社会组织的党支部一起开展活动，比如说3月份有植树节活动。另外，要求物业公司成立党支部，这都是党建的抓手，物业公司党员可以双向交叉，我们跟物业公司也会一起开展联合主题党日活动、志愿服务活动、慰问群众，等等。这些都是我说的在共建、共治、共享的大党委架构下开展的内容，而不单单只是叫党员们给钱那么简单。

至于明星书记，可能是我在社区的时间较长，照顾老同志一下，另外，疫情防控的时候，五里牌社区这个地方没人来，就我来了。

当了"明星书记"后，我也是有一点压力的，2023年我也要做点事情出来。我以前工作的社区，办公用房都是最差的，只有120平方米，还是租人家的，现在社区好多了，我是非常高兴的，打心里觉得现在政策好，重视社区，给我们创造好的工作条件。网格化治理是社会治理的基础，基础不牢，地动山摇，社区是一个自治组织，服务群众才是我们的根本，这个本质我们不能忘。所以我也一直在想，该怎么发挥社区里这些空间的作用，这个房子总不能空着不是？我想搞几个服务项目，虽然只是有构思，现在也不好说做得出来做不出来，但是我总要为群众做点事情，这是群众的需要，也对得起我自己的名声。虽然我年纪大了，但我也有荣誉感。讲句实在话，我做事情是想争第一的，我不会躺平，也不会逃避。我原来那个社区的主任、书记退休的时候，明天要走了，今天的事情还是跟以前一样干，我都看在眼里。都说上梁不正下梁歪，如果书记不好，下面的人也会干不好，书记一定要起带头作用。现在小区怎么有序管理，比如业委会选举这些事情，还是挺重要的，也挺费脑子，谁管都说管得不好，到头来没有一个人愿意管，找人就像刘备三顾茅庐一样困难，所以我们也得不断地学习别人的管理经验。

2017年的时候，领导派我到武汉去学习了一个礼拜，全国的社区书记都在那里培训，学习也很重要。我之前说过的那个生了小孩的党员，很年轻，30来岁，脑子也灵活，考到国有企业去了。那天我还打电话给她，让她帮我出出主意，虽然她人不在我们这里，但是还住在我们社区，还是在职党员，还是要为社区服务的。这就是发挥现有的资源，链接社会资源嘛。她也给我提了许多意见，像今年这些正在做的服务项目，先锋驿站、健康驿站，也能说几个主题出来。以前的社区没有这个办公条件，人来开会都没地方坐，没有阵地总是不行的。

我们去年通过发动共建单位集齐了15万多块钱，我还取了一个名字，就是"微改造志愿服务队"，让小区的居民自己组织去干事情，他们的钱不够，我就想办法动用社区资源给他们要来钱。楼道粉刷、小区绿化、灭火器都装起来……真的做了不少事。2022年，有一个篮球场坏了好多年了，其实就是一个水泥地和两个篮球架，我们准备把它改成多功能运动场。当年春节我年初七上班，过年之前就把报告送到体育局去了，春节后刚上班，第一天就跑到体育局，我想这个事情一定要搞定，这也为老百姓做了件好事。还有一个例子是"居民议事会"，其实就是发动居民为小区建设、小区治理贡献力量，因为小区是居民自己的，你的想法再好也要说服群众，也要发挥群众的智慧。我们的任务就是引导，给他们提供资源，这样才能把小区治理好。2022年我其实做了不少事情。比如，有一个小区本来问题很多，经常有居民打架、报警，我们也通过共建单位、选举业委会、动员志愿者，把它从开放式小区改造成封闭式小区了，虽然物业公司还没请来，但是要把架构先做起来。未来还要继续发挥资源共享、共建共治的作用，大家共同建设、共同治理，这样才能开创社区建设的新局面。

****

> **采写者名片**
>
> 施星言，女，2000年4月生，陕西西安人，本科毕业于中国人民大学新闻学院，现为清华大学新闻与传播学院硕士研究生，研究方向为纪录片创作及影像传播。

采写手记：以诚待人，将心比心

初见周建勇书记是在2023年2月4日为本次采访所组织的兴村治社名师座谈会上。他坐在靠角落的位置，话不多，微微垂着头，偶尔抬眼和旁边的村书记交谈几句，脸上会浮现出略显拘谨的笑容。亲切、内敛、质朴，这是我对周书记的第一印象。

开完会后，他说社区离得不远，热情地邀请我去那边转转。五里牌社区2019年才揭牌成立，位于铁路桥以东，地理位置较为偏僻，20世纪90年代中期缙云的铁路就铺在附近，随着县城的建设发展，原来的农村逐渐变成了城市，现代化社区也随之建立，地理面积广、居住人员结构复杂是五里牌社区的主要特点。社区的党群服务中心就坐落在一条空旷的街道上，进入之后才发现里面"别有洞天"——干净敞亮的服务大厅、便民健康驿站、多功能会议厅、两面大书架组成的读书角……两层的空间被合理分开，每个房间和角落都有各自的用途。周书记一边领着我四处参观，一边向我介绍："这里是一个多媒体的教室，将来社区组织学习活动就不愁没地方了……这块区域我打算做成一个小驿站，可以让妈妈带着小朋友过来玩儿的那种……这个书架上的书还有点少，将来要把它们都填满……"之后，我们在一楼的会议室里聊社区的基本情况，周书记倒了杯热水，拿出了一罐坚果和一包麦丽素给我吃。当时的天气还很寒冷，甜食和热水激活了冰凉的胃和四肢，书记的亲切也大大缓解了我的拘谨和紧张。翻看周书记近一个月的朋友圈，基本没有个人的生活日常，条条都是社区工作，比如，社区成功举办了"风之五里"音乐课，开展了公益魔方课堂，在妇女儿童驿站组织了亲子观影活动，等等。居民们在明亮的教室里唱歌，老师在长桌前拿着魔方认真教学，几位小朋友目不转睛地盯着大屏幕上的动画片……一张张生动的照片和视频，显示着他曾经的规划正一步步得到落实。

　　周书记是一位"派来"的书记。五里牌并不是他生长的地方，在来到这里之前，他分别在水南社区、风景山社区有过时间不短的工作经历。他被"派"来五里牌社区的时候正是最艰难的时候——疫情突然暴发，群众人心惶惶，基层事务繁多但严重缺少治理经验。在采访中，书记一度提到，社区工作是"人"的工作，只有多和群众联络、熟悉群众、为群众服务，群众才会配合社区，才愿意贡献自己的力量为社区建设出力，一系列工作才能顺利推进。然而，面对完全陌生的新社区和丝毫不熟悉的居民，"初来乍到"的周书记面临的任务之艰巨可想而知。但这些艰难在书记的讲述中只是淡淡带过，相反，有另一样东西逐渐显出鲜明的色彩。那是一个问题：究竟什么是"书记"？在人们的生命安全受到严重威胁的时刻，那些"记不住名字""很长时间都认不得"的党员和群众，一个接一个地主动站出来，不顾自身安危，听从书记的安排有条不紊地开展工作：打电话摸排、上门询问、守小区卡口……这种无条件的信任，出于"书记"二字的力量，而这力量的来源，是许许多多书记为群众服务的点点滴滴，它们积累成了一种共同认知，那就是："书记"是为群众好的人。而这种认知也会反过来鞭策书记不忘初心，有服务意识，把群众放在心里、放在首位。在"书记"和"群众"两个符号的互构中，一种不用言说的信任与联结悄然生成，组成了疫情防控时期一道坚固的防线。

　　谈到基层治理，与周书记的对话也让我感触良多。社区治理是我想不到的"难"，甚至是平时根本没想过的"难"。难在哪里？概括而言，最大的难点在于社区责任众多但权力有限。大到落实政府下达至基层的规章政策，小到解决一户居民厕所水管漏水的问题，社区都要负责任、起作用。但是社区一没有足够的资金支持，二没有强制居民配合的权限，因而很多工作的推进貌似成为了一个"无解"的难题。对于这个问题，周书记给出了他的解法——连接社会资源，将心比心地服务群众。工作上有困难是正常的，遇到困难时"要有实际行动，要想办法，不能有畏难情绪"。一方面，随着近年来政府对基层治理以及社区工作重视程度的提高，"共建、共治、共享"成为社区治理的一大方向，这为社区与更多机构、部门、社会组织搭建桥梁提供了政策上的便利和保障；另一方面，社区工作更多的是"人"的工作，无论是发动居民参与志愿服务，还是落实群众医疗保险购买，社区的口令有多少分量，取决于平时为群众服务时使出了多少力量。谈及此，周书记举了很多例子，"换作是我想想看"是他常挂在嘴边的一句话。

社区治理并不是一蹴而就的，而是一个长期、缓慢、曲折前进的过程，需要社区工作人员和居民拧成一股绳共同发力。五里牌社区是一个由农村变成城市的社区，有许多脱贫安置房，小区的住户也大多是农村人口，他们仍保留着原来在乡村生活的习惯。周书记举的小区居民挖掉绿化种菜的例子让人忍俊不禁，他开玩笑地说："就像有的人喜欢打麻将一样，他们的爱好就是往地里种菜。"包括有些小区经常有人打架闹事、社区的基础设施有待建设、某些住户生活困难需要帮扶……当乡土的痕迹一点点被城市覆盖，现代化成为了社区发展的首要目标，如何让居民适应这种变迁，在这片土地中真正做到"安居乐业"，是周书记一直努力的方向。发挥党员和群众骨干的作用是重要的举措之一，比如"党员微心愿"、每月一次的主题党日活动，以及积极与其他社会资源进行联合党建、组织学习。"我们这里的党员都是很好的，开会他们基本不会不来。"说起社区里在大小事务上都发挥了重要作用的党员和骨干群众，周书记略带骄傲，"要发挥党员的带头作用，党员是旗帜，党组织是堡垒"也是他挂在嘴边的一句话。关键时刻，党员能够主动站出来，靠的不仅是责任与信念，还有书记以身作则的榜样作用。文中提到的那位想要入党的妇女余美凤的话让我印象深刻："你是书记，什么最困难的事情，你自己都冲在前头。只要你周书记在一天，你叫我干吗我就干吗。"书记之所以成为书记，党员之所以成为党员，二者之间的关系是紧密联系、不可分割的。

最后，"将心比心，以诚待人"这8个字，是我认为对周书记最好的概括。作为个人，周书记热情、善良且有同理心，所以他总能在待人接物时换位思考，尽自己最大的努力去解决群众的问题。作为一名社区工作者，这8个字也很好地总结了他的工作理念和工作方向。正如他在口述时所说的那样，"服务群众的时候，该我们做的事我们一定要做，不应该我们做但我们也可以做的事情，我们也要做"。有这样一颗为群众服务的诚心，实属难能可贵。

下 篇：
"70后"的使命与担当

第七章　何伟峰：从精培产业到全面振兴
——"杨梅书记"上下求索的治村路

口述：何伟峰
采写：何海洋
采访时间：2023年2月4日—2023年7月9日

书记名片

何伟峰，1970年2月生，1995年12月加入中国共产党。1991年开始担任仁岸村村委会主任，1996年开始担任仁岸村党委书记。2012年当选县人大代表，2022年当选市人大代表。曾获优秀县人大代表、缙云县最美治水人物、缙云县劳动模范，丽水市优秀党务工作者、丽水市劳动模范、丽水市兴村（治社）名师、丽水市担当作为好支书、丽水市社会主义新农村建设工作优秀个人，浙江省千名好支书，浙江省"千万工程"美丽浙江建设突出贡献个人等荣誉。

村庄名片

仁岸村位于缙云县中部的舒洪镇，是盘溪、贞溪、章溪三溪交汇点，距县城10公里。现有户籍人口2 682人，共有24个村民小组、15个党小组，有党员121人，2022年村集体经济收入271万元。曾获中国美丽休闲乡村、全国"一村一品"示范村、全国改善农村人居环境示范村、全国第一批绿色村庄，国家级3A景区，浙江省美丽乡村特色精品村、浙江省善治示范村等荣誉。2022年被列入浙江省首批未来乡村建设试点。

一、屡败屡战，瞄准香菇：从外出创业者到村庄管理者

我是何伟峰，20岁的时候就担任了舒洪镇仁岸村的村干部，如今是我在这个岗位上的第33个年头。可以说我把我人生中最好的30年都给了我们仁岸村，现在回忆起来感慨很多，有成功也有遗憾。如今我是知天命之年，站在这个年纪往回看，想和大家讲一讲我和仁岸一起发展、共同进步的故事。

我一直都觉得自己是一个敢闯敢拼的人，虽然只有初中学历，但 16 岁的时候就敢出去跟别人学习经商和办厂。直到 20 岁，4 年时间里我已经连续创业两次了，在台州办过活性炭化工厂，也在缙云县城干过粉丝厂。当时我心里想的是，不管咋样，财富是靠闯出来的，留在村里种田是老一辈的想法，我不能坐在这里等饭吃，往外跑哪怕赚不到钱甚至赔了钱，也能长长见识。

我还记得我第一次出去创业的本金是跟全村借来的，当时东凑西凑借了 1 万块钱。人年轻的时候胆子大、主意多、有劲头，但毕竟还是年轻，有时候想问题不周全，经验也不足，结果就是亏没少吃。比如说，当时办活性炭厂其实是一件很赚钱的行当，但因为我缺乏环保意识，用的是比较简陋的制作工艺，一些排放没有达到标准，把周边的环境给污染了，尤其是把一些柑橘农作物田给污染了，断了当地农户吃饭的来源，厂子开了一年就被叫停了。厂子虽然被叫停了，但最后算下来其实还是盈了利的，因为我工厂一天的盈利就可以达上千元，这在当时可以算得上是赚大钱了。但是这种成功没有延续性，赚的是快钱，所以那时候失败了。经过这件事以后我模模糊糊地懂了一些环保的概念，知道经济搞得再好，污染了环境最后也是没有出路的。这些知识当时在课本里面学不来，都是我真金白银吃亏得到的教训。

19 岁的时候我回了缙云，在家坐不住，就在县城搞了一个粉丝厂，采用的也是比较原始的工艺。现在我们吃的粉丝都是白色的，很漂亮，但那时候我们在家吃的基本都是番薯粉丝，我那个厂子就靠着用一些机械化的手段减少做粉丝的人力成本，结果做着做着也是因为销售经验不足，失败的多，盈利的少，做了一年半以后我就回村子了。回村后想着也办个粉丝厂，但因为功课没做好，当时不知道村集体的土地是不能购买的，我心里对土地产权这方面的知识没有概念。我在村里买了一块 3 亩多的地，这块地本来是村民们养鸡养猪的地方，我把它改建成一个粉丝厂。但其实在法律上这笔买卖是不成立的，法律不认可，最后村里就赔了我一部分钱，把这块地给收回去了。我回村开粉丝厂的经历也就这么草草收场了。

现在看来，我摸爬滚打闯了 4 年好像都没有成功，但我当时对自己是很有信心的。这次回村我隐隐觉得自己可能还是更适合先从农业开始做，我有拼劲、有想法，最后一定可以成的，而且我想的是不仅要自己富起来，更要带着我们全村富起来，不能让人小看了。可能是我们那个年代的人比较成熟一点，再加上我 16 岁就出去闯社会，所以总觉得要趁着年轻做些什么成就出来，不蒸馒头争口气！

到了 20 岁下半年的时候，刚好我们村里在进行村集体的干部换届，在这个节骨眼上，我作为年轻人给当时的领导提了些建议，但他们觉得我太年轻就是不相信我，我心里非常不舒服。虽然我当时创业的小企业失败了，但至少三四年在外打拼的时间多少也积攒了一些外头的经验，有些经济上的概念和想法我肯定比村里的村民要先进一点嘛。但他们就是不听，不愿意采纳我的提议。

我当时心里不服气呀，你越是看不起我，我就越是要和你争，我就要努力争到村干部这个位置，然后自己来带队。还好，因为我早早就出去创业，赚了些钱，所以在村里跟我同龄的那批人中有一些威望，他们一直以我为榜样，我就跟他们提出来说我要当村主任，他们二话没说就拥护了我，所以我当时得票是非常高的。

当时还有个故事，就是有个年纪比较大的村支部书记，他觉得我这个年轻人可以培养，他心里是想让我来挑这个重担的，结果到了镇政府那边却不肯了，说是村里任务太重怕年轻人担不起来。于是，要我们把他选回来做村主任，这样可以传帮带我，管着我。最后，在谈了一系列条件下，一直拖到我21岁的6月份，终于给我发了聘书，我就这样坐到了村干部这个位置上，虽然一波三折，但是好在最后还是成了。

我当上村干部以后的思路首先是"主打产业"，这是我创业4年以来最大的收获，先让村庄富起来再说。"主打产业"就是说我们仁岸不能再零零散散地种粮食了，村庄里没有产业是发展不起来的，所以我一辈子基本上干的就是一件事，就是培养我们村的产业，而且是"精培"。但是产业有那么多，要选择什么产业呢？你不能让我们搞工业吧，因为我们地少，既没本金又没技术，和壶镇那边完全比不了，人家不会来你这里投资的。搞旅游服务业就更不可能了，我们这儿当时啥都没有发展起来。所以我们还是得回到土地上面去做文章，搞农业，但又不是搞那种传统农业，要搞新农业、搞高效益农业。

实际上，我上任后真正花费时间和精力最多的只有两件事：一件是我们对本村产业的培养；另一件就是对村庄的全面建设，其中包括一些对村里面的功能布局、生态优化和乡风培育。第一件事是最要紧的，因为村里村民、村集体没钱的话，根本就搞不了村庄建设，所以这得"分两步走"。到目前为止，整个村庄的细致规划我还没做，但都是按照我们村"两委"定出来的一些规划去逐步实施的。因为你请人制订一个村庄规划要花上百万的钱，不是一万两万就能做成的。另外，你做那种全盘规划最后也不一定真的能落地。所以对于村庄而言，和城市不一样，你不能搞一个看上去很漂亮的大规划，你要一点点来，今天把这个问题解决了，明天再想那个问题，就像"摸着石头过河"，这是由于村子里面财力有限导致的。所以我第一步培养产业的目的就是先让大家富起来，让村集体富起来，有了钱干啥都好说，没钱干啥都迈不开腿。

我们仁岸的农业产业最早是从"香菇"上做起来的。1993年的时候，我和香菇结了缘。那是一个偶然的机遇，我去庆元那边，看到了那里人种的香菇，让我大开眼界。我们一般印象里面香菇和木耳一样都是种在木头桩子上，但是庆元那边不是，那里的人是培养菌丝，然后种在一包一包的菌丝袋上，这就对种植空间和原材料的要求小很多了。所谓菌丝袋，就是用木塞或者树木之类的原材料弄成粉，装在袋子里用粉袋来养香菇菌丝。我觉得好神奇，因为我们这边废料木头很多，山上随便砍砍或者捡一些干枯的草料都可以用来做原材料，这些原来都是做柴火拿来烧掉的，利用价值不高。

我这个人虽然说文化水平不高，但是我反应力强。这就是商机啊！我仔细地问了他们一袋香菇能卖出去多少钱？他们说一袋香菇才4块钱，售价不高，但是一袋木料可能就只有一两毛钱，成本极低。这样，获利很大。赚钱无非就赚在两头，要不高价卖出，要不成本低，这么种香菇我们可以在成本上赚钱。于是，我就慢慢琢磨，想把他们的技术学过来，中间还请了一些专家过来做指导。

当时放在全县来说香菇也是比较高级的东西。我小时候有一个叔公在龙泉当伐木工，偶尔在山上采到几个香菇，放到肉里面去炖，那个香味是形容不出来的，不像现在满地都是。我如果在仁岸用老办法种香菇的话，不知道从哪搞那么多木头，但现在只需要用最简单的菌丝袋就可以种植了，我就想，能不能把香菇引到我们仁岸来。有了一些基础的技术之后我开始在村里试着推广，刚开始是我们几家试种，等到成功一点摸出门路后再教别人家种。我第一次去劝说的时候劝动了3家群众。他们说："你是要给我承诺的，何村长，如果亏了谁赔？"我说我赔。

前3户种到最后很成功，当年就盈利了。人家看到你成功了，也愿意学。刚开始我们种出来的香菇不是批发处理，也不是跑到外地去卖，就是简简单单地把香菇挑到街上去，别人就都把我们的香菇抢掉了，毕竟那时候香菇少嘛，再加上确实是好东西。然后第二年我们就又增加到17户，到了第三年的时候已经有93户了。93户的产量就有点大了，需要考虑营销的事情了，刚好我那时候跑出去看到了金华的一个冷冻厂，谈妥了以后，我们的香菇就送到那里去做成香菇干。到后来，外地的客商也慢慢进来了，包括福建那边远一点的客商。福建的客商进来得算比较早的，他们进来采购也给我们带来了更高的要求。比如，他们对香菇干的这个需求，就促进了我们村延长香菇种植的产业链，烘制香菇干慢慢地变成村里的一个项目发展起来了。然后我们越做越细，碰上买香菇干的客商我们就加工成香菇干，来买鲜菇的客商我们就提供新鲜菜菇，渐渐地分等级的感觉也出来了，再后来就是我们的模式在全县推开，县里面都开始学我们种香菇了。我们的收购产量在这个过程中越来越大，又种香菇，又做烘干，又卖菜菇，也蛮赚的，至少我当时能看到我们村一个产业在慢慢成熟起来。

到了1998年的时候，我们这里已经形成了一定规模的香菇产业。当时产值非常高，一亩的大棚香菇可以收入3万块钱左右。因为我带头发展的香菇产业初具规模，县里看到了，就让其他地方跟着我们一起推广香菇种植。所以说起来，当时我们缙云的香菇是在仁岸的引导下发展起来的，当时我做的香菇营销在全县占的份额比较大，做农业就是要做到这个份儿上才有意思。

所以站在这个角度上说，我回村也不是说完全为了自己，如果大家能一起富为什么不一起富呢？当时我创业的时候，在发展了村庄经济的同时，也发展了我自己。我把香菇引进来了，不仅我全家种了，村里其他人也种了，他们赚钱了，我也赚钱了，这不就是共同富裕嘛！我做的是香菇原材料的生意，我把它运到青海、青岛、大连、杭州的速冻厂，我们自己对接联系，把香菇从农户家里收购来卖出去，在中间我们作为营销赚的钱可能是10户的总和、也可能是20户人家的总和。因为我们做的是营销，他们做的是种植，利润的大头肯定在中间的营销环节，但我们营销做得好也保证了种植农户们的利益，所以是一个相互促进的关系。在这个过程中我也培养了自己的商业思维。

开始的时候，全县只有我们村在发展规模农业，到最后全县都开始种香菇的时候，我们由于占据先发优势已经开拓了很多基础的一些营销点。比方说，省内有杭州的、金华的，以及面向其他国家出口的一些冷冻厂，后来还运到大连、青岛等更多更远的地方，产量和需求越来越大，我们这儿也成了一个重要的蔬菜基地，体系化的农业产业发展框架就一点点成型了。

其实，从香菇开始做起也很符合我们村当时的条件，如果我们村自然条件稍微好一些可能不会走这条路，我们也是被人多地少的环境逼出来的。因为香菇基本上不需要加工，哪怕是做香菇干也只需要把它烘干，工厂占地不需要很多，工序也很简单，将新鲜香菇送入烘干房后，把柄剪掉，直接放在烘干架上烘就行，每家每户也可以自己烘，机动灵活。

作为村干部，在带领大家种香菇的这个过程中我渐渐发现，实际上，当村干部跟经商管企业是一个道理，你要掌握来自上面的政策性的一些动向，要有敏感性，你不能走在政策的后面，而是要在别人前面。如果我们当时就靠等着"上面"喂饭给我们做规划，有可能我们仁岸现在还是贫困村。比方说，现在我们村正在建设美丽乡村，不能等着政府来找你。以前的时候都说要向政府要资金补助，我却总觉得像在找政府讨饭吃，很不自在，钱下来以后花得也很快，这样下去慢慢地就不会再去主动想怎么致富、怎么建设乡村了，天天就等着政府拨款，要不就是生硬地去执行上头发下来的文件，这样村子的发展会越来越差。但现在我们走在前面的话，每年上面各个部门看到我们做得好，他们会主动过来找你，给你更多的政策支持和资金补助，要不就会在你这里树立一个"示范窗口"，有了这个窗口平台，各个部门都想插进来帮我们，想在我们村庄有个展示的平台，那么各种辅助资金就都起来了。所以，如果现在你想去搞什么新发展，一定要有一个敏感性，不光是对产业的发展，对自身做的任何事情都是要有敏感性，说白了就是要想在别人前面。

我们这个村在 20 世纪 90 年代以前真的是跟其他贫困村一模一样，没水、没电、没路灯、没硬化地面，甚至连路都修不好，村庄里全部是土房子，算得上是最原始的一个村庄部落。经过这些年的慢慢投入，我们逐步用现代化的一些建设理念来改进一些产业结构，慢慢培育一些产业，把村里的经济条件提升了。这种提升总要有个起点，我们村的这个起点就是香菇。有了起点以后，我们也没有说就埋着头自己干，我们积极去联系上级政府，去找上面的专家过来帮我们，这就是"借势"。我们基层干部发挥能力的空间其实是很有限的，一定要借上面的"势"去实现我们最大限度的发展。

有了上面的支持还不够，你还要让"下面"的人愿意跟着你一起干，就像我们刚开始发展那些农户，劝他们改种一样。农村干部不是说你做了哪件事，你就能形成在村民中的威信，你要有长期的投入和新点子。换句话说，如果干部能真心为村里干事，那就要发挥他们的作用和新想法，发挥他们在群众中的作用，不能老是把他们当作政策执行的工具，否则村干部慢慢脑子就不会转了，这对村庄发展是件很可怕的事。

另外，对村民来说，你帮助他们办成 10 件事情，有 1 件没帮忙完成或者没做成，都有可能不记你的好。所以村干部刚开始一定要铆足劲干一件成功的事，能扭转村运的事，把威信给建起来，让大家看到你的能力，后面的琐碎事就会好做很多，慢慢地让他们心中以你为主导，把你看作主心骨，那你就算成功了。我不求全部村民对我好，都能理解我，我只求 90% 的人说这个村庄靠你了，那我就算成功了。

所以，对上对下，村干部都得要有一套办法，这个和我管企业也一样，所有的人都要顾及到，一件事才能做成，不能说单打独斗，那样人家不信你。

二、关关难过关关过：我试着带村里人走杨梅致富路

说到仁岸，现在大家的第一反应可能不是香菇而是杨梅了。"仙居杨梅"①"东魁杨梅"和"仙仁杨梅"这几个名字，大家总容易搞不清楚。其实，"仙居杨梅"是一个品种，仙居县那里产的杨梅，不管小的大的，都叫"仙居杨梅"。"仙居杨梅"又分为"荸荠种杨梅"跟"东魁杨梅"两种。"荸荠种杨梅"是一些自然生长了几百年的杨梅品种，是个头很小的那种杨梅，也有人管这种杨梅叫"野杨梅"。

---

① 仙居杨梅是浙江省台州市仙居县特产，全国农产品地理标志。仙居杨梅的主要品种为"东魁"和"荸荠种"，其中"东魁"果实大、圆球形、紫红色，肉柱略尖，汁多味浓，甜酸适口；"荸荠种"果实中等、圆球形、紫黑色，肉柱圆钝，汁多味甜。

那么"东魁杨梅"是怎么来的？在1988年的时候，我们缙云县跟仙居交界那里有一个叫"东魁"的农夫，他发现有棵杨梅树结的果特别大，就把那棵杨梅树给培育起来了，于是，后来我们就把那个变异的杨梅品种叫"东魁杨梅"。其实也很奇怪，我们第一次去发展这种杨梅的时候，谁都不敢种，因为"东魁杨梅"的苗没有那个"野杨梅"的苗好看，它的枝条是那种黄丫丫、病怏怏的，但它培育起来的果实，个头都很大。至于现在大家熟知的"仙仁杨梅"，是我们村自己创立的品牌，是我们自己村庄打在杨梅包装袋上的品牌名字。

为什么我们会和杨梅结缘呢？当时有个非常好的机会，我们缙云县正在发展"一村一品"。"五里不同风，十里不同俗。"计划经济时代结束了，乡村要发展就要结合自己的特殊性搞特色产业。这个村种茶叶、那个村搞养殖。我想我们仁岸可以搞什么呢？种香菇的可复制性太强，到后面别人学着我们搞香菇的时候，我们的优势就不大了，所以我们得重新找一个新品种。

可能是天意，也可能是偶然，最后我们瞅准了杨梅。要知道，当时整个缙云县基本上没有人挑选种杨梅，仙居也只是在古代的时候有几棵树而已，没有大面积成片地去种植。种杨梅靠天吃饭，要是多雨天就没有果结，就没收入；天气好了才能收一些果，你要是搞农业按照这个路子去搞，不饿死才怪。虽然说农业要"靠天吃饭"，更要想办法"人定胜天"。

我当时心里也是很朦胧的那种感觉，没有想得很清楚，虽然我知道"规模"和"稳定"这两个词是搞农业的根，你要种水稻那些粮食作物确实够稳定，大家都会种，没什么难度，但我们缙云人多地少，耕地稀稀拉拉的，种出来没什么效益。杨梅就不一样了，风险越高收益越大，最后形成产业链的东西可能是别人最难学去的。所以光有"规模"和"稳定"还不够，还要想办法种别人种不了的、不敢种的，"物以稀为贵"。我当时凭这么一个模模糊糊的直觉，就笃定我们要种杨梅，预测最后产生的经济价值会很高。

说到种杨梅，可能还和我小时候的记忆有一些关系。仙居那边直到八九十年代都没有好水果，估计是当时大家都没有吃水果的想法，毕竟饭都没得吃，对农业里面水果这个品类就更没有概念了。还记得有次，一个仙居的农民偷偷摸摸地拿着两筐杨梅，骑着自行车跑到我们这边卖。他是怎么卖的呢？按个卖，一个杨梅卖一分钱，那时候一分钱也很大的，我没有钱，就在老妈那里讨了几分钱解馋，吃下去两眼睛放光，因为这个仙居杨梅确实和其他水果味道不一样，太好吃了。每次想起这个经历，我就觉得种水果就要种"仙居杨梅"那种好水果，既好吃又赚钱。这个童年的味道算是我后来选择杨梅的一个次要原因。

我们正式开始试种杨梅是在1991年，那时候我已经当上了村委会主任。开始的时候我就说，种就要成规模，不能像小孩过家家。初步定下来要种500亩成品杨梅，但是在发展过程中遇到了很多困难。比如，刚开始的时候，村里的老农不认可杨梅的种植，因为杨梅苗1块5毛钱一棵，那时候1块5毛钱他们会觉得成本太高，拿不出钱，就算拿得出来也不敢丢掉水稻，轻易去种一个陌生的果树。农民是有惯性的，这个是客观情况。所以刚开始没钱没技术，大家又对种杨梅没信心，这时候是最辛苦的时候。另外，杨梅的生长期很长，要五到六年杨梅树才能达到结果的标准，五六年一般人是等不起的。

遇到这个困难，我是"硬"的、"软"的办法都试了试。首先是硬办法，我们那儿一亩山地可以种30棵杨梅树，一般政府分下来的"自留地"落到每个人头上也就是一人一亩，我就要求在我的规划区里面的那片地必须用来种杨梅。要求人家种杨梅，你自己肯定要有底气，要"强硬"一点儿，要不你是动员不了全村一起干的。其实有时候你硬气一点儿，人家才会觉得你对这个事有把握、有信心。另外硬气也能代表你没私心，身正不怕影子歪，因为大家当时主要是靠对我人品的信任和对村集体的信任才愿意冒险的。如果开始的时候他们就想，这个何伟峰肯定是想去别的地方低价进苗，进1块钱的苗然后卖给我1块5毛钱或者1块7毛钱赚这个差价，那就很难办成事了。

但是光有"硬招"也不行，也得有"软办法"，而且是实打实的办法。第一个办法是我发动自己的一些亲戚，先从自己家开始种，让别人心里放心，所以第一年种杨梅的时候我就发展了3户农家，第二年又跑上跑下发展了17户。其实在第二年有17户种植的时候，大家已经能隐隐感觉出这个相互帮种带来的好处了。第三年，我们发展了近百户，当时我们村总共也就是100多户人家。到了第四年，我们就引起了上级政府的注意，县委县政府看到了我们仁岸做出来的这个成绩，就召开了全县的动员会，而且动员会还是在我们仁岸开的。另一个办法就是一棵苗1块5毛钱对村民来说太贵了，我就想能不能和农村信用社那边贷款，把村民的压力降下来。我们通过不断地和信用社谈、磨条件，他们最终愿意一棵1块5毛钱的杨梅苗给我们贷款7毛5分钱。

但是贷款是要有担保的，我就跟信用社说，这个担保不能让村集体来担责，因为村集体不负责承担经济发展的一切，所以最后是我以个人名义去签的这个贷款的担保协议。我当时心里也没底，但必须硬着上。由于是我最早提出的这个想法，我肯定是最大的责任人和担保人。就这样，我们慢慢地把这块自留地给发展起来了。

所以当村干部，做群众工作很重要。我当村书记后做群众工作的能力，可能就是在鼓动大家种杨梅的时候一点点培养起来的。因为农民总是有惯性，他们不喜欢冒险，就觉得我的地头上一定要种一点稻谷，如果田里面种的都是果树，他们心里会不踏实。这和咱们长期以来农业社会的心理有关系。为了保证粮食安全，以前是没有种植这些经济作物的想法的，先不挨饿才最重要。不像八九十年代我还是一个小孩的时候，吃到一颗仙居那边的杨梅都觉得不得了，大家是今年产的粮食放在粮仓里面明年吃，明年种的粮食后年吃，这样稳定，心里也踏实。这在当时是对的，因为你不知道哪年就碰上自然灾害了，家里没水果吃可以忍住不吃，但家里没米吃是会饿死人的。

可是，现在不一样了，现在咱们国家有大市场，不愁没有粮食吃，国家是非常安稳的，什么时候都有粮食卖，所以这时候像我们这些种粮效益不高的地方就要"求变"，就要逐步改变那些守着稻谷的思想。我们农民其实不是脑袋最尖的人，他们会符合大多数群众的一些习惯来达成自己的意愿，他们不会自己突然冒出了一个新的意愿，比方说直到现在，我们村里还有两户人家，不管我们其他人种什么，他就是种小麦跟稻谷，你遇到这样的人也没有必要强行让他换种，作为村书记，我把思想工作做到了，剩下人家怎么选择也没有办法。

我们不会去剥夺村民种粮食的自由，就让他自己种，但是我会给他一些压力，让他看到我们的收益以后，思考别人一亩杨梅收益2万块钱能买多少粮食，他会自己心里去换算。你要教会他们算账，种什么最赚钱，慢慢地培养他们自己思考做选择的能力，只有他们心里真正接受这个想法了，你才能动员得起来。农民的收入账要经常给他们提醒、给他们算。

所以，种杨梅和种香菇是一样的，都要考虑上下的协调问题，两头都协调好了，我们才能真正开始进入种植的阶段。到了真正种杨梅的阶段，也是关关都难。

技术关是第一关，也是生死关。当时别说优化杨梅品种了，我们连最基本的剪枝疏果怎么搞、农药肥料怎么用都还是一片空白，没人教你怎么种杨梅，书上的一些知识又不适合我们仁岸的实际情况。

所以，我们最主要的一个对策就是先靠自己。靠着村里大家的想法和经验，一个方法接着一个方法去试、去摸索。杨梅技术攻关第一个要解决的就是"控水"的问题。杨梅是一种非常脆弱的水果，雨水对杨梅的影响很大，尤其是我们浙江雨水这么多，以前我们这边的杨梅那真的是"靠天吃饭"，今年雨水少结的果就多一些，明年碰上不停地下雨那可能就颗粒无收。但现在，我们通过覆膜、精准灌溉等技术已经慢慢解决了这个问题。在少雨的季节，我们人工浇水，浇多少水合适要精准把握。我们搞了好几个对照组，把这些技术细节慢慢试出来，这个需要耐心，也要花成本。有些办法那真是靠着种茶或者以前种水稻的土办法挪过来的，所以我们农民也是很聪明的。总之，现在雨水对我们杨梅种植的影响已经不大了。

另一个就是学习别人，学习专业知识。虽说主要靠自己，但也不能老是闭门造车，农民也需要新技术来支撑。我总是跑到省里面、市里面的农科院去联系，请专家来我们这里指导。省、市、县领导看到我们这么积极，也悉心扶持我们，派农业专家来我们这培育产业，慢慢地，这些早期的技术难题都一点点解决了。举个例子，2016年的时候，我们浙江省的一个政协主席带了一大批的农科专家过来，对我们进行杨梅种植辅导，我们村的农民其实当时已经积累很多经验了，但不管心里有多懂，最后都很虚心地跑到山上去听他们怎么讲，一个人都没有缺席。

我们种植多年杨梅果树以后，实战经验比他们搞理论的专家可能会更强一点，但是理论的东西多听一点绝对没有错，听多了自己也能说出经验了，也能把自己的实战经验用专业的语言说出来，从而把自己的经验告诉更多人，这是很好的事情，也是能促进我们国家农业进步的方法。像我们这样平时采杨梅、管理杨梅的农民，到冬季的时候已经全部是可以出去外省当师傅的水平了。早年，我派一个师傅到四川指导那里的农民——那边是和我们缙云进行农业结对的，当时他的水平当整个县种杨梅的师傅都可以了。所以我们自己有经验以后还要多出去交流，交流多了不仅自己长见识，别人也长见识，对大家都是好事情。

给我印象很深的一件事是，有次我问省农科院的一个专家一个我们在平时种植过程当中碰到的老大难问题，就是为什么我们仁岸的杨梅上面红、下面柄的地方不红，这该怎么办？这其实是因为杨梅底部晒不到太阳，光照太少，但我们一直也想不到怎么解决这个问题。那个农科院的专家过来一看，说这事其实很好解决，也不需要花多少钱，你花3块钱到农具店里去买反光膜，闪闪发光的那种，一棵苗底下挖个洞放一个反光膜，这样阳光照下来的时候，它又会反射回去，整个果树上的果子就都熟了。后来我们验证这真是个金点子，做了十几年都没敢想用这种方法去解决这个问题。所以交流学习真的很重要，做农业只靠自己，在今天这个技术时代是越来越难做成的。

说到技术，我们对杨梅冷链运输技术的研究也是一点点摸索出来的。大家可能都知道需要用冷藏的方式来运输鲜果，但是杨梅对冷藏温度的要求比其他水果要苛刻得多，杨梅放到冷藏箱中如果低于0℃就会很快熟了甚至会烂掉，因为低温会破坏杨梅的纤维，再把它拿到常温下就会影响口感和味道；但超过5℃以上又难以起到真正保鲜的作用。最后我们研究出来的结果是只能保持1℃到3℃的恒温，这样的保存方法可以锁鲜杨梅10天左右。这些精确的数字都是我们慢慢研究出来的、吃亏吃出来的，再加上一些农科专家的辅导。

另外，大家印象里可能认为水果种植是有大小年的，大年收获多，小年收获少，大小年交替出现。但我们仁岸种杨梅都没有这个说法，因为我发现，实际上植物跟人和动物一样，都是有个恢复机制的，人们口中说的小年可能就是植物大丰收年份后没有恢复好导致的，拿人来作比方，就像女人生完小孩要养月子，植物也是一样的。比方说，我们今年的杨梅采完以后你必须马上施肥，不能拖，马上把它需要的营养补回去，而不是说收完果子就万事大吉可以躺着睡大觉了，如果今年你把杨梅采了以后不施肥，偷了懒，不把它需要的养分补回去，它恢复的周期就会被拉长，要到第三年才会恢复过来，这样就形成了植物大小年的概念。实际上我们都可以科学地把这个问题解决掉，这个是我们自己种杨梅摸索出来的。那么，时间长了以后，经验足了以后，我们就形成了自己种植杨梅的一个体系，你会发现我们采完杨梅后还要忙一阵，就是去补肥，为来年作准备。

种植经济作物还需要完善的基础设施。我们种杨梅需要的基础设施也是慢慢发展起来的。从2004年开始，中央每年的一号文件都是聚焦于"三农"，这可不是嘴巴上说说而已，这可是中央的一号文件，说明国家是非常重视农业发展的。我觉得这是我们村能发展起来的一个重要原因。但是政策落实到具体的各乡各村上又总是差点意思，因为每个地方的情况都不一样，难处也不一样，实际上我们当时并没有得到更多实惠的照顾。所以政策好是一方面，最主要的还是要靠自己，你不能等着政策去养你，你要自己动脑筋、动手干，好政策才能发挥作用。等到2008年的时候，我们种的杨梅见成效了，业绩也出来了，各种各样的政策也进一步扩大了我们的优势，这才是一个良性的循环。你不能老是等着政府去推你、去养你。

一关过完后又是一关，技术关过了以后是销售关。实际上，在农民的概念里面，销售是一个不受重视的东西，因为他们把心都操在了种植上面，对于怎么卖这方面的感觉是很弱的。但是现在"再好的酒也怕巷子深"，销售搞不好，种得再多、再好也没人知道。

在2016年以前我们靠的是村子里面几个脑子比较活的果商，他们之前出去学过怎么做生意，就找到了大概三四家合作社来营销我们整个村的杨梅，都是合作社收购完，然后包装，最后再发货去各个地方。这个阶段，我们村的村民主要是在搞种植的部分，最后的定价和收益的主动权都捏在别人的手里。

所以那时候我坐在办公室就在想，为什么现在互联网已经这么发达了，还要靠别人来帮我们销杨梅，我们就不能自己销吗？虽然我们不会什么高深的网络知识，但也可以靠最简单的互联网，就是微信来推销啊，哪怕刚开始啥也不会，也不能一直不学，把销售这个利润最大的环节捏在别人手里吧。

所以，我们最早就靠微信，用亲属朋友的关系来推动杨梅的销售。2016年的时候我开了个座谈会，把在外地打工和上学的人都找过来，对他们说我对他们要求其实不高，就对家乡的这个杨梅产业要有所贡献，而且这个贡献也不要贡献给我，就贡献给你们自己的父母，把你自己脸皮拉下来，帮着父母把家里的杨梅营销出去。比方说，你老爸家种了100斤杨梅，他卖不掉的话只能低价处理给其他商贩，商贩赚的这笔重新包装的差价是从你老爸口袋里赚过来的，那么你家里的收入就少了，所以你要帮着家里把杨梅卖出去，这是能为家里分忧最好的办法。

当时QQ、微信等这些软件差不多很成熟了，我就说，不管你用什么方法，比方说你在杭州读大学，回学校的时候叫你老爸送给你一箱杨梅，去分给你同学叫他们吃一下、尝一下，好吃的话就把他们发展成顾客，每年杨梅熟了就问问他们要不要杨梅。

我们这是最土、也是最实际的广告，我不来打这个广告，那我们村的杨梅就永远走不出去，你送一点给别人，看一下能不能对上口味儿，对得上的话努力发展成长期顾客，买得多了还可以打个折，你也赚钱了别人也享受了，是个双赢的事情。

我们第一年也就是2017年的时候非常成功，网上的销售额保底就达到七十几万块钱，这个数据其实用的是一个很简单的统计方法，因为我跟顺丰快递签订了合同，它每年给我寄出去有多少单，就按照这个计算。我们测算第一年就能达到七十几万块钱，第二年达到800多万，第三年达到1 700多万，2020年则达到2 000多万。

我们就靠这种方法把自己的杨梅推销出去。现在直播带货很火，有人说我们要不要搞直播带货，我说现在还不是时候，因为我们村产的杨梅数量也有限，靠微信销售和实地采摘就差不多把我们村的杨梅都销售出去了，这时候你搞直播带货，我们产量跟不上的话就会出问题，所以我们还是一步一步来。

互联网是很好，但不是所有东西都要去跟风。我们现在就靠着口碑在做生意，让吃过仙仁杨梅的人一下就记住我们，这样的话到了明年自然而然就想起我们，不会想到其他的杨梅，如果能把这个做成功了，还需要每年花大力气去推广吗？这就是"人性"，也是从事农副产品重要的经验——叫得再厉害也得需要真的有好货。拿我自己说也一样，我在东北和西北吃到过的羊肉很好，我们本地的土羊肉我就从来不想吃，一到冬季的时候，我就让北方那边的朋友把牛羊肉邮寄过来。一样的道理，品质好人家自然会记住你。

销售是门重要的学问，你搞不好销售连自己村民这关都过不去。比如，2008年之前的时候，因为还没探索出稳定的销售渠道，加上那时候冷藏技术没琢磨出来，导致成熟的杨梅不能长期保存，坏掉了很多。村里有人冲动起来把我们杨梅山上的果树都砍了好多，因为农民他也心急，其实不是要故意破坏产业，好不容易杨梅种出来了没地方卖，短期见不到收益就心急了，毕竟各家各户还有老老小小要养活。

现在销售这块我们就一点也不用去费这个心了。如今合作社变成了一个服务的体系了，我们村民自己的主动性也强了，和合作社成了一个合作协调的关系。客人来了，我把冷藏的杨梅拿给你尝一下，你觉得可以，我就给你包装好，收一点服务费，每家每户的杨梅基本上都能自己销出去。合作社成了联通村民外销杨梅的一个服务平台，加上一些微商和口碑的营销方式，我们村基本上每年产的杨梅都不会积压。

这几年疫情对很多地方的农业都造成了不小的影响，但说实话对我们村的杨梅产业来说影响不大，正是因为现在基本上我们的营销方法都是以快递的形式销出去，加上重视和老客户的关系，所以疫情对我们杨梅的营销可以说没有产生太大的负面影响。去年我们基本上卖到了100块1斤的价格，一斤的杨梅只有10~15个，也就是说一个杨梅都有八九块钱。

贵吧？贵是贵，但人家就是愿意买，因为质量没话说。我现在看新闻，很多地方搞农业都是纠结质量和产量两个之间"坐跷跷板"的问题。比如说，我追求杨梅的高产出量，可能它的品质会掉一点，但我们仁岸没有出现这种情况。它的产量也在增，品质也可以保证，为什么？因为我们已经形成了一种很自觉的种植方法。比方说一个杨梅出果的问题，如果你让一棵杨梅树自由生长，它产的量很大，但是结的果子就会很小，但你要是细心养植每棵杨梅树，它的果子就会很大，但问题是你顾不过来那么多树。

面对这个矛盾，我们干脆设计出一个分级制度，把杨梅按照品质分个"三六九等"，这是我创新出来的。具体来说，我们把所有的杨梅分成三个等级，级数越高品质越好，比方说，一级杨梅收购的时候我给你算 50 块钱一斤，那么二级的 30 块钱一斤，三级的就可能是五六块钱一斤。

实际上我们可以算笔账，如果整棵杨梅树产 100 斤的杨梅，你把好的坏的杨梅掺在一起卖 5 块钱，那就是 500 块钱。但是如果把 100 斤的杨梅按照品质高低分成三批，品质高的 20 斤每斤卖 50 块钱，这就有 1 000 块钱的收入了，剩下品质不好的在它刚成小果的时候就出掉，这些剩下的 80 斤杨梅我一起打折卖 5 块钱就是 400 块钱，那我一共可以挣 1 400 块钱，比以前掺在一起卖可以多赚 900 块钱。

那么，一级、二级、三级杨梅的界限标准是什么？我们基本上规定重量在 20 克以上是一级，15 克以上是二级，15 克以下都是三级。三级杨梅是卖五六块钱一斤的，一、二级杨梅我们可以根据市场情况和季节时令，设置不同的价格，努力扩大我们的利润空间。现在我们仁岸的三级杨梅基本上就卖给广东的一些杨梅干厂。它们过来收购，收完以后用盐腌在那里，虽然品质低一点，但是对于杨梅干制作来说，这些杨梅的个头大小也足够了。

总体说来，我带着我们村走的这条杨梅致富路还是非常成功的，虽然中间遇到不少苦，但做事赚钱怎么可能一帆风顺呢？关关难过关关过嘛。2016 年的时候，我们仁岸杨梅产业产值已经达到 3 000 多万块了，仅通过一个产业，户均增收就有 3 万多块。如今，我们村村民人均年收入从 2010 年的 9 600 块达到了 2021 年的 3.5 万块。2021 年杨梅种植面积能稳定在 4 500 亩，基本上 90% 的村民都在种杨梅。户均存款率在 50 万块以上的占到了 70%，大家钱包慢慢鼓起来了，这个村子的发展才会越来越有劲。

我国杨梅的主产地是在浙江跟广东，实际上我在广东那边看到的都是那种小杨梅，就是荸荠种杨梅，论品质而言是比不过我们的。广东那边气候条件好，别人总说搞农业这种靠天吃饭的产业，气候好是第一位的。我不这么认为。你看我们现在做得这么成功不就是"人定胜天"吗？浙江省从2008年开展两年一届的农业吉尼斯比赛以来，我们连续拿了两次第一，两次第二。总体算下来一共举办了六届。有两届我们没去，为什么没去？原因是比赛最后的奖金基本上全部被我们拿了，那么举办比赛的意义就没有了。我们现在打算休息几年，等搞出了更好的品种，过几年以后再去。

现在还有人会问我，当时怎么找到这样一条路子的，我说这都是被逼出来的。毕竟我们没有北方那种大片的农田，我们这边一个人口能分到实际种植的地只有0.4亩，像华北平原那边一个人口最少有二三十亩地。我一家4口人只有一亩来地，就是因为土地的资源实在太少了，零散地种粮食养不活自己，只能往其他地方想，就好比"穷人的孩子早当家"，是一个道理。

实际上，我总结我们这边的经验就是"在山上做文章，在高效能上面做文章"。如果只是单独种粮，这在我们浙江是根本不可行的。在一些政策上面，中央的政策跟地方的政策再跟我们各村的政策很难对接。其实，现在农村形成的困境无非就是这样子，政策是好的，但是只有和各个地方的实际情况结合在一起才是好的。但是，中央的政策不可能是坏的，人家是站在整个国家的角度上制定的，又不是为了我们仁岸一个村制定的，所以你不能怪上面的政策有问题，真正有问题的是你对这些政策有没有自己的想法，你对自己村的情况了不了解，这样才能把上头的政策用活，我们仁岸现在就是这样，跟着政策走但是不能被政策给框死了。

打个比方，假如我家有30亩地，你说拿25亩地去种粮没问题，但是我们这边的情况是每家每户基本上只有一亩地，还要划去一点种菜，那么剩下的真不多了，你一亩我也一亩，你喜欢种水稻，我种点其他的作物，乱七八糟的，水系也不畅通，种出来的那点东西形不成规模卖都没地方卖，最后就会很麻烦，因为各家都是各自为战，那只能是我们村"两委"统一地引导大家去发展哪一种产业。而且一定是要选择高收益的作物，如果一亩一亩地都去种水稻或者是小麦，一年的收成也就是500~600块钱，根本养不活一家子人，我们只能引导他们种一些高效能的作物，比方说我们的杨梅就是这个高效能产业，只有这样才能马马虎虎养活村民，那你能怪中央不停地强调耕地安全、扩大水稻和小麦种植面积吗？肯定不行，因为还有北方的村庄，人家条件和我们不一样，他们就适合种粮食，我们就不适合，所以这是一个"上跟下对接"的问题，具体的情况不一样，各村的干部都要想办法，想清楚这个问题才敢迈出步子。

到目前为止，我们仁岸基本上杨梅跟茶叶、香菇、樱桃这几块加起来的产值有1.2亿元左右，农民在家一年能够有10来万的收入，在村里花销又比城里人小，所以养家糊口是没问题的，贫困问题就这样解决了。贫困问题解决了，村里面的人就不会老想着往外跑，能在家门口赚到钱谁还愿意背井离乡跑出去啊，所以我们村的空心化率是最低的，这是一个自然的结果，是经济发展带来的好处。

最好笑的是，有一次我在巡视杨梅生产的时候，几个老年妇女挑着杨梅从面前山[①]上下来，我问今年情况怎么样？杨梅长得怎么样？她们说："书记，很好，还好我们把杨梅发展起来了，你看我一担子这么挑下来，相当于以前养的两头猪。"因为挑个四五十斤杨梅还是很省力的，这里就等于四五千块钱，这可比猪肉好卖多了。

实际上，这些都是因为我们有好的机制、有好的东西能够帮助群众增收，这才是乡村振兴最重要的东西。我们的香菇关和杨梅关算是过了，现在我们仁岸在过的是"乡村振兴关"，就是能不能进一步扩大我们村的发展优势。

乡村振兴在我的概念里面，其实就是三个问题。第一个问题就是一定要有自己的产业，只有村里的产业发展起来了村民的收入才能提高，这个比靠政府拨钱要好得多，村民收入提高了，人的素质马上会好起来。第二个问题就是思想提升和口袋变富是分不开的。所以你看我们仁岸村一直在搞党建，村里的路边、建筑上都是党建标语。那么党建是什么？党建就是引领农民进行思想建设、思想创新，就是把他们原来固有的一些不符合时代的东西去掉，把我们新的理念、对党的忠诚等灌输到农民的心中，让他们收入提高的时候会想到这种好生活是政府给予他们的。我们仁岸便民服务中心大楼楼顶上的"听党话，跟党走"这几个大字是我很早想到的，然后很多地方才慢慢推广开的。第三个问题就是当我们村有能力、有经济底子搞乡村振兴的时候，就不能只盯着"经济"了，而要把我管辖的区域内打造成一种非常安居乐业的环境，也就是现在所说的生态文明，这也是我最近认为的最重要的一项。

乡村振兴，去掉哪一样都不好、都不行的。如果缺了农民的收入，温饱问题解决不了的时候，村民就没有素质，毕竟你的素质不能当饭吃。说实在的，像以前农村争吵打架还不是因为口袋里缺钱？为了一点小利争来争去。现在收入高了以后，慢慢地就会形成一种和谐、和美的村风。这是说的实在话，村风跟你村民的基础收入是非常有关联的，这至少是我的理解。

和谐社会就是要建立在温饱的基础之上，精神文明要建立在物质文明的基础之上。先富起来了，然后这个社会、这个乡村里面慢慢地它就会有越来越和谐的氛围。如果搞乡村振兴，你单独给他精神上面的一些支撑是肯定不行的，一定要有符合当地的每个乡村或者是每个乡镇，或者每个县生存的产业。这样，村庄才能振兴。

可以说，就是这么一个小小的杨梅带我们走向了致富路。现在这条路越走越宽，我们仁岸已经不是那个只搞杨梅的"杨梅村"了，如今正在慢慢地扩大、更新种植的品种，努力把自己打造成一个"经济作物村"，比方我们现在还种的樱桃和茶叶，什么作物经济效益高我们都会去尝试。

[①] 面前山，仁岸村主要的杨梅种植山区之一。

2016年的时候,我在村里又发展了500亩的樱桃。一亩樱桃的产值可以达到两万多元。我跟村民保证,在我指定范围内种的樱桃种苗由村里来掏钱。那么如果你是村民,你不种别人种了,你自己也会觉得吃亏了,没有享受到村集体的这个福利。所以大家也会跟着创新,跟着种樱桃。这个时候,村集体经济有了,再加上我们有相对成熟的制度和技术,就不用像当年我单枪匹马地去贷款了,另外,这些年种杨梅的成功大家也看在眼里,村民们对我也有信心。

为什么不管种什么我都喜欢鼓动大家一起种呢?因为我们村子里的人口毕竟还是有限,种的人越多越容易形成规模化,我一直以来都有这种"规模化"的概念,规模化是最好出效益的方法。比方说,现在我们提出的口号——"你想吃杨梅到仁岸来,你想摘樱桃也到仁岸来摘",其实都是在追求规模化地发展,一定要向外地发展,不能仅仅限于本村,产量的规模化加上市场的规模化,我们一定能成功走出一条产业致富路。

像我们仁岸这边农业产业的成果,目前在农村、农业人均收入上我敢说是全市前列,如果是单独从总收入来说我们谈不上,因为那些喜欢去外地打工的村庄的打工仔一个月可以收入七八千甚至1万多,那都是一些以工业为基础的乡镇。但我们这边是山区,对工业人口的需求量不大,在以农业为主的思路下,最好的对策就是让他们留在村里。所以站在什么山头唱什么歌,我仁岸没有必要和壶镇镇的那些村子去比产值,我就定位自己是一个农业村,我要知道我的目标在哪里,我要和谁比。

就像我之前说过的,我们村子里都是人,根本不会出现以前说的空心化村庄,村子里基本上每家每户都留在村里。为什么?因为他每年的收入完全够用了,不需要背井离乡跑出去了,而且他们实际上种植果树的时间安排是自由的。因为种杨梅没有说要定时几点上班,只是采杨梅的那一个月是很辛苦的,大概有一个月早上都是凌晨3点起床,一直到晚上,只有这一个月非常辛苦。过了这个月以后,比方说培育新果园或者是补肥老种植园等都是可以自由安排时间的,他们的幸福感就出来了——我可以睡到上午10点,10点以后睡不着了,我可以上山去散步一下,而且对小孩和老人的抚养也都是自由的。我们统计,我们村人均收入达到35 000块钱,一家子3个人或者4个人,就是十多万一年,那么他们还有点剩余的钱和时间就可以种点儿菜,一年花1万块钱买东西其实就足够了,其他的蔬菜家里都有,这样子他们能存下钱来,幸福感自然很强,也就不会出现空心化的问题。

包括现在喝的黄茶我们也在积极扩大规模。黄茶实际上跟绿茶是同一个品种,这个茶也是我们缙云的农民发现和培育的。我们的黄茶芽尖是黄的,别人是绿的,最顶峰的时候可以卖到18 000块钱一斤,也是G20杭州峰会的指定用茶,这也是个大市场,我们仁岸不可能坐视不理的。我们村现在就在想办法扩大黄茶的种植规模,形成黄茶的种植体系，但是杨梅和樱桃的种植我们不会丢掉，那是我们的优势。

现在回过头看，不管是杨梅，还是香菇、樱桃和茶叶，都是风险比较大的作物，之所以我们要走这样一条"险路"，除了知道"风险越大、收益越大"的道理，还有一个原因就是这是最适合我们这里山区地貌的。比如说，杨梅是一直在山上长的，平地反而长不好，它就喜欢那种山区地貌的小气候，反过来说，山上除了种杨梅以外，别的东西是种不了或者很难种的，所以来仁岸村首先看到的就是一座高高的面前山，山上种满了杨梅树。

我们仁岸主要是山区地貌，但也不仅仅是山区地貌，也有平地区，那就需要我们根据不同的土地类型"见缝插针"，把每一块地最大效能地利用起来。山上种杨梅，山上和平地之间那块坡度不大的土地种茶叶，剩下的平地种水稻。但是在这里看不到水稻，因为种水稻的效益很低，而且要修水系。

所以我就只能另想办法，把这一块平地划出来种樱桃，樱桃适合在农田里种植，而且果树可以连片种植，100平方米的土地种20棵，就能形成一个小产业园结构了，实际上效益也是非常显著的。

果树不需要占用太多的土地，几百平方米的果园就能产生规模效益。比方说，种了500亩果树，我就可以想办法多搞一些盈利模式。比如现在我们搞的采摘经济，游客进来的话可以自由挑选，有的人喜欢酸一点的，有的人喜欢甜一点的，在我们这儿都能找到合适的品种，对规模营销起到了很大的作用。

除此之外，多元化的种植结构能给我们带来一些"看不见"的收入，比如说我们这几种作物的成熟季节都不同，樱桃是4月份，杨梅是5月份，都是错开的，所以杨梅农闲季的时候我们村民可以去茶叶采摘企业打零工，或者去周边的小厂搞些来料加工的活来干。我们村里引进了几家来料加工厂，他们农闲的时候就在本地的来料加工厂里面每天赚个一两百块，一年下来也有好几万收入，这就是多元化结构带来的好处了。

三、从"产业兴旺"到"全面建设"：我发现乡村建设不能"偏科"

如果我们仁岸仅仅就是一个生产水果的村，那到不了今天的成功。实际上，我在治村中也在反思、学习：当有了可以立足的产业后，我们下一步该往哪走，慢慢地我们在国家推行乡村振兴的过程中发现了生态文明和文化建设的重要性。有了资本，我们可以借着杨梅、樱桃开始搞生态旅游了。

其实我们仁岸没有多少旅游资源，老天爷在这方面没有赏太多饭吃，但我们也努力根据这点有限的条件发展自己的乡村旅游之路。为啥要搞旅游？其实也是和杨梅离不开关系。杨梅种好了，你如果老是想着找销路往外送总是被动的，而且中间还要被扣掉很多利润，但是如果搞成采摘园，把品牌打出去，让游客来我们这儿摘，一个是能让销路更多，减少农产品滞销的风险；另一个，游客来了他不能只摘杨梅吧，过来这里吃个午饭，或者晚上住一宿，这样能发展我们村的副业，带动更多的人赚钱，所以我们仁岸的旅游主要就是从"采摘"这一块开始的。

要发展乡村旅游，首先就是搞环境整治。我们仁岸村环境整治开始的时候非常难，难在以前的房子都没有按照审批要求来盖，比如这家把道路堵住搞个猪圈，或者那家新搞一个厕所等，都是没有按照政策要求来建的，所以想要"建"美丽乡村，我们第一步是要"拆"，不拆旧的、差的，就不能建新的、好的。

最开始我们也是从党员开始发动，把这个违建慢慢拆掉就要先拆自己亲戚的，再拆别人的就好拆了。农民有一个习惯，如果是我们指定出来哪些人家的房子要拆，而其他人不拆的话是很难进行拆迁工作的，但是如果大家一起拆或者看见我们村干部先拆，他们就不会有太多的抱怨和意见。所以，"公平公正"是我管理村庄中很重要的一个原则，在农村当干部你不能有一点私心，要比法院判决可能还没私心，要不你就会干不下去。农民们心里是很清楚的，你是为他们好，他们最后心里都是有数的。

要说拆得最猛的地方，可能还是河道沿岸那里。如今来仁岸，可以看见一条河从我们村穿过去。那个河岸其实是在2014年搞起来的，原来民宿那块地都是滩涂，全部是农民的养鸭棚，包括河岸对面也是一样。现在你看到河里很多水，但当时这条河并不是长期流水的，这条河每天都要发电。因为我们这里到河水源头有29.6公里，它的源头有7个发电站，这些发电站在中国乃至国际上都非常有名，叫盘溪电站。这个电站每天放两个小时的水用来发电，两个小时水流完以后大坝的闸就会被拉起来，用来蓄水方便下次放水发电，所以一天除了那两个小时放水，剩下的时间河道里面就没水了，河床一露出来整个滩涂就很难看。

当然，对养鸭子来说这是再好不过的环境了，又有水又有滩涂，但鸭子多了环境就会差，尤其是在这样一个固定的地方，鸭子活动范围有限的话，各种鸭粪一堆起来味道很大，再加上有些村民没有环保意识，一些生活垃圾也往里面扔，搞得我们村靠河道的地方真的是臭气熏天。

2014年浙江省提出来"五水共治"①的时候，我觉得要把这条河在我们村这一段的蓄水蓄出来，不能再经常是滩涂地。这有三个好处：一个是水蓄起来环境会变好，"绿水青山"没有水怎么行？再加上按照我们这边的说法，"村前有水"是福兆，从文化的

---

① 五水共治是指"治污水、防洪水、排涝水、保供水、抓节水"这五项。

角度上来说它是一个风水的问题,对村民来说我又多了一个可以劝服大家的由头;第二个是当河道有蓄水功能以后,我们在夏天的时候比其他任何地方都要凉快,要不我们这里是山围起来的地形,夏天热气出不去很闷的;最后一个是对农田的灌溉起到了作用,尤其是后面我们搞果园,稳定的水源是很重要的,所以把河道修好其实也是在修一条引水渠,早晚得修的。

看到这些预期的好处后,我们就跑到水利部门那边拿了一些补助,努力先把河滩整治出来,把以前鸭农在这养鸭子废弃的养鸭棚收掉。其实我们整治河道的时候,在那养鸭子的鸭农已经没剩多少了,大部分都去外地养或者不养了,但是整理那些废弃的鸭棚是个大工程,我们把这些废材统统清走,并沿着河岸在那块做成了一个民宿综合体。

现在来仁岸,会觉得我们这个民宿特别新,但这些民宿已经建了有好一段时间了,当时就是奔着长期高品质的目的去建的。建房子的时候,村里按照一户一宅的标准,比方说你符合条件的,我们统一建设、统一规划、统一设计,再统一分配,到现在统一引领村民们做民宿旅游服务,是这样一种概念。在民宿上,我们村集体赚了1 000多万块钱,再把这个资金拿来一点点打造美丽乡村。

起初因为大家都是养鸭子出来的,没有做民宿的经验,所以在民宿跟农家乐这块,我们请了农办专门的人过来辅导,他们过来手把手教怎么做、怎么服务、怎么装修,而且我们村里也设计了扶持政策:你如果能做好一家三星级的民宿,一个房间定期我们还补你三五万块钱,按照你的级别来补。靠这样的激励手段,慢慢地把这些民宿的质量提了上去。

在河道整治中遇到的最大困难还是和土地有关的问题。因为从1983年开始,一家一户各自分田地,有的是分了,有的没分,导致一些地皮划分不是很明确,留下了一些隐患。有的农户说这块地是他的,他一直在这种地,都种了几代人了,但是去查文件,这块地其实不属于他家,是公家的。

我们这边有很多这样的"扩大地",什么叫扩大地?就是指这种可以自由去种的"争议"地皮,我们村河道的滩涂地就是典型的"扩大地"。所以1983年按照人口和现有的土地面积实行了"田、地、山"的分配(田就是农田,地就是旱地,山就是山地),根据国家政策全部已经分产到户了,还有一些滩涂其实没有分掉,但是被村民抢种了。在上面养鸭子或者河边种菜的人就觉得这块地是他们家的,你要收回去做集体用地,他们就会觉得你来抢他们土地了,所以最后到底是谁"抢"谁的地,也真的很难掰扯清楚。

面对这种情况,我们在2015年的时候开了集体动员大会,想借着河道整治的机遇,把村里类似这样的"疑难杂症"都清理清理。最后,由党员或者各个群体一些有话语权的人带头，除了1983年村集体分给村民该有的那些土地之外，全部收回。另外，对于河道上的鸭棚，我们113名党员先拆，最后一共拆了1万多平方米的乱搭乱建。

我还记得这个会开得很严肃，因为这事儿调解是没有用的。为了防止大家不乐意，我们就尽全力做到最大限度地公平公正，要收就大家一起收，每一寸地该收的都收回去。不然，如果你收了我的不收他的，那我肯定打死也不干，而当达成共识，所有人都要按照这个规矩来的时候，反而事情就好办了。所以，农村有很多事你不能靠钱收买，只能靠公平去办，人家才没话说。

现在这条河已经是我们仁岸的地标了，2021年的时候，我们在这条河上举办的龙舟比赛还上了央视。如果我们当时没整顿河道，还是把上万只鸭子养在这里的话，龙舟赛根本不可能办起来。现在我们把这条河道治好了，举办龙舟赛也是想让大家知道我们的成果，因为举办龙舟赛不仅是一场满足我们村民文化需求的体育比赛，更是一场展示我们仁岸形象的盛会。以前只能捂着鼻子走的盘溪，现在每年只靠龙舟赛就能吸引3万游客。除了龙舟赛，我们还在搞游泳、垂钓等其他水上运动项目，形成了"岸上品杨梅、水里赛龙舟"的发展格局。

当然，在村庄管理的过程中我也遇到了很多的阻力，也有很多人不理解，甚至和我对着来。我从去年开始反思了一下，这中间也是有很多原因造成的。村干部你干得好，真正说你好的人可能并不多，虽然你能在大事上带着大家富起来，但是一些小事情如果没有处理好，可能人家就只盯着那些小事，所以村干部大事小事都不能放松，别人今天对你心服口服，可能明天就和你反着来。

我当了这么多年的村干部，他们大部分人可能有一种想法，就是说前30年可能没有人才，后30年也没有人才，所以才是你一个人当了这么久。有的人说，我当村干部肯定是为了谋个人的利益，要不然没有那么大的公心来作奉献，放着钱不赚跑回来做这些事情肯定是有其他想法的。

但其实大家不知道，村里财务管理各方面都很严。我们村干部现在发到手的年工资是6万块钱，6万块钱对于我来说真的啥也不算，我每年为了公家的事情花出去的钱不少于20万块。比方说，村里项目有需要，客人来了，按照规定我们是不能招待的，不能请吃饭，但是为了一些项目的成功，我只能自己掏钱，这些村民们当时都不知道，他们会觉得你们村干部工资那么低，还抢着干，里面肯定是有不少的油水。

除了要面对来自村民的压力，来自上面的压力也很大。在一些政策上面，当时不同的上级部门之间缺乏沟通，最后落到村干部这里要执行的时候就会出现自相矛盾的情况。治村一定要和"上级部门"协调好、沟通好。身为村干部，我是最了解我们村子的，上面来的指示必须执行，在这个过程中我还要向上面反映村子里的现实情况，还要找到真正适合村子的发展方案，这是很难的。

有的人说，社会上很多人关心你是好事呀，政策多了基层干部就可以少动点脑子。我不这么认为，下来的规划越多我其实越头疼，因为要想着怎么和村子的实际情况衔接起来，至少不冲突。打个不太恰当的比方，小的时候是爸爸妈妈两个人管你，你想说啥、做啥都比较自由，但是你成年后进入社会所有人都在管你的时候，你就会觉得有点寸步难行。当然，我不是说政府管错了或者管得不好，只是说身为基层村干部这是一道"难关"，对下面的村民，对上面的领导，既要听他们说话又要有自己的独立判断，没有点本事还真的做不好。

另外就是我们农村这一块，因为山、田、地都是分产到户了，所以公共资源基本上没有了，公共资源基本上都分散掌控在农民的手中。所以我在进行村庄土地规划时就会很头疼，国家的规划跟我们地方的规划之间没有留下空隙，有些地方你真的要跟上面解释，跟下面的村民掰扯，有时候掰扯来掰扯去搞不清楚都容易把自己搞晕了。

夹在"上面"和"下面"中间，你必须把你自己的家庭和收入解决好。现在能当好村书记的，不仅仅是只要有心就能干好，实际上这些能当好村书记的，都是有一定经济基础的，自己的生活无忧无虑了才行。想要当好村干部条件是很多的，有些村干部老想着顾好两头，但最后自己的生活过得穷巴巴的，这样又怎么能带好别人？至少你已经没有说服力了，就像在一个班级里面，自己的学习成绩差得不行，怎么能当学习委员呢？

以我自己来说，我每年收入还算可以的，我现在人在村里干集体的事，但是自己在外地的厂子也在赚钱，那么我就可以放开手，把心思花在村子里面。

其实在2010年的时候，我提出过辞职。因为我在当村书记的过程当中，个人也还是要经商、养家糊口的，实在没有那么多精力来管村里的事务。首先解决好了我们自己的温饱，才有更多的余力去扶持别人，再加上我害怕两头跑最后两边都耽误了，于是我下决心向镇里提出辞职。巧的是，辞职这段时间刚好又碰到并村，并村需要村干部出面协调、安排各种各样的事情，我心想这么关键的时候不能拍屁股走人，如果村子没并好或出了什么乱子，那之前的各种建设和努力都白费了。另外，从个人角度我就想，我是喜欢做有挑战性的事情的，之前一个小村能管好，那么能不能管好一个大村呢？最后，我想来想去还是把这个事情承接下来了。

说到并村，我们仁岸只是原来的一个自然村，在2010年的时候并进了半衣坤、清井湾、季坑3个村，整合成了仁岸行政村，现在的人口有2 700多人。

并进来的3个村中有个自然村叫季坑村，它有500左右的人口。这个村庄也存在好多年了，但因为这个村庄在山区里面，山体随时有滑坡的可能性，不稳定因素很大。我们丽水这边多雨，但凡真的出了山体滑坡或者泥石流，会对整个村庄造成毁灭性的冲击，针对这个情况我当时申请了大搬快聚的一个安居工程，想把季坑村的村民全部搬下来。这个过程比较辛苦，前前后后对接跑了不少部门，最后是我们争取到全县单体最大的一个"大搬快聚富民安居"工程，一共搬迁下来289户、503人。当时季坑的村民积极性很高，他们知道自己那里是有风险的，也知道搬出来说不定会有更多的致富机会。

搬是搬下来了，但在后面实施的过程中遇到了不少困难，主要还是来自上面和下面两方面协调的压力。季坑村的村民搬下来后，山上的房子很快就拆了，我们按照市里"大搬快聚"的文件对村民进行安置。但是后来县里又提出"大搬快治"，两个文件的目的一样，但执行方法、补贴扶持和安置规定不一样，在很多具体的细节上形成了政策性的冲突。

另外，村民中也有一小部分人不接受，虽然大家心里都知道搬下来对他们的后一代是有好处的，但他们会被眼前的一些利益带着走。比如说，我们已经按照"大搬快聚"的方法把他们迁下来了，但当他们知道现在又有一个"大搬快治"的政策，而且这个政策给的补贴优惠更多的时候，他们就有点不乐意了。我们也想为村民争得更多的好处，但是按照我们之前申报的"大搬快聚"，申报完以后三年计划已经结束了，很难再去走"大搬快治"的申报流程，所以对有些农户我们现在还在逐步地做工作，并没有完成完全安置。

另外，这么多年治村遇到的一件最棘手的事情也让我"出了名"，闹得沸沸扬扬。事情是这样的，我们村有一个农户在永久性农田上面建房子，房子其实也建好有几年了。在政府的要求下必须拆除，在拆除的过程当中，我作为劝导组的成员要上门劝导，但是村民他不理解，他就觉得你村书记完全有能力把我这个屋子保下来，但是实际上我是保不住的。

村民如果对你有误会或者意见的话，会把你这十几年的七七八八、这个那个搞成一个很大的材料，变成上访户。其中有很多材料都是假的，然后拿着这些材料去告你，这边不让告就去那边告，最后搞得沸沸扬扬。政府肯定要认真对待这些材料，哪怕最后经过核实我没有问题。但搞调查足足花了我一整年的时间和精力，经常围绕这些上访材料去给纪委和政府解答。这些事情搞得多了，我就想，做村干部这件事到底值不值，而且我也有一堆的事情要处理，不可能天天守在这堆材料前愁眉苦脸。

但是，人要活一个清白，村干部更是要这样，我如果任由这些材料反映不去管，我也睡不着觉。另外，我也希望让村民们看到，我的材料党和政府都是仔细看过、审过的，我没有问题，这种清白对我们干部而言是最看重的。

我感觉，基层干部就像一个"中间人"，要"两头着想两头跑"，再加上我还有自己的公司和家庭，实际上就相当于"三头跑"甚至"四头跑"了。刚刚说我在2010

年的时候想过辞职,主要是我在杭州有自己的产业,我原来的打算是把这个村书记辞了,就全心全意到公司那边去发展,因为我也是股东,要对公司负责的。但我感觉我还是投入村子管理的精力更多,这没办法,你干久了,总觉得村里啥事都和你有关,都需要你去忙活,我现在还忙得动,不能坐视不管。可以说,我是在和我们村一起发展的,都说人到中年上有老下有小,我管村治村也要顾上顾下,久而久之我发现古人说的"中庸之道"真的有道理,人想要办成事,无非就是要在两头中找最好的路子来走。

到现在为止,我们村集体拿到国家级的荣誉有6个,拿到省级以上的荣誉有20个,市里以上的荣誉有30个,我个人也得到了各级党委和政府的认可。仁岸村便民服务中心大厅的墙上,可以看到全部是奖状。

经历了河道整治、并村、土地重新规划,我们终于有搞生态文明的基础了。在这个过程中,我感觉我自己也在不断成熟,村子里面也变得越来越好。这种"好"只靠发展经济还真不行,还要靠文化和制度才能慢慢变好,所以我的关注点也从只搞经济慢慢往其他地方想。

四、制度创新是村风改善的基石:我的治村制度创新实践

在村子里干出成绩后,我也借势搞了些制度创新。人不创新不行,村子也一样。很多制度虽然失败了或者成效不大,但至少说明我们这些村干部在动脑子,所以我想说一些我觉得效果还不错的点子,这些新的制度主要目的是改善我们村的村风。大家钱包鼓了,思想精神也得跟着进步。如果要说我们村有什么文化的话,也是在产业带动下我们慢慢形成的产业文化和党建文化。

(一)党建实践

我们仁岸村最早成为缙云县的人居环境示范村、中国的3A级景区、中国休闲村庄等。钱包鼓了、环境也变好了,我觉得我们要在思想上慢慢下功夫了。从哪开始下手呢?想来想去还是要先从党建开始。其实我们开始搞党建的时候,也搞不清楚到底什么是党建,在逐年尝试的过程中慢慢也知道了党建不难,党建就是我们引领党员、教育党员,然后用党员的力量去服务村民、建设乡村的过程。所以,先把党员的思想搞好,让党员在每个村角落都有、都能发挥作用,再以党员为单位,由他们去影响他们家人和亲戚的思想,把有些村民对村庄集体与政府不对付的一种心态转变成我们村集体做事业时的一种共同体思想和心态。

这几年党建的成果是实实在在的。大家来仁岸玩的时候,第一眼就可能会看到我

们村便民服务大楼楼顶上的红字"听党话,跟党走",然后你走在村子里面,会看见一些形状各样的摆件和石雕,比如有"中国梦"系列的、"对党尽忠、对仁岸尽职""为人民服务""廉政清风、干群和谐",等等。我们还结合自己村子的一些特色,设计了具有仁岸特色的标语,比如"根植泥土,先酸后甜知人生;不忘初心,气正风清思廉洁",把杨梅的生长和做人的道理、对党员的要求都结合起来。

我认为楼房外面的墙是宣传的好地方,你如果不重视这些地方,你不搞党建标语,上面就全是化肥农药广告,这个村就没有精气神儿。仁岸的沿街外墙都有标语,这样的一个好处是可以潜移默化地改变村民的一些思想观念,形成和美的村风的;另一个就是别人来了仁岸会觉得我们是有文化的。其实我们仁岸的文化资源不多,像潘天寿故居[①]也只是一处小小的遗迹,没有太大的文化旅游价值,所以我们村一定要挖掘其他的文化特色。古人没给我们留下太多文化财富,我们可以现在创造文化,未来,我们的后代就会有可以继承的文化了。

除了党建标语,我们还安排设计了"新时代文明实践站",希望通过发挥党员的力量来强化村里面的精神文明建设。这个实践站每个月都有活动。2月份的时候有舞蹈培训、法律讲座、阅读拓展和文化培训,到了3月份我们又安排杨梅管理培训、未成年人保护知识讲座、书画展演和消防知识竞赛。每个月都不一样,我们11月份的时候还会举办邻居节活动,就是想要进一步改善左邻右舍的关系。这些活动基本上都是靠我们党员组织完成的,一方面对我们党员来说是锻炼自己的机会,另一方面是我们党员服务群众的方式。

为了使文明实践站能制度化运行下去,我们还拟写了实践站的工作制度,规定每季度都要制订实践计划,组织我们村的志愿服务队伍常态化开展互助式、抱团式志愿服务,最后由我们村"两委"收集整理资料,并提供反馈和评估。

说到志愿服务,我根据我们村的实际需要创建了志愿服务队,并下设5个小队。分别是"五老志愿服务小队",负责老年人义诊、卫生健康、科学知识普及和文体演出等活动;"乡贤惠民志愿服务小队",负责组织乡贤带动我们村的公益项目发展,创业返乡指导、文化下乡、书画摄影培训等活动;"亲青帮志愿服务小队",主要是去关爱孤寡老人、邻里帮扶、指导儿童学业等;"红色传承志愿服务小队",负责宣讲红色理论和革命精神、政策解读等,我就是这个小队的负责人;"巾帼文明志愿服务小队",主要是由女同志们组成,负责指导乡风文明、移风易俗、妇女维权这些。我们

---

① 潘天寿,著名国画大师,美术教育家。曾任中国美术协会副主席,浙江美术学院院长。抗战期间(1938—1941年),潘天寿一家为逃避日军兵火,到仁岸村居住了三年,在那个特殊的年代,潘天寿一家与仁岸人民结下了深情厚谊。潘天寿的岳丈何公旦更是将自家归于仁岸何氏门下,何公旦在一篇文章中写道:旦与儿辈出亡在外,奇缘巧分遇,识此祖乡,忻喜惊愕,固不自禁。"仁岸村何家宗祠柱子上至今还保存着当年他俩留下的经典楹联。

这5个小队相互配合，基本上村里面很多事情不需要村两委出面，志愿服务小队就能满足村民们的需求。

从党建来说，要引领群众思想，包括对环境卫生的保护意识，其实就是要慢慢地在村里面养成一种"和美"的倾向，这是我们党建的一大要点。在温饱解决以后，人都会文明起来，但是文明也要有一种方向，要在村里形成一种思考氛围——就是什么才是好的文化，什么才是好的文明。比如说，大家富起来以后都有时间、有精力去打牌了，小小玩几次我们是允许的，但如果是赌博我们就要严抓了。这就是党建，就是要慢慢在村里形成一些红线和道德意识。

第二个就是引导他们把主要的精力放在经济发展上面，让好的文化和村风进一步为我们的经济服务。实际上，现在我们村基本上是和谐的。村里形成文化党建体系后，比如说调解委员遇到棘手的事情：有两个人谈不拢，就直接到村里来，我帮他们分析，或者调解委员让他们各讲各理，我来分析一下对错。按照道德治理和法律治理，结合我们本地一些传统的治理方法，来对他们进行德治、法治，用自己的方法来处理一些小纠纷，谈开就谈开了，谈不开我们就用文件来分个是非对错。大家把矛盾解开了以后，抓紧时间投入生产上面去，不要把一些很小的事情搞得很大，最后耽误了经济发展，那就很不值得了。

（二）道德积分兑换制度

来便民服务中心，可以看到我们门柱上有一张道德建设积分兑换表。这是我之前想到的一个主意，目的是希望别总是我们村干部做事，要调动全体村民一起来建设我们村，改善我们村的村风。这个制度现在还在不断尝试中，但是大概的方案我心中已经有数了。

我是这么想的，比方说，你这个人在村里对村集体有一些支持，要么是对产业的支持，要么是对环境卫生的支持，我们都会给你奖励。我们会定期考核每家每户的道德建设情况。比如，每家每户每个月最高是5分，你如果达到分数的时候，你可以直接以积分来换取生活用品。

比如，35分你可以换一个水壶，这个村民们是很喜欢的，那就要求这一户人家在7个月内都要保持良好，他们会觉得拿到水壶很高兴，对我们来说能用水壶换一户人7个月的道德良好，成本也很低，是双赢的。

另外，我们还创新了各种奖品，比如，20分可以换一次血糖检查、50分可以换一次血常规检查、150分可以换一次B超检查，甚至你还可以用30分来换我们这边的"小孩托管"服务，小孩就托管在我们便民服务中心的3楼"儿童之家"，里面有书屋、活动区和社工站，平时也是为村里的小孩提供各种活动的举办场所。

除了这种激励方式外,我们还有第二种志愿兑换制度。比方说,你穿的衣服,你觉得不适合你了,生活条件好起来了觉得不好看了或者是衣服小了,你可以把这些衣服送给我们,我们也给你记2分,那么我们就可以拿去送给我们村里经济条件差一点的人或者统一回收走;另外在杨梅采收淡季,你来儿童之家或者便民服务中心打扫卫生一天,我又给你1个积分,来换取你应有的一些生活物品。

到现在,能兑换积分的道德行为我们已经放得越来越宽了,包括我们对一些家风培育的工程都可以和这个兑换机制挂上钩。比如"尊老爱幼"这一项,我们考核发现你对公公婆婆很孝顺的话,这些都可以加分的。其实家风这块也是精神文明的一个重要方面,我们老说改变村风,其实家风好了,村风自然就会好。虽然现在我们整个精确的系统还没做出来,但是这个志愿道德积分兑换的概念已经逐步在实施,在实施过程当中慢慢修改,而且也确实产生了不错的效果。

(三)敬老奖幼制度

我们村里老人还是不少的。往村子中间走,会发现我们建了一个"居家养老服务照料中心",就在文化礼堂的旁边。这主要是服务我们村一些困难老人的,为村里老人提供一些活动和娱乐的场所,另外还有老年食堂,一些家里没人做饭的老人可以到这里吃饭,我们提供午餐和晚餐。

这方面我觉得我们在全县还是比较先进的。60岁以上的老年人可以在那里低价吃饭,60多岁的交3块钱,70多岁的交两块钱,80岁以上的免费。那里还有洗衣房和休闲打牌的地方,包括给喜欢下棋的老人家有一个活动交友的地方。他们还可以在外面的文化长廊里面坐着晒晒太阳、聊聊天,安度晚年。

在文化长廊的右侧,是何氏宗祠的所在地。我们村子里面基本上百分之八十的人都姓何。传说姓何的人是从龙泉那边来到这里的,说起"古堰画乡",丽水人应该都知道;还有个叫通济堰的地方,主要是从这两个地方来的。传闻当时有一个官员姓何,他把那边的亲戚带了过来,逐步发展起来以后,形成了一个部落,就成了现在仁岸的本地人,后来其他地方又有一些姓氏迁了过来,比方说建水库的时候搬迁安置在这里的人。

我觉得这种宗族的文化,如果能够发挥得好,那是有好处的。但是一般情况下要减少村子里面这种宗族势力,因为如果处理不好可能会形成宗派和一些地方势力。但我们这边没有这个情况,我们把何氏祠堂建成一个老年活动中心,给老年人活动、下棋用。

另外,为了推动本村老年人基础服务设施建设,我们还积极向民政部门争取到了"五老改造"建设项目,计划对我们村的"居家养老服务照料中心"场所进行改造提升，在 2023 年 4 月底我们已经基本完成了这个项目的建设。

"上有老下有小"。在对村里年轻人才进行奖励这块，我们虽然没有过多的金钱支持，但是只要是人才，我们至少不会让你觉得被亏待。其实我们这个村读书还是可以的。因为整个村收入提高了以后，很多家庭的子女都出去上到了更好的学校。2023 年，我们进盘溪中学的学生不少，通过盘溪中学再考到县中学。县中学是我们当地最好的学校，盘溪考进去了 9 个，我们村就占了 4 个，这个比例是很高的，要知道我们镇共有 6 个村庄，我们 1 个村就占了 4 个。

我和我们村的这些孩子说：等你考入重点大学，我到过年春节晚会的时候会给你戴大红花，奖励你 2 000 块钱，如今我们仁岸也不是原先那个穷地方了，我们都有钱扶持教育了，穷了谁也不会穷到你们。就是通过这种方式激励他们，也激励还没有考的学生们。每年如此，春节晚会开始，首先都是表扬今年考入大学并且是在一本以上的，我们不是说清华、北大才奖励，一本以上我们这都奖，因为我心里清楚，从我们这里一步步走出去上一本的孩子，要吃的苦不会少于那些在北京、上海考上清华、北大的孩子，我心疼他们。

这些制度说是创新，不如说更是村子里真的有这个需要，我们推出这些制度是水到渠成的，说白了就是不怕麻烦。对我而言，实际上也就是踏踏实实履行了作为村干部的职能。在我的概念里面，一个好的干部是"三三开"。我一直做的努力都是"三三开"。什么是"三三开"呢？就是第一要对政府负责任，因为我们是共产党的干部；第二要对当地的村民负责任；第三个要在自己的心中有个红线范围，比方说违背良心的事情、不符合我心里道德认知的事情，我就不去做。

五、不能忘农、不能忘本：从仁岸的"全面发展"到我自己的"全面发展"

实际上，我以前基本上每天 8 小时都待在村里，基本上都是一些本村的项目需要去做维护，包括教育村民、解决各家各户的琐碎事情，反正很多事情基本上都是没有说可以一次性解决的。我年轻的时候提出过一个"567"模式，指的是无论是小项目建设，还是卫生保洁工作，都由我们村干部带着村民自己干，早上 5 时开工，晚上 6 时才休息，一周 7 天工作。

其实不是我们不需要假期或者搞出这样一个噱头出来，而是农村里面真的没有星期六、星期日，双休适合城里人但不适合我们农村，你说庄稼会有周六、周日就不需要你去浇水吗？还是杨梅周六、周日会不长了然后等到周一再长，都不会的。

所以农村里没有双休日的概念，另外，家家户户的矛盾和需要难道到了周六、周日就停了吗，不会的。你想要把这个村庄管好，就要有充分的时间。如果是你这个村庄没发展或者你偷懒，那么确实可以给自己造一个双休日出来，自己骗自己。

现在我们这些基层干部的任务很重。一方面我需要完成上面交下来的任务，这些都是硬性指标，这些我不能不做到，做不到考核的时候不通过，我就只能从这个位置掉下去了，那就没有机会去做自己想做的事情了，就好比作为学生你要先把老师布置给你的作业完成了再去考虑说补课的事情。这些硬性的指标落实下来也要靠村干部自觉，比方说一个党员，你带几个低收入农户，政府的要求不是说你带出什么样的效果，他没有精力去考核到底你去他家几次，而是一个基本的要求达到没有，比方说一个月收入多少钱。

说到底，这得看我们基层干部对党的理解是什么、有多深，有的村书记可能就是把党和政府看作是给他们一碗饭吃的领导，这样去想的话这个村肯定发展不起来，因为你没有主动性。我对党的理解，比方说我们中国共产党，包括目前它的这个体系，更多的是一种精神上的凝聚力。再比方说党的政策，一些下达上传的，或者是思想上面的建设，村干部一定要把这个揣摩好。又比方说我开党建会议，传达二十大的精神，二十大的精神里面有关农村的，我们要更加去重视，把这些精神灌输给其他的党员。

实际上，我们农村党员跟城市党员是有区别的，我们农村党员也是按照区域的分布或者是宗族上面的一些分布，把各个精英分子吸收成党员，那么这些党员在我们的党课上不断改造、学习以后，逐步形成他们的荣誉感和使命感。比方说，以前党员开会还有发误工补贴，现在党员开会是不发的。刚开始的时候他们都不理解，我跟他们说，今天我叫你来开会没有工资，你觉得委屈吗？你有没有想过，如果你不是党员的话，你给我100块钱，我也不让你参加这个会议。所以就是要培养他们作为党员的荣誉感，把他们培养成整个村庄的模范，让他们起到引导作用，然后让他们去影响更多的亲戚和其他的群众，这样就会逐渐形成一个堡垒。

我们现在基本上每个月要开展一天的党员活动，一天的内容就是让我们村干部逐步形成一种学习的习惯。因为毕竟大家都还要去干农活的，所以我们基本上定在每个月20号左右。安排星期六或者星期天，开展一天党员活动，其中用半天的时间传达一些上面的精神，半天的时间我们自由讨论目前发展的重要情况，还有时间的话再抽两个小时对村庄的制度进行重新规划。

总体来说，我觉得我们村现在真的做到了"全面发展"。真正的农村——我说的不是城乡接合处，而是真正的农村——我的建议是要有一个安居乐业、和谐和美的环境，前提是必须有它自身的产业，这是最重要的。哪怕说是杨梅、香菇、樱桃这种产业都可以。

所以我认为，不管是啥产业，高级的、低级的都行，但必须形成一个体系，有个管理的框架，而不仅仅是口头对上面的政策的死执行，必须形成一个规模化的、适合自己的产业。其实做哪个产业不重要，有个产业来支撑乡村振兴发展是最重要的，不管"黑猫"还是"白猫"，抓得到老鼠就是好猫！

有了产业，大家钱包鼓了，再去搞其他方面，什么文化、生态都要跟上。比方说，如果我们没有整治那条河道的话，也不会有现在美丽的环境，人家也不愿意来我们仁岸，所以这些都是一环扣一环的。关于我们村下一步的规划，也是围绕乡村振兴来展开的。我们现在是国家级3A景区，我打算2024年开始以一个五年规划来完成创建国家级4A景区的目标，现在看起来还是有点难度的。这个难度的关键就是我刚才已经谈到的我们村一级跟政府各级部门的连接性的问题，但我相信这一点我们会慢慢解决的。

平时我很喜欢读一些政策性的东西，比方说对农村扶持的新政策，对乡村振兴的一些要求，等等。几百个科目的书里面，我会去看看有没有符合我们村里的一些要求和新点子，有的话我会去向上面争取资金、争取项目，这些是我的强项。这些政策动态，手机也有、纸质的资料也有，来源还挺广的。还有对乡村振兴中符合我们乡村的一些评论我都很喜欢找来看看，看看能不能用到我们这里。

我还喜欢自己去创建一些新东西，比如说我们村的"游客接待中心"，现在是一个三层半的小洋楼，这个楼我们是2021年建设竣工的，是我带着我们村的人设计的，这里本来是一个垃圾中转站，我们把它改造过来作为我们接待游客的高级场所，别小看就这么一个小小的楼，也为我们村集体营收超过了10万块钱。

做这些"小玩意"其实也不容易，因为村庄里面还有个矛盾在那里呢，就是害怕不符合国家财务管理的一些问题。比方说，我做游客接待楼的这个门厅，包括村里面的桥也一样，如果按照规定，我们村庄的集体工程必须承包，要经过设计、定价、再承包、再验收这么一个程序，但是我没有那么做。我说我想自己干，自己带着村民们设计，让他们共同参与，每个村民都参与，你愿意来干我就给你发工资。

第一，我其实是想更多地用我们村自己的力量，但这个是不符合当前政策管理的，我这么做纯粹是为了省钱；第二，实际上我想让群众有参与感，这样，会更加珍惜自己所创造的一些东西，但这就会跟政策产生一些矛盾了。因为政策的要求是必须走程序，走程序就意味着要花好多的钱，比原来的建设成本要增加一倍以上。如果我们去找一些老板让他们承包了，他不可能用你村里的民工，而是找外地更便宜的民工过来把这个事情做好。我就在这方面抗争了很久，我觉得是问心无愧的，在和领导讨论的过程中想办法给我们村村民争得更多一点的利益。

现在，我也在逐步地培养我们一些年轻干部。但是按照目前情况来说也比较难。

不是说他们不想当村干部，他们想当，但是现在的年轻人追求无私奉献的很少，可是当村干部他必须达到无私奉献这个程度，不然的话是当不好的。

按道理说，我们这些商人当村书记是件很难的事情，因为要处理好"公"和"私"的关系。国家是反腐败的，比方说村庄的事业、重大的工程、村庄的发展里，不能融入你村干部个人的一些东西。我觉得这是最基本的，好的干部不能只"两袖清风"，更要学会带着别人富起来。很多的东西总需要有人带头去做，你比方说我们正在搞一个产业加工厂，总得有人去带头弄吧。如果有能力的村干部去参与，为啥就不行呢？干部参股这件事我觉得也不是说全错，有可能把这个产业更好地做出来，关键是怎么更好地在这个过程中把腐败的事情避免掉。

现在把村书记纳入系统内管理是常态了，村干部要把自己的事情搞好了再去处理村里面的事情。我认为真正让人想当这个村书记的前提是，你自己必须具备很强的经济实力，而且还要有一颗无私奉献的心，才能做好这个村书记，并不是说富人都能做好，但是如果你现在温饱还不能解决，家里的生活条件还不能落实的时候，你去干村干部，三年时间就会让你落后其他群众生活水平。

对于我当上村干部，其实家人对我有很多的埋怨，比方说我对孩子的教育就没有太多时间了，对儿子的培养基本上就是放养的。我今年请病假年初二就出去了，去广州看病的同时带了一家人到珠海、深圳转了一圈回来，他们高兴得不得了，以前没有这种机会。有一次我老婆说你赚钱赚了这么多，都没时间去花，根本就没有去享受人生的阶段。

我在 2000 年的时候出了车祸，髋关节全部都换掉了，现在是用人造的换上去的，这几年一直在感染，腹部这里一直在起脓包，要定期去医院把积水抽出来消炎，所以我现在走不了太远的路，走起来一瘸一拐的，很不方便。去年我去北京、上海，找了一些骨科置换专家，但还是没有找到专业的治疗方法。

2022 年 12 月份的时候，我"阳"了，当时真的觉得是我人生中最难熬的一年。但人生嘛，和我年轻时候治村的经历一样，关关难过，关关都要过。现在村子里面发展得越来越好，我的病也没有恶化得那么严重，家人、朋友的生活也都在慢慢变好。我还是挺乐观的，我感觉我和我们村一样，都在进步，都在努力朝前看。

****

采写者名片

何海洋，男，1998 年 4 月生，海南海口人，本科毕业于武汉大学新闻与传播学院，现为清华大学新闻与传播学院硕士研究生，研究方向为传播政治经济学、媒介批评。

采写手记:"先苦后甜"——人、树、村的三重奏

我采访了两次何伟峰书记。何书记早些年因为车祸,走路看起来很吃力,一瘸一拐。尽管如此,我还记得第一次见他时从村口走出来的那个壮硕硬朗的身影,给人一种不怒自威的感觉。但当我们在办公室里交心长谈时,他时而扭过头看着窗外面前山上的杨梅园抒情,时而给我杯中的黄茶续添新水,非常亲和。我看着眼前的何书记,听着他"年少轻狂"竞选村干部的故事,以及筚路蓝缕带领仁岸村发展致富的种种困苦,顿时涌起一种忆往昔峥嵘岁月稠的感觉。

不得不说,何书记带领仁岸走的这条产业致富路是非常成功的。在精培香菇和杨梅产业的故事中,我们看到仁岸是如何用自身模式对市场化浪潮中农村空心化不可逆的宿命论给出驳论的。借着"一村一品"的时代机遇,何书记选择了一系列高经济效益作物,且运用了一套软硬结合的"组合拳"来化解、平摊其中的风险成本。这背后是他对村内资源禀赋的精准感知、对同质化竞争逻辑的果断摒弃和对新农业发展的大胆预测。跨越杨梅种植的技术关、销售关和文化品牌关的过程,在打造仁岸的核心竞争力的同时,有效地创造了规模性的在地就业机会,减缓了城市对农村人口的虹吸效应,书写了乡村振兴的内生性力量。

当然,在面对村庄内"同乡同业"的杨梅种植可能导致的单一化经济发展结构的担忧前,何书记带领仁岸在横向维度上开辟了樱桃、茶叶等其他经济作物品种,合理安排不同农作物的农时,从而充分利用劳动力,又在纵向维度上通过延长产业链,发展农产品加工、采摘经济和创设分级营销模式来提升农产品的附加值,初步构建了立体、有机的农业综合经济体。在这一经济体中有从事种植的果农、有负责外销的职业经理人、有经营体验果园的商户,不同工种间互补共生、离土不离乡、形散而神聚,用实践超越了城乡割裂的二元逻辑,在充分赋能农业、农村和农民的基础上以更自信和更主动的姿态参与互利互惠的新型城乡关系的构建。

在何书记的观念中,经济发展是第一位的。文化、社会建设都应服务于产业发展,这在当时的历史语境下确实具有合理性,因为彼时的仁岸仍在温饱线水平挣扎。但在产业兴旺后,何书记并没有停下脚步,而是将目光投向乡村振兴的其他方面,恢复生态、促进文教、优化组织、创新制度,改变了早期仁岸发展规划中只重经济的"偏科"思维。

另外,在仁岸村的身上,我们能发现其是如何对时兴的数字化浪潮进行自主性使用的。仁岸的例子可以与近些年"村主任直播带货"的现象构成鲜明对比。当一些基础设施建设匮乏、农产品质量缺乏把关的农业村跟风直播经济时,仁岸则显得更加清醒冷静,正如何书记强调,当农产品产量与物流冷链体系无法达到网络营销的要求时,

贸然上网无异于自砸招牌。

"酒香却怕巷子深"没错，但前提还是"打铁必须自身硬"。事实上，我们也的确看到了一些农产品村在直播经济热潮退却后陷入"裸泳"的窘境。仁岸为我们提供了一个思考的契机：在乡村数字经济的发展中，如何站在供需的视角评判乡村实际所需的数字赋能程度。我们的乡村现在都需要人工智能、大数据吗？有些需要而有些目前来说还并不需要，强行"揠苗助长"、数字下乡而忽视不同村庄背后的历史过程差异性，结果有可能适得其反，给乡村建设带来不可逆的负面影响。

回到何书记本人，就是这样一位强人书记，在30余年的从政期间，也一直在接受着来自"上面"的政策要求和来自"下面"的细琐村情的打磨与考验，在上下间摸索平衡的治理之术。在这一"上下求索"的过程中，我们可以体悟一位基层干部的成熟过程，更能感受到村干部在基层治理空间中作为上情下达和下情上传的"桥梁"功能。在这之间能否有机地处理好各种矛盾，同时发挥干部自身的主动性和创造力，不被牵着鼻子走，是考验干部能力的重要指标。

何书记的治村故事已进入后半程。仁岸的未来，要思考的是"守江山"，甚至再"打新江山"的问题。当这样一位极富想法和领导力的强人书记离任后，新领导班子该思考的是如何妥善处理好何书记给村集体留下的经济、政治和社会遗产，如何在现有的发展模式中再寻新路。当然，按照何书记的说法，他还有"未竟的事业"，还有好多事要在离任前做完，这颗初心似乎经过30年的淬炼反而变得更加炙热了。

事实上，当我整理完这篇口述史的思路时，我仿佛跟着何书记一同走过了这30年的光阴，看了一场漫长的电影。当仁岸故事让我深陷其中时，便很自然地生发出仙仁杨梅究竟有多好吃的想法，毕竟那颗小小的杨梅凝结着这个村庄几代人披荆斩棘的辛劳，所以我开玩笑地问赵老师有机会能不能再回去，没想到赵老师立马说："那就回！我支持！"于是我在2023年4月底踏上了重返仁岸的旅程。只可惜还没到杨梅成熟的季节，但却在路边偶遇了采摘种植园的老板在卖新采的桑葚果，我买了一篮，提溜着边走边吃。

我记得那篮桑葚真的很甜，甜得甚至有些刺嗓子，不由得又想起何书记带领仁岸人刚开始种水果的那些艰辛细节，突然一个词浮现在脑海中：先苦后甜！不仅是果树的成熟、何书记的成长，更是仁岸的发展，都是先苦后甜、玉汝于成的过程。我作为外乡的采访者，仅匆匆一瞥了这个镶嵌在共和国成长史上的乡村故事，却已有惊鸿之感。

第八章　赵文坚：美丽乡村带领全村物质精神双丰收

口述：赵文坚
采写：敖疏影
采访时间：2023年2月6日—2023年7月10日

> **书记名片**
>
> 赵文坚，1973年8月生，2014年12月加入中国共产党，2014年当选为缙云县壶镇镇湖川村村民委员会主任，2017年5月开始担任村党总支书记、村民委员会主任。荣获丽水市兴村（治社）名师、丽水市担当作为好支书、缙云县第二批"明星书记"等荣誉。

> **村庄名片**
>
> 湖川村位于缙云县东北部的壶镇镇，距县城30余公里。村域面积约1平方公里，耕地120亩，山林620亩。8个村民小组，户籍人口1 310人，党员72人，2022年村集体经济收入192万元。湖川村曾是有名的"火炮之乡"，是丽水地区第一个亿元村。曾获全国模范村民委员会、全省优秀文化新地标、全国综合减灾示范社区、浙江省农村经济强村、浙江省全面小康建设示范村、浙江省五好村党组织、浙江省党建工作示范村、浙江省文明村、浙江省慈善村、浙江省"美丽宜居浙江样板"双百村、浙江省美丽乡村特色精品村、浙江省电商专业村、浙江省新时代枫桥式退伍军人服务站，丽水市红色示范阵地等荣誉。

一、从"不学无术"到竞选村长：不惑之年的观念转变

我是赵文坚，是家里最小也最受宠的孩子，家里条件一直都还不错，各种事情也不需要我管。我就是这样被一直宠下来，40岁之前被宠得也没做过什么正事，其实就是在社会上混，当村长之前还开过两次舞厅，玩一些自己喜欢的东西。后来年纪大了，玩也玩够了，懂事了之后想的不是说我要赚多少钱、去做多大事业，我就想着我能为

村里做些什么事,也想在村里称一下自己几斤几两。因为再怎么玩下去也就这样了,总要做点什么事情才行。

我想当村主任的真正原因还有一个,就是为了我老爸。我老爸那时候在缙云很红,整个缙云县都认识我爸。他是湖川村的老村长,从1986年当村长开始,他就想新农村改造,我很小就听他说过,要把哪块地给拆了,重新修成什么样。我老爸这个思路在当时来说是比较前卫的。我也是为了他的梦想才考虑去当村长的。

在决定当村主任之前,也就是2012年到2013年,我去上了一个课程,想通过上课来提升一下自己的个人能力。上课的时候,导师让汇报自己为什么上这个课,我说我要回去竞选村长,其中一个导师就说:"你当了40年的流氓了,现在还想要转正了!"

这个课有3个阶段,前两个阶段都是5天,第三阶段要3个月。这3个月要求的是每个周末去两天,星期天自己回来。这个课好就好在它不需要你文化很高,也不要你写文章,是体验式的,教你去表达、去聆听、去制订自己的目标。我上完课之后在缙云搞了一个基于这个课程的协会,有七十几个人,包括晨龙老总、万客隆超市老板,都是能力很强的人。这个团队到现在也很活跃,我们每年都会一起去完成一些任务,比如做慈善、旅游、学习、开年会,等等。

我是2014年1月1日当选为村主任,在此之前我是村民代表,2014年年底入党。从2017年5月份开始"一肩挑",我当上村支书。当上村支书之后,很多朋友都说我完全变了一个人。这几年在镇上开会,有时候不太熟悉的人也会过来跟我打招呼,说我把湖川村发展得真好。一些村里上了年纪的老人家见到我,也会说感谢书记。我不是一个喜欢自吹自夸的人,我从身边人的反应就知道自己做得怎么样,因为你做的事情、取得的成果大家都看在眼里,这不是能吹出来的。

上任以后,每一届我都会给自己定一个大的目标,去考虑在这几年中,每一年要做什么,怎么把大目标给完成。所以2014年到2016年整个村就是进行新农村改造,2017年到2020年是美丽乡村建设。我最终的目标,一个是让湖川村每年集体经济收入达到上千万,另一个就是解决完新农村改造的遗留问题,把湖川村建设成壶镇镇的最美乡村。我不管别人上台了要怎么做,反正我在任期间就是要尽可能地把这两个目标完成。

二、历程回望:新农村改造与美丽乡村建设

(一)2014—2016年:新农村改造是湖川村的转折点

早在20世纪90年代,湖川村工业总产值就超过1亿元了,是丽水第一个亿元村。当时湖川村家家户户都做火炮,村里面管理安全,集中把火炮卖出去。现在火炮的生

产已经停掉十几年了,刚停掉的那几年是湖川村最穷最落魄的时候。2005年,湖川村按照省里的要求,作为浙江省缙云县第一个新农村建设规范试点村。新农村改造是湖川村到目前为止最大的项目,也是湖川村在火炮生产停掉之后的转折点。

我们每个村都有一个领导驻村,2007年有一个老县长驻在我们村里。所以我们湖川村的特点就是特别注重规划,跟别的村不一样。我们把整个村的老房子全部拆掉重建,以人民路西面为主先改造出来,东面还是保留区块。村里的马路和房子都很规范,一条笔直的路一眼就能看到底,很好看。不同年代层次感也很明显,很有特色。

镇政府对新农村改造很积极,对我们村支持力度也比较大。当时政府给了我们一块用来流转的地,把房子拆掉之后,就拿这块地来建安置房。但是,在2007年到2014年,该建的房子、该建的土地基本上建完了,老房子该换的很多也换了,可还有很多没有拆,没拆就建不起来。

2014年到2016年,我们围绕新农村改造这个项目,把400多户的老房子拆掉,重新规划和再建,这在整个丽水地区都是很少见的。因为新农村改造,我们村现在集体收入有几百万元,每个人都能分红。在新农村改造的过程当中遇到的问题有很多,老百姓以往积攒了十几年的问题,全都要去解决,要不然村民不会配合工作。所以那3年我每天早上8点上班,在办公室等着村民把一些遗留问题带过来,比如当时有的房子没有产权证、土地证面积和实际不符合,这些都需要去想办法解决。

我先是带整个班子调整思路,用了3个多月时间,按照当时的状况把村里之前房子安置的细则进行调整,在原来的基础上重新决定要怎么置换和分配,最后交到镇政府,镇级层面专门针对湖川村出了一个红头文件《湖川村新农村建设和拆迁安置实施细则》。这个细则里面明确规定了老房子的面积对应的安置房标准,也说清楚了应该补的钱是多少。比如老房子20平方米就给一个110平方米以下的房子,老房子30平方米对应150平方米以下的房子,40平方米的话就是200平方米的房子。

我们村的村规民约也是在那3年里定出来的,它是有成文的,我们都贴出来了。村"两委"先讨论,党员要预先知情,就像审核一样,最终是村民代表决定。我们村现在是村民自己管卫生,村规民约里面就规定,每个村民都可以监督每一户的卫生情况,发现哪一户的房前屋后很脏,就拍照发给村"两委",年终会有结算。对于房前屋后很脏的住户,本来说是让他们交罚款,后来懂法律的人说你们村里是没有权去罚款的。所以这个不属于罚款,叫垃圾清理费。因为我们每年一个人分2 000块钱,这2 000块钱是分成一个800、三个400。其中800块是口粮费,因为土地都收回来了,但还有一部分地在给村民用来种蔬菜,如果村里要用这个土地的时候不配合,就扣这部分的钱。这三个400,一个是房前屋后的卫生、绿化。如果被发现有问题,第一次罚10块,第二次罚20块,第三次就是400块钱全扣在村里,等整治完第二年再返还。第二个就是针对那些违章、违建、乱改外立面以及瓦片的。村里面规定了外立面和瓦片，不能私自乱改。我们还要求阳光房、顶楼不能乱搭乱建。第三个就是村里的出租户。那些把房子租出去的村民要按要求进行登记，厨房和卫生间的水管不能接到一起，雨污也要分离，否则要扣钱。

最开始开村民代表会的时候纪律很差，没有一次是开成功的，都是闹着结束了，什么事情都谈不成。因为总有两三个人跟你对着干，你说白他就说黑，你说黑他就说白，反正你说什么他都跟你唱反调。有个人是我从小玩到大的隔壁朋友的姐夫，我就给我朋友打电话说，我当村长，我也想为村里做点事情，你姐夫一直在这里吵。后来这个人自己加我微信，他就跟我说，下次开会你不要通知我，我这个人来了嘴巴管不住，就是要说。还有一些人也这样，我就发火了，之后开会都很安静，大家都听你说。

（二）2017—2019年：党校学习之后我决定要改变村容村貌

我前面3年全部是拆房、建房、拆房、建房，去帮农户解决问题。2017年我当上村支书，6月份去党校学习了一个星期，从那个时候开始改变了自己很多的思路。当时党课有个纪录片讲的是衢州劳光荣①，他带领村民去捡村里的垃圾，培养大家的卫生习惯，对我影响很大。我也觉得有必要改变一下村容村貌，把我们村变得干净整齐。

2017年6月份我学习回来后，花了两个月的时间从村"两委"开始开会，然后到党员代表、民兵连。其实当时村里也有很多人不相信我真的想做，我听到过很多人背地里说我们在做秀。8月23日，我们以户为单位组织了500名村民到陇东村去。这个村2014年就开始搞美丽乡村建设了，那个时候上面有政策，也有指标，必须要在壶镇镇搞一个点，就是放在陇东村。这次参观也邀请了联丰村的楼干强书记，他在礼堂给我们上了一课，参观以后大家都知道了美丽乡村建设的好处，都希望改进一下，让村里变漂亮。

那天晚上从陇东回来以后，我们在文化礼堂召开了全村动员大会，安排好每个人要做的事，确定分工和落实。当时分成8个小组，因为我们湖川村之前就是8个生产队，包括65岁以下的党员有五十几人、村民代表四十几人、民兵连八十几人，要求村"两委"每天必到。

从2017年8月24日开始，我们第一步就是清理房前屋后的垃圾，每个队轮到一天，用8天时间把一些上百年的古董垃圾都给清理了。村里有一个人特别勤快，他把之前

---

① 劳光荣：衢州市龙游县大街乡贺田村党支部书记，先后荣获县十佳村干部、十佳村党支部书记、十佳文明市民、"最美龙游人"、第二届"最美衢州人"、首届衢州十大环保先锋人物、浙江省劳动模范等称号，他带领村民改善村容村貌，建设美丽乡村。

从老房子里面拆出的木头全部收集起来，堆在他家房屋周围，我们去把木头给清理了，清理出来3 000多斤的木头。村里还花了1万多块钱，因为不给钱，木头没地方放，就没办法清理。

清好以后，村"两委"9个人分成3个组，每个组负责1天，每个委员分别带着七八个人去村里的3个区块：一个是新农村改造出来的区块，一个是老房子区块，村后面还有一个区块，每天拿着扫把扫地，扫到农历过年为止。主要就是把垃圾清理掉，村里会出钱把花坛给你弄好，统一为青砖，水池也统一大小，村民自己买，村里给补贴。

我们小城镇综合整治壶镇镇算是开始得比较早的了，2018年7月壶镇镇开始"三两"工作①的时候，我们已经完成清理工作，在做后面的工作了，也就是拆整个村的违章建筑，比如顶楼和那些用铁皮搭的雨棚，我们村是拆得很干净的。

后面这个区块也很有意思，两年时间弄了两次，因为当时做好了之后才知道"五线入地"、雨污分离全部要弄。所以说2019年7月村后面那个区块是全部重做的，要比之前的好。当时我们村运气稍微好一些，有300万块钱补贴，我们村是省财政一事一议的示范点，所以省里也有补贴。小城镇综合整治我们用了126天，把修好的路面全部破掉，做雨污分流的管道和"五线入地"，全部弄好以后再铺平地面，重新做路面。整个房屋的外立面墙也全部重新做了，全部按照村里标准统一成一个风格。以前路边还有猪圈，臭烘烘的，也拆掉了。

当时有一个小城镇综合整治的队伍，11个人，都住在我们村里，每个人早上8点来打卡，晚上9点半下班，因为那时项目多，所以晚上都是要加班的，我也是每天都在。我们在2019年7月底全部弄好，包括背街小巷改造、全村亮化工程、外立面改造、"高标绿化"这些工程，省里面都来检查。

为了保证卫生，我们建立了楼长制，就是每个区块由两名村"两委"干部负责，一个党员负责管理一栋楼周围的卫生和绿化，也就是担任楼长。村"两委"每月不定期对各区块的卫生、绿化、治安等方面进行检查，在"红黑榜"上公示。农村人也讲面子，放到黑这边，大家看到的话自己也不舒服。他真的弄得好，那么我就给他放在红的这边，如果一个季度都做得好，就发一些种花的工具、肥料，他就会越来越有兴趣。

2017年之前，卫生承包出去，反倒比现在脏得不得了。为什么？农村人就这样，你承包出去他觉得已经给过钱了，他不会在意你的卫生。这个习惯还没改回来之前，他们有些垃圾都是塑料袋一装，不扔去垃圾站，拴好了放在门口，我每次去看都有几袋垃圾。后来我们村里有人值班检查卫生，每天有一个人骑着摩托车在村里转，跟大家说扔垃圾，这样差不多大半年过去以后，他们知道了要自己保持卫生。我也给村里

---

① "三两"工作："两清、两拆、两化"（简称"三两"）环境综合整治行动。

弄了垃圾中转站，他们都把垃圾拿过去。现在我们村里的卫生也保持得很好，大家已经养成习惯了，随便什么时候都不会再乱扔。

在做的过程中肯定会有很多矛盾，我一直都是说话很直接，脾气差起来的时候也很差。比如雨污分流做好之后贴地砖，有人觉得村里不是按照他们的想法做的，因为水肯定要流到一边去的，他就私自把地砖给扒了，被村民拍到，发给我，然后抓去公安局里。还有我们房子前都会有一个小的下水管，建起来之后会留一个检修口，可能会有点臭味。有人就不乐意把这个口留在他家门口了，刚砌好的下午四五点钟，他就去把它敲掉了，他说你不要砌了，你砌了我晚上也要把它拆掉。后来我就直接跟他说，你如果把它拆掉，我就叫你儿子来做回去，他就不敢再搞破坏了。

有一次拆违建的时候，有的村民不愿意，我就说今天我就看着他们拆，不拆掉我书记都不当。后来我叫执法队员过来，当时我们小城镇综合整治有11个执法队员，就住在我们村里。他们说这里先不要做，我说必须先弄这里！因为我拆过违建，我懂。以前有一个违建十几年的地方，弄得路不通，因为房子建好以后大家都搭建一个棚屋，你搭一半，我搭一半，把那一块全部搭掉了，没路了。我的一个几十年的好兄弟，我提前3个月给他做工作。我说你们房前屋后这个事搞得真难看。其实他们自己也不舒服，但是方便堆垃圾。后来我跟那个朋友说好以后，我就定下来了，先从他那里拆，谁发牢骚不肯拆，车子就停在那里，我不可能跳过去，一跳过去就不行了，后面都拆不下去了。最长时间是等了大概一个下午，那天什么事都不做，就在他那里。所以2019年，我们自己就把违建全部拆了。

（三）2019年至今：发展集体经济与建设最美乡村是我的两大目标

之前也说了，我最终的目标，一个是让湖川村每年集体经济收入达到上千万，另一个就是解决完新农村改造的遗留问题，把湖川村建设成丽水市的最美乡村。这个目标我也在党员代表大会上跟大家说了。我初心是不会变的，退休之前把这两件事情做好，我这一生也就可以了，因为这是我们湖川村最大的出路。

我从2019年就有这个想法，开始去规划这些事情。我跟镇里的老书记去商量，他很支持这件事，2020年我还叫了一个设计师过来，我自己也跑去黄山、杭州去参观学习。我这个人不笨，学习能力比较强。我这个村的设计和规划全部都是我亲自参与的，但设计是必须要找专业人士设计的，因为我水平没有这么高，但思路全部是我自己出的。对于装修，每天早上我6点就起来，因为我喜欢早起。学习也一样，我刚刚做明星村支书的时候，带了几个徒弟，我也经常会跑到他们村里去。其实你跑过去也是自己学习，发现自己有哪些不足的地方，因为每个地方它肯定有值得学习的地方，但一定要因地制宜，要适合我们村。

我们村里现在拆了 400 多户，拆出 3 万多平方米。当时我想把这 3 万多平方米全部打通，里面建 120 套小的 85 平方米的四合院。我还想把湖川村整个住宅区块的车全部停在地下，在地下打个通道，车停下面走上来也很方便，然后慢慢把假山、四合院、小庭院、小区建起来，中间还有一条街。

如果按照我自己的思路能做起来的话，到时候这里既是住宅，又可以利用起来。比如，我们村里留 10 套当民宿，村民安置进去的房子，每家每户就做小饭馆、咖啡、书吧，可以形成一个商业氛围。再加上 3 个外围的商铺，马上就有上千万的收入了。现在我们整个村的收入也就是靠商铺，村里有 400 多万的集体收入，全部是商铺收入。因为我们在新农村改造以后，拆出来的房子全部是一二两层属于村集体的商铺，三层以上是安置房。其实我现在这个村的拆迁区域晚上看着不比景区差，我们的绿化工程也很漂亮。

当这么多年村支书以来，最大的体会是，要当好村支书，关键是自己要有干事的意识，这也是我给别人上课的时候经常讲的。如果自己不想干，而是镇政府逼你干这件事，你肯定干不好，还不如不干。其实困难多，办法也多，只要你肯花心思去想。我当村支书以后，一直要求自己在工作上必须要一碗水端平，这是我的底线，一旦有私心，根本没办法当好村干部。有几个送香烟来的，我叫老爸送回去。我这个观念村民们都知道，所以大家现在没有一个人会私自找我，有事打电话，要么就到村"两委"来。村民的积极性也很重要，没有事情可做的话，永远都是懒懒散散的，只有村民的心都想到一块去，政府再给村里一些支持，才能把想做的事情给做好。

三、集体所有：全村物质与精神双丰收

2015 年，我们把整个村的土地全部收为集体所有，这个是很关键的，整个缙云可能都没有我们村的这种情况。现在壶镇镇很多村的地都是在农户手里，村里征地要按照每亩 20 万的价格付给农户，这样村庄很难发展得很好。新农村改造开始以后，我们村也发现这个问题，所以就按照国家的政策，以种植茭白一亩 3 500 块钱的价格把村里的土地全部收归村集体，村里统一建房、统一安排房子，相关手续也都是村里收集起来统一拿到土地局办理。

我们村新修的商住一体公寓楼，1~2 层商铺归村集体所有，3 层以上用于拆迁安置。村"两委"也很积极地宣传对外招商，发展商铺经济，现在临街商铺人流量很大，把商铺租出去，收入就多了。2013 年的时候，我们村才 30 多万的集体收入，现在每年我们村大概有几百万的集体经济收入，每个人都可以享受分红，每年都可以发钱给大家。现在我们已经每个人发了 24 000 块钱了，我 2014 年上任后开始发钱，连续 5 年发了

4 000 块钱。2019 年小城镇综合整治以后，因为村里投入也比较大，就发了 2 000 块钱，2020 年发了 2 000 块钱，2021 年和 2022 年没发。

我们 2017 年改造村容村貌，也吸引了很多别村的人来参观，但是过来了之后发现村里没地方坐、没东西看，同时也考虑到村里老年人没有吃饭、娱乐的地方，所以我们就考虑在原来的居家养老服务中心的基础上修一个四合院。这个居家养老服务中心本身也是 D 级危房了，我们就筹款重建。现在这个四合院包含了文化礼堂、养老中心、村办公室、农家书屋、棋牌室、排练室、会议室，等等。

文化礼堂的前身是村里的大礼堂，本来是 1971 年就建好了，后来 1979 年刮龙卷风把中间一段破坏了，1982 年重建了。现在的吊顶、地面，包括这套凳子都是 2020 年重新装修过和购买的。以前是一排一排固定的木头凳子，利用率太低，一年用不到三五次，我就换成了电动的。这个凳子可以收缩，遥控器一摇全部收到最后。当时我找凳子找了好多年，刚开始自己想用轨道来设计，后来刚好凑巧遇到一个上市公司——大丰公司，它们刚好在壶镇大会堂里装修凳子。镇里有个领导，我之前跟他说了，他想办法让那个公司的人过来帮我把长、宽、高量出来，设计了这么一套自动的凳子，花了 94 万。我们这个凳子一收，乒乓球、羽毛球都可以在这里打，每晚都有村民前来打乒乓球和羽毛球。文化礼堂平时我们可以出租，一年租金也可以收到十几万，因为现在有一些学舞蹈、学乐器的机构，它们每年六一儿童节等节日的时候都会出去表演，需要场地进行排练。还有比如婚宴，我们这里可以摆 40 桌，然后加上这个舞台、简单的灯光音响、后面大电子屏全部都有，前年中央空调也装了。在湖川，文化礼堂是很能提升村民的归属感的。

我们村文化活动是很丰富的。农家书屋有 3 万多本书，很多小孩子星期天的时候会过来看。这里的书最有意义、最值钱的是这个连环画。这个是我们小时候拿去赚钱的，摆地摊一分钱给你看两本书。除了小人书，还有订的杂志，都可以外借。村里的排练室现在也有很多设备，需要排练的话基本上在这里。有各种乐器，这个大提琴是村里买的，因为没这个低音的话，他们说效果不好，所以我们村每年乡村春晚搞十几个节目是很简单的，整个壶镇镇都很关注我们村，我们有戏剧、小品、走秀这些节目。夏天的时候村里拿音响来，排练队到壶镇镇一些好的广场，自己去表演。

我们体育休闲广场那里，有网球场、篮球场、休闲公园，一年有几十万收入，虽然投入是比较大一点，但这个是硬件，是必须投的。我们这个村本来就是爱运动的一个村，我们这个村的乒乓球、羽毛球都很厉害。之前全省的乡镇篮球赛，南区就是放在这里的。我前年还和我表哥两个人牵头，成立了一个羽毛球俱乐部，向社会上爱好打羽毛球的人集资了 300 多万，修了一个专业的羽毛球场地，大概花了 100 天建好了。这个羽毛球场全部都是我设计的，看台下面每一个座位下都有一个密码柜，方便存放东西。现在这个羽毛球馆也对外开放，很多人都喜欢过来打羽毛球。

2019年"厕所革命"的时候，我们还修了五星级厕所，当时县里财政有补贴。这个厕所是一个圆形，南面一层是公厕，在同时有公厕功能以外，还在上面弄了一个茶餐厅，下面一层是一个小酒吧。因为考虑到绿化和卫生维护后面要跟得上，所以当时投资大一点，也是气派一点。

四、队伍得力：搞好民兵连，锻造党组织

我们村有两个主要队伍，一个是党员，另一个是民兵连，这两支队伍抓好了，什么事都很好办。我当村支书以后，就在村里定了一个规定，入党积极分子优先在民兵连中挑选。我们村是第一个提出这个规定的，也是我自己想出来的，之后壶镇镇也有很多村参考了这条规定。因为我看到村里党员年纪太大了，所以必须发展年轻党员。因此2017年我定下来，如果要入党，先申请在民兵连锻炼一年。如果有两个名额，就是出勤率排在前面的两个作为入党积极分子。

村里面大家都很想入党。一般年纪轻、正能量一点的都喜欢入党，这也是一件好事。一般负能量的人，也不会到民兵连来，他哪有空。民兵连是最难管的，比村"两委"还难管，民兵连没有任何东西去约束，只有平时的感情，所以民兵连的领导付出也很多。

湖川村民兵连1976年成立，在丽水地区我们这个村绝对是第一个先进民兵连，全部都是义务的。我们这一块做得很好，省里面都关注。我们2020年以后又增加了一个女民兵连，因为女的也能做事，也要有给她入党的机会。疫情期间我去卡口看，有两姐妹每次都在。

我的目标就是发展到每家每户都有一个民兵连成员，这样我更加好管理。因为年轻人爱面子，你平时对他好一点，他都会记住。有事我找他爷爷，可能年纪大了，脑子就转不过弯了，找他老爸可能年纪也大了，有时候沟通上面有问题，我找家里的年轻人就行。我让他回去跟爸爸、跟爷爷去讲讲这个事情，就很简单。其实从村里的角度，肯定是不会让你户里吃亏的，这一点我一直是这样。但是要有个度，因为我一碗水必须端平，哪怕是我自己添点，也没关系。民兵连我们随时可以拉出来，他们年轻，思想好沟通。

一般我们对民兵连只有年龄的限制，基本上要求40岁以下，最大45岁。加入民兵连之后，我们一年两次训练，会组织起来跑步、教一些基本动作，关键是一个纪律性。我们民兵连专门有一栋房子，配置很好，包括巡逻仪、电瓶车、小汽车、摩托车。我们村里有事情都是找他们，比如清明节期间，每天10个人在山上巡逻，防止失火。现在政府要求不能用明火和鞭炮，所以我们都会在路口放两只铁桶，集中在那

里烧，不能拿到山上去烧了，几个卡口要看住。

过年时怕有小偷小摸，我们每天都有5个人值班，天亮后每天自己去转一下，要么到监控室看。我们村里疫情前每个季度全部大扫除，就是用水枪冲整个湖川村，把民兵连全部叫过去。我们都会选礼拜天，因为他们礼拜天都休息。我们村规民约里面也规定了，民兵连每隔三四个月检查一次村里散养的狗、鸡、鸭，如果看到了散养的动物可以抓起来。

之前有8个多月，每个党员，包括我在内，3天轮到一次到村里拿着钳子、扫把打扫卫生。每日卫生打扫跟每个月的主题党日的要求一样，我们列个表格，包括村民代表，每个人到这里集合签字。我在开会的时候就很明确地说了，一年缺勤超过3次以上的，不管党员还是村民代表，我交到镇组织办去进行学习。我们的党员也安排了担任楼长的工作，负责保证村里的卫生。现在我们每个月主题党日都是25日，主要就是一起学习，有时候第二天大家去搞搞卫生。我们村党员都很乐意去为村里做一些事情，因为党员和普通民众要求还是不一样的。

五、群众团结：弘扬孝老传统，增进邻里和睦

现在我们村1 300多村民里有363个老人，我们是按女性55岁、男性60岁来划分的，2023年的数据还没统计上来，应该还会更多。其实村里一直有尊老敬老的民风，每年农历二月初二会给村里的老人们办一场集体生日宴。从1991年开始，每个老人每个月都会有补助，金额50~100块钱，90周岁以上每人每月200块钱，100周岁以上每人每月500块钱。现在村里大概每年要发20多万块钱给老人。

我们的居家养老服务照料中心也是按养老院的标准来设计的，比如台阶不能超过15公分高，必须有电梯。这里的居家养老服务照料中心每天供应两餐，每餐一荤二素一汤，75岁以上老人每餐只需2元，如果一对夫妻里面有一个75岁以上，另外一个也可以在食堂吃，困难老人也可免费在食堂就餐，每天有40多个人在这里吃饭。住的话也有一个月的短期托管，可以提供住宿、吃饭和洗衣服的服务，但是要付费的。

居家养老服务照料中心里面有聘请来的工作人员，也有一个30多人的志愿者队伍来服务老人，由老年班班长来管理整个团队。每天3名志愿者在中心打菜、洗碗、打扫卫生，还有给80岁以上老人端菜、给生病未能来照料中心就餐的老人上门送饭。村内的乡贤，比如万客隆超市的老板，每个季度都会送来整整一三轮车的食用油，三联纸箱厂的老板每个月都送来200斤的大米。

我们村里也会组织旅游，疫情之前是每年两次旅游，有了疫情以后，现在重新定，就定的是一年一次，然后玩的时间比之前稍微久一点。之前的话我们基本上都是玩两

天，其实就在附近，前年我们是带到嘉兴玩了两三天，回来大家都很开心。所以我们这个村整个老人的积极性还是比较高的，而且过得也很不错。

2020年，我们派了村"两委"、民兵连，一天分成两个班，每个班4个人，在红绿灯路口检查一些骑摩托车不戴头盔的、开车没有系安全带的，去宣传"文明出行"。后来老年人感觉村干部这么辛苦，自己也成立了一帮人检查卫生，刚开始四十几个人，到最后100多个人，他们全部是义务服务，这是他们自己提出的要求。后来我给他们弄了一个喇叭，广告一下、宣传一下。每天4个人，早上一次，下午三四点一次，一个拿喇叭，一个拿扫把，有几个拿大塑料袋、钳子，在整个村里每天转两圈，所以湖川村这几年卫生好了很多。

我们村每年都有邻里节，居住在相邻的两栋楼的村民，在之前没疫情的时候基本上每年都会聚好几次，大家都出点小钱，一起做包子，晚上做羹，然后一起吃。我们春节的时候，从大年三十开始每天一起吃饭，吃一个星期，大家聚在一起，联络感情。

****

> **采写者名片**
>
> 敖疏影，女，2000年1月生，四川乐山人，本科毕业于中国农业大学食品科学与营养工程学院，现为清华大学新闻与传播学院硕士研究生。研究方向为传播政治经济学。

采写手记：父亲的心愿，朋友的评判

我们是在下午到达湖川村的，去之前隔壁联丰村的楼干强书记就跟我们提前"预告"了，湖川村的便民服务中心非常气派，投入不菲，因为湖川村在20世纪90年代就是亿元村，且近年来集体经济收入很高。因此，"有钱"是我对湖川的第一印象。去了之后发现，这个便民服务中心是集居家养老、村办公、文化礼堂、老年活动中心等为一体的综合楼，整个院子为仿古设计的徽派建筑，庭院里明亮宽敞，假山错落，流水潺潺，有孩童和居民正在四合院里休闲娱乐。这个四合院就像是湖川村的一张名片，告诉外来者湖川村不是一个"土豪"或者暴发户的形象，而是有着人文底蕴的村庄。我们对赵文坚书记的访谈就是在这个四合院里的其中一间小会议室中进行的。

采访那天，赵文坚书记穿着黑色棒球服和牛仔裤走进来，身材瘦高，看起来很有精神，仔细一看，又能看到他头发里混杂着的根根白发。刚开始采访时，赵书记提到自己不是一个十分善于表达自己、比较内敛的人，这让他并不喜欢上台演讲、自吹自夸。之所以会选择在不惑之年竞选村长，既是为了能够"为村里做一些事情"，实际上也是为了完成父亲的心愿——作为湖川村的老村长，赵文坚的父亲一直希望能够将村庄进行重新规划和建设。谈及当村支书对自己的影响，他提到"当上村支书之后，身边很多朋友都说我完全变了一个人"。为了实现村庄发展，赵文坚在每一届就任时都会给自己制定一个目标，并想方设法一步步完成。

上任之初，湖川村面临安置区块不够、集体经济薄弱、党员老龄化、村容村貌脏乱差等问题。作为新村长，他与当时的村支书相互配合，围绕新农村改造这一项目，对湖川村人民路西面的区块进行改造。赵书记特意提到，土地集体化对于湖川村的发展非常重要。土地集体化之后，湖川村修建了一批商住一体公寓楼。凭借邻近壶镇的地理优势，湖川村通过商铺出租所带来的集体收入达到了每年三四百万。村民不仅住进了现代化的公寓楼，还能从中得到分红，这使我直观地感受到湖川村的建设所带来的惠民成果。

2017年之后，赵文坚开始"一肩挑"，既当村长，也当村支书。当上村支书的赵文坚去党校学习，党课上播放的纪录片里，讲述了衢州市龙游县大街乡贺田村党支部书记劳光荣带领村民进行村庄环境整治、建设美丽乡村的故事，对赵文坚的触动很深。回村之后，他决定带领村民改变村容村貌，先是带领村民去参观了陇东村，再回村清理垃圾、拆除违建，再进行雨污分离、"五线入地"以及绿化、亮化与外立面的改造。村里的小城镇综合整治工作实际上走在了壶镇镇的前列。为了维护成果、保证整洁的环境，湖川村还采用了楼长制和红黑榜的方式进行监督管理。赵书记带我们参观了改造之后的湖川村网红街，沿路干净整洁，每一段路的居民楼都风格一致，彼此之间凸显着不同年代的特色。

尽管目前湖川村的建设工作还未完成，也碰到了困难，但赵书记已经制定好了最终目标，就是让湖川村每年集体经济收入达到上千万，并把湖川村建设成壶镇镇的最美乡村。他说，我初心是不会变的，退休之前把这两件事情做好，我这一生也就可以了，因为这是我们湖川村最大的出路。这让我感受到，只有村支书将自己的理想与村庄命运紧密相连，发挥主观能动性，才能达成自我的提升以及村庄的发展。

在进行新农村改造和美丽乡村建设的过程中，村民不满意村干部的决策或产生利益纠纷的情况时有发生。但村民与村干部之间的关系更多地表现为合作与互助。例如，湖川村历来崇尚孝老传统，而老人们也自发地组织起来为村里的卫生作贡献。通过建设美丽乡村，村民能够切身感受到由此而来的利好，才会配合集体的工作，齐心协力推动相关成果。

在与赵文坚书记的相处中，我看到了一个对自己的工作充满热情的村支书。在建设村庄的过程中,既要处理好村庄内部的各类矛盾,符合上级指令与政策要求,又要合理地设计、规划,保障村庄长远发展。作为湖川村新农村改造和美丽乡村建设的领头人,赵文坚书记身体力行,亲自参与村庄事务,6点起床、四处考察、一碗水端平,是他数年工作中的真实写照。2014年以来,赵文坚因为从"不学无术"到"明星书记"而被刮目相看,湖川村也因为从单纯的经济强村到物质精神双丰收的"花园乡村"而广为人知。

第九章　楼干强：麻雀虽小，也能上青天

口述：楼干强
采写：谢欣瑶
采访时间：2023年2月6日—2023年8月18日

书记名片

楼干强，1975年10月生，1998年10月加入中国共产党，2017年3月当选缙云县壶镇镇联丰村党总支书记、村委会主任，荣获浙江省优秀共产党员、浙江省担当作为好支书、丽水市兴村（治社）名师、丽水市"丽水之干"先锋人物、丽水市"十大强基先锋"、丽水市乡村振兴带头人等荣誉。

村庄名片

联丰村位于缙云县东北部的壶镇镇西部，毗邻锦绣工业区、丽缙高新区。由雅化路、牛江、高陇三个自然村合并组成，总面积约2平方公里。户籍人口1 081人，共有6个村民小组，11个党小组，党员58人，2022年村集体收入157万元。曾获第二批全国乡村治理示范村，浙江省文明村、浙江省美丽乡村特色精品村、浙江省3A级景区村庄、浙江省文明示范村、浙江省善治示范村、丽水市花园庭院样板村、丽水市示范型儿童之家等荣誉，2022年入选浙江开放大学"未来乡村发展和治理研究所观察点"、浙江省第二批未来乡村创建名单。

一、生根发芽：从修机器到当书记

我是正儿八经生长在联丰村的人，从湖川小学、湖川中学到壶镇中学，读书学习没有去过外面。我们村有一个传统产业——草席，家家户户都做草席，纯手工的，以此为生。那个时候，我们本地有一句谚语，说嫁女儿就要嫁到我们村来，因为有席子这个手工活，所以能吃得饱、穿得暖。当时我们的父母不在意我们学习成绩有多好，能识几个字就可以，关键是要能帮家里做草席，因为他们很盼望我们回家，所以读书的时候，我们每天都跑回家帮家里做席子，夏天学校安排了午休，我们都不午睡，回家，差不多3天就可以做一条，周六、周日能做5条，个把月积累下来就有几十条

席子，父母会挑着担，到离家里比较远的乡镇把它们卖掉。卖了就有钱，钱最多分给我们5毛，大多数时候是2毛、1毛。我记得那时候我们缙云的馄饨是5分钱一碗，拿着这个钱吃的那一顿是最爽的，我们用饭盒装着蒸好的米饭，把馄饨浇在上面吃，就觉得非常幸福了。

1990年前后，村里开始推动草席的机械化生产，当时的机器不是像现在这样正儿八经的很好的机器，是有一点半自动的状态。因为我们做草席，这个草有粗有细、有弯有直、有软有硬，很多东西需要自己去摸索，村民对机器的性能就有些把控不了。奇怪的是，我对这个机器却摸得很灵光，人家修的机器大概几个小时就坏了，我修的机器却很好，5天、一个星期都不会出问题。慢慢地，村民都叫我修机器。我当时上高三，晚自习都不上，跑去给他们修理，应该说联丰村的每户家庭我都给他们帮过忙。我觉得虽然那个时候自己不是党员，但已经是一个合格的党员候选人了，我真的是为人民服务的，随叫随到，修机器也从不收他们一分钱的修理费、误工费，无非一碗红烧面或者三鲜面，就能把我"收买"掉。当时班里的人都说我楼干强老早就去赚钱了，其实我是为群众服务的。干了20年修机器的活，从1992年到2012年，那20年我的手从来没有像现在这样子白过，都是粘着机油，年三十、初一也洗不掉。

差不多是2005年，我又开始卖草席，因为大家都做草席，销售成了一个问题，我就去跑业务，到义乌、广州、厦门、福州这些地方去推销，村里将近90%的席子都是我销售出去的。那个时候，一条席子如果卖10块钱，除掉5毛钱运费，村里大家都基本同意在剩下的9块5毛里分我5分钱，当作给我的报酬。

所以按实际情况来讲，我是对得起联丰村所有的村民的，而且从高中毕业以后我也没想过去外面，就是有一种扎根农村、在农村发展的想法，不过倒真没想过当村书记的事情。

后来是卖草席做了几年，因为跟高校有一些生意，经常去杭州、上海这些大城市送席子。每次去个三五天回来，心里总有一段时间不是很舒服，觉得他们环境真好，特别干净。我们以前被叫作垃圾村，因为村里家家户户门前屋后都堆着做席子的边角料，一到夏天，太阳一晒、雷雨一下，整个村就有一种席草发酵起来的霉臭味，我们闻了将近30年，大家都习惯了。其实，20世纪90年代到21世纪初，我们村算是比较好的，经济在周边几个村里名列前茅，那个时候所有的农村都是脏、乱、差，也没有"美丽乡村"的说法，所以曾经还是有优越感的，只是后来到了2008年前后，有的村子就比我们先一步走在前列。我们去到外地，总觉得自己村跟人家村的差距是越拉越大，联丰村的存在感越来越低。那时候我们村里演婺剧，很多小商小贩都会来，对我们村里的感觉就是"钱很好赚"，买吃的、买玩的，人很多，很赚钱，但是每年来这个村都没变化，只是垃圾越来越多，下雨天要穿着高筒雨鞋，满地是泥泞，天晴了，风一吹，满村又都是灰尘。就这么一个状态，所以所有小商小贩都说："没变，你这里没变。"

这些话听多了，就慢慢地会开始去想，我能不能在村里做点什么。

农村入党是很难的。我运气算比较好，在1998年的10月份入了党。人们后来都说："你楼干强如果不会修机器，或者不会卖草席，你这个党员也入不进。"可能因为我读过高中，人家觉得水平稍微要好一点吧。

从2012年开始，我到宁波和温州做自己物流公司去了。做了几年，觉得自己这个小公司发展得还可以，每次回村里，又感觉我们村正在一步一步地落后下去，跟邻村的差距越来越大，心里总有些所谓"把我们村也弄好一点"的雄心壮志吧，就想去竞选书记。不过当然也有私人的原因，就是"哎，我当书记了"，感觉很厉害，很不一样。还有一个原因就是我们原来的老书记。他主动跟我讲："你可以去当书记了。"

选的时候，其实我准备了35万块钱，想用8 000块买一张选票，但是有其他的竞选者作为你的对立面，这个事情就行不通了，纪委也抓得严，如果你要贿选，那就把你候选人的资格也取消掉。所以，后来我也很努力，拼命地跑，每一个党员家里都去跑、去讲，反对我的人，我跑得更多。就这么来来回回跑，我每去一户人家，其他候选人也得接着去，因为都想拉票。有些人家里的狗见着陌生人就叫，结果狗的嗓子都叫哑掉了，狗都累坏了。

最后竞选结果出来了，49个党员投票选4个支委出来，我记得很清楚，当时我是以37票选上的，第一多的票数，我觉得很庆幸。镇里的意思其实是不想让我当书记，他们当时觉得我经常不在家，要送草席出去，在竞选之前对我的印象也不深刻。不过几年之后，我们镇管理局的领导碰到我，跟我开玩笑说："差一点把一个优秀党支部书记给埋没掉。"

我在2017年的4月份当上了村党总支部书记，我很在乎这个书记职位，因为这个选举的过程是那么艰难，所以刚当上去我心里就想连任了，但顾虑很多。按我们农村风水的讲法，我家住的那个位置，是我们村里的"闾门口"，据说住我这个地方的村主要干部基本上连任不了，我当时自己去比对了一下，发现之前的人确实都没连任，也是挺好笑的。所以那时候心里面想得更多的是无论这个书记怎么当、当得好不好，先考虑下一届连任的事情，自己让自己背负了很多压力。而且我天天往村里走，到处都叫我"楼书记"，像顶着一个光环一样，很威风，有点飘飘然，但很快就有问题出现了。

二、精神引领：基层党建是我的第一个抓手

当时我们村一是存在集体经济薄弱的问题，村集体负债了102万元，这是要还利息的。而且村里有很多人吃误工费，村里的农活例如锄田、拔草，不会去外面叫别人，只会找村里人来做，这个就是误工费，一年的误工费要给将近20万元。但是村集体收入差不多只有75 000元一年，就靠一些旧祠堂、土地出租。哪里给得出去那么多钱？第二个就是卫生问题。那个时候我们搞"五水共治"，镇里来检查卫生叫"五清检查"。这一查，55个行政村里我们是最后一名。最后一名的村书记是要上台表态发言的。当时在壶镇镇政府大楼里，下面有七八百号干部职工，一个会堂都坐满了，我上去表态发言，心里是真不好受。那个时候就稍微有点想法，有点不想当书记了，发现原来当书记那么难。

后来我真有点不知道该怎么干了，但我想想，我这个工作的根在哪里，这个根就在党员身上。要在村里把事干好，取决于我们的党员。你党员管不好，党员都不愿意给集体冲锋陷阵，你找谁去？老百姓吗？更加不会理你。当时我觉得我们村有些党员很不像样，比如说大家吃完晚饭一起聊天，聊了很久，旁边坐着十来个人在乘凉，其中就有党员，但一讲到要党员办事情的时候，我都不知道这几个党员什么时候消失的。老百姓对党员的印象也不好，他们认为，你们党员只有在换届选举的时候最能发挥模范带头作用，除此之外没有存在感。所以从2017年到2018年，这一年多，我就主抓党员。用现在的话来讲，就是搞了基层党建。

刚好在2017年，国家也在整顿我们农村基层党组织的面貌，"听党话、跟党走"的标志都要立起来，每个村的村口都要把党旗升起来，要让党旗、党徽标志飘扬在最高处，也要求开设主题党日活动。

第一次办主题党日的时候，很多党员都说我是做羹饭，流于形式，他们都抱着一种"看你能坚持几个月"的态度。但是我这几年下来，哪怕疫情期间，我也照样办，每个月的20号雷打不动，签到、交党费、重温入党誓词、学习上头文件等一系列内容，我们都做得很到位。刚开始带领大家重温入党誓词时，很多人嘴巴一张一张的，但不发出声音，好像这些话难以启齿一样，我感觉他们举着拳头的样子看上去都很勉强。我在上面讲，他们在下面讲，我讲响一点，他们也讲响一点。我领誓说："我自愿加入中国共产党。"一个人的声音都能盖过那么多个党员的声音，我那时是觉得既好笑又好气，不知道怎么说他们。

后来我好不容易找到了一个突破口。我们镇里有一个落后整改支部，可以把思想觉悟落后的党员的组织关系转过去，我也就正儿八经跟所有的党员讲，我说："全国9 000多万名党员，不差你那一个。你真不想当党员，你就搞个离党申请、退党申请

书。"入党誓词里面有一句叫"为共产主义事业奋斗终身",我们现在是和平年代,也没要你抛头颅、洒热血,连最起码的对待入党誓词都态度不好,还算是党员吗?有的人边念誓词边叼着烟,有的举错手,还有的甚至任何动作都没做,这对得起胸前这个党徽吗?我觉得对不住。我跟他们"约法三章":主题党日时,行为举止不规范的,就算你一次违规了;党员家的门前屋后卫生包干做得不好,也算你一次。综合下来,如果违规超过两次以上,你就没有第三次机会,我会把你的组织关系转到镇里的落后整改支部去。我们也动了真格,最后确实把两个党员的组织关系转过去了。

因为我正好有本想"贿选"的 35 万块钱用不掉,所以当上书记之后我自己掏钱带党员去一些红色旅游景点,比如说嘉兴南湖中共一大的会址。后来,这几年有疫情去不了,我们就去市内周边的一些红色的、有革命精神遗产的地方去参观,也带他们去看看周边的一些先进农村,学习一下好的村庄是怎么变化的。

就这样慢慢地,主题党日里,有一些嘴巴不会张的党员也会张了、会发声了,现在甚至有一些党员都会背入党誓词了。曾经叫几个党员去义务劳动都找不到人,因为我们之前的主题党日是放在晚上办,晚上办完就没什么时间干活了。后来,我也改变了这个习惯,把时间变到中午 1 点钟,我们花半个小时把该走的流程走完,接着大家都要扛着锄头、拿着扫帚和簸箕去打扫卫生。虽然那个时候村里的整个环境还是很脏,但是只要你扫了,老百姓就能看得见。

到了 2018 年的 6 月份,我们镇里换了一个新的党委书记,在一个干部职工大会上他讲:"农村干好虽然很难,但不是不可以。"他说要分三步走,记牢 6 个字——"干净、漂亮、特色"。第一步,其实一个村跟一个家庭是一样的,走进去乱七八糟,就像一个家庭乱七八糟,衣服乱扔、垃圾乱扔,谁会来做客?你首先要变干净,垃圾也得扫一扫,衣服也得整整、收纳一下,所以"变干净"这一步是最简单也是最有效的。你变干净之后,第二步就得变漂亮。一个房子空旷着总是不好看,你放一些花花草草、字画之类的点缀起来,就好看了,对吧?好了,你又干净又漂亮,亲戚朋友自然而然来得多了,都来你家坐坐、喝喝茶、吃吃饭,但是你买茶叶也得要钱,买菜也得要钱,买酒更得要钱。你的村集体如果没有集体收入,没钱,来什么客人都招待不了,所以第三步你要根据自己的特色去发展集体经济。被镇书记这么一讲,我就恍然大悟了,也一下有了治理村庄的思路。

有了思路之后,也要有实际行动。那个时候的镇政府就提出来第一步"变干净"的具体措施,在全镇进行环境整治的"三两"工作——两清、两拆、两化:清脏、清乱;拆违章建筑、拆破旧房;做绿化、硬化。从 2018 年 8 月份开始,全镇所有的村都要进行"三两"工作。

但是搞"三两"得花钱,我又面临没钱的问题,怎么办呢?我还是想到了党员,那个时候，加上预备党员我们有51个党员了，我把他们分成5个组，每个组10个人，我要求每天有3个组必须参与"三两"活动，但是要义务劳动，因为村集体没钱。很多党员就说："我天天这么干不行，我也要出去工作。"我说："你出去工作没事，你可以叫你的亲戚、朋友、父母来代替。"有些说："我亲戚朋友都上班，没时间。"我说："那可以呀，到你的时候你给我转账150块，我到镇里请农民工过来干。"那段时间我手机上的"生意"也很好，天天有收到红包，但是每天真的不少于30个人会跟我一起干活。我们整整清理了3个月，从8月到11月。清完了镇里来检查，我们算做得还可以，不是最好的，但也是中等水平。检查完之后，我们"两委"干部算了一下3个月的费用，超不过3万块，就是找拖拉机来运垃圾花了些钱，其他都是党员义务干的。所以从这个时候开始，我觉得在村里的老百姓眼里，联丰村在变化，党员也在变化，你扫一次，人家说你作秀，你扫10次，人家就会明白你不是在作秀，会成为一种自然，所有的老百姓、村民也开始感受到党员的存在。

我们支部还在村里弄了一个微田园，差不多两亩大小，是我们跟湖川小学的19个班共建的。到了周末，小朋友们会来这块地种菜，他们19个班，我们出57个党员，给每个班分配3个党员，他们和孩子一起维护一小块地，锄草、施肥。前年国庆节的时候，第一批菜成熟，小朋友们扛着少先队旗、拿着自己种的蔬菜，带到我们村里去慰问80岁以上的老爷爷老奶奶。还有一次，这块田里的油菜花开了，小朋友们在这里办了一个摄影大赛，小小一块田拍起来好像几千亩一样。这些活动上了好几次"学习强国"。

我现在觉得党员的面貌发生了很大变化，素质也提升了很多。特别是疫情期间，我真的很感谢我们的党员。2022年防疫的任务最重，镇里往往是："楼书记，明天你们负责去某某卡口，守24小时。"24小时，我们分成4个班次，每个班次守6小时，一个班次安排4个人，需要16个人。我在微信群里一叫，所有的党员都是"上！上！上！"我甚至得提前让民兵连连长把我的名字先报上去，要不然都没我的份儿了，大家就这么热情，"共产党员"这个称号现在能够让他们有一种自豪感和责任感。

三、蜕变之路：从"丑小鸭"变成"白天鹅"

更大的一个突破发生在2019年的3月29号，我们自己叫"百日攻坚"，其实就是"小城镇环境综合整治工程"。壶镇镇有14个中心村进行整治，联丰村刚好处在连接线的位置上，所以很荣幸也被选为了14个中的一个。镇里对我们村要求不高，就是把"赤膊墙"消灭一下、路面硬化做一下，因为村里当时一半的地还是泥土地，没有水泥地。

为了整治，镇政府给了我们100万的辅助资金，100万白拿，我当时都吓死了，不知道该怎么用。但后来去问工程队的人，光是全村水泥路的硬化就需要160万，这个资金远远不够。那个时候我就跟"两委"干部讲："要干我们就干大的，错过这次机会，可能就没有下一次了。"结果还真就这样，那个时候正好浙江省正在评"环境保护模范城市"，镇政府的支持力度很大。我知道有的事单纯靠我们村干部单枪匹马的力量是行不通的，必须抓住机会，所以我们下定决心，干就统一干，全村无死角地全力整治。没有钱，我们就去贷款。集体这个主体不能贷款，那就我个人去贷，6个"两委"干部给我作担保。当时我跟银行讲好条件：第一，利息要最低；第二，不能让我们这些人的老婆知道，那么多钱，老婆知道要害怕的。就这样，我和"两委"干部一起7个人在泰隆银行签了字，贷了400万，开始干。

我们从2019年的3月29号开始一直到7月30号省里检查组来，前前后后花了124天做这个小城镇环境综合整治。真的是没日没夜地、很拼命地干，我整整瘦了16斤，每天7点多就到工地，全村就是一个大工地，一片片堆着的都是拆掉的、推掉的东西。那一年也是乡镇干部最困难、最苦的一年，我们镇西管理区的10个干部直接搬到我村里来办公，就当农民工使。党员、民兵连也全都抽上来。我们前前后后做了30多个项目，包括土路面的硬化、线路入地、外立面改造、自来水提升、文化节点的打造，等等。现在回想起来，完全就是靠一种"拼了"的精神去干，因为，拆违、拆破没那么简单，人家会跟你玩命的。我从整治的第一天开始就被村里人骂，124天里，我最起码被人家骂了110天，有当面骂的，有把我家的有线电视、宽带剪掉的，甚至有把尿泼了我一身的，就好像曾经所有的旧情都没有了，因为你伤到了大家的利益。所以我最早只能先拆我爸妈家，170平方米的铁皮棚，我趁着他们不在家，在缙云中学帮我带儿子，我就把那个棚拆掉了，他们也照样冲我发火。然后拆"两委"干部家的，再是党员家的，再是村民代表家的，最后剩下一些钉子户去一次次做工作。有一户钉子户不肯拆，我做了他20多次工作，他反扑过来40多次，托各种人、各种关系让我别拆。

对钉子户我也会用些小套路，因为每个人都有一把能打开他的钥匙。我这边强攻攻不了你、工作做不通的时候，我可以慢点、迂回地攻，多说几次，说些好话。我感觉我自己攻不下你的时候，我可以找你熟悉的、身边的人来做你的工作。但是总归我有一个前提：我不得罪你，我不能把跟村民的关系搞僵硬掉，大家面上总要过得去。我对党员的态度是很强硬的，我觉得党员必须得这么做，这是肯定的，但是对村民代表和村里的老百姓，我没有这个权力，因为村民代表也不是我选的。农村有些问题，比如说上访多这种问题，就是村干部把和村民之间的关系搞砸了。所以，不能自以为是，觉得自己在村里是党总支书记、村干部，人家就要依着你，就得你说了算。当村干部反而需要你先降低你自己的身份，不要老是把自己抬得很高，都是普通老百姓出身，谁不知根知底？你稍微待人家好一点，迎面遇见的时候，你提早给人家打个招呼，应不应你是他的事，但他总不会觉得你是一个高高在上、有架子的干部。其实，村干部要比普通老百姓更低下一点、更接近老百姓一点，才能把事情做得好一点。所以这几年的书记当得我是把所有的性子都给磨掉了，我现在都不会对人家发火，最多生气一分钟、两分钟，到了第三分钟保证就没火了。对"两委"干部也是一样，在做工作的过程中难免有分歧，我经常跟他们讲，"两委"干部一定要团结、关系要好。我说："我们好比是政策上面的夫妻和兄弟，但没有人是一辈子当得了书记或者村干部的，终归有一天不当的。两个人不要在当村干部的时候互相发火、变成冤家。"所以，我们开会的时候大家可以拍桌子，甚至可以相互骂，这些没问题，不同的意见都可以提出来，但是走出去之后，在生活里，我叫你，你也要应，我请你吃饭，你也得来。农村到底还是一个人情社会，为了工作上的事情跟人生嫌隙，犯得着吗？总归会有些小摩擦，忍一忍就好，俗话说"一个巴掌拍不响"嘛！

那时候我还跟所有的施工方立下规矩，我说："上了联丰村，想要全身而退，必须答应我两个条件：第一，不能把任何一个'两委'干部给拉下去，不要因为他家里是做水泥的，绕着弯去买他家的东西，这个不允许；第二，要保质保量。"该说的也还是要说清楚，整个环境整治的工作我就这样硬着头皮弄下来，既然干了，那已经是"开弓没有回头箭"，认定这条路就要走下去。整个124天，我的党员、我的民兵连，包括村民代表都很拼命，大家都很积极，现在回想起那个氛围还是觉得很感谢他们。没有集体的力量，靠我一个人是没用的。最后，我们村确实干得很出色，我们真的是从最后一名干了上来。到了那一年的10月份，我们自己赞助搞了一个庆功会。一直到现在，在每年的7月30日，我还会请那些参与过我们村环境整治工作的人回来吃饭，施工方的老板也好、乡镇干部也好，都请回来，有的乡镇干部已经被调到别的地方工作了，他们也都很赏脸地回来。我们还有一个微信群叫"联丰村百日攻坚群"，这个群有47个人，大家哪怕是在工程完工之后也还是保持着一种很好的关系。我们联丰村有什么好的、高兴的事情，又得到什么荣誉表彰了，我都会发到群里跟他们讲。

从2020年开始，我们又开展了"美丽家庭"评比，这一步也很关键，没想到成了我村里的一张金名片。当时镇里要求55个村变"漂亮"，所以镇政府办了种花比赛，叫"三星级村庄"。村子被评为"三星级村"的，一个季度有2万块钱。也是得益于我们整治过后基础比较好，在村里砌了120多个花坛，在这些花坛里我就可以种花花草草，一下就比很多村的绿化要漂亮许多。所以我们参加完第一次评比，拿了一个"三星级村"的称号，得了2万块钱。我就拿着这2万块钱在村里开始进行"美丽家庭"的评比。

首先，我叫每个党员必须种10盆花，从这50多个党员开始种。然后每个村民我都去推销，7个村"两委"干部，要他们每个人去推销5个放花的花架，村里免费送村民一个花架，让村民自己去买花盆来种好放上去，没想到这一推就送出去了150多个。但是花架只是摆放的工具，我们送的花架是木头的，我又怕村民们白拿去之后把架子劈了当柴烧掉，不给我种花，所以我又成立了一个种花小组，去监督他们种花。5天的时间，所有的花架都种上花了，我就开始了第一次"美丽家庭"评比。

评比有5个标准：第一，门前屋后必须是干净的，这一项占20分；第二，种花的盆数按多少计分，最多的有20分；第三，开花了的有多少盆，数量最多的有20分；第四，有造型，花盆不是随便那么一放，谁摆得有立体感、高低、错落，也有20分；第五，就看评委了，评委觉得哪家该第一，分数就可以打高一点，这一项的满分也是20分。我们现在已经评了8个季度的"美丽家庭"，每一次的评委都不一样，有村里的高中生、隔壁乡镇的妇联干部、其他村里的"两委"干部、绿化办的干部等，我们的评委每次都会变。这个评比也是有奖金的：一等奖4户，奖600块钱；二等奖8户，奖400块钱；三等奖16户，奖200块钱；总共取前28名。但是还有很多没得奖的人家，我们也算参与奖，都会送5个花盆。

这个机制这几年弄下来，从第一次只有92户参加评比，到现在全村320多户参评，说明大伙还是比较认可的。很多人哪怕连一次"一、二、三等奖"都没得过，也拿去了几十个花盆。这几十个花盆呢，我不指望他们全部都用来种花，他们可以送给自己嫁出去的女儿、亲戚朋友，但是你总会留下来一部分，你把花种到留下来的这些盆里去，这样就越来越多。2022年我们看很多人花盆已经足够多了，我就开始送花，把花苗买回来送给他们去种。就这样一次一次地变，看着情况来。我们每一次的评比结果出来后还会办自导自演的颁奖晚会，我自己当主持人，让村里的老头、老太太们上去跳个广场舞也好，唱首歌也好，在他们的节目里穿插着颁奖。基本上我们第一季度的颁奖晚会放在5月1号办，假期来村里玩的人比较多，第二季度的颁奖晚会，我们会放在村里8月8号举行"荷花节"时办，第三季度的就放在10月1日国庆节假期，最后一个季度的，我们放在过年办，跟着农村春晚一起办。其实老百姓并不是看重你给他这么几百块钱，相反，我们都有荣誉证书的，这个才是他们的骄傲。

我们村里有个老太太，去年去世了，91岁。她女儿是办企业的，条件很好，在杭州、上海都有房子，以前老太太都是住在女儿家里，我们把村里整治好了之后，她就回到村里来住了，把老房子装修了一下，也参与了"美丽家庭"评比。那次应该是2021年的评比，按道理她只有十几盆花是评不上奖的，但她讲了一番话让我们都很感动，她说："我老太婆90多了，还能住到这么美丽的环境里，比我女儿住的小区都还要漂亮，我早上浇浇花，晚上浇浇花，中午看看花，一下子时间就过去了，共产党真好。"那些评委都觉得一定要给这老太太一个三等奖。她得了奖之后，她女儿看见了照片，就给了她3 000块钱，她用这个钱请了周边这一圈100多号村里邻居吃饭，做我们的红烧肉、敲肉羹、缙云烧饼，吃了两天。我问她："婆婆你值不值得，奖你200元，你亏了2 800。"她说："强，你不知道，现在请人家吃饭，人家能来，就是给我这个老太婆面子，我很高兴。"

曾经我想得很简单，听习近平总书记说"绿水青山就是金山银山"，好像跟我不搭边似的。我觉得我这村里既没有绿水，也没有青山，更没有金山银山。后来我弄明白了，绿水青山其实就是环境要美，你环境美就能产生效益，不管是经济上的效益还是民风上的效益。尽管我没有自然的美，就像有的女孩子本身可能不是那么天生丽质的，那怎么办？还是可以擦一点粉、编一下头发、梳妆一下。就这样，我们打造了一个人为的美丽环境，我们联丰所有人一起种花、养花，打造人为的美，也是一样的。所以说，把那句话理解透了、通了，自然你就可以运用起来。要是想不通，老是觉得"我这里山也没有，水也没有，我发展不起来"，整个村子就完了，对吧？

我们这个曾经被镇里书记指着鼻子骂说有"五宗罪"的垃圾村，现在也很美丽了。镇书记后来在大会上说："我到壶镇唯一看错的一个人就是楼干强，我没想到他能绝地反击起来。"村里本来有两面塌掉的围墙，解放前就有，在我小的时候，我记得这墙很高，慢慢地被水冲刷着塌下去了。到了整改时，我们重新把这两面墙建起来，结果2022年我们村里一下子出了两个考上缙云中学的小孩，在我们这只有先上了缙云中学，才有希望考清华北大这种好学校，村里人都说村子的风水好起来了。我们从一只"丑小鸭"变成了"白天鹅"。

四、争做"领头雁"：团结乡贤，学习深造

其实在2018年我们刚结束村里的"两清、两拆、两化"之后，面临着付误工费、银行利息这个老大难的问题，那时候还没什么发展集体经济的头绪，就想到了乡贤。我们在2018年农历十二月二十八搞了第一次的乡贤会。办之前我心里想着最多能有个四五十万块钱捐起来就不错了，但最后乡贤一共给村里捐了102万，我是怎么想都没想到。我当时也搞得很隆重，铺了个红地毯，做了十几块广告牌，把广告牌立在那边，我就对他们说："未来的联丰就是这个样子的。"我就是这么"忽悠"人家的。

紧接着他们说可以搞村晚，搞村晚可以聚民心，好，我们就在新一年的大年初六，搞了第一次村晚。全程自导自演，"两委"干部穿着迷彩服上台表演大合唱《团结就是力量》《没有共产党就没有新中国》，我自己也上去唱，跟村里的姑娘一起唱《红尘情歌》，结果忘词了，很好笑。反正从开始到结束都有千把号的人在看，我觉得这一届村晚办得很成功。到最后的年初十，我们又第一次在村里办迎龙灯。缙云有摆龙的习

俗，但是我们村从来没迎过，这回我也弄了，相当成功。当时很多乡贤是外出工作的，他们正月回来看到村里垃圾比以前少了不知道多少，虽然那时候村里还没有那么漂亮，但起码很干净，各个活动也这么热闹红火，一下子很多本来只打算捐 5 000 块的人变成捐 8 000 块甚至 1 万块，打算捐 1 万的变成 2 万了。

其实请乡贤们来参加聚会，说得难听点就是向他们要点钱，对吧？你把钱要来，我们正儿八经地把事情做了，他们脸上也是有光的。但是要了钱，把它花掉，却对村庄建设没有作用，那你就是败家子儿。干部拿了钱心里是有压力的，别以为乡贤的钱拿来就可以乱用。我觉得乡贤必须用好，这是一股很好的力量。我们碰到村里的建设问题，他们也能帮着出谋划策。

我就是尝到了乡贤的甜头，所以知道，乡贤弄得好是能对一个村庄建设发挥很大作用的。但是乡贤之所以帮你，大部分不是出于跟你个人的私交，而是出于对家乡的爱。他是爱你一阵子还是爱你一辈子，这是你这个领头人的技术水平所决定的。你第一次拿到他的钱，拿完了却无所事事，或者说村里没有什么真正的改进，那么人家就不会给你第二次。还有一个需要注意的点，所有的乡贤都有亲戚朋友在村里，那些没出去的人，你要关爱好他们，让乡贤们在外面不管是打拼工作还是做买卖，都能安安心心的，这一点很重要。比如说他父母还留在村里，你就应该在平常多去慰问他们一下，如果他父母生病了他自己又照顾不过来的时候，你可以去帮他一下，替他们承担一部分责任。你一味地向他索求、叫他帮忙，他只会帮你一次，但是如果你把他的家人都照顾好，小孩读书之类的问题能帮的尽量帮一下，他自然而然就会很愿意回馈村里。

我们现在每年的年初六都会在村里办一个乡贤座谈会，在会上我们就开诚布公地谈，乡贤们骂我们干部都可以。我这两年也提议说年初六这个时间点不好，不要年初六，年初六还在正月里，大家都是互相讲恭维话听。我是想改到国庆节，如果都能回来，大家就坐下来谈，这个时候大家无所顾忌，可以聊"这几年我在北京、在上海，看农村是怎么发展的……我在杭州，他们又是怎么发展的……这几年你们是怎么做的？你们的思路存在哪些问题？"这些其实都可以谈。

2019 年，我们把村子整治好了后，稍微出了一点名。到了 11 月份，我们丽水市委组织部在丽水开放大学办了一个"领雁班"，他们会从每个县的村里面挑选一部分书记参加"领雁班"。这个班有两个作用，一个是学历提升，像我是高中学历，能提升到大专，另一个作用就是让你增长见识。我当时就被选中去上了这个班，读的专业是行政管理专业，要进行为期一个礼拜的封闭性学习，白天上实用技术课，学一些农业相关的知识，晚上学理论，作业也很多，还要考形势与政策、写论文，还是比较辛苦的。最后 3 天，周五、周六、周日，我们去了一些做得好的美丽乡村学习，我是去学习之后才看见了荷花，看到别人把荷花种得那么好，我觉得我们村里也可以种。

当时还有一个很重要的机会,在我们开班的时候,老师要求每个人上台用5分钟时间简单介绍一下自己。我刚结束村里整改的工作,人晒得乌漆墨黑的,上去前前后后讲了15分钟,因为这个工作做下来真的有太多想说的了。后来班主任跟我说:"楼干强,你还是很能讲的。"我说:"我很怕,上台都抖。"他说:"我觉得你可以来我们这个农民大学生新思想宣讲团。"我就接受了他的邀请,进了农民大学生新思想宣讲团。宣讲什么呢?十九届二中、三中、四中、五中、六中全会精神,包括十八大的一些精神,去田间地头,到各个农村里去宣讲这些内容。后来我去天台县的后岸村宣讲党的十九届四中全会精神,看到他们做卡丁车,就有一种思路形成了。因为我们村里整完之后,有一块很大的地空在那边,不知道该发展什么好,就觉得也许可以开始办卡丁车来发展集体经济。

我觉得联丰的集体经济能发展,离不开组织部给我去上领雁班的机会,这是一个特别好的机会。我后来都常说:"农村要漂亮,就去上电大。"我成了电大的优秀毕业生,现在已在读本科了,他们首次开办了一个本科班,也是组织部设立起来的,去年我上了第一个学期。我1975年生,其实是超龄,组织部特批我去上这个本科班,我从中也学了很多。

组织部真的给我们这些书记提供了很大帮助,还有明星书记一对一的传、帮、带。我的师傅是三溪村的吴明军,认师傅的时候,我就问以前当木匠的爸爸,我说:"爸,这个认师傅要有什么规矩?"他说:"最起码的,猪头、鹅之类的都要拿过去,还有烟和酒。"所以我是正儿八经抬着猪头、鹅、香烟、酒去认过师傅的。书记们之间也没有"你干得好、他干得不好"这样的相互攀扯,大家都是相互帮助,坐在一起开诚布公地聊村里的发展。我有时候都想说:"不要聊工作了,我们聊一些私生活,聊一些其他的东西嘛。"但其实还是聊村里怎么弄,整个氛围很好。

组织部经常带着我们一起去先进的村庄参观,后来我也带我的村"两委"干部去那些我去过的先进乡村学习,让他们感受,不要觉得我们联丰弄好了,参观的人很多,就高高在上了,不是那么回事的。我还带他们到杭嘉湖地区那边去,要让他们有一种紧迫感。

所以,通过这一系列的像组合拳一样的学习,在2020年疫情比较平稳的4月,我们就开始动员了,我把镇里书记"治理乡村三步走"中的第二步和第三步两步并作一步走,变漂亮和有特色地发展集体经济。

我们是2020年的4月份开工,做卡丁车车场,在车场旁边种了一圈荷花。8月8号那天是卡丁车场第一天营业,同天我们在村里举办"荷花节"文化活动,晚上有个晚会。一直到当天的早上我都在害怕,怕车场没生意,因为没有做任何的推广。我跟我儿子关系很好,我们像哥们一样相处,所以我就给我儿子1 500块钱,我说:"兄弟,你去请所有的同学朋友来玩卡丁车,这钱一定给我都用掉,我最少也为村里创收1500

块钱。"后来他中午回来跟我讲："老爹，钱用不掉，只用掉了700块钱，800块钱还给你。"我说："怎么？没生意啊。""不是"，他说，"已经要排队了。"

我记得很清楚，因为晚上要办"荷花节"晚会，我们在下午5点半就把车场关了，关了之后我点了一下我们的收入，18 320块，我想我永远都会记得这个数字。第一天就赚了快2万，当时我吓死了，想想我整个村一年的房租收入才多少，对吧？所以那天晚上我做了人生第一次脱稿演讲，在晚会上，跟全体村民汇报了我们的项目、我们今天的收入，感谢了很多人。我说："感谢我们环境整治的所有党员、村代表，特别是感谢我们的村民，是你们的支持，是你们从不理解到理解再到包容，才让我们放得下包袱，拼命地把村里的工作干好，把我们联丰建设好。"我当时确实是有感而发。

卡丁车营业之后，从2020年的8月8号到9月1号，我们一共收入32万块，村集体增收32万，平均每天1万多，最多的一天我们收了48 000来块钱，排队排到很远。还有很多周边县的人过来，好几次是永康的十几个小伙子，在晚上9点半左右过来，把我这的16辆车都包掉了，包场玩。我们最高的时候能做到一个小时2 000块钱，现在只有1 200块钱了。这个项目后来也被评为2021年"浙江省运动休闲旅游优秀项目"。

那一年到了9月28号，我去参加缙云县村社书记擂台赛。我们缙云18个乡镇，每个乡镇派一名书记，很荣幸，壶镇镇就派我去了。第一名有30万块的奖金，第二名是20万块，第三名是10万块。我是奔着30万块去，想拿第一名的，30万能给我还多少债啊！不过最后第一名是给施颂勤书记拿去的，但是18个书记里我是唯一一个全程脱稿的。当时也是真的很努力，我花了15天的时间背稿，早上背，晚上睡觉前也背，脱稿的人是有奖金的。我第14个上台，把前面所有的村书记都干掉了，拿了个93.7分，遥遥领先。最后施书记第18个上台，他94分，拿了第一，我拿了第二。施书记确实是我们老前辈，我们学习的榜样，从他村子的体量、规模来讲，他做的事情比我做得要多得多。所以最后我拿了个20万块，村里的老百姓都很开心，还以为这20万块是奖励给我个人的，我告诉他们不是的，哪怕要奖给我个人，我肯定也要给村里还债的，因为我是代表我们联丰村、壶镇镇去打擂台的。

从那个时候就开始为村集体赚钱了。2020年过完，我们卡丁车项目就有110万块钱的收入，虽然我们还欠着债，但是从那一年开始，我就给村民们分红。我们拿出了50多万，每个村民分500块。2021年整个卡丁车项目收入212万块，我们又拿了一部分钱，给每个村民按700块一个人的标准分红。2022年疫情对项目的影响比较大，我拿不出太多，只能每个人分300块。我这几年还是坚持实现了每年都给村民分红，债嘛，多一年或少一年差别不大，让老百姓高兴，分享到村里的成果，自己接下来做别的建设也方便一些。

五、再上一层楼：数字化与共同富裕

做书记这几年，每年我都要求联丰一"变"，我不想让我们辛辛苦苦打造的联丰一下子就没落掉。其实缙云很多的村，红过，但又销声匿迹了，乡村振兴也面临这个痛处，它的长效机制和长久性是个问题。所以现在大家都说要搞数字化，但该怎么能真的让数字化赋能到乡村，这是最关键的问题。

首先是党建，我们自己做了一个系统，里面有很多的内容，比如说党建的小知识、二十大的精神、党员的结构变化、党员联系群众的事迹、党员的美丽家庭等，既有视频也有音频，主题党日的时候可以用。我也想把我们党员的精神整个用文化的形式联动起来，我觉得党员就是要起到模范带头作用，你要带头，这不难为情。

2022年我们做了"未来乡村"建设。要实现"未来低碳"，我们用数字系统来管理垃圾分类；"未来出行"，我就弄了一个智慧停车系统；"未来健康"，我就做全民健身，村里的羽毛球场、乒乓球台、篮球场，每天都有人流量的监测；还有"未来治理"，我们现在在做数字门牌，到时候每家门前都有一块门牌，门牌上二维码，一扫你就能知道这个家最光荣的一面：是不是党员户、种花评比得了什么奖、家里有哪些好的事迹，等等。

我之前去给冬奥场地周边村的村支书们分享经验，有个河北张家口的书记问我："你们农村都搞数字化了？我们都不知道数字化是什么。"我给他们打比方，我说："你想开我村里的卡丁车，你可以在手机上进入App就可以买票了，而且可以打折。更直接的，你的小孩要上学，幼儿园要交学费，如果你去排队那会排得你很累，我们不需要去排队，你用手机上的'浙里办'App，登录进去，进入'公共支付'窗口，把村的编号输进去，这费用就交掉了，不用排队，自动生成回单，这就是数字化。"他说他还是不懂。

现在很多人说底层老百姓不理解数字化，我觉得是干部没有灌输到位。有一些不识字的人，你跟他去讲解数字化，他永远不会懂的，要换一种思路。为什么我会在村里放几块大的电子显示屏？因为我要让所有人都感觉到数字化给他带来的便利。第一，最起码的，我在晚上7点钟准时用村里大屏看新闻联播。有的人不在家里看电视，可能在村里的廊亭里乘凉，他就用得上我这个屏。第二，也很直白，天气预报。他不识字，我就用形象化的天气预报：画太阳、画雨滴。今天要是中雨，就多画几滴雨滴，要是太阳天，我就画个大太阳，他必然能知道天气的好差，因为阿拉伯数字总看得懂。所以关键是要看你怎么去推广、应用。现在我还会用大屏放我们村里的宣传片、"美丽家庭"评比的照片、我们的村歌，轮着放。他们看到会觉得："哇，我今天上电视了。"这样自然有一种骄傲感。然后你去问那些不识字的人，你说："你们村里搞数字化，你知不知道？"他会告诉你："数字化我不懂，但是我就知道我现在很便利，电视上都有我和我的家。"只要他能回那么一句话，其实我的数字化就成功了，不一定非要去弄那些高精尖的东西。

疫情防控也为我们推广数字化带来了机会，之前村里的老人都用老年机，你让他们用智能机，他们打死都不愿意，永远是《最炫民族风》的铃声很大声地响，一到整点就"叮咚，北京时间11点整"。但疫情期间，他们去买票出行、接送孙子孙女，没有智能机扫不了健康码，出行不太方便，这也由不得我说了算。所以我们就在村里推广智能机，村里跟移动合作，他们有一种OPPO的机器，字非常大，操作起来也简单，页面上只有新闻软件、微信、健康码、抖音，按键很清楚，续航时间也比较长，所以我们"两委"干部就挨个上门去教村里比较有意愿的老人用智能机。这个前期需要很耐心地做工作，因为经常是你给他讲完了，他又忘了，哪个按键按了一下，电话拨出去了都不知道，所以我们要经常上门问："会用了吗？"最起码要问："健康码会用了没？"好，掌握了，你再教他用抖音、看新闻，这就慢慢成功了，这是一个过程。

我现在想把我们整个数字化弄好的话，肯定还需要掌上App，这个App一点进去，我们村务公开，手机上都可以看得见。垃圾分类的积分、不文明的出行等，随时拍随时可以发。不过智能机唯一一点不好就是我们老年人的眼睛越用越惨，他用起来就已经放不下了，内容实在太丰富了，他们能看到太多不一样的东西，老头、老太太都已经入迷，难怪我们的小孩子也会入迷。

还有，我现在最想办好的就是村里的共富工坊。共富工坊就是我们在村里把生产线组装起来，让老百姓进去，不要外出去打工，在村里就可以赚钱。我把村里的旧祠堂拆了，按工厂的标准改成了可以放流水线的地方。2022年因为疫情，企业其实也都比较困难，面临着用工荒的问题，很多人不敢出来工作，招工招不起，流水线的功能就抓不起来。我们想做的就是以更低的价格帮企业完成一些简单的工厂操作，比如手机出厂之前要给手机套上一个套，我们就和企业合作，把手机和套拿回来，放到我们的共富工坊里，也是按照标准化的流水线生产，在我们这里加工。我们的村民很多都比较自由，像一些妇女，小孩在读幼儿园，她早上起来要做早饭、送小孩，中午还要做午饭，正儿八经的班没办法去上，但是从送小孩到做中饭，这里可能有两个小时甚至3个小时的时间是空闲的，她闲着也是闲着，除了打麻将、打牌，也没别的事做了，所以她可以利用这个时间到我们村里的共富工坊来干，提前培训好她，之后时间就都比较自由，她要回家去做饭了也没关系，那我给她按件计酬。

我跟几个厂都联系好了，我们是这么一种形式：假如工厂给我是20块钱一个小时的工价，我给村民也是20块钱一个小时。村民干不满一个小时，我就给他按件计酬。村里不赚这个钱。我赚什么呢？我把这件事情做好，把我们的共富工坊、村企合作弄好，村里给你企业服务好了，给你解决了一部分困难，东西质量也保证好，年终的时候你给我们包个红包，你给我们2万、3万也行，你能包5万、10万，我们更开心。我们周边有3个企业，如果每个企业能给我们3万块钱，每年我们村集体就增收9万块钱，如果包5万，我们就增收了15万块钱。这个做起来会比较长久，而且我把他们培训好了之后，员工就是我们的村民，他们不会跑的，肯定一直会待在家里。假如一个妇女靠着在村里共富工坊工作，一个月可以多赚3 000块钱，做得稍微累点可以多赚5 000块钱，那她可能还会发动老公一起做："你下班之后也给我来弄一下哈。"这就会形成一个非常好的良性循环。所以我也跟各个老总商量，他们下游的几百家供应商，只要给我选择优质的三五家就可以了，东西简单一点的，分给我，我这里就有活了。

我这里最大的好处就是很便利，几个企业跟我们的距离都是在两三公里以内，弄得好的话，周边村的村民都可以到我们联丰这里来干，这就拓展开了。这个可能真的会成为我的另外一个金字招牌，老百姓有钱，集体又增收，只要企业不倒，就能一直这么运转下去。大家都有益处，何乐而不为呢？

我觉得共同富裕要从3个方面来看：集体的富裕，老百姓的富裕，还有一个就是精神上的富裕。除了共富工坊以外，我们还弄了一个老年照料中心，我准备请个阿姨来，工资大概是3 000块钱一个月，叫她烧饭，中午、晚上，烧两顿。村里75周岁以上的老年人可以免费吃，60岁到75岁的老人每一顿交3块钱伙食费就行。鱼、肉，我都会保证的，就让老年人坐在一起吃饭。这边弄好了之后，我们还想搞一个儿童之家，孩子们可以在儿童之家里玩玩具、写字、画画，有很多东西可以玩，儿童的问题又解决了。其实我们村里可以跟很多城市社区相媲美，很方便，不过也是学习了一些城市先进社区的经验。

还有精神上的富裕，我们是在传统节日的基础上自创了两个文化节，八月十五和正月十五，我们会有汉服表演，还有猜灯谜、投壶、写福字、歌舞、才艺表演，等等。我们整个元宵节的游玩活动分5个项目，每个项目都有10分，1分相当于1块钱，你5个项目玩下来最多可以拿50分，抵成50块钱之后可以去我们卡丁车售票处兑换卡丁车票。双人车开一次是50块，你如果只有40分，那再补10块钱就可以购买双人票了。我们的单人票是30块，你要是有30分，就可以拿一张单人票，这样子下来，又能有更多人来玩我们的卡丁车。

六、总结：低谷与高光，忧虑与期待

在我找到治理村子的方法之后，在很短的时间里我就获得了很多荣誉：兴村治社名师、"丽水之干"先锋人物、浙江省担当作为好支书、丽水十大强基先锋，等等。我在家里有一个柜子，里面都是奖状。建党100周年时，我获得了最大荣誉——2021年的"浙江省优秀共产党员"，全省一共200个人，整个丽水的农村书记就我一个，省委书记在嘉兴给我们颁的奖。书记在上面讲："今天受表彰的200位优秀共产党员，是我们全省430多万党员里面的优秀者、佼佼者……"那番话听得我心潮澎湃，突然就理解了黄继光为什么会去堵枪眼，真的是荣誉的力量、党的召唤，如果当时省委书记说："楼干强！去堵枪眼！"我马上就会冲上去。

不过，获得的荣誉多了，自己也背负起了更大的压力，有时候会钻进那种发展村庄的思绪里出不来，什么时候都想去争第一，但也不敢表露出来，只是暗自对自己要求很严，搞得很紧张。同时，也会觉得自己何德何能，被整个丽水市的书记们看着，他们有些可能会觉得因为我们壶镇镇这边本来就有钱所以才容易做好，其实他们都不知道我的苦处，都是我们去拼命才干下来的。我现在对"发展才是硬道理"这句话认识得很到位了，就是说不要去等着政策向你倾斜、对你有利，也不要等着各种优惠补助给到你，而是要勇往直前，自己谋出路，像我们联丰，从以前谁都不愿意来，到现在谁都愿意来，这就是一个转变、一种发展。

我觉得我们浙江人身上有一种很好的精神——拼搏精神，我们很会拼，我们是抱着"拼回来一点算一点，拼回来的都是自己的"这种想法，但是你去等、靠、要，就不行。现在很多村书记是"等、靠、要"的心态，人家跟他说："你村庄要搞好一点啊！""我没钱，你能给我多少？"所以我也经常讲，"等、靠、要"的思想一定要彻底打破，不然你按照他们这种逻辑去想，就会说出"我们的政府和党只会锦上添花，不会雪中送炭"这种话。应该说，既有"锦上添花"，更有"雪中送炭"。对于很多人，政府不敢先给你钱也是有原因的、有先例的，有的人钱先给他了，但一点村庄建设都没做，发展也没有，钱却花光了，那还怎么去相信他呢？我打拼，我自己先下一点血本进去嘛，再让政府来给我锦上添花，也一样能发展好。我当时的理念是负债经营，我欠款了才有动力去还钱，如果天天养尊处优着，可能我就没动力了。所以我觉得还是要自己敢担当一点，敢去拼、去闯。

尤其是现在农村推行"一肩挑"了，以前讲村干部的顺序都是"村长、书记"，把村长放在书记前面，因为村长选举是要好几百号甚至上千号人来参加的，村书记也就几十号党员投票，投票的人层次不一样，数量不一样，影响力也不一样。村长从几百号的人里面选出来，他肯定有过人之处，要么他有钱，要么他就是把村里的各种关系处理得很好，是能人，这种人当村长之后，一般都会盖过书记的风头。所以从传统来说，村长比我们书记都要厉害，以前书记就管好自己党内的事情，无须去管村内行政的事情。但是其实原则应该是"党领导一切"的，所以以前农村存在的关于"书记大还是村长大"的纠纷，就被这个"一肩挑"的政策给解决掉了。我觉得，这样一是解决了农村最基层的疑虑，谁大谁小就不要争了，一个人干了；二是充分体现了我们党领导一切的作用，从基层开始听党话、跟党走。这就需要现在"一肩挑"的书记比以前更敢于担当、作为，抓住机会建设村庄。

其实这几年多多少少也有些遗憾，按道理我是该很满足了，人家当了二三十年的书记可能拿的荣誉都没我多，但我还是有遗憾，希望脑子可以再开拓一些、思想可以更打开一些，能够在村里搞一个长久的产业出来，让村集体每年都有稳定的收入。现在我就把这个希望寄托在我们正在建设的共富工坊上，希望它能给我们村带来更多的效益。

在整个农村治理的过程中，我们书记的自由度其实也有限。第一，还是会隐隐担心政策朝令夕改的问题，比如跟我们联系最紧密的镇党委政府，我们会担心下一届领导的思路跟这一届领导的思路会有变化，这倒不是说必须要一成不变才是最好，只是由于我们农村这个基层的属性，我们去重新接纳、吸收、推行一个新的东西会需要一些时间，甚至可能前期所做的别的努力会荒废掉，我觉得最关键的问题还是该怎么把政策去延续、衔接好。第二，就是农村基层还是需要人才，期待有更多高学历的人来农村工作，其实农村能做的事情很多，对个人也会有很大帮助。

到 2025 年换届的时候，也不知道还是不是我当书记了。2019 年小城镇环境综合整治的时候我花了 1 000 多万块，后来办卡丁车、做未来乡村还花了一些钱，现在村集体还负债 400 多万块，剩下的这个债我打算在换届之前全部还完，不留给下一届。我也不是怕走下坡路，只是感觉到压力还是比较大，我的头发都白掉了，所以也觉得够了。中国不是有句老话叫："麻雀虽小，五脏俱全"吗？我把它改了，我说我们是"麻雀虽小，也能上青天"。我们村干部要努力让联丰村这只麻雀在天上飞得更久、更远。

****

采写者名片

谢欣瑶，女，2001 年 3 月生，湖南省湘潭人，本科毕业于北京电影学院管理学院，现为清华大学新闻与传播学院硕士研究生，研究方向为国际传播、传播政治经济学。

采写手记：广阔田地，大有可为

第一次去联丰村是冬天，楼书记先带我在村里转了一圈。文化礼堂、戏台、荷花池、卡丁车场、土地庙，"这里原来都是旱厕""这里之前堆满了废料"，边走边介绍时，他的神情充满了自豪。路上遇见许多村民，他笑着招呼，和躺在藤椅上晒太阳的老人问好，扶一扶奔跑着经过我们的小孩，顺便捡起地上的纸片，然后向前走几步，扔进垃圾桶里。于是，我就是这样建立起了与联丰村的连接——先看到了这里的人和建筑，还有正发生着的生活。

一顿饭后，楼书记开始了他的讲述。他是一个坦诚的受访者：不会吝啬于讲述自己刚上任时曾经历的困惑与无措，以及某些不堪的回忆：被村民指着鼻子骂、被泼了一身尿都不敢张嘴等；不会对"阴暗面"避之不及：与老书记的选举竞争、被纪委遏制住的"贿选"念头等；也不会着迷于夸耀自己，他坦然承认："如果不是去上了领雁班，这些主意我都想不到。"更毫不掩饰在"报答家乡"这利他动机下的私心："到处都叫我'楼书记'，像顶着一个光环一样。"而他最常提到的字眼，是"感谢"：真的很感谢村委干部们、真的很感谢家人、真的很感谢县里的组织部……我感受到他的情绪随着讲述愈渐深入而愈发明亮，也许是因为故事中的他正随着联丰村越来越好而越来越充满干劲和激情，几个小时间，村庄的发展与村干部的成长一同延展开来。我还惊讶地发现，一些看似遥不可及的命题已经在这田间地头悄悄落地，而实践所悟出的真知已化为了书记在不经意间说出的质朴语句——"只要百姓能感受到便利，那我做的数字化就成功了！""共富工坊，老百姓有钱，集体还增收，又给企业提供便利，何乐而不为？"阡陌交错间，大道至简。

从正午阳光当头聊至暮色降临，访谈结束，楼书记却执意要带我们去见一位"陈总"。原来，陈总是联丰村的"新村民"，也是一名企业家，他所担任董事和执行总经理的公司创建于1996年，是一家集研发、生产、销售为一体的以炊具、小家电为主的综合型制造企业，近年来产值已达几十亿。陈总的故事说简单也简单：明明是广东人，却把户口落在了联丰村，买了村里的旧民宅，改造成一栋既能自住又能接待客人的房屋，在这百亩荷花边潜心做技术研发。但这故事其实还藏着更多细节：楼书记提到自己唯一一次被村民上访的经历便是因为陈总——书记想把村里的旱厕拆掉，建一个能放下羽毛球场与乒乓球台的体育馆，而这个旱厕正好在陈总家的侧门边，于是有的村民很不满——"这是勾结、利益交换"。实际上，楼书记连体育场里要留几个下水口都想好了，因为他发现村里经常要办流水席，办一次光是租伞棚都要花上不少钱，而卷起羽毛球场的塑胶铺垫后，体育馆就成了完美的场地，如果村民有办流水席的需求，可以免费使用。"天知道，我给陈总提供的好处有且只有10厘米，让他家门前能过两辆车，原来的车道只能过一辆。"说起这些，楼书记觉得有些委屈，到动情处甚至哽咽。而在这样的氛围下，陈总也敞开了心扉，他说自己在正式决定搬来联丰村前甚至偷偷测过村里的水质，彼时他与楼书记并不熟识，是村子的环境、设施与氛围真正让他决定留在这里。有趣的是，在那天当着我们一众"外人"的推心置腹之前，楼书记并不知道陈总对村里有过这样一番考察，书记惊讶又带着庆幸地说："还好我们村经受住了考验！"

盛夏，我再次去到联丰，惊觉这片并不大的土地上在短短几个月内发生的变化：卡丁车场正在被大刀阔斧地改造，书记准备在场地中央放置显示屏、安装测速仪，以"速度纪录"来为卡丁车场吸引更多回头客；陈总被评为了缙云县"首届最美新缙云人"，接受县委组织部的颁奖；共富工坊已经开始运转，第一个要做的产品正是陈总提供的其公司下游加工厂的线路板。显然，书记追求的"每年一变"落到实处的体现，便是"苟日新，日日新"。

企业家与村庄的互动图景就以这种极为生动的方式展现在我们眼前，一边是自愿回嵌故土、建设村庄的基层干部，一边是受到吸引、主动嵌入乡村的现代性主体，他们跟上了大时代高速向前的现代化列车，却不愿在钢筋森林中过多停留，转而回到氤氲着雾气与青烟的江南田园，寻一心安之处，立一心安之业。而当他们的愿力合流，便迸发出强大的力量，于是，有了这些可遇不可求的故事，有了这些朴实落地的实践。

毫无疑问，楼书记是村里的富人、能人，他有魄力、敢担当，不论是以个人名义去向银行贷款来建设村庄，还是把每年的书记工资奖励给下属干部，甚至用自己的资金补贴村里的困难群体，乡村对他更大的意义不是事业发展的主战场，而是情感上的故乡。正是作为先富群体在经济上的优势，给了他事必躬亲的精力、不必因循守旧的底气以及贯彻公正清廉的原初动机。而考察他的选举过程我们不难发现，至少在联丰村这个例子中，村支书选举的基层民主并未因财富原因。对于自己办厂致富的经历，楼书记言语寥寥，反而更自得于年轻时对村民的帮助，修机器、卖草席，"我可以说是帮过村里每一户家庭的忙""虽然那时我还不是党员，但已经在为人民服务了"，然后便是选举前挨家挨户地跑动、游说，这种人情联结的打通和个人能力的展示，也许才是他能当选书记的重要原因。

此次采访使我收益颇丰，也感触良多。学界对"富人治村"的警惕由来已久，但当我真的走近这广袤大地上正进行着的火热实践时，真实的力量远远盖过了行前所读文献中的学理分析。泥土地、破篱笆也许确实是许多人记忆中的乡愁所在，于是——"要避免以管理企业的方式管理村庄""要避免标准化的现代景观对乡村的侵入"……但，对于留在那里的人来说，泥土地、破篱笆只是不美丽的现实。我们真正该避免的，是用俯视的姿态对充满了复杂性的乡村主体下诸多先验性定论，这也是我们一行人在赵月枝老师的带领下选择用实地调研这种方式来阐释缙云村书记故事的初心。

全国近70万个行政村中，可能我们的故事只是其中的吉光片羽，是"治村名师"、优中之优。但它们同时也是缙云这个有一些特殊性、但又没那么特殊的普通县域对共同富裕这一时代主题所作的回应——足够丰富，足够铿锵，足够坚定。

第十章　刘利军：慈孝为先，文化兴村
——乡风文明是我治村的重要法宝

口述：刘利军
采写：何海洋
采访时间：2023年2月4日—2023年7月10日

书记名片

刘利军，1975年12月生，2003年5月加入中国共产党，任缙云县五云街道周村村党总支书记、村委会主任。广东省江门市第十四、十五、十六届人大代表、广东台山渔业养殖协会会长、五云街道乡贤联谊会副会长。荣获2021年丽水市兴村（治社）名师、丽水市优秀党务工作者、2022年丽水市担当作为好支书、2023年浙江省担当作为好支书、丽水市"双招双引"工作一线优秀共产党员等荣誉。

村庄名片

周村村由周村自然村和双合村合并而成，是五云街道的人口第一大村，距离县城2.5公里，地处县城与仙都5A景区交接带，村域面积6.3平方公里，户籍人口3 446人，共有34个村民小组、15个党小组，有党员111人，2022年村集体经济收入168.15万元。该村有仙都十大胜景之一的婆媳岩，有浙江省最美绿道之一的仙都风情绿道，《道士下山》《阿诗玛》等十余部影视作品皆取景周村。曾获浙江省美丽宜居示范村、浙江省美丽乡村特色精品村、浙江省3A级景区村、浙江省民主法治村、浙江省首批"红色根脉"强基示范村等荣誉。

一、从"外游鸭农"到"养虾大王"：南下广东的养殖历险记

我们缙云山美水美，但美的代价就是人多地少，就是穷。周村是缙云县的一个小村，我们村以前是种茶、养蚕，就是做蚕丝被那种蚕，靠着一点点农业生活。几十年前，新建镇笕川那边的先辈往外闯，叫"四万鸭农闯天下"，很有名，慢慢地把我们这边往外跑的风气带起来了。

其实，这些鸭农都是在本地没钱赚，于是就这样一路把鸭子赶出去，赶到广东或者广西，后来规模大了全国各地都有，从那以后好像往外闯就变成了我们这边的一个传统。按道理讲谁都不愿意离开家跑到人生地不熟的地方，但你不出去就一辈子穷，下辈子也跟着穷，就再也没有富起来的可能，所以表象看起来很英雄的事，背后是有点无奈在里面的。

我小时候家里穷，学校刚毕业我就跑去做泥水匠，积攒了点儿经验后就自己做建材装修生意，左亲右邻家里有需要也都来找我，就这样靠着勤劳赚了几十万，虽说当时是笔不少的钱，但看到大家都往外跑我自己心里也痒。于是2000年的时候，我跟着养鸭的大部队跑到广东去养鸭子。当我跟家里人说我要出去的时候，亲戚们都不同意，劝我说赚的钱比公务员都高了还那么辛苦做什么，希望我稳定一点，留下来。

那时候我们很多老乡在广东开孵化场，我就跟着过去想靠养鸭子赚钱，到了广东台山我们找了60亩鱼塘作为起步资本，养了3 000多只鸭子，也还养点鱼，当起了鸭农。但是我们缙云的麻鸭对不上广东人的口味，既然不喜欢吃鸭肉我们就只能在鸭蛋上做文章，把孵化场的产业链想办法延长，把鸭蛋加工成咸鸭蛋和皮蛋，鸭子则拉回缙云或送到湖南湖北这些地方去，做成熟食或者鸭舌头。但这么搞不仅利润小、盈利模式单一，而且各种交通成本一算起来，我们实际上赚不到什么钱，那我就想必须自己再谋条生路了，不能把青春就这么浪费在广东。

不都说"靠山吃山，靠海吃海"嘛，那么既然来了广东，养鸭养不成那我就试试养虾养鱼。于是，我就和当地几个关系要好的兄弟决定去养虾。作这个决定时，还有一个考虑，我们养鸭子的时候把水泥池修得很好，都是坚固的高位池，养虾的话我们正好可以利用这些现成的设施，从成本方面考虑养虾也是合情合理的事情。

就这样，2002年我开始试着养南美白对虾[①]。这个虾现在已经上了我们中国人千家万户的餐桌了，但当时我们养这个虾还算是早的，因为国内这个虾比较少，广东都少，更不用讲其他地方。别看这么小的一个虾，养活它是真难，毕竟养鸭子风险我们都看得到，但虾只活在水里，看不到风险，更何况那时候放一个塘的虾苗就要十几万块钱，养不好本都要赔光的。但是赚钱哪能没风险，那么多塘放在那里，不赚钱就是亏，硬着头皮也要养。

最初的时候我们在广东台山购进了两箱虾，刚起步我们什么概念都不懂，就想请养虾的专家来帮我们看看，结果专家一来就泼了盆冷水，说我们这种养殖模式绝对

---

① 南美白对虾：成体最长达23厘米，甲壳较薄，正常体色为青蓝色或浅青灰色，全身不具斑纹。成虾多生活在离岸较近的沿岸水域，幼虾则喜欢在饵料丰富的河口区觅食生长。南美白对虾属杂食性种，在人工养殖情况下，可摄食池塘中的有机碎屑，对饲料的固化率要求较高。南美白对虾营养丰富、味道鲜美，在中国深受广大民众喜爱，具有较高的经济价值。近年来，我国南美白对虾养殖总产量（包括海水养殖和淡水养殖）持续上升，2019年产量达到181.56万吨，养殖产量占比高达90%。

不行，养不活。当时我们都吓坏了，因为虾苗可不便宜，没知识没经验我们就买书过来看，全部照着书上教的养，结果却怎么养也养不好，失败了好多次。

这样下去不行，我们就干脆用自己的土办法一点点摸索。为了更好地总结虾的进食和交配规律，我们必须亲自观察虾的行为，我花了好几万买潜水设备。因为虾的很多行为很微小，肉眼很难看到，不像鸭子一样做什么都很明显。所以一般的潜水手电筒不行，我得买那种专业的高功率手电筒，这样哪怕虾塘再怎么浑浊我也能看得清楚一点。我记得那时候每天都是穿着潜水服泡在塘子里，但因为戴着手套和面具不方便，我就只能把脸和手露在外面，一天下来泡得皱巴巴的。再加上虾很会蹦，要么老是蹦在我脸上，要么就是虾屁股划我的手，挺疼的。这都是我们这批中国最早的养虾人经历的事儿。

另外，我们的塘虽然建在海边，但我们一直在研究咸水转淡水养殖的技术。最早买进的虾卵我们把它放到盐度在 30~40 度的咸水中，随着虾的不断长大，我们一点点把盐度降下来。这个过程很痛苦，因为肯定会死虾，但是盐度越低，就越会刺激虾脱壳变大，为了追求效益我们必须把"咸水虾"养成"淡水虾"，等到最后可以卖的成品塘里面，我们能把盐度降到五六度了。

选苗也有学问。当时我们这边有 3 种苗，一个是我们中国所谓的一代苗，也就是美国的 SIS 公司①的那种苗，后来又培育出二代苗，还有一种我们自己搞出来的苗，就是把虾体大的虾挑出来做种虾，不断增大虾的个头、提高虾苗的存活率和抗病率。这些都是自己慢慢试出来的。那些专家看到我们成功后，还跑到我们场里做实验基地，向我们学习呢。理论是重要，但不是说我们没知识的人养虾就一定成不了。

虾要养活，饲料搞好了虾就养成一半了。我最早从别人那里进饲料，后来有了知识就自己开始研究饲料和药品。早期发明出新配方后，我们是和大公司合作，大公司看我做得好就让我做总代理，每一包饲料都给我提成，但是拿提成实际上还是把自己的"命运"捏在别人手里，于是我们到 2008 年的时候开了饲料加工厂，目的就是想把虾料生产的主动权掌握在自己手里。

虾是很容易生病的，而且很多都是传染病。但 2009 年以前生病都是小规模的，死不光，到了 2009 年以后虾得病越来越厉害了，动不动一个塘里的虾都死完了。所以，当我发现有个塘中有病虾的时候是很紧张的，后来我们就琢磨办法，当发现有虾生病了我们就先把病虾挑出来观察一两天，如果在增氧机的塘里死了 5 斤以上的虾我们就全部清塘消毒。这个就像处理鸡瘟一样，你不能心疼，要果断处理，要不损失更多。

---

① 全称 Shrimp Improvement Systems Group。

虾能养活是第一步。其实我们还算幸运，第一年养虾收益便高达 70 万元。但是规模上来了销路却又出问题了。2006 年的时候，我们遇到了第一次大的市场危机。那时候我们的虾主要都是往外出口的，有一个分部的虾卖不出去，我就动员那些虾农说一定要坚持下去，这只是一个暂时的困难，其实我当时心里也犯嘀咕，有时候都想跑路跑掉，最后还是咬咬牙想着再坚持一下。

但是你给别人信心的前提是你要有本事把这个危机给渡过去，国外市场出了问题我就瞄准了国内市场。我比市场价高 5 毛钱回收那些虾农的虾，让他们有钱可赚，剩下的我再想办法。我去想办法找产业链下游的公司，开拓新的客户，当时找了两家，一家是国联，一家是粤海。我和粤海的董事长、总经理一直谈，他们刚开始不是很愿意收我们的虾，后来磨多了他们就愿意试一试，毕竟你想想我们的虾出口的时候才 20 块钱一斤，比肉都便宜，他们后来听进去了，收了我们的虾。

其实我们也就是和粤海打了个时间差，目的是保住虾农的利益，因为很多虾农都是我们周村跑去广东追随我的，我不能让他们吃亏。等过了这个危机，我们觉得国外市场不稳定，就借这个机会开拓国内市场，按照习总书记的话说就是"国内大循环"。当时我想，这么好的虾，国人不会不懂的。再到后来我们就搞成"国际国内双循环"了，外国人喜欢个子大的虾，我们就把那种虾出口出去，小一些、便宜一些的虾就主打国内市场，让国内更多的人能吃上好吃不贵的虾肉。

2008 年的时候我回缙云看望父母，千里之外的广东一场叫"黑格比"①的台风却差点要了我的命。其实要只是台风还好，主要是台风引起的海啸。因为我们用的是海水养虾，所以虾塘必须要靠着海，我们的塘和海之间还有一条一级公路。当时台风吹起的海啸直接冲断了堤坝没过公路，把我一个 3 000 亩的塘直接冲毁掉了。2008 年我们基本上是颗粒无收的。当时真的想不通，我们一步一个脚印都这么顺利过来了，千算万算也没算到会倒在台风面前。

有台风就意味着有暴雨。每次刮台风的时候动不动就下暴雨积一米深的水，我们的虾塘本身也没多高，暴雨只要一漫过塘就完蛋了，虾也跑了，塘里面的盐度、温度、微生物比例全部乱掉了。广东台风和暴雨多，我们就一次次地总结经验，当然其中代价很大，但到现在我们的防涝已经做得好很多了。

其实要是塘冲垮了还能重新修，关键是我们那次死了 4 个人。在虾塘旁我们盖的都是简易房，简易房上面是网片水泥。当时我在老家看新闻说广东今晚的台风会比较大，我就打电话给广东那边的工人说一定要注意安全问题。他们说连一滴雨也没下。

---

① 2008 年 9 月 15 日，一热带低气压在关岛之西北形成。翌日，联合台风警报中心将它升格为热带风暴。其后在 13 时 30 分，日本气象厅升格为热带风暴并命名为"黑格比"。9 月 24 日 6 时 45 分在广东省电白县陈村镇沿海登陆，登陆时中心最大风力有 15 级（48 米/秒）。台风"黑格比"登陆广东后使中国广东省 737 万人受灾，22 人死亡，直接经济损失达 114 亿元。

大家本以为这场台风就这样过去了，结果次日凌晨1点我再打电话过去的时候，他们说外面的水淹得屋门都打不开了，而且水又不断地从门缝往里涌。后来有些人就从窗户的钢筋空隙中往外钻，把身上都划破了，泡在海水里疼得要命，钻不出去就只能在屋里等死，就是那次淹死了4个人。我听着他们的描述，揪心揪得喘不上气，谁也想不到，养个虾还会养出人命。这件事对我影响很大，后来我们养殖场一直把安全放在第一位，钱赚得慢点儿没事，安全得到位，人没了啥都没了。

总体来说，养虾虽然经历了这么多难关，但总算养下来了。到2010年的时候就比较稳定了，随后几年养殖规模不断扩大，从2000年的五六亩到10年后养殖总面积高达1万亩，其中我自己养1 000多亩，剩下的就租给别人养，最终发展形成虾塘、种苗、饲料、成品虾回收的一条龙模式产业链，当时创造的年产值近千万元。

看到我们做成了，别人也慢慢学着我们的经验在周围养虾。这个时候我觉得单纯靠养虾这条路已经快看到头了，要找些其他赚钱的事情来做，于是就把兴趣盯在了旅游上面。我自己也爱旅游，旅游的时候我会观察别人的模式，看得多了自己也想做。于是我们当时开发了一种以"公司＋农户合作经营"的模式，在距离虾塘180公里外的云浮市建大云雾山旅游区。我们根据当地的喀斯特地貌慢慢地开发出溶洞漂流、溶洞观光和瀑布观光等好几个项目。建景区最早的本金也是靠养虾养出来的，所以养鸭养虾再到搞旅游开发，我这几步都是连着的，刚开始的时候我是打算投2 000万元，到现在真金白银已经投了一共8 000万元。

这么些年，我在广东成了家，广东就是我第二故乡，江门也是我非常留恋的地方。正当我想以后一直留在广东的时候，父亲的一场病让我选择了回家，回到周村。这么看来，我和周村也算因为我父亲的病走到了一起，所以别人问我事业干得这么好的时候为什么要回去，我当时确实是为了父亲。

二、广东事业正兴时我选择返乡开启"双线作战"模式

2014年对我而言既是艰难的一年，也是改变了我后来生活的一年。那年我父亲得了胃癌。父亲大过天，我这边做再大的生意也得回去给父亲治病。于是，我就在广东请了8个职业经理人替我看住厂子，平时也让老婆看一下，儿子还在外面读书。因为我不在广东的话对厂子里生意的影响还是比较大的。那时候我差不多20天左右就要飞回广东一趟，每当要和非常重要的客户谈生意的时候，我还是要回去把把关，其他的事情就托管给广东那边的手下，剩下的时间主要都是陪父亲在缙云县看病。

父亲这个病一看就是4年，后来父亲病得瘦成皮包骨，我弟弟在外地回不来，我作为大哥肯定要照顾好父亲。我父亲生病了以后特别怕冷，有一次夏天给我父亲洗澡

的时候我直接热中暑了。没办法，小的时候是他把我养活大，我作为儿子不能不管他。

回来的时候我在广东那边的生意已经有了一定规模，不能说衣锦还乡，但村里的人还是会觉得我有一些能力。所以回来了之后先是在村支部担任了一届副书记，然后出现了一个契机，就是我们村里的领导跟我喝茶聊天的时候问我能不能回来当这个村支书。我说我不当，一方面照顾父亲和管理厂子已经让我忙不过来了，另一方面我们村的情况有些复杂，那时候大家都知道周村的村风比较蛮，我这么多年不在村子里了，又没有什么从政治村的经验，觉得自己担不起这个责任。

村里的老书记那时候还在任，他说他不想当了让我来当，我当时还是回绝了他，我说我不当干部，也没有这种兴趣。后来街道的领导也让我回来当。在村里领导的再三劝说下，我心里慢慢觉得大家都希望我能为周村做些贡献，一次两次可以回绝，三次四次我感受到那种压力时，就不好再拒绝了。

可当时我觉得要是真的接了，没做好就完蛋了，直到有一次我在散步的时候，看着小时候玩过的水，还有我们那个山上的婆媳岩，心里想，我们周村明明有这么多的好资源，我们的祖宗留下了这么多的好传统，为什么我们村比周围的村都落后？不说落后10年至少也有5年那么多。直到这个时候，我真的觉得不能再等了，既然大家觉得我有这个能力，我就应该试一试。现在想起来那时候也是脑子一热就作的决定，都没和家里人说。

回家乡做书记以后，广东那边的厂子确实就抽不开身了。我平时基本都是靠电话跟他们沟通，有时候会视频会议看一下。疫情出现后更不好两地跑了，所以像2022年疫情比较严重的时候，我就只回去两次，每次回去基本上都要掉层皮。但是我又不能在广东待太久，你去5天村里还风平浪静，7天村里就有人有意见了，去10天回来的时候要办的事儿都能把人压死。有时候我就觉得管村就像在管小孩，大事不多，都是些小事，但这些小事没了你又不行，谁让你是村里的"家长"呢！

都说新官上任最害怕的就是搞关系。我刚上任的时候还是"双肩挑"①，很多人都说"双肩挑"治村容易出乱子，但我和村长的配合还挺好的，合作得很开心，有时候哪怕我干活多苦都没关系，只要工作配合得默契就行。

---

① "双肩挑"指村党支部书记和村委会主任（即俗称的"村长"）分别由两人担任。其中，村支书由村党员选举产生；村主任不一定是党员，由本村村民民主选举产生。20世纪90年代初，我国部分地区（如山东威海、广东顺德等地）积极探索村两委领导的新模式，即后来的"一肩挑"，指村党支部书记和村委会主任由同一人担任。2018年5月31日，中共中央政治局会议审议《乡村振兴战略规划（2018—2022年）》和《关于打赢脱贫攻坚战三年行动的指导意见》，提出到2020年全国村党支部书记、村委会主任"一肩挑"比例要达到35%、到2022年要达到50%的预期目标，"一肩挑"制度由此进入全面推行阶段。"一肩挑"制度立足于强化党对农村事业的全面领导，逐步实现党务、村务一手抓，农村工作全面管，目标是汇聚实现乡村振兴战略的强大合力。

因为我也不是为了争权夺利，我回到周村就是想全心全意为了家乡的发展当干部的，所以要是作为党的干部还要争权夺利，为自己谋那一点利益，那还当什么干部，干脆就不要当。咱们村里所有的经营性收入，我一个人在广东几个月就干来了，为了一点小利我何必还回村，说白了还是一种关心家乡的心情。我带着这种心情，有时候吃些亏、绕些路就不怕什么了，别人也能看出你是真的想为这里好，所以一般不会来给你找事，"双肩挑"的时候村主任还经常帮我担一担事儿，有些事来不及处理交给村主任就行，现在"一肩挑"了我反而更累，有些事办起来更难了。所以说制度是固定的，但是制度下的人要活一点，不能一板子说制度好还是不好，不同的人在里面的感受不一样，能做的东西也不一样。

当然，大家总看到村支书威风的一面，但很多时候吃的亏、受的苦大家是看不到的。我刚开始接管周村的时候我们村"两委"班子也缺乏凝聚力和战斗力，村"两委"班子的复杂性、党员干部的复杂性、人和人之间的复杂性，那真的是一点点摸索出来的。我自己在广东做生意的时候，什么都是自己说了算，但在周村就不一样了。在周村这里其实不是我说了算，也不是村"两委"说了算，我们要通过村民代表大会还要征求村民的意见，你干得好有人骂，干得差也有人骂。所以当农村干部一定要憋得住，要受得了这种气。

三、治村要先治村风："文化立村"是我摸索出的治村思路

现在提到我们周村，大家都知道有慈孝文化节和绿道。其实这也是我们周村为了发展经济想尽办法想出来的路子。现在看，不管是婆媳岩背后的慈孝文化，还是修绿道发展经济搞的绿色文化，其实我们都是在"文化"上面做对了文章，对我们这种自然资源不太好的村，走这条路算是"摸着石头过河"走对了。

先说说慈孝文化吧。婆媳岩的传说大家都知道，讲的是媳妇虐待婆婆惹怒了老天爷被雷劈，其实只不过是几块石头，但这个敬老的故事是祖宗留给我们的，按理说我们的村风应该会受这个影响很大，但当时我接管村子的时候村风并不是很和谐。我就想这不行，常言道"家和万事兴"，不和谐啥事也做不成，村子也是家，一个道理，心不齐啥事也办不好。不仅村里每个家庭要和谐、村"两委"也要和谐，村党员干部之间更要和谐，得用个什么办法把之前这股邪风扭过来。

就是因为这个想法，我想到能不能把我们村婆媳岩背后的慈孝文化用起来，因为父母关心儿子女儿，孩子之后就会孝敬父母，这是相互的。我们重新把这个慈孝文化提起来，一方面可以警示后辈要对自己的父母公婆好，同时也能告诉父母辈正确教育子女的方法；另一方面，这种慈孝不仅"小家"需要，为了团结我们干群关系也需要。

所以，我在2018年的时候就组织举办了首届周村慈孝文化节，没想到一炮走红。如果你们现在去看当时的照片，人山人海，我们搭的大舞台在中间非常显眼，给这个思路开了个好头。

我们的慈孝文化节发展得一直不错，直到后来受到了疫情的影响，隔了两届没有开办。现在疫情放开了，我们决定2023年3月25号在周村樱花盛开的时候开办第四届慈孝文化节，以往受到疫情影响的一些文化活动我们都要一件件地再办回来。

2023年的慈孝文化节比较有意思，因为我们浙江不是要开亚运会了吗，所以2023年的主题是第四届慈孝文化节暨"樱为有你"迎亚运活动。首先，我们还是要在开幕式上表彰慈孝之星，这是一个榜样的示范作用。开幕式结束后，我们就从周村的大森营共富营地一直沿着绿道"踩街"到村公交站，"踩街"我们设计了3个方阵。第一个方阵叫作"慈孝同乐方阵"，由小孩和老人组成，展现一些我们日常生活的场景，核心是想宣传父慈子孝、阖家幸福的慈孝文化。第二个方阵叫"亚运花舞方阵"，传递的是"全民健身，共享亚运"的理念。最后一个方阵是"劳动之美方阵"，通过重现一些稻筒打麦、打连枷、采茶姑娘的场景来展示我们的农耕文化。下午我们还开展了文艺演出，邀请了9个国家级和省级演员来参演，把他们请回来也是想用乡贤的力量为村里的文化发展做些贡献。除此之外，我们还邀请了缙云老年书法协会来做书法展示，等等，通过各种活动把这个慈孝文化节办得更精彩。

之所以这么重视这个文化节，我们并不是要办给上面看，而是要办给我们自己的。都说重在参与，我们之前办文化节会请一些以前的文艺骨干，文艺骨干之间的关系是比较复杂的，我们就和他们讲，大家千万别因为谁的节目排在前面谁的演出排在后面而心里不平衡，我们是在为村里作贡献，要么服从我们村"两委"的管理，要么就不要参与，请大家来参加这个节不是为了出名，而是为村里作贡献。一来二往，人家也知道了我们的心思，这个文化节才慢慢办得越来越好。

文化节上的节目都是我们自编自导自演的，刚开始的时候，村里面的人看见我们请了文艺骨干上台就放不开了，都害羞不肯报名，我们就给他们做工作，说这个文化节核心是以你们为主，后来大家才慢慢放开了，争着抢着要上这个节目。我们的节目现在很丰富，唱歌跳舞诗朗诵样样都有，前面的节目让大家尽情发挥，最后的节目再请几个国家级演员来压轴，把现场气氛推向高潮。

2018年慈孝文化节搞好以后，我们照着这个思路进一步想还能做些什么。2019年我又带头举办了乡贤联谊会，办文化庆典。之所以想到挖掘乡贤的力量，是因为我们村当时太缺人才了，把他们挖回来回乡创业，或者为村子里建言献策，一来对他们自己而言是早晚的事，人总要知道根在哪，二来我们也需要他们，需要人才。我不也回来了吗？出去闯过有经验的人回来能为我们村做些贡献，而且他们对村里也算了解，提的建议比较实际，他们的作用发挥好了比请外面的专家来要好，这也是我当年养虾养出来的经验。外面的专家知识再多，他不了解你这块，有力也用不上，还是要讲一个实事求是，只有自己才是最懂自己的。

在这些回来的乡贤中，有一些是从事艺术的，很自然地就能和我们的慈孝文化联系在一起，而且他们平时在微信群中的氛围也挺好。其实，我们周村一直以来都有着很深的文化根基，比如解放后我们村业余剧团演出了《梁祝姻缘》《木兰从军》《沙家浜》《红灯记》等很多剧目，后来我们还组建了民乐锣鼓队、铜管乐队、腰鼓队、歌舞队，等等。这其中，乡贤发挥了很重要的作用。

说到这里，大家可能会觉得周村的发展顺风顺水，其实我们也遇到了很大的失败，这个失败我至今想到仍然心痛，就是我们村的温泉谷项目。根据地质勘探结果，我们村境内发现有品质较高的温泉资源。在2013年，一家酒店看中了我们村温泉资源的开发价值，打算用地1 200多亩建温泉酒店，酒店旁边还会跟建高尔夫球场、会议中心、商品房、休闲广场和康养中心，当时估计建好后将成为丽水市范围内最大的综合体项目。我们当时按照物业化返还比例测算出，项目建成后我们村将会获得近1万平方米的店面面积，总价值可能过亿。

放在当时，这个项目可是缙云县有史以来投资最大的单体项目，为此县里还专门成立了以常务副县长担任组长的领导小组，抽调出工作专班全力推进项目进展。可是事情的发展出乎意料，因为政策处理缓慢导致工作推进举步维艰，投资方那边逐渐丧失了信心。后来投资方撤资，这个项目就彻底黄了。

如果说一个人这一辈子关键的节点就那么几个，村的发展也一样。这个机会错过了，周村以后再想碰到这样的机会就难上加难了。我后来仔细想过这件事问题出在哪，想了很久终于明白可能是坏在我们当时的村风上。

首先，是当时我们村"两委"干部没有凝聚力，一盘散沙。因为我们当时村"两委"干部之间没有统一思想，有些干部脑子里面还有小农意识，基本上我们没有在项目推进上形成共识。我还记得当时的局面非常混乱，用3句话概括就是：党员比支部有发言权；开代表会时代表比干部嗓门大，经常是上面开大会下面开小会；还有一个就是户主比党员、代表和干部都厉害。这种局面的后果就是干部不敢讲、代表随便讲、党员没有正气了。村里群众看你党员都这样了，对你们的工作自然就没信心了。最后形成一个什么局面呢？就是正面声音没人敢发，反对征地的声音倒是全村统一，我当时真的有心无力，温泉谷的项目也一度陷入停滞。

后来闹得越来越凶，每当五云街道组织开"两委"会的时候，就有群众到会议室门口聚集闹事，搞得我们连会议都开不了，村里整个局面要多乱有多乱，甚至还发生了群众与公安干警的大面积冲突事件，最后13个人被公安采取措施（7人被行政拘留，

6人触犯刑事责任），并分别判处了两年、3年的有期徒刑，缓期执行。

这些我都记得很清楚，因为心里真的痛。那时我刚刚被选上村党支部副书记，也就是在2014年春节，大年三十下午2点，我和街道的干部、村党支部成员一起到县公安局将关在看守所的6个村民保释出来过年。这就是我上任后为村民办的第一件事情。后来，2014年4月份，县政府在五云街道召开了政策处理推进大会，重新启动温泉谷项目的政策处理。经过努力，到了10月份基本完成了征用土地的政策处理，12月底基本完成了坟墓的搬迁。但是，经过两年的折腾，随着资方撤资，项目黄了，一切辛苦都白费了。

其次，是党员代表没有正气，讲小团体主义，不敢与负面因素作斗争。在群众不理解出来闹的时候，村里的干部不仅没有出来主持工作，反而自己争斗，没有起到好头。可以说村"两委"的不作为直接导致了党员、代表的不和睦，三三两两，各干各的，各说各的，开会也不来，工作不参与，项目不宣传，导致村里出现了很多的负面消息，有个别代表甚至叫嚣，"温泉谷项目土地征用了，比原子弹炸掉还差，原子弹炸了很多年之后还能种，土地被项目用掉，就永生永世没有土地了"。这种说法当时在村里很有市场，反对征地的声音盖过了一切正面的宣传。代表和党员作用的缺失，导致"两委"干部与群众之间缺少了沟通的桥梁，上情无法第一时间向下传达，下情也没有及时向村"两委"反馈，群众和干部变成了两个割裂开来的群体，甚至是对立面，直接导致了我们的工作局面陷入被动。

最后，就是我们村的村民当时意识僵化，大局观念不强，总是夹带私利想问题。以前周村没有完善的产业，20世纪六七十年代，大部分人从事岩宕的采石，后来逐渐没落。大部分人闲置在家，打麻将之风盛行，成了赌博村、打架村。小部分中老年人从事传统的农耕生活，经济收入单一，土地的依存度较高。温泉谷项目的土地征用涉及1 000多户农户，可以说，百分之六十以上的村民都是失地农民。

很多村民在征地前，都要谈好条件，青苗的补偿要最高，失地保险名额也要。按照当时的失地保险政策测算，满打满算，只有600个左右的失地保险名额，这也是矛盾的聚焦点之一。同时，很多村民在征地之前，都会提出很多附加条件，比如，村民建房、道路硬化、低保补助等诸多问题。村民没有把项目的建设和村集体的发展有机结合，只顾着自己的私利，将个人利益摆在首位，导致去现场清点青苗都要偷偷摸摸，生怕被其他人知道，要被谴责。村里甚至都形成了"反征地同盟"，互相监督，坚决抵制征地。

温泉谷项目从2013年启动征地程序到2014年12月工作组解散，经历近两年时间，最终以失败而告终。如果说抓住一次机遇就会实现一次跨越的话，那失去一次机遇就会落伍一个时代，温泉谷项目成为了我们周村发展史上的最大败笔，是周村永远的痛，更是我心里永远的痛。

温泉谷项目的失败让我现在变得特别"敏感",一方面意识到村风对于一个村能不能团结起来干大事太重要了,而且这是看不见摸不着的;另一方面生怕错过了村里发展的机遇,自那件事以后,只要村里有机会往前迈一步,我就要尽全力去做成它。比如,我们努力在新时代跟上年轻人的步子,把我们村驿站旁22亩的荒地垃圾场通过租赁流转的方式改为集露营、休闲、餐饮为一体的营地式"共富工坊"。我们自己都没想到,才开业半年多,这块以前被看作是累赘的地盘就举办了丽报集团"中国记者节""骑纪中国""人才嘉年华"等多场主题活动,最高场次曝光量达100多万,最高日客流量超过1万人次。

在"共富工坊"的创设上,我们村"两委"吸取了之前温泉谷的教训,充分发挥了自己的凝聚力和战斗性。村"两委"主动盘活闲置资源,借助我们村紧邻仙都景区和最美绿道的区位优势,组建了以党支部为核心的3个攻坚小组,广泛征求群众意见,而且借助乡贤资源牵线搭桥,招引到缙云县森旅露营管理有限公司共建大森营"共富工坊",村党总支也与缙云县森旅露营管理有限公司开展党建联建,结对成为"共富合伙人"。

可以说,我们走的每一步都是在之前的失败中总结出来的,有的错不能犯第二次,这次我们做到了,我觉得这就是我们基层干部的特点。哪能不犯错呢,但是同一个错误不能犯第二次,村子的发展容不得我们老犯同样的错误。另外,于我个人而言,我是比较要强的那种人,周村出过问题,甚至出过很大的问题,但是这些问题都是在政府的帮助下自己去消化解决的,我们不能一遇到什么事就完全丢给上面的领导,这种以"干"得"助"的干部作风也是我们周村后来能翻盘的原因。

我还记得在营地建设初期,出现了招工成本高、招人难的问题,我们村"两委"和一些热心党员就帮忙在村里及周边招工。当时我跑前跑后,累得有时候都没力气再说话了,但是看着我们大家力都往一块用,累一点心里也是开心的,因为你看到大家的这个状态就知道这个项目能成。

2022年8月,在县委县政府"四城一体"的战略布局下,全县"四城一体"党建联建"共富营地"签约仪式就放在我们大森营举办。咱们浙江不是共同富裕示范区嘛,外人可能想都想不到,以前那个发展那么差的周村,也能为共富共赢作贡献。这中间你说啥起的作用最大,我觉得还是文化,还是村风,是靠"慈孝周村"的文旅项目,这是我们周村几十年发展的经验。

你如果在音乐节或者旺季来,经常会在营地路上碰到向你卖自家农产品的农民,他们自己种的、煮的玉米、花生都能通过这个营地卖出去。这就是我们探索出来的"营地+村集体+农户"模式,让我们村的村民在家门口就能就业。除此之外,我们还打算与美团合作，利用村里面的闲置土地来建民宿，进一步完善我们的旅游设施。我们村委会后面这些施工的地方就是在建的民宿，我经常要跑去看看工程进展，有时候感觉不放心，觉得去看看就安心一点。

在我们村委会的旁边，是我们周村的公共书吧，名字叫作"松柳畔书吧"，因为我们书吧对面就是松柳洲。我们书吧的设计可是花了大心思的，一推开门就能看见一楼的长木板桌，我们村"两委"会议经常在这开，往前走就是一个旋转式的楼梯，上了楼梯就能看见一整面书墙，可以在这里找书看，而且书吧靠近好溪的那一侧我们用的是一整面玻璃，这样就能看见窗外的风景。这个书吧看起来要花很多钱，其实都是我们自己设计、自己找材料建的，尽了最大的力节约钱，最后能做出这个效果，也是我们周村干部们齐心协力的结果。

四、我的"周村十年"："雇佣军"到"正规军"，我慢慢成了周村的"家长"

现在回过头看，从2014年到现在，我回周村当村干部已经快10个年头了。这10个年头，周村的变化一个是靠"慈孝"把我们村的村风变好了，另一个就是我们周村的那条绿道。拿这条绿道来说，它其实就是我们的一条发展致富的道。我们周村就是靠这条绿道发展起来的，没有绿道，周村也不可能有今天。

我们周村绿道有个浪漫的名字叫作"1314大道"，"1314"的谐音就是"一生一世"的意思，这也和我们这条绿道全长1 314米相关。每到春天，绿道上的染井吉野樱就会盛开，所以也有人管我们的绿道叫"樱花大道"。今年5月13号举办的缙云"仙女马拉松"比赛经过了我们这段绿道，我发动我们村里的村民们一起健身锻炼、做好服务，还组织了啦啦队展现我们周村的精气神。

现在绿道已经成为我们周村的一个地标了，每年都有很多人来打卡拍照。但当时刚开始建的时候却遇到了很大的麻烦，这条绿道是县委县政府想出来的主意，最早的时候是想回避我们周村的，因为我们村当时村风不太好，就像个不听话的孩子。我心想，这可能将来是我们村发展的机会，不能丢掉，我就和领导说我保证一个月内完成好政策处理工作，做到无障碍施工，我们周村不能没有这条绿道。

话是说出来了，心理压力很大，我那时候基本上每天都动员村"两委"干部和村民做大家的工作，还动员大家做别人的工作，而且很多工作必须由我亲自去做，亲自去跟村民做才行，那一个月我基本上跑了30家，其中有一家是在绿道设计线路上有个四五百平方米的农家乐，但其实这个农家乐也是违章建筑，我们就和他说可能要把这个农家乐拆掉，那人家肯定不愿意。但是这种工作你只能苦口婆心地去多劝，让他知道这个绿道对村集体的重要性，有了绿道我们村会发生什么样的变化。不是说牺牲他，有了绿道是大家一起富。对待村民你不能和他只讲政策，他不懂，你要从人情、从村子的角度多去想办法，所以我们这些基层干部基本上干的就是把政策转化成他们听得懂的东西，这个是最难的，但毕竟我们是共产党员，共产党想干的事没有干不成的，只是时间的问题。

2019年，大概花了9个月的时间，我们的绿道基本成型了，绿道修好后疫情就来了，有人质疑我们说，是不是绿道修好了赶上疫情没人来了，我觉得不能只看眼前。现在疫情不是过去了吗？这条绿道会越来越好的，更何况我觉得绿道修好后我们村的村风的确发生了一些变化，而且办起慈孝文化节和其他活动来我们周村也有更多的文化空间可以去利用。我觉得这条绿道就是"绿水青山就是金山银山"的最好尝试，让别人看看，我们周村没有矿没有田，也能发展得这么好。

我们周村对生态保护还是比较好的。像所谓的田园风光，我们也是靠着夏冬季过后去清理才营造出来的，我们不单单给外人看的地方要美，我们自己的田野也要美；不单单村庄表面美，里面也得美。生态文明不是做做样子，好像搞得绿道这些地方美，村子里面就乱堆乱放，那不行，我们全都在清理，清理的力度也是比较大的。要做到这点，还是要先把村民的意识转过来，还是得靠文化，让他们知道生态文明不是给上面做样子，是为了我们自己，说多了做多了就能形成一种生态文明的文化，这个文化最后又会反过来吸引更多的游客。

这个文化是绿道给我们带来的，所以人家老说要致富先修路，我们村这个绿道是一条致富之路，也是一条文化之路。

周村10年，我慢慢快成为老干部了。人总会老的，我觉得治村和管家差不多，都是做别人家长的。前几年疫情严重的时候这种感觉更强烈。我们农村这边是很看重过节的，别人是过节，但对我们村干部来说就是过关甚至是过"劫"，这几年的春节确实很难过，主要是交通、防疫和防火这3件事。我们农村里老人多，要是疫情没控制好，他们这个年纪肯定扛不住，可是人家外头打工回来的，你又不能不让人回村，我们也怕啊，所以村里只有党员和村干部出来做这个事。

今年3月20号我们周村有一场很大的山火，就是我们村后面的山，但是我现在可以讲，这场山火从一个角度上说烧出了我们周村的凝聚力。我们周村有400多个村民自己组织了一个灭火队，跟着县里的消防员上山灭火。400个人里面有村民兵连的、有20多个村里应急分队的队员，剩下的都是自发的村民。大家男女老少都不怕火势往前跑，能帮着灭火就灭火，灭不了就在后面送物资。这个在以前的周村你是想象不到的，是我们村的村风变过来了才可能有这种团结精神的出现。

交通、防火和疫情关系不大，但年年都是重点工作，这些事情都很碎，今天你家车子把路堵死了，明天谁家偷偷放炮了，我们心里都是提心吊胆的。以前我没当干部的时候身材很好，一根白头发都没有。你看我现在的肚子，吃是一个方面，另外就是没时间去锻炼，我自己感觉是"过劳肥"。你是村里管事的，大家都指着你，大事小事都找你，你不能不去，有时候可能就是一件很小的事，你去了就是小事，你不去就可能最后变成一件打架流血的大事。

说到这个，我想起之前的"三拆一改"的事情。以前一些村民自己建的房子，其实是违章，但他就觉得没违章。房子建到基本保护农田里面，那么我们去做他思想工作，他就不同意，那真是说啥都听不进去。但没办法，上面的任务不管怎样也要把群众的思想工作做通。这种事情你是不能把大家搞到一起开会说的，那样你越说下面的反对力量越团结，这事就黄了，所以你只能一家一户地去上门说，说等我们的村民公寓批好之后，就把你搬到这边来，环境更好，水电也稳定，你要先和他讲道理，告诉他这样的好处，不能一上来就威胁他。最后，软的不行你再和他摆事实，让他知道这个事是对他自己好的，对村里好的，而且不会有损失，他也就慢慢同意了。

另外，我们村里老人是比较多的。80岁以上的就有120多个，所以我们老龄化也是比较严重的，外面说我们周村是一个长寿之村，80岁、90岁的老人比较多。但是你换个角度想，老人多了问题也多，不是说老人是累赘，只是说有些老人的思想太保守，不开通。我们村里有一个代表，今年80岁左右，我上任之后就不让他当代表。为什么这么说？他说你们征用土地比日本被美国原子弹打掉还可恨，日本原子弹打掉多少年后还可以种，他说土地征用去了就再也没有了。所以第四次开代表大会的时候，我叫他不要啰唆，你猜他怎么做？他就拿胶带一圈圈卷起来贴到嘴上，意思是我不让他说话了。现在回想起来挺好笑的，但当时真的气死人。

但毕竟都是村里的老人，你不能和他来硬的，你作为后辈只能和他讲道理，这就是说，你不能顶着个村书记的官职去压他，而是要作为一个后辈去和他说，他才听得进去。我说，你也不要只看到太多负面的东西，不要在大会上面讲那些，你要看到一些正面的东西，你看看我们征收土地有多难，大家都不容易，都是为了这个村往前走，我们这样累死累活的也没有说得到过一丁点儿好处，你还在这里这样那样，我说我们为了发展就是要征收土地，要以项目为王，现在跟20世纪80年代、70年代、60年代都不一样了，我们思想不能太保守，慢慢地他也听进去了，也不出来和你作对了。

我觉得，首先我们当村干部要有公心，这是别人听你话的关键。你要是谋私，那么怎么给村民服务？村"两委"干部怎么服你？如果他们每一个人都把自己放在"私"里面，你就没法去管理。我跟村"两委"干部这么说，你们自己不要有私心，你分管的那一摊子，我们处理那么多项目，要是你有私心给某某某或者你自己亲戚做，你自己捞了油水，我们村里那么多事情最后肯定是会不和谐的；我们不要有这些私心，要是没钱，我带你去赚钱，你跟着我去赚钱，你不要在这里弄我们村集体的东西。

"不要有私心"，我都是跟他们这样说，我们项目也是多次拿出来招投标，所以我们没有私心，当私心的问题解决后质量上面我可以管理，严格要求。如果大家都觉得你有私心，想自己捞油水，那你怎么去管理项目？

另外，要搞"慈孝"的村风，总不能用武力去搞吧，你肯定先得做到"慈孝"，人家才肯信你。所以我觉得最大的法宝还是"以德服人"，去苦口婆心地做他们的工作，一趟不行，两趟不行，10 趟不行，50 趟 100 趟总行了吧。只要项目能成，不管几趟我都要走，直到把他说服为止，当然别人会对你提很苛刻的条件，我如果觉得合理的话，自己掏腰包也值。

我们村有个李氏祠堂，是村里老人的活动中心，但是因为年久失修，很破败，村里老人对修好这个祠堂的愿望是很强烈的。于是 2015 年，我们村"两委"就决定要修缮李氏祠堂，但是由于村"两委"包括一些村民的意见不统一，这件事就被耽搁了下来。原来我们周村村集体修建房屋等事宜有个规矩，支付的木工与泥水工工价都要低于市面价 20 块钱，同时也不会提供午餐和点心，加上那段时间几乎每个木工、泥水工的生意都很好，这活没人接。没人接，工程也得做，后来我索性就自掏腰包花了 5 000 块钱来补齐师傅们的差价，随后又运来了要用的建材，确定了工匠师傅，找齐了工人，短短几天时间，李氏祠堂就修好了。你修好了这个，村里老人就尊敬你啊，工作就更好做了，有时候该吃点亏就要吃点亏。

老人是一码事，年轻人又是一码事。2021 年有天晚上，我正和一个朋友在周村绿道边闲聊，远处听见有人开摩托车，拉风拉得很响。我心里想啥人在绿道还开摩托拉风，大声唱歌。结果没过多久，就听见河岸绿道边"轰"的一声巨响，我当时还以为是出车祸了，心里想完了完了，赶紧拉着朋友往河岸那边跑。来到河边，我们就看见两个年轻人，连人带摩托冲进了河里。

这也容不得想呀，我们赶紧脱了衣服，就往河里去救人，还好我从小就在河边长大，小时候经常下水抓鱼，加上后来搞水产养殖，还是会游泳的。夜黑水深，你下去晚了人就沉下去了找都找不到了。后来朋友回忆说，摩托车翻进水里后汽油漏油了，味道很重，问我要不先不要下去了，我们去叫几个人下来，但是当时情况比较急，一分钟可能人就没了，救人要紧，我俩就直接脱衣服下水了。最后，硬是把那两个小年轻弄到岸上来了，然后我们又开车把他们送到医院，听到他俩没事以后才回家，当时都已快深夜 1 点了，等到了家再回想起来才后怕。这两个小年轻不是我们村的，是舒洪镇那边的，后来他们老是要来感谢我，说当时已经摔得有点半昏迷了。我说不用谢我，其实还是你们自己命大。

到我们中年了，不仅家里面你要看老看小，村子里也要看老看小，两头都得顾上。

将来我们慢慢也要老的，也要培养新的接班人。我没啥文化，我就想学历比较重要，像我们以前就是文盲也可以走马上任，但现在互联网时代一定要有学历，没学历不行。

说到这个，现在不都在提数字乡村吗？你看我们去搞数字乡村就很难，因为对互联网懂得太少，但是没办法，这是个趋势，你不会也得要硬学，周村好不容易发展起来，不能又丢掉机会，我们吃过亏，对这些新东西很敏感的。

数字乡村我认为给治村带来的一个好处就是更安全了。我们以前各家各户都是关着门的，自从数字乡村成立，我们都建了监控，小偷可以说很少甚至没有了。另外一个就是我们村里的大喇叭广播起来更方便了，我可以坐在这里用手机编辑要广播的事情，点击一下发送，它自己就播出去了，不用再跑到广播室里面去了。包括像我们村未来要建民宿的话，都是要在网上找美团这些合作的，我计划让美团来帮我们进行线上管理。现在我们也在考虑运营商，运营商要是在这里经营不起来，那么怎么带动我们村民致富？所以说互联网在选择我们，我们也在选择互联网。

还有现在直播不是很火吗，我们也通过直播把村里的慈孝文化节给传出去。我们现在直播都用两个号，一个是自己的直播间，还有一个是和县里媒体合作的。以前别说直播了，抖音、微信公众号我们都很难搞明白，现在我们都一点点发展起来了。

其实我们的大森营"共富工坊"也是抓住了互联网的好时机才成功建起来的。那时候这种营地旅游的模式还不多，我刷手机正好刷到相关的，就觉得如果能把它们引进来，那么一个是我们可以把这块垃圾成堆的荒地给利用上，另一个我们可以进一步发展村里的文化产业，举办音乐节我们就方便很多了。

你现在去看看我们的设备，随时随地我找几个人过来就可以举办，只要有演员都可以上。现在你想要发展，还是得搞互联网，这个和我们缙云这边以前"四万鸭农闯天下"是一样的，不冒险、不搞创新就没机会。

对于周村的未来，我们村"两委"制定了一个"五年计划"。这个"五年计划"打算围绕3件事儿来做，分别是"环境整治""双招双引"和"强化人文"，我把它们叫作"三足鼎立"，三条腿一起走，不瘸腿。

首先是环境整治。我们周村目前最大的一个项目就是农民公寓房，我们计划2023年之内就把农民公寓房的流程都走下来，2024年开始施工，两年内竣工，公寓里面的公共活动与文化中心这些配套设施我们都准备齐全。我们新建的农民公寓房主要给两部分人住，一是村中的住房困难户，另一个是把村里危房区的居民迁过去，留出更新改造的空间。新的空间我到时候再拿回来流转变成村集体经济收入的地方，可以用来出租或者拍卖，虽然我们找的是外面的物业和开发商，但是村里的小产权只限于我们周村的村民，在一定程度上也是给村民谋个福利。

现在我们村的集体经济收入是100多万元，等这个公寓慢慢建好后，从2024年开始我们就向 300 万元的村集体收入目标冲刺，未来 10 年的计划就是村集体收入破 1 000 万元。仔细想其实这是很难的事，但是我觉得周村人只要想干，肯定是能干到的，我们通过土地流转返还、商铺出租、旅游消费可以慢慢实现这个目标。

有了这个对未来的想法，村里面的村民对这个公寓房项目都挺支持的，一个是看效果图大家都觉得很好，谁不想住更好的房子呢？另一个是这个公寓房能让我们腾出手脚去发展集体经济，把以前村里一些破旧的老房子做统一改造，更有利于村里的旅游发展。另外，对于一些没钱买房的困难家庭，我们用这个公寓做廉租房，一年也就 1 000 来块钱租给他们住，说白了也就是走个形式上的收费。我们周村有失地的农民保险，老年人也都有 2 000 来块钱一个月的保障可以领，实在困难还有低保户待遇兜底，所以基本上是谁都有能力住进公寓里。这样一来，我们就可以抓住这次机会把村里的危房和脏乱差的地方做一个系统性的改造。

环境整治的另一个项目就是大森营旁边的公厕。我们要搞旅游发展的话，配套的设施肯定要跟上，比如说垃圾桶、公厕这些。大森营每年接待的人流量很大，人多了厕所不够很影响旅游体验，我们打算投资 100 万元建一个新型绿色公厕。为啥这个公厕这么贵，其实还是从生态和环保的角度出发，我们想搞一个那种粪肥转化的绿色公厕。现在农村用肥都是用有机肥，有机肥好，有些地方想搞有机肥还搞不到，我们就借着人流量大的大森营可以生产很多供村里用的有机肥，既为来我们这儿玩的游客提供方便，同时也为村里的农业提供肥料，一举两得。

我们还打算在厕所内设计母婴室这种"第三厕所"，还有那种可以喝咖啡、看书的公共空间，以及一个大型的等待室，大家坐在里面不会闻到厕所的味道，所以与其说是一个"大公厕"，还不如说是一个新的公共文化空间。这些新设施不仅可以提升我们周村的旅游设施档次，更重要的是，搞旅游搞多了你就会发现，你用心去为游客着想，他们都看得出来的，所以这块肯定要精益求精，马虎不得。

除此之外，在大森营的对面我们还准备打造一个儿童游乐园，这个项目是在我们 3 年内的规划里面的，现在土地已经流转过来了有十多亩，游乐园主要服务于缙云县外边的人，让他们过来玩，与大森营和绿色公厕一起作为综合性的旅游区域，就像连串串一样配套起来，大人就在大森营玩，小朋友就去游乐园玩，中间我们还可以搞很多商铺支撑我们村的集体经济发展。

在村里面我们也打算建一个收发快递的共富工坊，现在我们村里拿快递都要跑到村外面的商店去拿，一个是不方便，另一个是商店要收费，如果快递多也是一笔不小的钱。所以我打算找个合适的位置搞个快递驿站，还能解决一个人的就业。

除了这些大项目，一些常态化举措我们也要强化。我这几天在党校培训学习，村"两委"干部就带着村民一起去那些先进村学习，为什么要带着村民一起去呢？就是前几年我们村"两委"干部年年去学习但效果不好,原因在于村"两委"想得再好但是村民没有这个环保的意识也是白搭,所以我带着村民一起去学习,让他们看看那些先进村的环境,开了眼以后,比跟他们说一百遍都强。

另外,我们打算下一步重点整顿村里随地扔垃圾和乱堆乱放的现象,为我们缙云创建文明城市添砖加瓦。整顿也不能靠罚款,直接罚款容易引起干群对立,但是可以通过扣福利的方法来做惩罚,所以有时候真的不是人管人,而是机制管人,机制想得好,比人以前一天天吃力不讨好效果好得多。

其次就是双招双引。不仅是我,我们周村都很看重招商引资、招才引智的重要性。3年前,我们本来打算借助乡贤力量在村里建一个郑培钦声乐工作室。郑培钦是我们周村走出去的著名乡贤,国家一级演员、浙江歌舞剧院首席歌唱家,我们想把她"引"回来,但是因为疫情这件事就被搁置了,现在我打算重启这个项目。

建声乐工作室,一方面,可以为郑老师唱歌跳舞的培训提供空间;另一方面,住在杭州的郑老师说等工作室建成后每个月都会回来,这无疑可以"引流",让搞音乐、懂音乐、玩音乐的艺术人都过来我们周村搞沙龙,提升我们周村甚至是整个缙云的档次。我还有一个经济上的考虑,就是可以带动我们村的村民致富,这种艺术活动一旦搞起来,人流量会更大,对村里搞民宿和农家乐的人来说又是一个巨大的客流。

这个郑培钦声乐工作室我们初步打算建在绿道那边的石头房,我也打算全部用石头来砌,因为我们周村最早就是用石头来盖房子的,这种石头文化也是我们周村文化的一部分。"文化兴村"其实就是你在做每件事的时候,都要想想这件事和文化怎么能挂起钩来,怎么能从文化的角度来让这件事做得更好。

我觉得不管是"招才"还是"招商",能长期稳定地运转最重要,不要去做那种一两年就死掉的项目。比如我们周村村口红绿灯那里有一栋5 000多平方米的综合楼,我们就把它租给了一个康复医院,2022年招投标,2023年10月份就差不多可以开始营业了。当时主要是考虑到康复医院可以跟我们签长期合同,而且现在老龄化或者得富贵病的人对这个产业的需求很大,我们周村环境又好,本身就是适合康养的地方,所以这个项目我们一眼就看中了。

目前,这个康养中心打算提供150个床位,因为康养是一对一服务的,它们又想在我们周村招人,乐观的话至少能给我们村解决100多个就业,而且我们去谈的时候还给村里的村民谋了个福利,就是周村的村民去康养可以打八折。

最后就是"强化人文"。2023年4月1号,清华大学新闻与传播学院乡村振兴教学实践基地在我们村正式揭牌成立,清华大学的优秀学子可以借助这个平台定期在我们这儿开展社会调研和专业实践,对于我们来说,这不仅是一次发展文化的机会,也可以让我们周村能走进更多人的视野中。

五、有大"家"才有小"家"

我是周村人,周村是我的根。但是因为早年去广东打工,我的家庭基本就在广东那边了。我在广东那边干出了些成绩,也得到了别人的认可,比如我是广东江门市第十四、十五、十六届人大代表和广东台山市渔业养殖协会会长,这些都是拼出来的。这对于我来说也是一个肯定,一个荣誉。我跟领导都是这么说,我个人的荣誉我真的一个都可以不要,上面给的钱我们周村也可以不要,我只要项目,因为只有自己的项目和产业才能钱生钱,你越落后越要搞出自己的项目,不能靠别人送给你钱,只有这种方式才能越来越富。我在商言商是讲实在的,你来一个项目,比你政府拨多少钱给我都好,你拨来300万是300万,500万是500万,花完就完了,但是一个项目可以持续地赚几千万。不一样,这是两个概念,有的地方是喜欢现实一点,直接拿钱,我是喜欢给项目。

另外,在周村当村干部的10年中,我把广东那边学到的一些经验都用到治村中了,现在周村发展得越来越好了,我也想着能不能把周村的一些好经验给广东那边提提。在广东那边做人大代表对我而言是学习,也是看看能不能给那边做些事,这和我当年跑去广东赚钱学经验不一样,人有能力多为社会做点贡献,知道感恩和回报才行。

我前年在广东开了个抖音直播的农产品带货公司,我们团队其实不大,只有40来个人,但是政府对我们的扶持力度很大,开始我自己租了2 000平方米的办公室,现在是江门市政府看到我这块儿可能会出成绩,就以白菜价租给我,让我放心去搞带货直播。其实刚开始的时候我也不怎么懂,但是我下面有一个运营总监在那里打理,专业的事情我就交给他去做。一些大方向,比如投资方向,还有牵头方向,因为我跟政府比较熟,就由我去疏通关系,作决定。

只不过这些年两地跑起来,工作上的事情的确忙不过来,对自己家里面也少了照顾。好在我老婆也没抱怨过,一直在安慰我。有时候村里面的事情真的让我快憋不住火的时候,我想不干的心都有,但你不干谁干,我后面有政府。我不害怕野蛮的人,都是讲道理的,但是讲道理的过程很难,不是所有人都能听进去你的道理,每个人都有每个人的道理,这个过程很难很慢,我们这些基层干部什么气都要憋在心里,有时候憋不住了我老婆就过来开导我,让她跟着这些年也受了不少气。我在周村的时候老婆一直在广东那边帮我看着厂子,我去广东少了她就抽时间回这边看我,我们逐渐也习惯了这种生活。

我儿子也很懂事,他今年24岁了,说实话我对他管得很少,他现在就在缙云的消防队做临时工,我是想着让他锻炼一下,以后他也要接管我的事业的,但我还是想让他现在多锻炼多吃苦，有吃苦的本事了以后才有吃甜的本事。

2021年冬天的时候，我儿子和我聊天，不是喝完酒后才聊天，他和我说很多东西都要向我学习，他说后悔当时没有喜欢读书，小时候没有那么自觉去学。他愿意和我说这些话，我也很感动。毕竟我忙，一些方面亏待了他，但是他长大了却能理解你，我有时候看着他，会想起自己年轻时刚去广东闯的事，想起后来因为我爸生病才回来的事，觉得家人能理解你，支持你干的事情，是幸运的。

从另一个方面来讲，要是我们周村还是以前那个周村，我们这里的变化也不可能发生。"大家"好了，我们这些个"小家"才能好，文化起来了，就啥都起来了。

****

采写者名片

何海洋，男，1998年4月生，海南海口人，本科毕业于武汉大学新闻与传播学院，现为清华大学新闻与传播学院硕士研究生，研究方向为传播政治经济学、媒介批评。

采写手记：与好溪同奔腾，和时代共呼吸

当我前往周村采访刘利军书记时，我最大的感受就是他时刻洋溢出的对村庄的自豪感，不论是在雨中他领我去大森营参观，还是在采访间隙中向我热心介绍来访的老干部。当我说出"刘书记，我能自己在周围转转吗"时，他笑着说："好啊，没问题！"只有当对自己村庄的每一处角落都了解且拥有供人游看的自信时，才能做到如此敞然吧！

从采访中我们可以窥见刘利军书记是一位极具人格魅力的基层干部。刘书记在早年的外出经商经历中透露出他身上的坚韧意志和果断作风。一位青年时离开周村闯荡、走出半生的商人最终回到周村，成为村庄的管理者和服务者，实现了从"刘老板"到"刘书记"的身份转变，这其中其实暗含着三重相互关联的"回嵌"逻辑。

首先是家庭层面的"回嵌"。促使刘书记回村的直接动因是其父亲罹病的偶然，但偶然背后更是周村慈孝文化渊源或者是更大层面上中华传统孝道文化所润物无声的必然。"文化"对刘书记的影响和启发如此之大，以至于埋下伏笔，使其在成为村干部后也立足文化强大的濡化循引功能，为周村发展寻找到了一条合适的进路。

其次是党员层面的"回嵌"。在回村后我们能看到村里的老党员与新党员刘利军之间的交流碰撞，既能体悟到老党员为培养下一代、传递村庄发展火炬而"三顾茅庐"的耐心，也能看到新党员面对家乡发展滞后所表露出的责任心和为公忘私的精神。采

访中刘书记总开玩笑说自己是"过劳肥",我问:"那再选一次,你会回来当这个村干部吗?"他脱口而出:"我会回得更早一点。"

最后是能人/富人层面的"回嵌"。担任村支书的刘利军算得上是"本土的外来人",与村里"土生土长"的本地干部不同,刘书记是带着外面的经验回来的,经商的经历在其治理思路中打下了发展主义和效率主义的烙印,这一思维在日后的治村实践中有成功但也有失败,我们能看到离开村庄的能人/富人在"回嵌"乡土时是如何与传统的村庄生态发生碰撞与融合的。在这一过程中,不仅有现代化资本模式对传统村庄的各种改造"野心",也有乡土的本土化力量对刘书记和外来资本进行改造和平衡的尝试,传统与现代这一对辩证法在温泉谷项目的失利中实实在在得到了体现。

关于温泉谷项目的失利,我们一方面可以看成是资本脱嵌乡村本土生态,以及能人/富人治村脱离"群众路线"导致的村民自发性的应激反应。虽然村民的反应在一定程度上是自发的、朴素的而非自觉的,但却在"资本下乡"与"乡土传统逻辑"碰撞后反映出作为回村的"村外能人"在试图进入村庄政治结构中遇到的本土性反抗力量。在这个过程中,用企业经营中的项目承包思维去处理作为一个共同体的村庄的发展,主观上是为了追求快速致富,但客观上产生了把村民边缘化的政治经济排斥过程,一定程度上破坏了村庄自治的生态。

这里可以延伸出对发展主义的思考。尽管我们极力从资本主义现代性的线状发展观中解放自己,但其中的某些假定似乎仍留存在我们的潜意识中。例如,为什么大家会觉得温泉谷项目的失利是值得可惜的?是因为我们把村庄的发展仍锚定在项目成功后可以带来的亿万数字上,套牢在高级酒店和高尔夫球场所营造的消费主义想象上。但是,这同时也意味着村里所有的村民可能都要被迫沦为这台资本机器运转的零部件,成为酒店的服务员、保洁员、食堂厨师抑或球场的护草工,这有可能在周村形成一种单一的吸纳/排斥机制,剥夺无法融入这台机器运转节奏的村民的发展权,更不用说对行政体系的异化和侵蚀所带来的负面影响。简而言之,这可能是一种更加资本主义而非社会主义的发展之路,是与社会主义共同富裕的深层逻辑相抵牾的。

塞翁失马,焉知非福。如果温泉谷的项目真的成功了,又如何保证周村不会沦为发展主义和资本挟持村庄自主发展的一个牺牲品?历史没有如果,事实上正是温泉谷项目的失利,刘书记后来才能站在周村本身的角度"望闻问切",把出周村缺的是"文化脉",并且才能在这个基础上走出一条真正适合周村的、生态良好、文化自主的、可持续发展的道路。

另一方面,我们可以看到,在温泉谷项目的失利中,村"两委"的不团结也是重要原因,这里就能看出作为"外来"能人的刘利军与村庄本土的政治力量之间的互动与协调,在这一点上刘书记处理得很好,但个案的成功并不能说明所有村庄中的回村能人都能有机融入村庄本土的政治生态，缺乏制度的缓冲，有可能造成派系割裂和发展摇摆的后果。

进一步来说，当能人／富人离任或被撤职后，本土村庄可能会形成一个后备人才和发展规划的真空，难以形成持续性的基层人才培养机制。如此，偶然性就会被放大。如果下一任是一个与刘书记能力相当的能人，那村庄可能会接续发展；但如果碰上一个非能人，整个村庄就会陷入失去"动力引擎"或者人才班子青黄不接的状况。因此"能人／富人治村"从一定程度上来说，"人治"的因素还是比较大，不确定性较强，效果难以保障。

从马克思历史唯物主义的角度来看，过于推崇将村庄的兴亡归于一个人头上的"能人治村"很可能会陷入英雄史观的误区。"能人／富人"往往会把自己看作是村民的"管理者"和村里经济发展的"代言人"，而淡化"服务者"的身份，当然不能说所有的能人书记都是如此。但当大量经商的富人成为村领导时，难免会用管理企业的市场逻辑来管理村庄，用经济性的逻辑来淡化政治性，这在一定程度上确实有可能会对我国基层治理空间中人民政治主体性的培养产生负面影响。

能人／富人治村的成功是可遇不可求的，遇上了当然属村庄之幸，但是如果当作一项政策和社会常态来推广的话，就可能存在较大的风险。最稳健的还是应当用制度化的人才培养来代替"寻能寻富"的"猎头思维"，用群众路线来代替英雄史观，用村庄自治下的项目合作来代替单方面的资本下乡，用持续性的乡贤网络建设来代替"外聘"或者个人英雄式的"回嵌"。

这样说刘书记可能有些吹毛求疵了，他并非"科班出身"，但他身上洋溢出来的敬业心和使命感使其完全符合我们对一位新时代优秀基层干部的想象。除此之外，那颗"饮冰十年，难凉热血"的赤子之心，让我在采访中屡次哑言，我们总怀念焦裕禄时代干部身上的那种纯粹，但当历史的回音叩响在这些新时代的好干部身上时，我们却容易"灯下黑"，视而不见。其实，时代的英雄就在我们身边，当我把刘书记的故事整理至尾声时，我的一位朋友看了他的故事，感慨道："这就是我们国家的底气啊！"

离开周村前，我抽时间沿着周村绿道一路向县里走去，天朗气清、微风徐徐。远处是巍峨耸立的婆媳岩，近处是一位老妇在推着丈夫散步赏春。我想，这也许就是"老有所养"的时光静好吧。但当我了解了这幅宁静画面背后波涛汹涌的故事后，心里却很难变得平静，因为在那好溪的滚滚春水中，奔腾是那代人的峥嵘岁月。

第十一章　陈怀海：先聚人心再创事业，我与村庄共成长

口述：陈怀海
采写：王欣钰
采访时间：2023年2月8日—2024年5月22日

书记名片

陈怀海，1977年6月生，1999年2月加入中国共产党。1996年至2002年，在缙云县公安局东方派出所担任协警，2008年起担任兆岸村党支部副书记，2013年至今任兆岸村党总支书记。2017年至今担任缙云县第十四、十五届党代表。2021年、2022年分别担任缙云县、丽水市人民检察院听证员。曾获浙江省公安厅治安积极分子三等功，丽水市兴村（治社）名师、丽水市担当作为好支书，缙云县优秀党支部书记、缙云县第二批明星书记等荣誉。

村庄名片

兆岸村位于缙云县南部的东渡镇，古名"赵岸"，因相传南宋赵氏皇族曾在此繁衍生息而得名，现存古遗迹12处，古建筑13处。总面积约11.9平方公里，辖9个自然村，现有人口2 940人，住户1 371户，常住人口2 000人，党员人数129名；耕地1 594亩，林地16 236亩。曾获浙江省美丽乡村精品村、浙江省文明村、浙江省历史文化村落等荣誉。2022年获得浙江省乡村振兴重点帮促村专项资金扶持、2023年落地丽水市现代生态农业科技综合示范园。

一、锻造初心：放弃外地生意，返乡当书记

从1996年到2002年，我最早是在县公安系统当驾驶员，相当于现在的辅警。2002年我出来经商，先是在缙云县城开店，2005年到湖州做服装辅料生意，当时我在市场里有20多家店面，货从我兄弟在广州的工厂发。2008年，我开始踏入村干部队伍，先当了两届副书记。2013年，生意刚做得有点风生水起的时候，我选择了正式回来当

村书记。当时我老婆不理解，她仍在外面开店，我一个星期去一趟湖州，跑来跑去，开车开得很累。老婆一个人在湖州太辛苦，服装生意后来也开始走下坡路，2014年我就干脆叫她回来带小孩，把湖州的事业放弃了，外面的生意都丢掉。

回来之后，政府也有工资发给我，但不是很多，2022年是69 000元，这是按当地年人均可支配收入的1.5倍来算的，因为我们这是山区县，整个经济也落后一点。回来后生活总要有着落，吃老本是要吃光的，所以我就在缙云做一点小工程、小生意当家补，我开过车行、饭店、音响店、油坊、榨油厂等，经历比较多，一路走来也很有意思。但村里的工程我是完全不涉及的，都是做城投等政府部门发的工程。有一些领导觉得我干得好，也会从别的地方给我找个小活干，让我也赚几元钱，其实领导看得到我们的付出和回报。

每一个回来当书记的人，心里肯定都是想为村庄干一点事情，而干得好与坏、有没有能力带领村庄发展是另外一回事。原先我村里有一条断头路，我就是为此才想当书记，不然不会涉足村里的事情。2003年兰舒公路全线开通，但就是兆岸这一段村头到村尾的400米沙石路10年都没有打通，很多人骂"兆岸这条路这么差""晴天一身灰，雨天一身泥"。我当时还在派出所，每次过年回来住两天，看着就很着急，村里干部观念没有跟上，我们村又是典型的"村穷民富"，村民很富有，村集体每年都没有钱。作为一个兆岸人，在外面老是听到别人骂，其实我也想把这条路修好。当时刚好我公安的一些朋友到乡镇来，跟我说有没有兴趣当村干部，我就抱着这个想法说试试看。

实话实说，我最初当村干部还有一个很可笑的初衷，以为当干部能赚到钱，想看看在村干部这个平台上能否有一些商机，谋些自己的利益。因为我村里资源很多，有3块很大的滩涂，我当时矿产、沙石这一块也有涉及，所以回来的时候也有点私心，觉得真能分一杯羹也好，资源不要被村里人乱搞掉了。然而真当了干部后，发现跟我原先的想法完全不一样，真正为村民为百姓干点事情的话，你首先要廉洁，村里的项目你完全不能去碰，让谁去赚都还要想得很明白，万一是给我的亲戚朋友去赚了，可能我在村里就没威信了，会被别人认为我有私心。

2013年，当了两届村委之后，我棱角已经没有之前那么锋利了，有点老油条了，村民说这个不行那个不行，村干部都不干活了，我自己想干的事情也干不了，所以我就不想当了。当时东渡镇的党委书记找我谈话，他说："你村里不变样是不行的，你年轻一点，也有一定的基层工作经验，又是公安出来的，素质好一点，你是不是考虑一下当个主职干部？"因为我们原先的老书记年龄很大，老干部素质是很好的，但是思路跟不上现代社会，我说如果要把老书记赶下去，那我会很难为情。为了打消我的顾虑，镇党委书记把我和老书记都找到办公室，老书记说自己早就想叫我当书记。经过谈话之后，我就挑起了村支书这个担子。

说实话，是否要把这条断头路修通，是我当书记后第一个要考虑的问题，我不能让村庄一成不变。这条路 10 年没做通有它的历史原因，我们村也背了 10 年的黑锅，说村民思想工作做不通，但其实真正的原因是补偿问题，当时拆这个房子是按 1987 年的标准，最高赔 96 元/平方米。我当书记后说这个价格绝对不行，要让老百姓拆房子，最起码要按现有政策来赔。跟政府谈了很长时间后，我们参照最近 42 省道的标准来拆迁。我再去做村民工作也很简单了。半个月之内，我就把 80 多户涉及 156 个人的协议都签了，都很配合我们。说明村民其实是很有意愿、很迫切要修这条路的，以往公路两旁的百姓是真的苦不堪言，只是之前没有人去跟政府沟通政策。2013 年年底，这条断头路就打通了，两边的老房子该拆的拆掉，新区也建了起来，整个村容村貌一下子就发生了变化。

二、群众工作：基础不牢，地动山摇

随着这条路的做通，我开始思考：作为东渡镇最大的一个村，我们兆岸村应该如何发展？我上任之前，村集体基本没干什么项目，可能只有一个自来水工程，村庄发展没有大的思路。于是我去找镇里的书记。他说："你别着急，这 3 年你把所有问题都记下来，把你自己的基础打好，群众工作做好，村里不要出乱子，然后把村民的思想观念转变过来。基础不牢，地动山摇，这 3 年就不安排你做别的事情，等下一届你要放开手脚，让村容村貌真正发生天翻地覆的变化。"我一听，就真的是先去把村民的基础打好，我现在也正在受益于他的这番话。每个村庄的情况都不一样，我们往往都说因村而异、因人而异。我觉得一个村的主职干部，要掌握村里的人情世故，包括哪个人该用哪把钥匙去开。

刚回兆岸的时候，我其实压力很大，因为我毕竟读书不在兆岸，后来又出去工作，其实人生地不熟，别人看到我，只会说"这是谁谁谁的儿子"，叫上我的名字都很难。经过两届村委副职，陪着在村里走走，村民基本上都能认识我了。刚当书记的时候我还住在县城，回村来反正也没地方去，于是静下心来，到农户家里去多走，包括喝茶、喝酒、吃饭。也不是说刻意要走到谁家，哪里方便就走哪里，哪边要干事情，就往哪边的群众家里多走一点。因为我这有 1 300 多户，中心村有近 1 000 户，我不说 100%，90% 以上的农户家里我都去过。同样的一件事情，"两委"干部去做不了，但我自己去就可能做得了，为什么？因为有的村民他就等你一把手来。这里有两层意思：一是我给你书记面子，今后我家有什么事情你也要帮着点；还有一个就是尊重，你能放下身段，坐到百姓家里，跟他聊聊天，听他诉说一些苦衷，哪怕喝掉他 3 杯酒都没问题，在农村这就是尊重。村里最基层的一些民生反映，只有真正到农户家里坐下来才能听到。当书记不能很强势，不能高高在上，我一个村书记算什么？走出去别人说这是某某村的书记，听起来很厉害，其实在村里我比平常老百姓还要姿态低，更尊重人，因为要干事情的话，都是需要很和气、很客气的。把自己身段放下来，反而会得到更多尊重，这是我做农村工作总结的经验。

我老婆也经常参与到我的工作中来，为我支撑了很多。还有村里的妇女工作也离不开她。她平常有时间就会带着一班妇女跳跳舞，三八节的时候也会组织带她们出去玩一下。有时候我工作做不通，她通过这个妇女队伍会给我解决。我觉得真正要把村书记当好，老婆的角色是很重要的，包括父母和周边亲属，对自己的影响都会很大。我老婆还是很支持我这份事业的，这一点我是很自豪的。

现在每天晚上我这里就是一个聚集地，我会请一些村民到我家里来喝茶，跟我聊聊村里的一些村情舆情，这对我的一些决定有直接影响：如果真的是村民意见很大，可能是"两委"干部作决策时考虑不周，我们该改还是要改。干一件事情，假如10个人里有8个人支持你，肯定可以干，反过来有8个人反对你，那这件事值得商榷一下。我是以这样一种思路去干事情，所以大部分都会得到村民支持。特别是像有些政策处理的问题，我假如要征你的一块地，我前期可能知道你会是不同意的，那我不会找你直接征地，我会用一个月时间或者两个月时间，我就跟你打感情牌，你到我家里来喝喝茶，或者我走到你家里来喝杯酒，聊聊天，你就会觉得一下子我们俩就变成很谈得来的人。然后我再去说村里有这个想法，要征用你的地，你总不会拖我后腿的，因为你也不好意思说了。在农村工作，这种感情上的策略真的很重要，你把别人当回事，你敬人一尺，别人可能就回敬你一丈，这是无形的，只有亲身体会过才能理解。

以前村里有几个"刺头"村民，我也都去捋一捋。捋那些"刺头"刚好符合我的胃口，我是公安出来的，我治他们倒是很有办法的，把他们捋顺了之后，村庄的事情就很好干了。后来村庄第一个项目叫作"美丽乡村精品村"，我就利用他们这帮人，让他们听"两委"的话，带着村民干，比如把房前屋后清理出来，砌成种花的花台，我怎么说他们就怎么干，把这个事情都捋得很顺。因为像村里过去干点事情，我们干部带队，可能村民会有想法，但村民会有点怕他们。说土一点，一开始的发展，其实我就是用"以暴制暴"的方式去走这条捷径，但这条捷径有弊端，用不好是很危险的，刀子会劈向我自己。每次用这些人，我在"两委"会议上都研究过，不是只有我说用他们，而是我把利弊分析给"两委会"的人听，他们觉得行才行，不然我们干部分身乏术，我们一个村3 000来人口只有7个干部，一天这边跑那边跑也没那么多精力。而那些原来的"刺头"村民会觉得，在村里听我的话、听"两委"干部的话，还可以赚到误工费，比坐在店里玩玩还好，他们自己也有点成就感，在村民眼里又提高了身份。

像有一个村民说："我跟着你也挺好的，村民有点事情找你找不到，可能都跑到我这里来找我说，叫我来跟你说。"经过这么一搞，我觉得村民的心现在是整个村拧成一股绳了。

以前村民的矛盾很多，对我的矛盾也有，但现在很多都化解了。特别是有一个村民，他有一天早上7点就跑来我家坐在这里喝茶，我还没起床，他说正月了茶也要泡一口喝喝，叫我下来。他说："以前真奇怪了，跟你吵跟你闹，我们两个之间一点矛盾都没有，闹个啥都不知道。"他说都是受大环境影响，以前我干点事情，他就要跑这里那里乱讲，比如说村里的钱又被我花光了，甚至还举报到纪委。他现在不闹，也不上访，村里要用到他的地，他都愿意配合，但他还跟我说："公开场合我还要叫，但私下你说怎么样就怎么样，这才能体现出你的能力啊。"他的意思就是不能让别人认为是他到我这里来认怂了，自己肯定要扛到最后，人多的场合也不跟我说话，面子还是要的。所以我和他从原先的矛盾发展到现在有话都可以说，这个故事很长，几年下来，他看到了我和村干部们是真正为村里在干事情。有时候我想村里有这种人，其实对自己也是一种有力的监督，使自己不要去犯错误，人可能都会有头脑发热的时候，心里真的得有这根弦拉着、紧绷着，做什么事情都要前思后顾，要想得明白，时常在自己心中敲警钟。

我当干部，干一件事情，会存在受益的一批人，很多时候也可能会伤到某些人的利益。但我不能让对村集体或者我个人有意见的村民的队伍壮大，这个队伍假如壮大之后，村里是真的寸步难行。假如原本有3个人有意见，今年又增了3个，有6个了，那我会千方百计消掉3个，把有意见的村民数量保持到原来的3个。其实他们心里也不是正儿八经想跟我结怨，无非是为村里的事情，我们个人之间是没意见的。于是，我就去找他谈，可能一次不行、两次不行，多跑几次，到他家里喝喝酒抽抽烟，帮他把这个心结解掉了就行。

我还曾经带着几个经常和村里对着干的村民，和"两委"干部、优秀乡贤一起到杭州富阳去参观过，看过王澍设计的文村，还有在富春江边的东梓关村，我租了一辆大巴去，在那边吃饭，这些都是我在富阳的朋友安排的。那次回来之后，原先那些对我或者村里有意见的，后来走到我这里喝茶就说："你都记到我了，又带我出去看了，请我吃饭，我再跟你杠着干也没意思了。"其实他是心理上觉得得到尊重了。

我们村里还有一个办法，哪些事情哪个村民不配合，我都有"黑名单"。我开大会的时候说，哪个村民对村庄发展不利，下次你找村里办事情可能也不会那么顺，这个风我是叫他们放了，但责任我承担，因为没必要就集体要配合你，你不配合集体，我觉得这个是很有效的。当时有几个领导跟我说这个事情不能这样干、不能这样说，我说那我村庄发展要用什么来让村民配合啊？我也不喜欢说这些话，都是形势所逼。当然有时候躺在床上想想也是这样，我老婆说："你也不要到处栽刺啊，栽花比栽刺更好啊"。栽花,她的意思就是做好人嘛。我说我知道啊,但你一味地栽花,事情办不了,这个花就没地方栽啊,要把这些刺先砍掉。

第一届书记结束,换届那年,我又说我不想再当,我觉得当这个书记很麻烦,自己家里的事情都放掉了。我老婆叫我别当,说会产生很多矛盾,但最终她还是很支持我的,包括现在也一样。然后镇里领导跟我做了大量思想工作,说:"村民的思想都跟上来了,你为什么在最成熟的时候不干了?"今天很多东西当时都是靠几位领导来指引我们这个村子的,所以说,当一个村书记也是要有一个很好的导师才能把你带出来,不然自己也容易犯错误。

三、焕新村貌:整洁有序,环保先进

在村庄基础设施和环境卫生方面,我通过 2013 年以来的积累,项目该拿的都拿来了,包括一个美丽乡村精品村建设,上级政府补贴 300 万元,但我们实打实干了 600 多万元,因为我这个村域面积比较大,所以投入大。之前村里一点设施都没有,现在却可以看到沿线的公路,村庄边上的绿化,还有一些村后的景点打造,都很漂亮。但在村庄里面,我们的投入不是很大,我保持 4 个字的做法,就是"整洁、有序"。

2014 年开始"五水共治",我们村里原先有一个 3 米宽的河道,西边就是农户,他们门口的路只有 1 米宽,之前都没人管,于是这个 3 米宽的河道被占了 2 米,剩下的 1 米河道成了很臭很臭的臭水沟。我一连一个星期每天坐到农户家里,跟村主任两个人一户一户地去做工作,基本上都是凌晨 2 点钟回来。我把他们填的 2 米河道全部挖出,恢复成原来的样子,现在鱼养起来,门口栏杆做起来,绿化搞起来,很漂亮,还专门做了桥,几户人家一座桥,他们很舒服、很享受,也听到他们有几户村民说:"村里这样搞出来还是比原先要好多了。"

2016 年,我们敲掉了 600 个露天粪缸,包括旱厕。当时村庄很臭很脏,被电视台暗访组曝光了。其实有时曝光也不是坏事,镇里下命令,要在 3 个月内把露天粪缸整治掉。我们有一块 500 平方米左右的地方,就有 200 来个露天粪缸,而且旁边都是居民区。那些露天粪缸我们小时候可能还在用,现在家里都装抽水马桶了,就弃置了,但就是"占着茅坑不拉屎",占着这个地盘不肯拆掉,非常难看。村里贴了公告,让村民到村里来认领公共区域里的粪缸,拆除一个露天粪缸村里给 100 元赔偿,有棚搭起来的那种赔偿 300 元。此外还有喂猪用的草籽塘,腌制起来跟粪缸差不多,很臭,现在都成了摆设,我们大概也敲了 300 个草籽塘。基本上当时是一家一个粪缸,一户一个草籽塘。所以那一年干得很辛苦,上半年把这些敲掉之后,就要硬化、美化,不然又会被老百姓占去,堆一些东西,年底把美化都搞上,环境好了,蚊子少了,苍蝇少了,空气也清新了。

2022 年，我们用 17 天时间迁移了 267 座坟墓，建起了生态公墓。一个树林里都是太公级别的老祖宗的坟墓，很多人有份儿，移这些坟是之前我想都不敢想的。村"两委"的人去做工作，基本说好了，回来说就差我一句话，让我去一下。我叫别人移坟墓，也不能空手去，就到超市买箱王老吉拎去，超市里面的饮料都被我买空了。这个前期工作我做了 3 个月，但真正移坟墓的时间只有 17 天。之后我就做了生态公墓，让逝者有一个新的住所，我说我们新人都造新房子，我们的祖先也要住新房。生态公墓就是种上树，弄了石栏，小小的一个石匣，把骨灰装到里面。我们鼓励村民选择合葬，我们做的思想工作就是，你每年祭坟，一座一座，放同样的东西，讲同样的话，多麻烦，你们把它合葬，你交一座坟墓的钱 1 200 元，我再补给你 1 200 元一座，假如有 10 个合葬在一起，那还有 9 座都可以补钱嘛，有 1 万多的钱可以拿去作为奖励，也为我们省了土地资源。所以这个措施也得到了响应，村民们也很认可。然后我们镇党委书记说我："干的事情都不宣传，你一个村移了 260 多座坟墓，你都不做一下文章。"我说："我不用宣传，我只要自己把事情干好就行。"

我们村里还建了一个全缙云最漂亮的骨灰堂，我们叫永安堂。为了节约耕地，我们模仿寺庙存放骨灰的形式，一格一格地存放骨灰，让逝者有一个好的居住场所。一开始村民基本上都反对我这么建，因为村民都想"入土为安"，现在建成后，大家都觉得这个地方好。我现在灌输他们从"入土为安"到"入堂为安"的思想。2022 年年底永安堂建成开放，很多隔壁村的都来找我，想放到这里，这一块也是很大的一个增收项目。我们现在的价格是 5 000 元一个位置，选位的话再加 3 000 元，别的村庄的人来就翻一番，不选位的话 1 万元，选位的话 16 000 元。那么每当有一个外村的人来买，我们就有 16 000 的收入，这一块收入确实是很大。这个骨灰堂也创造了省级示范点，省里去年奖励了我们集体 50 万元。

我们这个新型的数字化骨灰堂是很先进的，这些牌位都带芯片，放上去，逝者的前世今生都有了，还可以远程祭祀，在远方的亲人打开 App，可以同时看到现场祭祖的情况，还可以在手机里送水果鲜花，在即时大屏上都会显示出来。这个是疫情时研究出来的产品，是江西的一个厂家设计的，我觉得很好，因为这几年很多人都是跑不回来祭祖。现在温州的客户也都带人到我这里来参观。这个骨灰堂造型好，里面装修也好，村民都很认可，这真是思想上的一大进步。

四、共创事业：云台山景区与小仙都文旅建设

让村庄真正发生天翻地覆变化的转折点是我们的云台山景区建设。云台山是我们的镇村之山，自然资源条件优越，又有深厚的道教文化底蕴。2020 年年初的时候，疫

情迫使我们村提前3年开始了云台山养生游步道建设。刚好那段时间乡贤很多都在家里，我们坐在一起聊得比较多。乡贤说村民都关在家里，村里没地方去，别的地方也出不去，每天就是往山上爬，村民们下来反映说，通往山上的这条小路如果能修起来，让村民茶余饭后有个去处，是很理想的。那时，集体出钱我是不怕，怕是怕用到的山、田、地这些政策的处理，因为每次做这块工作我们都头很大。然后几个乡贤说，钱不怕的话，政策问题他们去说。筹备了大概3个月时间，我记得很清楚，2020年4月16日开工，乡贤把山、田、地这些政策和村民基本都谈好了，不花一分钱，而是向他们承诺，云台山景区建成之后在功德碑上写上每家出了多少田地、贡献了什么东西，现在我们都做到了。假如我或者村委出面去和村民谈，他们是要钱的，所以由乡贤出面去谈。我们筹备了一个云台山景区委员会，总共13个人，我都在幕后，因为假如我一掺和，村民就会知道，说这个是村里干的事情。

起步之后，我们委员会弄了一个二维码，以扫码的形式筹款，修建云台山游步道。开始我们还是想先简单做一点，然后不得了了，我在村里几个微信群里一发动筹款，没多久，我们就筹到了第一期资金70万元，很多村民还在观望，到底能不能做起来、做成啥样。那年年底，我们第一期的游步道建设到山顶全部建好。春节的时候，年初一到年初五，基本上每天游客达到3万人，人流量很大很大，公路都被堵死了。那一波年初过后，村民的自豪感体现出来了，"哇，我们村里这么多人来爬山、游玩"。特别是一些农户把土特产拿到山脚下卖，这个价钱比市场还高。我想这也是农民增收的一块，但不全面，毕竟是少数一部分得益了。

一开始我也没有估计到，到了年初十，委员会的几个人找我，说："陈书记，不得了了，这个钱多得不得了了，就这么几天时间，又捐了100来万。"村民看到村里有希望了，他们在群里聊，建成这么好，然后要再做一些安全措施，钱他们来出。挨家挨户几乎每个人都参与，形成了一种"哪个村民没出钱都觉得很可耻"的氛围，不说百分百吧，但85%以上的农户都在云台山建设上出钱了，基本都是出了600元以上。让我特别感动的是几个年龄很大的村民，他们跑来找到我，出200元，虽然钱不多，但对他们来说这个钱数是很大的。云台山建设现金筹了170来万，入口山门是以前的老村主任出资建造的，云台寨是我修复的，委员们也基本上2万元一个打底，都贡献在山上。去年年底，委员会算账，实打实集了600多万元。这类工程如果套到政府项目去干，可能是2 000万都干不出来的，而我们自己出去采购材料，来回的路费都没有报销，并且都是最低价钱采购的。

云台山建设完成后，村民增收目前主要体现在向游客售卖自家的农产品，特别是在春节等节假日，平常天气好的话可能也有百来号人来登山。2023年春节有村民拿甘蔗、草莓、蓝莓、香菇、毛芋以及梅干菜、笋干来卖了，一天他们能卖好多钱，做烧饼的最赚钱，一天最多可能做到 7 000 多元营业额。2021 年刚建成的时候，任何人都没有商机，我叫我一个姐姐去先试试看，她有一天光卖水就卖了 1 万多元。第二年我就开始准备招商了，正月一个月，我向电信公司借了大概 40 个阳光棚，只剩下 3 个左右没租出去，我们自己的村民和外地的都有来租，然后我一个棚收费 500 元，我也不多收，因为我的卫生费要从这里收回来。在公路以外摆摊的我不管你，但进入景区就肯定要服从管理，要放到棚里面，如果不租棚的话，我临时给你一个位置，一天交多少钱的卫生费。商贩也比较配合，村集体大概有 2 万来元的收入，刚好可以覆盖我们村里一年的卫生费。然后我在山脚下建了一个公厕，跟公厕连体的有一个 20 平方米的门铺拿来招租，一年也 1 万来元租掉。

除了村民和集体的增收之外，云台山景区建设带给我们村里什么福利？村民们看到村庄在发展，村民的心拧紧了，向村"两委"靠近了，这是我最大的收获。包括我们去年流转了 800 来亩土地，我没有一户是上门去做工作的，我就发个通知，村民们都是跑到村委来跟我签协议的，我觉得村民的心已经被我凝聚起来了，都是同一条船上的人，想村庄发展得更好。不像以前，今天村里想干这个偏不让你干，形成一个恶性循环，而我们现在是走上正常轨道了。村容村貌发生变化之后，集体工作可以非常顺心地按照我们的思路去干。

我们村庄现在有一句口号叫作"千年皇庄，进士门第，云台兆岸，人文蔚起"。我经常谋划挖掘村庄的文化底蕴。从我当干部起，基本上每年都把缙云的文人召集在我村里，我请他们吃个饭，请他们帮我挖掘一些兆岸的文化，我说："我没钱付给你们，我们就凭个感情，你给我免费服务一下，我们每年都没有忘记你们，年终我请你们吃个饭，带两瓶老酒回去，表示感谢。"这些文人也都很愿意来为我们村服务，包括云台山有一些楹联都是他们免费写的。这些文人不是我们村里的，但我们村里有一个文人乡贤给我牵了线，他也是云台山景区发起者之一，现在他把这个文人团队的群名改成了"小仙都文化旅游沟通群"，里面有 40 个人，县里有点儿名气的文史专家基本都在这里。一个村庄假如没有文化底蕴，就会干巴巴，说实话，文化底蕴哪怕是有"水分"的，也只有我们现在这代人知道，下一代人就认为是真的了，我们既要挖掘，也要有创新。

五、致富之路：乡贤力量、强村公司与山海协作

云台山的建设，我是正儿八经地想做一个真正的健身游步道，或是作为村里抛砖引玉的一个方向，把兆岸村的知名度打出去。我跟他们都说清楚的，现在也好，将来也好，云台山是不可能收费的，但我想利用这个平台，制造一些商机，对外招引社会上的闲散资金，让一些有能力的优秀乡贤回归村里，让走出去的那拨人能够真正回来，

这是我的一个初衷，但现在还没有实现到位。我们兆岸的乡贤，有一个"共富智囊团队"，一些项目或者村庄的发展情况，我经常会在微信上跟他们聊。

云台山脚下有一片26 000多平方米的园地，我想必须开发一些业态进来，那我们这600万元的投资才有意义。我们这个村，包括隔壁的村，自然资源要素很好，林、田、湖、草、沙啥都有。现在我们缺的是什么呢？就是政策上的帮扶。现在我们每干一件事情，水利红线、山林红线、耕地红线都控得很紧张，我以前一贯思路是按照这三条红线做事。但经过"三区三线三调"①后，村里的一些土地性质发生了一定的变化，我就不能开发了。参加县里党代会的时候我曾提了一个议案，要保护耕地，我觉得不能一刀切，假如今天我们在这里用了5亩土地，要我村里想办法去开荒或者修复5亩良田，我觉得这样可以，用了多少亩，你给我开发多少，相互抵消。我在云台山投资这么大，本来就想利用这一片园地为集体、为村民增收的，比如规划了一些亲子类项目，如大型游乐园、亲水平台、体育设施等，我觉得是肯定不会亏的。像停车场那块地方，本来也不会用来种地，但是现在被划成耕地红线内，所以我真的很郁闷，如果让我去打造一些无动力游乐园，我们集体收入一年噌噌上去，没几年村集体就很富有了。但现在因为红线问题，我最终的理想还没有达到，我目前还在谋划，还在修改方案。如果这些项目真正做成了，游客到兆岸来，村民可以通过吃、住及附属设施的营收，真正意义上达到共同富裕。

集体增收也同样能够做到。因为我和企业合作，我不会正儿八经投入现金，我肯定是以土地等形式入股分红，但我肯定有保底要求，企业保底要给我集体多少钱，然后再加上分红，我宁可分红少一点，但我集体不能亏的，我要有保证的。以这样的模式探索，也让我找到了一个愿意投资的乡贤，我们谈了很久，花了很大心思，他愿意带一个亿的现金回来。他确实被我感动到了，我这么一次一次找他，他私下也派人来考察了这里的自然资源和地理位置，做了市场调研，因为他们是商人，投入肯定要有产出。他说一个亿对他来说没关系，产出几年能回本或者盈利多少也没关系，这是乡愁，他觉得为家乡干点事情，少赚一点没问题，但最起码不能亏了本钱。他说他要赚钱的话，一个亿放到外面就可以随便赚赚，但对家乡的情感还是不能释怀的，这是他被我说动的一个原因。然后我还是按原先的想法，基础给我多少，再加上多少分红，只要有一个基础在这，我们村庄的集体收益就会慢慢变大，因为我没必要去担风险，我们村集体肯定是只能赚不能亏的，而且算账我也算不过这些商人，假如年终的报表做出来是亏的，我要是以土地形式入股了，那我还不是要倒贴给你钱！

---

① "三区三线三调"是政务术语。"三区"是指城镇空间、农业空间、生态空间三种类型的国土空间；"三线"分别对应在城镇空间、农业空间、生态空间划定的城镇开发边界、永久基本农田、生态保护红线三条控制线；"三调"指第三次全国国土调查，自2017年起开展，是一次重大国情国力调查，也是国家制定经济社会发展重大战略规划、重要政策举措的基本依据。

2023年我和投资商谈好之后，县里又给了我另一个1.33亿元的丽水农投项目，我就让这位乡贤先缓缓。政府的这个项目是一个现代化农旅结合的大项目，会建一个全浙江最好的植物工厂，全部都是机器人种植，还会有研学等活动。这个项目结合我现有的"李想湾"共富营地、滩涂、云台山等，游客在兆岸刚好可以玩一天，这个是真正能带动村民致富的。我还打算投资一些现在比较网红的树屋、咖啡屋、水管屋之类的，做一些餐饮服务和网红打卡点，像共富营地一样，个人来投资，集体出资源，然后综合分股，作为集体增收项目。

我还是那句话，当一个农村的主职干部，其实终极目标只有两个：一个是村民增收，老百姓的致富；还有一个是集体增收，村集体经济的壮大。一个村庄打扮得再怎么漂亮，如果没有这两点，我觉得都是当作花瓶来看。

现在农民打工比种田收入多，我们村里只有不到三分之一的农民还在种地，真正把粮田种起来的，一个村就那么几个人，每年政府的种粮补贴也就十几户报。也有几个大户会承包别人的田，搞个30亩20亩田地。我们村里流转了800来亩土地，2022年办了一季油菜花节，当时我也信心满满要赚多少钱，但由于疫情，最终我们的筹划没有完全能在线下举行，只能是融媒体中心线上直播，但这个流量也是很大的，超20万以上，在小县城也是很好的一件事情。我们跟强村公司①合作，村"两委"也在谋出路，就是以镇强村公司的平台向外招租，我们是750元一亩向农户流转回来，租给强村公司的要1 000元，村里赚了250元。第一季种了油菜花，第二季就种水稻，种水稻是有赚的，强村公司付田租，它又向外招商，然后大米又由强村公司回购。去年强村公司土地流转的分红也是很可观的。像菜籽油，我们分红4万多。我们村庄，现在只要你肯干活，肯定都可以赚到钱，我们800多亩的农田肯定需要人打理。农户把田租掉能收租金，空闲的时候来劳作也有工钱，这也算是农民的增收。

强村公司其实就是政府下面的一个公司，主要功能是带领村庄"消薄"②。现在强村公司整合各村的一些资源，把这些资源串成串来统筹规划，像我们流转了800来亩土地，全部交给强村公司，经过强村公司这个平台把它再承包给别人，从中收取一些租金的差价。很多民营企业家或者一些乡贤其实跟村里是不愿意合作的，他们喜欢跟政府合作。强村公司背靠镇政府，这种模式我觉得还是挺好的，既能解决我们村里招商的一些问题，跟政府对接方面也会更方便。

---

① 强村公司是指依照公司法有关规定，依法向登记机关申请设立登记，以助推村级集体经济发展壮大和农民增收为目的，由农村集体经济组织通过投资、参股组建公司实体或入股县、乡级联合发展平台等，以项目联建等形式统筹辖区内农村集体资产资源，实行公司化运营兼顾社会效益的企业。

② "消薄"指的是消除集体经济薄弱村。

村子一开始发展的时候，其实很多村民都是反对我们在村里干事情的，都说你打着幌子中饱私囊，说你搞个人利益。但村民看到村里真正有几件实事干成了，村庄发生了明显的变化，他们的思想就转变过来了，开始支持村里的工作了。刚起步的时候，我们找项目还需要我自己到各个部门去跑，还要靠一些私人关系去疏通，才把这个项目派给我。现在就不一样了，政府看到我们的工作推进、村庄发展后，认为哪个项目放到我们村比较合适，我们"两委"讨论觉得对我们村发展有利益，我们就拿过来做了，都不需要我自己去跑项目了。所以，我觉得这个良性循环是很重要的，村里的指导思想和村民的配合之间衔接好了，村里真正付出了，村庄也发展了，项目不用自己去跑，包括前面提到的丽水农投大项目，以及一些良田改造、经济作物示范区的项目，都是政府直接派给我们村的。现在，县民政局正牵头在我们村里造一个县级的养老中心，我们村里已经有一个村级的居家养老中心，60岁以上老人都可以自愿报名在那里吃饭，60~80岁是6元一餐，80岁以上是1元一餐，90岁以上是免费的，各个层次都不一样，我们现在每天有60多位老人吃饭。我们这个县级养老中心建成后，就会更加规范，环境更加优美。

杭州富阳区对我们缙云县的"山海协作"①结对项目，我们也属于受益比较大的。2020年，我们兆岸村成功申报到了创建缙云县"山海协作"乡村振兴示范点，富阳对我们村的援建项目启动，一共给我们165万元的补助。当时"山海协作"为什么会选到兆岸？很关键的一个原因是觉得兆岸的村"两委"战斗力、执行力还行；同时兆岸的资源确实也丰富，但村里面的集体收入不是很高，富阳愿意帮助我们把村庄治理、集体增收搞好，给我们添把火。当时富阳来缙云挂职的干部多次到我们村里调研，和我聊一些规划，对我帮助很大。"山海协作"会以经济形式补助给我们，比如说营地建设，我们把整个规划给他们，他们不定时会过来看你干到哪里，监督你这些资金是不是落到实处，然后把项目的增收让给村集体。

共同富裕，在我的理解中是村民增收、集体增收，这就是我当最基层的书记的终极目标。我真正的理想就是有一天原先走出去的那拨人愿意回到家乡来，那我整个村庄建设绝对是很好的。包括在外打工的、做生意的那拨人，走出去的都是有能力的顶尖人才。有一天他们能够回到村庄，看到自己不用跑那么远，在村庄就能赚到钱了，既能看小孩又能照顾父母，又能赚钱，何乐而不为呢？如果能到那一天，我觉得我是

---

① "山海协作"工程是习近平同志在浙江工作期间作出的重大战略决策，是浙江省"八八战略"的重要内容，也是高质量发展建设共同富裕示范区的重要抓手。自2016年富阳和缙云结为"山海协作"结对区县以来，两地围绕打造"山海协作工程升级版"目标，在项目援建、产业协作、乡村振兴、教育医疗、科技文旅、飞地共富等领域开展全方位深度合作。截至2022年年底，累计实施援建项目37个、到位援建资金3263万余元，一条"山海并利、山海共赢、山海共富"的道路越走越宽。（引自富阳区人民政府网2023年2月7日《富阳"山海协作"路越走越宽》一文）

成功的。现在我们环境好了，资源有了，我们缺什么？缺人才。我们需要这些优秀的人才回来。我们之前是缺钱，现在是缺智，智慧的"智"，我们农村的发展，需要能够引领村庄发展的人，靠我一个人是不行的。

六、队伍建设：党员凝聚力与村"两委"战斗力

我们兆岸今天的发展，离不开我们"两委"干部的努力和党员队伍的力量。

我自己是1999年在村里入的党，村里老党员当时说，兆岸的党支部很多年没有发展新鲜力量了，我是重新发展的第一批。那时候我也没什么想法，很多概念也不是很清楚，就是觉得领导都叫我入党，入党肯定不会错，真没想到自己有朝一日会回来当这个书记。

刚上任书记的时候，别的建设项目也不怎么做，我就从党员、党建开始打基础。当时村里真的没钱，我接手的时候欠了180万元的债，村里也没有经营性收入。经过镇里领导给我一些思路，我向一家企业去筹了2万元，组织我们的党员出去。我把大家带到永康的大陈村，因为我们兆岸姓陈的，跟大陈是同祖同源的，我去祭祖的时候看到大陈在很短的时间发生了脱胎换骨的变化。我接手的时候是120多个党员，我记得我叫了3辆大巴车，包括26个生产队长和村民代表一起去，参观完之后当即就在我们大会堂召开大会，让他们谈谈看了之后的想法，我们的村庄是否可以干到大陈村那样，他们都说可以的。我说，我们现在为什么动一点土地或者拆一个厕所都干不了，回去你们要好好跟家里人做做工作。这个事情当时也是有一股很冲的干劲儿，想要去干事情。

当干部之后，我现在对党员的态度和认识完全不一样了，可能无时无刻不在想着我们党员的自律性、荣誉性，近几年体现得更加明显。党员有义务为村里做事，我假如在群里通知，在家的党员都很积极参加义务活动。疫情这几年，我就是以党员为中心，来守村里的各个卡口，每个卡口当时都值守到天亮，这么长时间我没有花一分钱，他们全部都是自愿的，包括村里面的生产队长跟村民代表，还有像我老婆、女儿都上阵了。他们都是跟着我们党员在一起，没有一分报酬，这着实让我感动。以前很多人是村里面什么事都会提要报酬，所以我觉得党员在村里的先锋模范作用还是很关键的，这个作用要从"两委"干部、党支部体现出来，所以说"一个支部是一个堡垒"，这句话我觉得是讲对了，你这个支部战斗力强，下面的党员肯定是素质都好。

我们村里现在党员有137位，这几年新生力量发展得也好，原先是老龄化比较严重，山上那个自然村总共18位党员，七八十岁的老党员就十多位。有些大学生党员毕业回来，他们会把组织关系转到村里面，我会跟他们签协议，你组织关系转回来，我

无条件接收，但你每个月要参加组织生活，你多久没参加的话，我可能要把你移出去，或者按照我们的要求来弥补。现在每月 15 日的主题党日，我们的参会率都很高，不能回来的，我们开通线上学习，我视同你参加；真的不能赶回来，线上又没时间的，缺席一次你要交多少钱，或者是叫上你的父母或亲戚出来义务劳动一天，也可以抵。我觉得我还是比较人性化的，这个办法也很实用，你愿意交钱的话，这个钱是捐助给居家养老的人，让这些老人改善伙食用，也不是给支部的。

每年"七一"大会的时候，都会有一个爱心基金的捐助活动，一年都能捐将近一万四五的钱。我自己也带头。这些钱积累起来干什么用？我们都有本账，有一个管理办法，哪些钱可以用。像"光荣在党 50 年"的老同志，我们现在有一块纪念牌的，我们集体就从关爱基金里拿出一人 100 元的小小奖励给他们。还有一些党员生病或者过世，我们都带上钱去医院看望，或者是送他最后一程。然后到 12 月年终大会上，我们宣布今年的关爱基金哪些用掉，是否合理，如果有人提出有不合理的地方，我们要改正，或是我们要去收回，或是我们自己出掉，因为每个党员把钱捐出来，用在哪里也要看得明白。我觉得这些党员都是很无私的，都有大爱精神。所以我们的党员也很有幸福感，每个党员生病住院，你自己在群里告诉我一声，或者告诉支部的其他人，你住院，支部就有人来看你，当然住院是起步，不然别的生病也很多，我们也没法照顾得这么细。就是要让党员真正想到，自己遇到困难还有组织，我就是要达到这种效果。

我们现在有 7 个"两委"干部（村党支部成员 5 个，村委 2 个）。之前刚当书记的时候还是"双肩挑"的，2020 年这届才开始"一肩挑"，和以前也没有很大区别，各司其职，之前的村主任现在是副主任，但我们配合得都很好，我们的"两委"战斗力很强，也很团结，这是一个村庄发展的必然要素。

有一个大学生女村委，是我们村里人，她是网格员，在村里坐班，3 000 元一个月，她是 365 天都在，除了身体不好，周末也在。她自己没有什么别的工作，就专职在村里，3 000 元一个月工资很少，我就划了一片网格给她，让她当网格长，一年也有 2 万来元收入，然后她综合收入可能有五六万元，作为一个在家的妇女应该也还可以。经过这几年下来，我觉得她干得很好，她很认真负责，很有想法，工作主动性比较强，我交代的事情她从不会问我第二遍，她会通过自己的一些方法把事情处理好，然后干好了跟我汇报。我也有意在培养她，想叫她到时候接我的班试试，因为像我们毕竟跟互联网时代都有些脱节，年轻一点的上来，可能对村庄的发展会更加有利。但我同时也鼓励她去考公务员，给她创造条件，因为村支部委员当满两届后，一年有一两次机会去考公务员，能进入公务员队伍是更好的，特别是像通过村里的平台进去的话，对她个人的发展也比较好。如果她之后当村书记了，也还有一次机会可以考公务员，对她也是一个机会。

我觉得我的"两委"干部们我也不能亏待,他们帮我干事情,我也隔三岔五叫老婆烧一点粗茶淡饭,叫他们到我家里来小聚一下,一个月大概就是一次,小范围吃个饭,我们几个干部都不喝酒,就我一个人会喝,我也是被逼的,我也不喜欢喝酒,后来由于身体原因现在我也不喝了,所以大家到我家里来就是喝点茶吃个饭,有事情我们在这里沟通一下。我也坚持一个星期一次例会,在每个星期一的早上,有特殊情况就晚上开。还有一个支部委员,他干事很认真,对老百姓也很负责,他比我年长几岁,平常是要去外面赚钱的,那我说没问题,你去吧,我帮你去镇里请假,他每次出去10多天,回来坐班20多天,回来的时候认真干就行。因为毕竟他们没有钱,他们要养家糊口,我们要体谅他们的难处,所以这也是我在考虑的一个事情,就是"两委"干部的报酬。我们现在村集体强大了,"两委"干部也要强大起来,要真正实现坐班制,每天都要像上下班一样,工作时间跟政府基本上一样,我跟领导也商量了这个事情,可能给他们两三千一个月的工资。真正等到你领集体钱的时候,每个人的责任心就不一样了对吧?每天早上吃了饭第一件事情就是,到办公室看看有哪些事情,我想达到这样的效果,因为我在外面考察的时候,也看到一些好的村这样执行了。现在很多村里是,书记有工资,村监会主任有工资,村副主任有工资,就3个人干活,其他没工资的"两委"干部就不干,这样会形成一些不好的习惯。所以经过这么多的考虑之后,我也一直在谋划这条路,真正让包括会计在内的8个人能够在村委坐班,每天坐在那里吹吹牛皮,也总能吹点事情出来吧!因为人多力量大,对于村庄的发展思路,还是要靠整个集体来作一些决定,就像云台山一样,我们就是坐在我这里吹牛皮吹出来的。

有时候我晚上躺在床上会想,和我搭班子的一班人,真的付出很多也很辛苦,所以我会通过我自己的一些力量,每年带他们出去学习观光。他们可以带一个家属。这个钱我都是找一些自己朋友的企业赞助的,不能花集体一分钱,当然我自己也没掏钱,我利用各种资源来安排,比如像到福建去,我那边有很多兄弟,让他安排吃个饭。要换位为他们着想,让他们能甘心为村里干事,说土一点,也是为我干事,因为他们干得再怎么辛苦,这个名誉还是给我的,所以要让他们有成就感、存在感。我们的团队建设很重要,一个团队的思想如何能理顺、做通了,就成功了。

七、我与村庄同成长:年轻书记的"传帮带"与学习创新

老一辈的明星书记,好像是原先7位,真的都是县里的老牌明星书记,他们很多东西值得我们学习,特别是笕川村的施颂勤书记,他是缙云年龄最长的一位书记,他

的"善治六法"让我受益很多,他的党建做得很好,然后笕川花海、村民收益、土地流转,他都是开山鼻祖,走在全缙云前列。我们很多的工作方法其实都是从他们那取经取来的,薪火相传一样。有时颂勤书记跟我说:"这小年轻跟我们年龄相差这么大,还向我学习。"我说他们村庄发展这么好,我们村庄跟他们村庄的村域差不多,人口差不多,有很多相像之处,所以我经常会去请教他给我支支招。他们老干部的韧劲比我们要足,我们一时兴起的干劲可能很足,但韧劲没有他们足,假如一个星期干不了的事情,我就可能火起来不干了,但他们会慢慢把它磨出来。

三溪村的吴明军书记是我师傅,我还在公安系统的时候,刚好管辖范围在他们村,所以我们那个时候就认识,很多事情都是他给我指导,教我如何当干部,如何从哪里出发,这些项目哪里跑。他的三溪村是真的干得很好,整个环境整治,涉及每个角落,都干得很好。

当时的拜师结对是县里组织部门牵头,我觉得组织部这一系列活动开展得太好了,真的是需要一些仪式,不管是老师还是学生。对老师来说,把这个所谓的徒弟带出来,或是分享一些自己的经验,也有一定的成就感。对徒弟来说,我有这么一个名师,很多资源都可以共享。像一些新手,其实那些单位他也不是不熟,有些项目跑起来也有难度,但一些老书记可能对这些就轻车熟路了,所以我觉得这个"传帮带"做得很好。

我们这些年轻一点的书记,在一些新事物上确实有一些优势,因为接触的东西可能更现代化一点,我之前带村里队伍去富阳、去杭嘉湖地区参观,这些村庄的"抱团发展"理念,特别是村庄的数字化建设,我是很喜欢的。一台电脑一个大屏,哪年哪月干了什么事情,哪个区域多少个村民、多少党员、多少代表、多少弱势群体、低收入农户,就全部显示出来了,很先进的,不用像我今天这样再口述一遍。像嘉兴那个景区,云台山你爬上去可能没时间,好的,那就在电脑上模拟一下,从山脚到山顶,然后从山顶俯瞰天空、俯瞰云海。这个东西我很想建,但我这个办公条件现在还太差。所以2023年到2025年,我还有一个比较重要的想法,就是谋划建设一个新的现代化文化礼堂,植入直播大楼等功能在内,下面有2000平方米的一个地下室,可以开超市,可以当仓储,只要这一个地方出租,就能完成"消薄",村庄的日常工作经费也都没问题了。现在,我主要想着怎样把这些造血项目多干一点。基础设施类的,我们该停的停,就把"整洁有序"这4个字坚持到底就行了。

我被评上"明星书记"后,组织部也分派给我4个徒弟,他们分别是新建镇长川村的,石笕乡莲花村的、石笕村的,还有三溪乡三溪山村的。这些荣誉也有作用,对自己也是一种鞭策,让自己不能放松,随时都有可能被人赶超的紧迫感。也会觉得有压力，如果干不好，别人会说你这个明星书记是搞关系搞来的。真要把村庄干好，我们才能对得起这个名头。因为全县这么多双眼睛在看你，包括县委书记、县长都在看着你，对农村工作来说，毕竟这也是一个分量很重的荣誉。

我现在在参加丽水市里的专升本"领雁班"①，平时要到丽水去上课，组织部还是比较人性化的，一个学期大概就连着上一个星期。上次我去考英语，我女儿问："你能考起来？"我那天去考试，结果考了80多分。她不知道哪里看到的，给我打电话说："老爸你这么厉害，英语都能考80分。"我说我运气好，全蒙对了嘛。我初中的时候英语很好，因为我姐教英语，我以前读书都是跟着我姐姐的。后来我不肯学习了，那时候风气也不好，老是想踏入社会，跟着别人，以为像当大哥一样很潇洒。因为我们这个村的村民当时都是在东北卖草药的，很发财，所以我总想跟他们出去赚钱，不肯读书。

我当书记之后，认识到确实一心不能二用，如果我再去经商，在本地的话我觉得影响还不是很大，但如果再两头跑的话就不行，所以当时我也很果断地放弃了湖州的生意回来了。但话说回来，要把村干部当好，真正让村庄得到发展，没有这些经商头脑也是不行的。如果一直只是在村里，那人脉什么的都会跟不上，特别是像我们现在"消薄"，还有集体经济增收，就是要有一定的商业头脑，有相关经商经历的这批人可能对村庄这方面的贡献会更大。我记得一位领导曾经这样跟我说："你现在不仅是一个村书记，你又是一个大老板，你要去为村里赚钱。以前为你自己赚钱，现在要为集体赚钱。"这句话很符合现在的形势。集体不增收，你干再多事情，拿什么干？没钱不能干活的。现在的政府项目也一样，你干了可以给你补助，你干不了，这个项目可能不会给你。

我自己对村庄的评价是这样的：从任何一个单位听到"兆岸"两个字都头疼，到现在愿意把项目放到我这里，我觉得这是我的一大成果。还有，村民现在愿意跟着村"两委"干，不跟村里闹矛盾，愿意跟村里一条心地走，这是我上任之后对我自己、对村"两委"干部的一种评价。这几年村"两委"为村里干了一些事情，至少让县里面各部门看到兆岸跟原先的兆岸完全不一样，我觉得是成功的。

---

① "领雁班"从2019年开办至今，由丽水市委组织部与丽水开放大学联合举办，培养对象以现任45周岁以下的村党组织书记为重点，统筹兼顾其他"两委"干部、复退军人、优秀乡贤、致富能手等村级后备人才，学习时长为两年半，采取学历教育加实训培养的模式，目的是培养村干部成为真正的"领头雁"，成为助推共同富裕的"动力引擎"。（引自浙江省教育厅官微"教育之江"2022年9月17日《村干部们的"上学记"》一文）

> **采写者名片**
>
> 王欣钰，女，1999年3月生，浙江杭州人，本科、硕士毕业于清华大学新闻与传播学院，现为清华大学新闻与传播学院博士研究生，研究方向为跨文化传播政治经济学、马克思主义新闻观。

采写手记：平凡又不凡的年轻书记炼成记

和陈怀海书记的两次访谈，是在他位于兆岸村的家中进行的。陈书记坐在我对面，不紧不慢地给我泡着茶，娓娓道来。这期间，不时有村民来家中找他，有的是办事，有的就闲聊几句，正应了他所说的：我家有时候是"村民的聚集地"。"基础不牢，地动山摇。"陈书记在村民和党员干部中都打好了扎实的群众基础，也使得此后的村庄建设工作更加顺利。

但"明星书记"也并非天生就擅长当书记。对陈书记而言，这更是一个受到组织引领、不断学习进步并锻造初心的过程。陈书记首先是平凡的，但又在一个小小村庄做出了许多不凡的成就。作为一位相对年轻的"75后"书记，他没有特别波澜壮阔的人生或是轰轰烈烈的经历，但他的人生历程或许在这一辈村书记中更具普遍性。

而陈书记当基层干部的初心，也并非一开始就非常坚定和崇高。所谓"扶上马，送一程，让你下不来"，陈书记起初的两届参选都离不开组织领导的鼓励与敦促，最初的群众工作思路也受益于镇里领导干部的指引。陈书记坦承，最初他也抱着一丝谋取私利的初衷回村来当干部，而一旦进入了党员干部的队伍，他就立马自觉认识到，"廉洁"二字是当好干部、获得信任的最基本的底气，所以他完全不碰村里的工程，做到公开透明。另外，朴素的公心以及传统村庄共同体的认同感也是陈书记放弃事业返乡当干部的重要动力，例如，面对村里备受诟病的"断头路"，身为兆岸人的他心有不甘，决心担起这个责任，首先要修好这条拖了10年的路。陈书记的理论认识是"从实践中来，到实践中去"。刚上任的时候，陈书记对"共同富裕""基层党建""群众路线"这些政治概念并没有很深的思考，正是在日复一日扎根村庄的过程中，他逐渐对自己"党员"和"村书记"的身份有了更深刻的认识，锻造出了"为人民服务""为村庄谋发展"的坚定信念，也摸索出了和村民打交道、建设党员队伍、治理和发展村庄的思路方法。这是一个村书记和他的村庄共同成长的故事，其离不开以下三个因素的共同配合、相互促进：村书记等干部的初心与付出，村民的配合与监督，以及上级组织领导的支持与引导。

也许是因为陈书记和我父亲的年龄相仿，采访的过程让我备感亲切自然。陈书记请我在他家吃了家常饭菜，也给我买了村里最好吃的缙云烧饼，让我一定要尝尝；聊着聊着，他也会和我分享一些和女儿之间的故事。陈书记的夫人也给我留下了很深的印象，他们夫妻关系很和睦，虽说是家庭主妇，但陈夫人很外向、开朗、热爱生活，按陈夫人自己的话说："女儿越长大越黏我，觉得很幸福。"另外，陈夫人对村里的许多事务同样了解，会经常参与接待等活动，且通过妇女工作为村里做了很多贡献。尽管陈夫人有时也觉得书记工作辛苦、责任重大又容易得罪人，曾劝过陈书记不要当了，但她依然一直用切实的关心和帮助来支持丈夫的选择。看来，一个好书记也离不开家人的后盾。

兆岸村很大，满眼都是青葱的山林田地，如何利用好村里丰富的自然资源，让村民增收，让村集体富裕，是陈书记心中最重要的课题。陈书记很有商业头脑，思路灵活，并且善于探索和学习先进事物，正如他所说："以前是为自己赚钱，现在要为集体赚钱。"陈书记认为，乡村振兴最根本的是共同富裕，村庄环境达到"整洁有序"的目标就足矣，没有必要继续投入太多做村庄美化。对此，我也非常认同。当下，一些村庄仅追求外观的美化，或是盲目跟风建设乡村文旅，打造一些华而不实的网红打卡点，但我觉得仅仅着力于此可能治标不治本，并没有解决村庄发展内生动力不足的本质问题，没有真正树立起村庄和村民的主体性。首先，不是每个村庄都有独特的旅游发展禀赋，有些村庄的文旅建设千篇一律，缺乏特色，很多时候大量的投入并不能带来相应的回报，缺乏可持续性，往往要依赖政府补助扶持。其次，大部分乡村文旅建设还只是第三产业，是依赖消费的，除了部分成功案例能带来精神文化产品、生活方式的生产之外，大部分村庄并没有真正的产业，容易成为消费的泡沫。最后，大部分乡村文旅消费本质上还是把农村和农民当作了客体，是被游玩、被凝视的对象，离开了外来的城市游客就没有收入，因而没有真正树立起农村和农民的主体性，也不能稳定吸引人才的回流。我认为，乡村真正要振兴，还是要利用乡村区别于城市的独特资源，实现产业升级，例如发展生态经济、新型农业等，这对城乡而言都是一种新的解困出路。同时，如陈书记所主张的，不能孤军奋战，而是要实现村庄之间抱团发展，整合更丰富的资源。只有这样，才能建设起现代化的在地工农产业，让农民实现在地就业，并建设起配套基础设施，逐步消弭城乡之间的区隔分化。

基于以上反思，在兆岸村建设的现有成果和未来规划中，有几点就显得颇为可贵。首先，云台山景区的建设，是一个充分发挥了村民主体性的村庄共同事业，它并非外来资本主导的开发，而是出于村民对健身游步道的需求而发起，并且通过乡贤动员、带头出资，然后全村众筹、集体出力而建设起来的。从结果上看，这份共同的事业给村民带来了增收的机会，从而也极大地激发了村庄的凝聚力，为基层治理打下了基础。

其次，兆岸确实拥有开发文旅产业优越的自然资源条件，而陈书记在规划建设时有整体性的思路，注重全面的业态打造（期望形成营地、餐饮、游乐、住宿、文娱活动等链条，而非单薄的网红打卡和小商铺），且注重兆岸历史文化的挖掘传播，使其发展更有可持续性。最后，兆岸以云台山景区作为打响名声的抓手，并没有止步于文旅建设，而是联合镇强村公司已在大力发展集体农业项目，未来发展的一大重点更是以现代化植物工厂这类产业升级大项目来真正实现村集体和村民的共富。

在陈书记的招商和经营思路中，我还注意到了特别带有"社会主义色彩"的一点：在和企业进行项目合作时，陈书记的原则是村集体必须有明确的保底收入，再来谈分红，因为"村集体不能亏！"如果说这种引资开发是一种市场化的行为，陈书记却坚持了一种不完全市场化的入股形式，来保证村集体的增收，不至于被资本所掠夺，也不必承担市场的风险。同时，来村里开发的投资者也并非基于完全的市场动机，有的投资者是和政府合作项目，有的则是基于乡愁情怀回来投资。近年来，围绕"资本下乡""富人治村"等有许多争议，但在兆岸的例子中，我同样看到了村书记对资本的清醒警觉，超越了"公司理性"的乡愁情谊，以及保护集体经济的共富追求。这也似乎印证了赵月枝教授在本书序言中所提出的重要结论：中国特色社会主义是基于乡土载体的，党领导下的中国乡土社会吸纳着来自城市的创业者、投资者，也孕育着制约和降服无序资本的潜能。

我和兆岸村、和陈书记还有另一层缘分。我的家乡在杭州市富阳区，富阳从2016年起和缙云县结为"山海协作"结对区县，而兆岸村又在2020年成为了富阳区对口帮扶的"山海协作"乡村振兴示范点。坐在兆岸的村子里，听着陈书记讲述他和富阳赴缙云挂职干部的故事，以及他带队到富阳优秀村庄参观学习的故事，我第一次真切、生动地感受到了一项宏大的"先富带后富"政策如何在一个个微观个体身上体现，以及它如何"跨越山海"带领一个村庄奔向共富。这种"山海情"，也是中国特色社会主义兑现改革开放承诺所独有的浪漫色彩吧！而我作为一个在富阳城区长大的学子，在赵月枝老师的指导下，长期在缙云乡村采访调研所收获的成长与锻炼，也算是反过来对我欠缺的乡土经验的"帮扶"了。

还记得第一次去采访陈书记时是个下雨的冬日，兆岸"李想湾"营地刚刚建成，湿冷的阴雨天没有游客，我和陈书记、陈夫人在营地的帐篷里与运营人员聊天，体验着围炉煮茶。第二次采访是清明过后，春日的兆岸更加郁郁葱葱。转眼已到盛夏，此刻我在富阳的家中修改这篇手记，刷到陈书记的朋友圈，兆岸村最近正在举办首届啤酒音乐狂欢节，有舞台，有美食，有集市，夜晚热闹非凡。我望向窗外远处的青山，虽未能身至，但这段采写的经历，让我永远和另一座山脚下的村庄产生了深刻的联结。

第十二章　应志达：圆梦水口
——从企业管理到村庄治理

口述：应志达
采写：敖疏影、谢欣瑶
采访时间：2023年2月8日—2023年7月10日

书记名片

　　应志达，1978年8月生，1998年4月加入中国共产党。曾参军入伍，1999年12月退伍后创办浙江汉达机械有限公司。2005年至2008年，2014年2月至今，连任三届缙云县前路乡水口村党支部书记、村委会主任，同时担任缙云县第十七届、十八届人大代表，缙云县人大财政经济委员会委员，壶镇镇商会副会长等职务。在部队期间荣立三等功两次，荣获2014年丽水市优秀志愿者、2018年丽水市村级集体经济薄弱村消除工作优秀个人、2021年丽水市优秀党务工作者等荣誉。

村庄名片

　　水口村位于缙云县东北部的前路乡，距县城40公里，总面积4.1平方公里，分8个村民小组，全村403户、938人，党员38人，是一个自宋朝就有人定居的千年古村，2023年村集体经济收入226.02万元。水口村是缙云县规模种植茭白的发源地，曾获2014年丽水市生态文明村、2020年浙江省卫生村、2020年浙江省善治示范村、2021年茭白"全国一村一品示范村"等荣誉。

一、从军经历教会我不畏艰险

　　我小时候从壶镇幼儿园、壶镇小学一直上到壶镇中学，当时我的学习成绩不好，所以高三就没有参加高考，直接去当了兵。那个时候一心想当解放军，这是我从小的志向。我加入了四川的部队，平时就驻扎在峨眉山到夹江这一条路上，但每年要去4次西藏。在部队的时候，我当通讯员、文书，通讯员负责联络领导和下级班子，文书要处理连队里的宣传工作，我当时干得还不错，就在部队里入了党。我是1998年4月份入的党,是同龄兵里最早一批入党的。

那时去西藏,道路状况还很差,走在路上汽车经常发动不起来,爬坡都爬不上去,有时会出现翻车的情况。有一次,我坐后面,眼睁睁地看着战友翻车死掉,叫我们去抢救的时候,想下去又下不去。西藏的山都是很高的,只看到汽车爆炸,燃烧起来了,真是心碎。经历过生死才感悟到生命的可贵,眼泪一下子流出来。

我那支队伍有三句口号:"艰险多吓不倒,条件差难不倒,任务重压不倒。"后来我一直用这三句话作座右铭,来激励自己。部队的生活确实是磨炼了我。所以我退伍之后遇见什么事都不会觉得不顺利,自己都会很快地调整好。

1998年的时候,我在部队立了一个三等功,1999年也立了一个三等功,都是在执行特殊任务的时候。我1999年12月从部队退伍回来,当时给我安排在乡镇的计生办工作,我不想去,所以就选择了自主创业。如果那个时候给我安排在公安局这类单位,我可能想法会不一样。但是现在回忆我那个时候的决策其实是错误的,因为公务员其实都是一样的,不管在哪里,只要你认真做事,都能有晋升的通道。

在2000年7月份,我直接创业了,办了个厂。我的爸爸、爷爷都是工人,所以,实际上我是第三代工人。我爷爷在1955年参加工作,以前家里有个厂,公私合营后就在这个厂上班;我爸爸70年代从中专毕业,也在这个厂里工作,是高级工程师。这个厂原先叫电机厂,后来叫通用机械厂,再后来叫轻工机械总厂。我自己就是办的机械厂,叫缙云汉达,后来还办了一个自行车厂。当时AutoCAD(自动计算机辅助设计软件)出到第十四代,我那个时候就已经会用了,应该算中国第一批会CAD制图的人,我用这个软件设计了厂里的很多东西。后来想想,实际上我是受了家里很大的影响,他们教会我做事,这就是一种"传、帮、带"嘛。我后来也去自考,考中南财经政法大学的经济管理专业,虽然我平时也比较喜欢看书,但都是关于机械设计、机床设计的,自考对我来说太难了,我英语考了8次才考过。

不过当村书记这件事情没有受到我爷爷、爸爸的影响,他们都在单位上工作,所以离村里的事务比较远,只是说能帮的尽量会帮。当时村里面造大会堂要买钢筋,又是计划经济时代,钢筋很难买到,村民就来找我爸爸,我爸爸想办法,拿到指标,给大家找到钢筋。

二、回归乡村:我的两次当村书记的经历

我没怎么在农村住过,小时候就跟着爷爷、爸爸住在壶镇镇他们国企的单位宿舍里,平时也就是清明节才回一次水口,那时觉得农村泥巴路很脏乱,没有给我留下很好的印象。

2005年的时候，有一个偶然的机会回到村里，当时村里马上就要换届了。壶镇镇副镇长对我说："反正你精力这么旺盛，回去当一下书记吧，改善一下整个村里的环境。"我就抱着一个参与的心态去报名参加了选举，结果一参与就被选上了。其实是因为农村那个时候帮派、宗族很多，彼此都有对立面，而我是从来没有生活在这个村里的，我一个对立面都没有，属于像中间派一样，所以村里人可能觉得我跟村里面联系比较少，会相对公正一点。

第一年当上去了，当时还没有"一肩挑"，跟我搭班的第一个村主任年纪比较大，很多思想观念跟我不一样，更习惯老一套的工作方法，想叫村民干什么事情的时候，用其他东西去交换，比如，承包给你一片山、给你弄个低保。村民很多都是想贪点小便宜、得到小实惠，这样事就能办。那个时候签的合同也比较随意，没有以保障村集体收益为宗旨，都是以个人利益为主，账目都很乱。我不喜欢这样，我喜欢一就是一、二就是二，高效处理。以前的"传、帮、带"没有现在做得这么好，以前是一个人新上任当书记了，前任书记对他就会有意见，不会说像现在一样教你怎么当好这个书记。以前的村官也不会理前面的事情，遗留问题不会处理。现在不一样，这种新旧矛盾没有了。

那时候村里要做水泥路的项目，实际上，当时普通民众最需要的就是土地硬化。当时，村里面欠了二十几万块钱，要筹资金，还要把危旧的房子拆掉，把村子的整个路面都翻修。这件事其实办起来有很大阻力。因为水口村的房子一边高一边低，不管是按低的做水泥地、还是按高的做水泥地都会存在矛盾。有些人家门口路段宽，有一些路段窄，还有一些人根本不想做水泥地，修路也可能会影响到别人的一些利益，所以工程量很大。我又才二十六七岁，第一次当书记，也不太懂事，有时候太耿直，跟乡镇的书记、乡长他们没有处好关系，所以当了3年后就不当了，之后就当了两届支委。

正儿八经当书记，实际上是从2014年开始的。那时前路乡的一个老书记跑到我公司来，他告诉我这个村里这样下去肯定不行了，看看能不能回去重新再选一下，去把大局揽回来。我考虑了可能有十几天吧，我想我这几年资金上积累了一些，回去还是能干一些事情，所以就回去又把这个书记选起来。

第二次选上村书记的时候，村里的欠款好像是七十几万，半吊子工程还很多，自来水的项目做一半也做不下去了，有村民反对、资金缺口的问题，邻村在这件事上也跟我们有矛盾。所以我这次回去以后，首先就用饮用水这个事情作为突破口。我们水口村的水，重金属含量很高，喝了水以后，不管你怎么刷牙，牙齿都是黄黄的，就像抽了烟的牙齿一样。让大家都能喝上健康的水是第一步。我跟省里有关部门联系，找了政府专项资金，当年就做了村饮用水达标提标工程。

第二步就是治理村里面的违章违建，这其实也是最大的难点，乱占乱建的太多了。2014年村里还有那种露天粪缸，就是村民自己搭的小棚，里面放着小粪缸。这些拆起来很难，不是你想拆就能拆的。拆违建只能先从自己亲戚入手，先拆村干部亲戚的，再拆其他人的，我是专拆亲戚。执法上也存在问题，实际上乡里的执法跟镇里面的执法是完全两样的，农村执法队的人员少。当时拆的时候，原先说好乡里面会派人过来，结果最后阴差阳错一个人也没来，都吵起来了，都不来了。没办法，我只能自己口袋里揣着现金，一家一家这样拆过去，自己先补出去。把违建拆完之后又拆违章，我们定点拆除，拆出了几个停车场和广场。

我跟其他几位治村名师的治村路径不太一样，他们是在大前年时遇上一个机遇，小城镇综合整治，这是必须完成的任务，要举全乡之力、全镇之力把这个事情给完成。我是想慢慢地一点一点弄，让村子一直有变化。我也不喜欢欠款，不想让村里面用负债来做事情，有多少钱干多少事情，一点点来改变。实际上我觉得很多村都没什么特点，都是一样的，一个设计公司用一个模板设计出来的，其实这样农村的特色就没有了。我觉得每个村都应该要考虑自己的地理结构、地理位置，要依村而治，而不是说都去复制。

整个乡村振兴的工作要跟实际挂钩，做整治也要考虑到村集体的收入这些因素，在村集体收入壮大以后，逐步实施。不能说上面做了个规范、目标，你马上就追着去做，一哄而上是干不了事情的。对于村民来说，他们也要有一个接受的过程。所以最终还是要做到因地制宜，不然很难把省里的政策转换落地，省委书记是这么说，下面不一定能这么跟。

所以在2014年到2018年，我们村努力把欠款都还掉了。到2019年遇上一个好时机，开发村里面的山坡。说白了就和贵州、云南一样，做"水稻上山"，但我们村跟它们又不一样，我们有一个500亩的山地，开出来真的是平平的，可以种水稻，种上去既能增收又很漂亮。我们村里一共938人，在没开发这500亩山地前，每个人只有三分地，现在能做到人均一亩地。

我还在前路乡选区当选了人大代表，现在当了第七年了。我对参政议政还是比较感兴趣的，因为可以看到自己的建议得到实施。壶镇镇到前路乡的这条公路，我每年都写提案，我说它需要加宽，现在的道路情况不能应对目前的交通压力。要想富，先修路嘛。现在这个提案得到了实施，2023年这条路就正式开始修了。我还做了跟水相关的提案，前路乡以前是每个村一个出水泵，后来不是集中供水了吗？前路的灌溉用水又很欠缺，我们现在就在做陈坑水库，集中灌溉，水道上山。

家人对我这个书记的工作其实有些无奈，没办法，他们希望我少参与，可以陪伴他们多一点。因为我办企业已经是很少陪伴他们了，在村里面把书记当起来后就更少了。特别是疫情期间,每天都去村里面,家里的事情都不管了。原先是要封村嘛,进出都要管理,如果你自己人不在那里,治不住,不是那么好管理的。我只要站在那里,就很好。我不在那里,有的村民可能就会对其他的村干部不服气,会有意见,抱怨一些比如说觉得一碗水没端平的问题,说他们有一些该放进来的也不放进来、不该放进来的又放进来。

我们也有一些帮扶结对的村,如南顿村、古宅口村、乾朗村,还有新建镇一个村。实际上就是交流治村的经验,比如做工作怎么做、思路怎么打开之类的问题。有一些人是占了位置但不干事情,要鼓励他们一下。有一些书记不太会"跑"项目,我就带着他"跑"一下项目。"一事一议"①的项目就是这样,比方说缙云县有10个项目,分省、市、县,你要知道哪一个是分管领导,要了解整个国家的政策、省里面的政策、市里面的政策、县里面的政策,尽量往政策上靠,拿到政策就是拿到资源。所以平时我经常研究政策,一个中央1号文件下发以后,省里面要变化,市里面要变化,县里面又要变化,你不把政策研究透、钻透的话,就不知道项目怎么拿下来。

村里面的荣誉也好,个人的荣誉也好,对我来说其实没有增添什么。我不喜欢采访,丽水电视台、省电视台要来采访我,我基本上都推掉,我觉得有更值得他们去宣传的人,而不是像我们这种人。

我自己每年也会给村里面捐款、给老年人发东西,这些都是一直坚持下来的规定动作。只要我还当村支书,我就每年给大家发点东西,让他们好好过节。其实我感觉事情理一理都很简单,只要你愿意自己多付出一点,就没有做不了的事情。

两次书记当下来,我认为治理村庄还是要按照自己的思路,循序渐进地干事情,你有多少能力,就干多少事情。首先做好规划、分步实施。规划下去,把专业的事情交给专业的人去做,但是村民、村干部必须参与进来,因为最懂你这个村的还是村干部。设计是一方面,所以最重要的还是规划要做好,规划要规划得远一点,做20年规划、30年规划,不一定一次性要实施掉,但需要把分步的规划打造出来。现在我们村里也初步在做一些与村庄规划相关的文本资料,也会请专人专门设计,主要的思路就是在老房子的基础上去修正着弄,不会完全重新推倒了弄,不然太浪费资源了,农村要做的其实是"微改造"。

---

① "一事一议"项目指"一事一议财政奖补"政策,由国务院农村综合改革工作小组、财政部、农业部2008年在《关于开展村级公益事业建设一事一议财政奖补试点工作的通知》中首次提出。

三、圆梦水口：消除集体经济薄弱之路

这几年我提出来一个"圆梦水口"的口号，"圆梦水口"最重要的就是这个"圆梦"。我们这边觉得在水口里做一个梦，这个梦基本上会成真，所以我提了这个口号，就是一代代水口人的想法，我想慢慢地把它圆掉。村民都很支持这个口号，算是我们村的标语。

乡村振兴不能光靠政策，还是要做好本村庄的定位，利用村庄的优势。比如壶镇镇的几个村都是有地理优势的，它们属于乡镇所在地，直接出租商铺、厂房就能赚钱了，很省力的。难就难在小山村的发展。像我们水口的话，离乡政府这么远，很多干部都说村里要搞民俗活动、乡村民宿这些，但实际上不是每个村都能做出效果，因为你不把村子的整体品质提升的话，没有人会一直去。我在水口村弄一个咖啡厅，谁会去呢？所以说对于我们水口村的这种情况，要增收只能也必须在农田上下功夫。

水口村是整个缙云茭白种植的发源地，种一亩茭白能卖三四万，赚得很多，每一户人家都有十几万的收入。但问题是村民很富、村里很穷，这就是集体经济薄弱的典型样子，我们就是这样。村有资产也很少，原先都是 10 年、几十年地承包给农户了。所以最近我在村里面搞了一个茭鸭共生系统，就是把鸭子和茭白一起养。在农业局的指导下，靠古法养殖缙云麻鸭，鸭子可以吃茭白田里的害虫，所以我们茭白田里就不用打农药了，这样也不会污染水，鸭子经过这种半野外环境的生存，肉质更好，生出来的鸭蛋蛋黄也格外黄，最后就有了生态鸭、生态茭白、生态鸭蛋。这个项目在村里搞了一片 30 多亩的试验田，然后通过乡里的强村公司把鸭蛋、茭白统一卖出去，统一贴牌再售卖到政府部门或市场，收入就算在集体经济里。之所以先做试验田是因为原本水口的茭白一年可以收获两次，但是不打农药以后，还不知道现在的茭白生长周期究竟多长，农技员说是这么长时间，但其实不能确定，所以还得要靠试验、实践，没有实践出不了真知。打造这个茭鸭共生系统在我们村属于试点，之后可以在全县铺开。

我们村还有个天马峡，我想的是那里可以发展旅游，把农村旅游、乡土游结合起来，也有人找到我想在村里做民宿，我都承包出去了，现在装修得差不多了，应该再过一两个月就可以接待客人。村里面租出去是 5 万块钱一年，每年 20% 的递增，第一年 5 万，第二年 6 万，这个租金就算集体经济的收入了。后面还有 500 亩的土地，等这块土地流转出来以后，还有"一村一品"可以做，再想想种植一些什么其他经济作物。这些我们都在考虑、谋划。

我是很守规矩的，政府怎么说，我们就怎么规划。想要农村增收、消除集体经济薄弱的问题，绝不能建立在违法的前提下，这就是考验这个村书记能不能守住底线。有的人说这是思维问题，不是的，这不是思维跳跃不跳跃的问题，而是要守住底线去

干事情。我在村里面开会就经常说要守住底线，想办法怎么用集体的钱来发展村庄，不能是你觉得这个项目好，就要上这个项目，最后损失了还是归村里，说穿了都是村民损失，是不是？要知道什么该干什么不该干。拿公路改造来说，一些村都是有立项的，项目立下来以后，村里自筹20%左右，政府出80%，项目基本上能完成。我是另外一种方式，我跟承包商说："你来承包这个工程，你要消化掉我的自筹部分。"让他们自己去消化。比方说投标额是70万块钱，但我们村里只付50万，他们的20万自己消化，实际上就是把利润给压掉、价格压低，对他们来说是薄利，但我会做到付款及时，不会拖欠，你今年把事情给我干掉，我今年就把钱付给你。这就是我总说的打有准备的仗，我有多少钱干多少事情、谋划多少事情。

四、管理村庄首先要用好人

其他书记可能在村里比较亲力亲为，我跟他们在这一点上不太一样，我管理村里主要靠的是用好人，自己亲自参与的部分稍微少一点。我们村的村干部基本上以村民为主，一个副主任、一个副书记、一个女支委和一个男支委，年纪都比较大，一个副书记和支委都五十几岁，其他几个四十几岁了，村委这边稍微年轻一点。其实对于他们来说，村里补贴得比较少，政府也没有补贴，政府只发3个人的工资，村里的书记、副书记、副主任，这3个人有工资，其余人没有工资。我自己是每年都会把领的工资用回到村里面去，但不是每个村都会这样，我觉得这也不太好。

现在推行"一肩挑"了，跟之前最大的区别就是思路贯彻上的不同，现在我做了一个规划，大家都会听我的，工作起来思想更集中了。平时在具体事务上主要靠副书记跟副主任管，我更多的是跑资金、处理上下级关系和县里面的项目关系。其实村书记最重要的就是起到一个承上启下的作用，他是一个门户，实际的操作可以是别人。我们为了沟通更高效一点，建了几个群，比方说一天要干什么事情，哪个月有什么节日，每天村里在干吗，包括今天村里面养的鸭子下了多少斤蛋这种细节，他们都会汇报上来，跟我通报一下，只要我看到了都会及时回复。

这几天我们村里的墙已经粉刷得差不多了，我是让村里的零散劳动力在农闲的时候干这些事情，不像有的村会把整个工程全部外包出去。村民是有工资的，如果他出去打工是150块钱一天，那村里面也给他150块钱一天。村里人能干的事情，我就让村里的人干。我习惯用管理企业的方法去管理村里，合同都做规范，包括跟村民的沟通，我喜欢从一个口子出，就是开完会以后这个事情讨论好怎么处理就怎么处理，不会是这个人这么说、村主任那么说、书记这么说、其他村委又那么说，不会这样子，我就只有一个口子出去，大家一致。这个也需要慢慢引导，不断地通过换届、筛选，把对村里工作不支持的、拉后腿的、泄密的这些人慢慢换掉，就形成了现在的班子。像现在打个电话把事情交代了以后，我的村委就会落实到位，不管我在不在村里都一个样。

除了千方百计调动村干部的积极性，还有就是发挥党员联系群众的作用。一个党员联系7户人家，主要是联系自己的亲戚，只能这样子做，不可能说他自己家里有很多事情还让他到处去别人家走访，也深入不进去。疫情时，很多防疫工作都靠党员义务志愿服务，最后其实主要还是村里的"两委"干部搞。我们的村"两委"都是党员，这个支部的堡垒作用就是这么体现的。我们村党员的老龄化现象比较严重，年轻党员都在外地，都去工作、考公务员。我们村积极分子入党的也不多，有些村他们入党会比较积极。很多人当党员就是为了以后批宅基地的时候能跟村干部关系近一点，或者是到换届的时候能参加支委的选举，农村的现实普遍就是这样子的，但是像我们这山区的农村入党积极性都不会太高。一个是因为乍一感觉在我们村入党的"好处"不多，另一个是因为有宗派意识，比方说现在党员入党，村里面投票得过半，全体党员投票的时候，有的人就只投自家人，只投跟他一个姓的人，这种现象还是有的，这只能等60岁、70岁、80岁那些人慢慢地转变思想。我们水口有一个姓应的祠堂，还有个姓余的祠堂，应姓的人里面也有分支，不同派之间关系有亲疏区别，每个人的思想和立场都不一样，只能是尽量引导。原先开党员大会的时候经常很吵，后来我当了书记以及现在"一肩挑"以后，一次次整顿下来，秩序就变好了，现在开会都是静悄悄的，表决也比较统一，还是要团结可以团结的一切力量，把大家逐步引导、转变过来。

党建又是怎么去做呢？就是参加义务活动，在平时加强学习，有组织地聚一下餐、参观学习，开展多样化的活动，让大家增强党员意识。实际上，"吃吃喝喝"在农村还是有很大作用的，能拉近关系。不过现在对经费的控制很严，只能由我自己出钱请大家吃饭，请他们去旅游，请他们去看看其他村的建设，慢慢地来引导。党员在村里的作用主要是联系群众。

五、新官理旧账：依法治村和公平公正很重要

农村治理还是很讲究公正的，起码表面上要做到一碗水端平。这个公正也要经过一件一件的事情去维护。比方说村里有一个鱼塘，我亲戚想承包这个鱼塘，另外的人也想承包，我就要去公开招标，哪个价格高就承包给他。但有一些村干部是不会这样子做的，他就会直接给他亲戚。我是喜欢依法治村，我们也是省里面的"浙江省善治村"，比较讲究规则、规矩，而且我又因为是从部队回来的，相对来说更愿意守规则一点，不会在法律的边缘行走，都是在法律框架内行走，也是自己把权力关在笼子里，

不会滥用职权,那没意思。我也不想插手村里面的工程,没有这种想法,因为我自己的公司一年能有那么多收入了,所以不会想到从村里拿钱。

公是公,私是私。我这个人就是这样子,对亲戚绝不留手,该怎么样,我村里面就怎么样,不然你建立不了威信。不是说你是我亲戚,碰到什么事情就可以过来闹了,这个在我这里不起作用。比方说不在我这里弄,但到副村长、副书记那里弄,我就告诉他们说这都没用,慢慢大家就都习惯了。

实际上,村里面的纠纷也是这样。很多时候可能只是因为合同没拟好,那就要让他们从合同里找切入点来分析一下,该怎么说、怎么做,要尊重合同、尊重这个协议。再不行的话,我就让他们去起诉,起诉了以后我再去调解,那就没有退路了,走法律流程去破解更容易一点。因为农村人最怕的就是拉下脸去打官司,所以两条路:要么去打官司,要么我来调解处理。

比方说两个临近的人,同时承包了一块山,然后因为有政府的赔款,两个人分钱不均匀,这些原因引起的邻里之间矛盾是很好解决的。有时候是他们私下里搞的合同,没有让村集体来见证,所以就会出问题。以前的村干部法律意识没有我们现在这么强,公章的使用也不规范,哪些地方该用什么章,这种规定是有,但是没有人按照规定去执行。我现在会按照规定去实施,比方说,这个合同该用村集体经济合作社的章,那我就一定用村集体经济合作社的章,如果盖的是村委会的章,我们不会承认,这一点之后就明确了。这新官要理旧账,我把旧账都理了一遍,再去处理新的,把旧的矛盾提前给它化解掉。

六、广泛发动群众要靠宣传

人留不下来——这是缙云最大的问题。如果让你住仙都玩10天,你很难玩,是不是?乡村振兴的前期宣传和包装很重要。包括我们在村里面做工作也是一样,比方说我们下半年要干什么事情,我从上半年开始就得广泛地发动群众。发动群众最重要的方法就是宣传,让大家心里有个想法,再让这个想法落地生根。比方说外墙粉刷,我先粉刷一部分村民家的,其他不愿意粉刷的村民就会心生羡慕,看到别人都粉刷了很好看,他就会主动找到村里面说:"我也要粉刷一下。"我们就跟他们说:"这个事情上次让你粉刷,你不同意,现在你得先排在这里。"让他们产生紧迫感,生怕轮不到了。其实他们自己不需要出粉刷的钱,但农村是这样子,就算不需要出钱,你去粉刷他的墙,他也是不愿意的。"为什么要白乎乎的墙,我自己这样也挺好看的"——这种想法很多,不是说你想粉刷,他马上就可以让你粉刷,要是你把屋顶给他弄烂了,他照样让你赔,你只能赔给他,都得给他弄好,这种事情很多。

前期宣传很重要。我觉得明年想做的事情，今年就需要宣传了，宣传不能停歇，时时刻刻在宣传——"明年要干这个事情、明年要干这个事情、明年要干这个事情。"先在村民的头脑里形成风暴。乡村的宣传主要还是靠口口相传，这个是最有效的。先在村里开村委会、村民代表大会，先开会，再让他们去给其他人说。说了以后，有说不好的，也有说好的，没关系，让他们思想碰撞一下。在推进一些整改工作的时候，也是通过广泛宣传和入户调查、促膝长谈。年轻人的思想工作好做一些，年纪大的有些会说："老房子我住得好好的，为什么要拆掉。"这个房子五几年就有了，你跟他说规划是说不出道理来的。你只能是劝他说："这个房子有危险，这样住下去不好。"重新修房子，他们要再额外出钱，虽然宅基地还给他们，但实际的资金没有保障，政府部门和村里都没有保障。这个很难，不是说跟村民做利益交换能解决的。像壶镇镇的那些村，它们拆掉房子之后，有的会把宅基地批给村民，这里形成店面之后马上就有收入了，但真正的偏远农村是没有的，对那些农民来说，自己本来在山坡上有个房子，建在那里好好的，你要把它拆掉，最后也是他们自己修。有一些年纪大的、丧子的、因病致贫的，这种人他也没钱再重新修了，只能住老房子了，这个工作做起来确实挺困难的。其实这些人政府还是会给补贴，就是名额太少了，每年就一两个名额。但政府做的事已经很多了，所以最重要的还是习总书记说的共同富裕，多点开花、多面带动，让一部分人先富起来以后，带动少部分人后富起来。

我觉得消除城乡的差距，唯一的解决办法还是集聚，不集聚的话解决不了这个问题，资源太浪费了。比方说，如果有个村在山里，用做通村公路的钱把他们移民出来，比起做一条水泥的通村公路进去不是更好吗？里面也修房子，外面也建着路，社会资源不就浪费了吗？有些人不愿意移出来，就要做好思想工作。他觉得移下来以后，房子原先这么大，搬下来反而变小了，那你要跟他讲清楚这个价值不一样，上面这么大的房子值1万，下面这么小的房子值10万。如果你这样说他们能接受，就不会造成空心村。

七、尾声

其实，农村最主要的问题就是后备干部选不出来。比方说我任职期满了以后不想当书记了，但后面就没人接我。我现在也想培养一些"90后"，只是别人没有这个想法，也不想回来当。党员也一样，很多人不愿意入党，都愿意出去打工。现在水口村都是50来岁的人在种茭白，年轻人都出去做生意、打工，都留在大城市，不愿意回来工作。当村书记主要还是想为村里做点事情，实际上就是整个规矩给它立下来，立好规矩，让以后的人可以接下去，可以做得更好。

所以我对现在年轻人的期望就是多多回归农村，希望他们能够多回来建设，把知识带回农村，农村最缺少的就是知识、思想。让他们多做做父母的工作，把学到的知识、思路传回来，他们的父母还是会听子女的话的。

来了乡村工作的年轻人要关注民生问题，要跟农户去面对面接触，要走进他们的心里。你如果要进这个村，进去干一点事情，肯定要去走访，你不走进去，了解不了村民真正的想法。有的人说他驻村两年，其实也没在村里。乡里面要应付的事情太多了，他们应该住到村里面去解决事情，不是说像挂名一样，这样解决不了事情。比如，谁家的鸡丢了，让他去找，他也不会去找。以前的驻村干部是这家鸡少了，就去给他找一下，同吃同住，这种才叫驻村。

很多人说企业家治村不好，有攀比什么的，其实现在很多有攀比行为的企业家还是有小农意识，真正一步一个脚印成长起来的企业家是不会这么去想的，想到的只是："今天我能为社会付出什么，明天我能做什么？"每一个办企业的，都是有一定的社会价值，只是贡献量的大小有区别，对不对？

****

采写者名片

敖疏影，女，2000年1月生，四川乐山人，本科毕业于中国农业大学食品科学与营养工程学院，现为清华大学新闻与传播学院硕士研究生，研究方向为传播政治经济学。

谢欣瑶，女，2001年3月生，湖南湘潭人，本科毕业于北京电影学院管理学院，现为清华大学新闻与传播学院硕士研究生，研究方向为国家战略传播、传播政治经济学。

采写手记：超越"富人治村"和"公司理性"局限[①]

采访应志达书记是在汉达公司的办公室中进行的，这个公司由他一手创办，位于壶镇镇的工业园区。工业园区林立着整齐划一的、数量众多的工厂与企业大楼，透露着壶镇镇作为"全国千强镇"的繁荣。曾经参军入伍，如今既是企业家，又是村支书的应书记，看起来干练内敛。他表示，自己并不喜欢谈论过去的事情或成就，但数小时的交谈仍给我们留下了深刻的印象。从这位身兼数职、经历丰富的村支书身上，我

---

① 本文的采访与整理由敖疏影和谢欣瑶共同完成，采写手记由敖疏影完成。

们看到了从城镇到乡村的"回嵌"以及鲜活切实的治村经验。

2005年,27岁的应志达实际上是在传统宗族势力交错的背景下,被当时的镇领导邀请返乡的。这不仅是因为他年轻、精力旺盛,还因为从祖辈开始就是城镇工人的他与村庄传统氏族网络关联较弱,被视为是可以调节复杂宗族关系的中间方。与当时村主任观念的冲突以及复杂的上下级关系,使他任期满后就不再担任村支书。直到2014年,前路乡一位老书记告诉他,水口村"这样下去不行了",希望他能回去揽回大局,他才考虑了十多天后又回乡竞选村支书。回顾竞选的心情,他说:"我想这几年资金上积累了一些了,回去还是能干一些事情,所以就回去又把这个书记选起来。"水口村并非经济发达的农村或资源型村庄,而是一般的农业型村庄,其地理位置较为偏远,面临着村庄老龄化、集体经济薄弱的问题,这意味着当村支书并不是一个"有利可图"的事情。从城镇返回乡村,应志达是在强烈的奉献精神和主体性意识的驱使下担负起改造农村、建设农村的使命,这无疑契合着"回嵌"的内涵。

年少时参军入伍,他经历了艰苦训练与爱国教育,又经历了战友牺牲、立功入党等事情,这使他在退伍后不仅时刻用"艰险多吓不倒,条件差难不倒,任务重压不倒"作为信条激励自己,还让他始终党性坚强,有着强烈的服务人民、回报社会的意识。作为非脱产任职的村支书,他认为自己是"用管理企业的方法去管理村里"。这并非学界批判"富人治村"的负面效应时所认为的企业家将资本增值的逻辑挪用到公共事业的发展之中,而指向的是公私分明、分工明晰、合同规范、高效处理等现代化的管理智慧。他认为"很多人说企业家治村不好,比如有攀比、不落实,但真正一步一个脚印成长起来的企业家是不会这么去想的,想到的只是:'今天我能为社会付出什么?明天我能做什么?'"

在上任之初,他着力改变之前村干部对于非制度化的熟人关系的依赖以及对私人或宗族利益的决策偏倚,奉行"依法治村""以保障村集体收益为宗旨""一碗水端平"的原则。通过创办企业实现财富自由的他,从不插手村庄工程从中攫取个人利益,也不会因为亲戚关系而"破例"。同时,部队和创业经历使他非常重视规则的制定,他认为,立下村庄的整体规则,一方面有助于避免村干部私人利益和偏好影响村庄集体发展,另一方面也可以让下一任村支书顺利接班。此外,曾经担任县政协委员、现在是县人大代表的应志达,提到入户调研、促膝长谈也十分重要,因为"不去走访就不了解村民真正的想法"。

应志达书记上任之后带领全村还清债务,并通过生态农业实现增收,曾获得2018年丽水市村级集体经济薄弱村消除工作优秀个人的荣誉称号。在发展集体经济的过程中,相比于"授人以鱼"的做法,他更希望"授人以渔",即不依靠作为"富人"的村支书个人出资"以私济公"来发展村庄,而是守住底线、"有多少钱干多少事情",讲究循序渐进、因地制宜。他善于钻研政策，争取资金，谈判价格，为村庄做长远的打算，这避免了不顾实情和法律红线，举债甚至违法发展集体经济对于村庄可持续发展埋下的隐患。他与水口村帮扶结对的其他村交流经验，并亲自带着不会"跑项目"的书记"跑项目"。这种"传、帮、带"的方式，在一定程度上能够削弱"一事一议"制度下，部分善于争取项目资金的村庄得到地方政府策略性的资源倾斜所带来的马太效应。

回顾应志达书记的经历和经验，可以看到主客观的原因使他能够尽可能地发挥"富人治村""能人治村"对村庄的积极影响，规避一些弊端。一方面，从祖辈开始就生活在壶镇镇使他及其家族与村庄的宗族势力牵连较弱，年少入伍入党使他对党和国家有坚定的信念，而青年创业又使他有管理团队、持续发展的经验以及积累的人脉资源，这对于当好一名村支书来说非常重要；另一方面，对于富人治村可能存在的高额负债、基层腐败、政治排斥、村庄分化等问题[①]，从上述的治村经验中可以看出，他也有意地进行了防范和规避。对于依法治村和公平公正的重视、讲究因地制宜和循序渐进的发展、走访群众、结对帮扶等，这些经验虽被反复提到以至于有老生常谈之感，但结合应志达与水口村的故事，仍显得十分鲜活。

[①] "富人治村""能人治村"的弊端参考自：贺雪峰. 论富人治村——以浙江奉化调查为讨论基础[J]. 社会科学研究，2011，No.193（2）：111–119.；崔盼盼. 乡村振兴背景下中西部地区的能人治村[J]. 华南农业大学学报（社会科学版），2021，20（1）：131–140.

第十三章　朱建俊：当青年企业家回归乡土
——治村是我的第二次艰苦"创业"

口述：朱建俊
采写：王欣钰
采访时间：2023年2月5日—2024年9月24日

书记名片

朱建俊，1978年10月生，1997年6月加入中国共产党，缙云县壶镇镇工联村党总支书记。2008年担任村党支部委员，2014年开始担任党支部书记。曾获"见义勇为"浙江好人、丽水市优秀共产党员、丽水市见义勇为二等功、丽水市兴村（治社）名师、缙云县见义勇为三等功、缙云县优秀共产党员等荣誉。

村庄名片

工联村位于缙云县东北部的壶镇镇老城区，距离缙云县城40公里，村域面积约1.2平方公里，全村人口1642人，共有12个村民小组、12个党小组，党员56名。2022年，村集体经济收入40万元。曾获浙江省卫生村、浙江省A级景区村庄、浙江省民主法治村、浙江省高标准农村生活垃圾分类示范村、丽水市善治村、丽水市文化古村落、丽水市精品花园村、缙云县花园乡村精品村、缙云县学习型社区和教育教学点等荣誉。

一、艰苦创业：我不是富二代，而是"拼二代"

我是做砖块起家的。1993年，我15岁，初中毕业后就进了父亲办的砖厂工作，从职工到车间主任，再到厂长，前后干了7年，从底层爬上来，不论是拉水坯，还是烧窑、出窑，什么工种都干过，所以并不是天生就给了我管理的位置。

2000年，我开始接手砖厂，从以前的小打小闹变成了现在的全自动化生产。但在创业过程中，我不是富二代，而是"拼二代"，是自己拼出来的二代。我父亲的企业是1989年开始办的，我接手的时候，砖厂负债累累，总资产45万块钱，欠账是1 246 000多，我们兄弟两人一人一半，每人也要分到60多万块钱的债务。那个年代，20多岁的人，加上40万的债，你想想看有多难。

当时，我父亲本来是不肯交权的，他个性很强，但是缺少经营思路，我觉得这样下去不行，就自己想办法。于是我烧了两桌菜，叫了3个舅舅、两个姨妈、两个姑妈还有姑父姨夫都过来吃饭，然后向我爸抛出了3个问题。我问爸爸："你欠了多少账知道吗？"他说："少烦，今天吃饭！"我说："（做砖块的）泥巴明天从哪里来？职工怎么招？"他还是说："少烦！不用你知道，不要管！"我大舅说："嗯！外甥说得好！那姐夫你打算怎么干？你这搞不灵清（清楚）呢。"我大舅当时是村干部，我爸怕我大舅，后来我爸就不说了。我讲了我解决这3个问题的办法，最后我爸终于说都交给我管。

于是，21岁的时候，砖厂正式由我来管理。我哥哥23岁，他是管机械的，我累一点，我负责给员工做思想工作，我喜欢这些员工跟着我。以前的管理很乱，我妈不是学财务出身的，发票账本都很混乱。我们以前是凭卡来买砖块，但卡也没登记，没有留收款凭证，所以别人一本卡拿过来，就算是假的你也会给他砖块。从那时起，我是边学会计边管理，一路学过来，经历了很多不容易。

当时，向我们厂要钱要账的人多得不得了，年三十晚上都有很多人来要账，五六十个人坐在我家里，年也过不了，一盘肉端上来，全部被他们吃掉。那时的苦，不是一般人能承受得了的，要花很多精力，钱要借，活要自己干，没有节日，一天都没有休息，永远在厂里干活；还要搞人情世故，还要经历感情的苦，谁来给我分担呢，对不对？没有人啊，就是自己要去承担下来，所以前期太苦了，这种酸苦没有办法去讲的。

我第一次借钱，是去前路乡里的山上，向我老师的一个朋友借的。那天下雪了，我骑着一辆爸爸20岁时买的雅马哈摩托车，一直骑到山上，山上很冷很冷，起码是零下六七度，手冻得不会动，麻掉了，刹车油门怎么抓都不知道。后来我老师跳下来，把我的车屁股拉着，再骑到小路里面去，把摩托车夹在那里不会倒，才停下来。后来他叫了朋友的两个儿子过来把我摩托车推进去，手冷死了，都是冻疮，我就坐在一个炉灶边上，再用开水把手烫上，烫的时候手很痛。我记得我第一张欠条是写给他的：今借到某某多少钱，多少利息，借期时间多少。我从这开始，借了25 000块钱，借回来发工资用。

那个年代，21岁的年轻人向别人借钱，别人是不敢相信你的。我后来向一个朋友借了1万块钱，他的利息是1分2。到年底要还给他，我手上有5 000块，我说先还5 000块，他说不行，到时间必须还。那时他用小灵通电话打给我，号码是3783016，我印象还很深。最后我想想心一横，去干什么呢？到县里医院想去卖点血，把这个账还掉，那个时候是可以卖血的。我记得坐公交车从壶镇镇到县里是4块5毛钱，到了县里之后，我刚好在医院门口排队时接到了一个电话，是现在恒强针车的卢总打来的，他刚好在建工地，他订100万块砖，我跟他报的价是每块砖1毛6分5，100万块砖就是165 000块钱。卢总的爸爸卢世田打电话给我，他说："小朱，在哪里？把这个砖订掉。"我马上就从县里打出租车到我厂里,花了45块钱。我拿了公章、身份证,还有一张收款凭条,拿到他们财务那里。他给我一张支票。我问:"这东西就可以拿钱了?"那时候都不懂嘛。我拿了一张165 000块钱的支票到农行壶镇那个所里,我印象特深,有一个名叫朱美红的职员帮我办的,她说:"哇,你今天这么多钱啦,以前都是5 000、3 000、2 000、1 000。"这笔钱拿到之后,我就要好好地经营了,一个红砖的成本里,是煤、泥巴、工资,就这么点东西。

我第一个女儿出生的时候,老婆被送到医院,我以为顺产是没问题的,生了大概半个小时生不出来,医院催要交钱剖腹产。我没钱,也没地方借了。我打给岳父,他借给我1万块钱,总共花了8 000多块,剩下的刚好留给我用于企业发展。那个时候年纪轻,真的没地方借钱,该借的都借过了,谁都怕你,你欠账的时候去别人那里,不要你开口,别人看到你就怕了,怕你来借钱,很现实。

我21岁参加管理,在我手里经历了很多次技术革新。以前是一天出800块砖,一个月就是24 000块砖,一年我们算它10个月,一年生产24万块砖。我第一年接上手之后,增加了一点新设备,就变成一天出1 600块砖,一年出50多万块砖,卖的价格基本上在1毛9至2毛,一共约10万块钱,刚刚够还利息,在这样的艰苦条件下是赚不了多少钱的。我后来跟债主协商后,把这些钱分期,今年还5 000块,明年还1万块,这样才能够把它消化掉,逐步从恶性循环变成了良性循环。我们基本上两三年有一次小型设备转换,在我24岁、25岁、30岁的时候都进行了"技术改造",提高砖块质量,每天的产量分别提高到3 200块砖、6 000块砖,再到8 000块砖。2011年又"技改"了一次,一天产量大概是12万块砖。

如果我是富二代,我就没有这么累了。我们从2001年开始还账,到2015年,花了15年的时间才还得差不多。一是因为利息一直在滚,二是因为企业还要去投资,不投资就说明企业不行,这就是我们办企业的文化传承。在技改当中,我想到了很多,企业发展必须不断创新,还要有人才输送,要有文化,没文化的企业是走不长的,打造成百年企业必须有文化内涵。当企业家也很苦,为了这些民工给你干而要负责任,有十来个工人大概从20世纪90年代起就跟着我,到现在还在砖厂里面。所以人都是有感情的,我觉得当干部也一样。

2015年,我进了第二个项目,参加了九州混凝土有限公司的前期策划,后来当了总经理。在2018年村委换届之后,我辞掉总经理,改当副总,开始很用心地回到村里去干活了。我现在还在建壶镇镇的开元名都宾馆。壶镇镇这个地方有常住人口12万,有很强的工业,比如有肖特新康公司,有占全国75%的带锯床产业,有占全国80%多的工业缝纫机产业,但壶镇镇的第三产业服务行业却很差,没有一个像样的宾馆。在一个镇上建开元名都宾馆的很少,我就是要把壶镇镇三产这个最差的方面在缙云县里树立成标杆，因为我是壶镇人。很多人在外面说我搞不起这个宾馆，但我作为壶镇人，我就讲一句话：我宁愿卖掉上海乃至杭州的房子，也要把这个宾馆搞好。因为我根在壶镇，如果搞砸了，对不住全壶镇人，怕别人骂我的时候把我祖宗三代都骂出来了，是不是？这就是壶镇人的气质，敢闯、敢拼、敢干，壶镇的企业家就是有不怕输、不怕辛苦的精神在血液里流淌。

现在我干这个宾馆干得很累，但没办法，还是要干起来。我们的人生其实什么都是空的，最多就是你来过一趟。像我们一样，到了85岁的时候，回过头看看壶镇的发展、三产的发展，离不开我们这些壶镇人付出的点点滴滴，那才有感受。像农村也一样，我让他们都记住我干了这么多事情，他们以后也来干这么多事情，对吧？历史能够记住我，这就是我想去干的事情。

二、初当村干部：困难面前，按兵不动先"看人"

办企业后，我也去回馈社会，当了村干部。我是2008年开始先当支委，2011年当了副书记，2014年第一次当选村书记，2018年第二次当选村书记，现在这届是2021年开始的。

我当村干部受我舅舅这个老书记的影响很大。他当了30年村书记。以前那个年代，村主任、书记社会地位很高，很多东西讲了就算数，能够一锤子定下来，似乎"村主任是天，书记是地"一样。那时我爸妈打架，我就会去叫村主任、书记来我家里，看到他们，我爸爸就不敢说话了，于是我就知道原来村主任、书记这个官是很大的，在我心里烙下了这个印象，种下了这个根，对他们很敬佩。

到了法定年龄，我更多地想到村上去干点事情。我18岁就在村里入党了，当时入党也是机缘巧合。本来想去部队锻炼两三年，老爸说家里办企业人手不够，就没能去当兵。以前那个年代，壶镇是乱得不得了，村上打架是一下子就打起来了，不像现在这样平安。当时有护村队，它是保护村民利益的。我觉得年轻人应该要去干这个事情，所以我19岁就到村里去干事，进了护村队，带了几个小伙伴们一起，在晚上、节日间就去巡逻。

一次偶然的机会，老书记叫我去搞个支委干干，他说年轻人要"多看多学"。我上去干了之后，才知道村上这么复杂，没有群众基础是当不了干部的。2011年，我第一次当选副书记，跟在老书记边上，他送我一句话："多看多学多干。"刚开始当村干部，发现整个村上干活很难。而且老书记的遗留问题太多了，村里面很多年没发展。那个时候也就一年开一两次会议，每次开会，就有很多村民来吵，都为了利益，很复杂，很多矛盾纠纷。镇上有些政策要在村上落实，我在村里会上把政策读给村民听，村民代表、党员们总共 50 多人，我第一次是用普通话读，但他们就要我用缙云话读，说普通话他们听不懂。可是用缙云话我讲不了这个政策，读不出来一些字，像"幸福"的"幸"字，用土话我就说不出来。

以前年轻的时候很冲动，个性很强，我当副书记时去调解事情，在群众家里不喝点酒嘛他什么事情都不跟你谈，喝点酒嘛自己就受不了，但没办法，还是要去的。他说村干部到他家里去，他就有面子。2012 年，有一次去村民家里调解事情，一坐下去，就是一盘梅干菜豆腐，一点肉，一盘花生米，就要跟他喝酒了，喝土烧。村民家里情况差，房间才 25 平方米，一边是厨房一边是尿桶。桌子放在这里吃饭，这边是菜香，一转过身去，就是尿桶的味道，那是很难受的，这个东西要怎么吃下去啊！后来没办法，喝了半斤酒之后，管他呢，什么都没感觉了，把这个事情给他干掉就算了。最后酒喝差不多了，我把事情也跟他讲一下，我说"同志，要支持村里"，他说："这个要支持，也要帮一下村里，你来了反正给我面子了，我就把你事情也干好了。"我说："好！"

我们村跟其他村有很多不同，我们是由 12 个生产队组成的，而且田地都是分到户，田地收上来的话就要从生产队那里过，不像有些村的田地全部都是集体的。所以要先把生产队队长的工作做好，再到户里去做工作，不是直接就可以开村民代表会把地收上来的。我们征地的时候，是先"两委"统一，再去一下比较有权威的队长、村民代表家里，跟他们喝喝酒、聊聊天，再把这个方案扔出来看看行不行，问他们一下。等谈得差不多的时候，我们会召集这些队长、代表在一起决策，然后他们去下面做工作。

我当了正书记，老书记送我一句话："多干不如少干，少干不如不干。"我说我不是这个性格，他说那也要多看看。所以第一届一直到 2018 年，这期间我都不敢去干事情，那个时候是一年开不了几次会，镇上交代的事情我们把它干掉就好了，我们最主要的还是先把村里面的人看清楚，哪个是敲锣的，哪个是呐喊的，哪个是会挑事的。怎么看呢？打个比方，我们让他去做一项事情，如果跟他说了之后，整个村都知道了，那这个人是"喇叭"；如果跟另外一个人说了，他会说"书记你什么时候用到，我去干掉就好了"，那这个就是实在的、会干活的人。当村干部很难的，我要在村民代表里选人，看清楚之后再干活，不看清楚的话，自己怎么被卖掉都不知道。他们有一句话叫：会讲的人、会提意见教你怎么干的人很多，看你笑话的人很多，真会干事的人很少。

当村书记难是难，但是总有办法，方法要用对。你用错了方法，是干得很辛苦，大概就是你自己一个人干；用了对的方法，是事半功倍，成功率很高。要运用周边的人去干这个活，不能你自己冲在前面一个人去当炮灰，这样的话，你这个人水平太差了。善用周边的人就是取长补短，他什么是强项要看清楚，要知道用哪一个人干什么事。这些都不知道的情况下，你如果一个命令下去，本来有些东西要保密的，被他说出去了，别人还怎么干？

刚当村书记时，支部一开会老党员、老支委很多，老支委高高在上，他们就是讲一句话："你们都是我培养出来的人，你们台上面指手画脚，你资格还没到那个阶段。"第一届的时候两边都不服我，这些村民代表都不理会我，让我压力很大。我后来就又回到企业，2015年2月25号，我们几个股东办了缙云县九州混凝土有限公司，我去当老总，所以那时我的精力还是放在公司多一点。

3年真的很快，转眼间就是一届，1年两次会，6次会开完就结束了，还没怎么干事，就又选村干部了。第一年在闹矛盾，落选的那边还有村民代表，闹了一年。第二年想开始干，去和另一边人谈了，又很多人说不行，声音很大，七拖八拖拖下来，等摩擦好了，项目包装搞搞也要半年。第三年，还没开始干，又要筹备选举的事情了。以前农村是3年一届，不容易干出成果来。现在好了，改成5年一届了。

三、正式发力：从整治环境开始让村庄"改头换面"

2018年年底，我又当选了村书记。这一届的时候，有一个朋友说我："如果你就是占着这个位置，就不要去当。"他说相信我有赚钱的能力，但是认为我做农村工作的能力是很差的。我心里想想，很不服气。我当时决定继续当下去，是觉得要干就要干好，不干好的话是耽误一个村庄，过了这个村就没有这个店，这个村如果再搞个三年五年没发展，你对得住村里吗？头3年在你手里没发展还可以谅解，第二个5年你如果再不发展，往心里想想，你这个当书记的，对得住大家吗？2018年开始也很辛苦，因为在工联村大部分人是姓吕的，我是外姓。他们都在说："姓朱的怎么能够当书记，是不是村里姓吕的没人了？"我就说："我姓工联，你姓什么？"

所以，2018年我就辞掉了九州公司的总经理，回到村里很用力地干了，把村里当家里一样。我也配了自己的左右手，大家能配合得更好。以前整个村是烂摊子一个，开个会都开不了，村民代表开会，吵架吵得开水壶都飞起来，但现在是很和谐的。

我们从整治村庄环境开始发力，包括石龙路拆建、三塘水系工程、粹英公祠修建、九进厅拆迁安置、停车场改造、壶镇小学周边环境整治、老街改造、节点打造、智能化洗衣铺建造、精品文化礼堂建设、美丽公厕建设、篮球场羽毛球场建设等，都是在我们手里干出来的，最多的时候有三四百人一起干活。"三改一拆""五水共治"、小城镇综合整治，全部都干了一遍，才把美丽乡村建设搞起来。真的付出太多，一步一个脚印走过来，我穿着布鞋在村上干活，最多的时候每天平均步数4万多，历历在目。2021年我拿到了一个"治村名师"奖，我们村还被评为美丽乡村建设的样板村。

2019年开始"小城镇综合整治",首要的就是"拆"。我们拆了很多闲置用房、违章建筑、附属用房,包括垃圾房、卫生间、牛棚间、露天粪坑,还有很脏乱差的多余房子。我们前期带着党员、村民代表、村"两委"去了前路乡、永康市,去周边的村里学习。我说,为什么别人的村庄这么漂亮,而我们的村庄却乱七八糟,真的很难受。学习了之后,回到村上来,我们村"两委"和村民代表开了会,一致同意必须把差的地方全部拆除掉,整个村合理规划。我干事情就是"一个声音,一个方向",只要心里没有自己想去赚钱的话,我想什么事情都是可以干掉的,村民能够更加信任村"两委"。

拆得最多的时候,一早上起来,走出门口,很多人就是跟在屁股后面一直骂我,没办法,他们把老祖宗都给你骂出来。当时最经典的是,有人叫我不要回家睡觉,到宾馆去睡,因为怕夜里来吵的人太多。通过不断多次上门去做工作,房子拆掉了,最终还别人一片整治好的村庄环境,还有一些宅基地也要补偿给他们。

说到拆迁做工作的困难,我们村口有一条石龙路,村民称它为"断头路",以前5年都没拆掉,这条断头路做不进去,"蜗牛奖"拿了好几个。我拿了这个任务之后,两个半月,基本上把它干掉,房屋拆除。拆迁涉及5户人家,而且有两个是上访户。他们原先的房子是51平方米左右,按照一户一宅标准,现在85平方米还给他,多出来的30多平方米,我们按照2 000块钱一平方米让他们交钱到村里,2 000块钱是很便宜了,让他们能够一户一宅批到位,现在也建好了。

开始的时候村民不理解,不答应,怕被骗。最后我动员了一个党员的亲戚家,连着七八天就黏在她家里,后来她老公回来说要支持一下工作。我在她们家吃饭,最后她说:"好,我第一个工作被做通。"我也跟她说了:"我表个态度,你的房子第一个给你先挑。"答应了之后,我们第二天组织了52个人左右,从四层到楼下,只用了大概5个小时,全部都搬掉了,这个速度别人说是不可能的事情,我们都把它变成可能。

第二户是她的隔壁。我们不断去上门做工作,也采取办法,早上我们6:00就去敲第一户的屋子,6点敲到10:00,中午1:00敲到4:00,晚上9:00敲到凌晨2:00,我把这个时间差搞起来之后,使隔壁那户睡不着了,过了3天,他就过来找我了。他是外村买在这里的,很怕我们村上,他也很怕这个房子拆掉之后造不回去。我们也表明态度,第一是我保证房子能够造得回去,第二是他们的宅基地和以前农户的纠纷,我们帮他调解好,让他稳定下来,夫妻两个人最后来签字了。

第三户,他本来是上证面积97平方米,总共是100多平方米,给了他两套房子,是85平方米加上85平方米等于170平方米。但他要求两套半,200多平方米。我们上门做工作,他不肯。最后没办法,他到镇上的时候,我跟他说拿来卖掉算了。我们的房子售价是66万块钱一套,我现在100万块钱买你一套,省得你揪心揪肺的,太累了。他当着副书记的面答应卖给我了,晚上我叫我舅舅送钱过去,先给他10万定金,他老婆就不卖了。我说，你答应我了又不卖给我，拆了给你两套，你又不肯，那你说话要算数的，是不是？不算数的事情不能干。后来他被我搞得没办法，两个房子不卖，但是答应我5天以内全部搬掉。

第四户，他的房屋土地性质是工业厂房地，换成宅基地还给他，我记得是给他三套，200多平方米，他也不肯。我上门做工作，我问他这个房子值多少钱？他说值300万块，我说你挂出来看看几个人会要。他又说总该值250万。我上门做工作多趟，他也到我家里来，在我面前哭哭啼啼。我跟他说，你自己说贴出来值250万块钱，如果你实在担心，我花350万买你的房，拆迁还赔120多万，你能得到400多万，你就不要造房子了，到别的地方去买房子算了，省得亏钱，你这样明显是赚的。但他心里还是放不下，好像觉得还太亏了。我说，你这个想法是太不正常了，对不对？我们上门去跟他说，包括镇书记他们都去说，他说说哭哭、哭哭说说，把他家里开始起步、造这个房子的辛酸全部都释放出来。今天不行就明天，明天不行就后天再去，我们不断地去，让他把心里面不舒服的东西释放掉，最后答应了拆。把这个人拿下的时候是很累的，仅仅这一户的工作就大概连续做了不少于半个月。

还有一个上访户，基本上隔三岔五我叫他要么到村里来，要么就到我家里。他是开店的，店里被偷了5次没给他破案，以前老是去上访。他上访太委屈，通过我们不断跟他沟通，听他诉苦，不断让他"洗洗脸"——就是流眼泪，他觉得心里发泄出来就好受多了，感觉到村上是为他好的，最后他签了息访协议，也把房子签掉了。我们做工作其实真的很费时间，很费精力，还要会看眼神，让他把心里的冤屈都哭出来。大概前前后后10天，才把他夫妻两个的工作做通。包括到他家喝酒，他拿了五粮液给我们喝，我们都很怕的，上访户是你喝了什么酒怎么样都是要讲出来的。我说不要这么好的酒，你拿土烧给我喝喝就好了。

最后工作做通，全部房子拆掉的时候，5年没干掉的断头路终于通了，这时，真是感觉到工联村好起来了。

"拆"之外，还要"清脏"。从2019年小城镇综合整治开始，我们把清朝时候留下来的垃圾全部清掉了。我们动用党员、村民代表、民兵连，先摸排，然后按小组分户到位去清脏，最难的地方我自己去，冲在前面。在清理整治的过程中牵涉的事情很多，包括"五线落地"①、污水管道建设等。村里的化粪池都是在路边上占道的，大概有一两百个。管道施工挖地的时候，化粪池挖破了，他们十几个人跑到村里来闹，说要村书记带头把这些化粪池掉下去的石头用手捡回来。后来我们就想办法，用智慧来解决问题，我贴了份公告，说化粪池的位置属于村里的公区范围，是集体所有，村民必

---

① 指将电力、电信、移动、联通、广电五个部门的电线、电缆统一埋入地下。

须到村里来备案报批，化粪池必须统一，允许你装才可以装，不然我就把你整个挖掉。这种办法很起效应，很多人他自己买来之后，村里给他装进去。就是有一户人家不肯，我们就把这家的化粪池挖掉，填回去。没办法，第三天他自己来了，到村里来认错误，让我们帮他一下，不然的话门口都是他自己的，臭死了。

所以很多时候要用智慧来解决问题，如果个把村民不同意，你就不动了，那谁干得了事啊！只要我们心里面装着群众，大方向正确的事情，该干还是要干的。碰到问题是要想办法去解决的，不是怕问题来找你。

壶镇镇小城镇综合整治是2019年4月份开始干的，百日攻坚，镇里要求"大干100天"。我们是"白加黑""5+2"，每天天亮6:30起来，穿着迷彩服到村里去干，晚上基本再开一个总结会，早上7点钟开始到晚上9点钟、10点回家。每天都这样，天天在村里，哪一天没在是不可能的事情，加班加点抓紧把这个事情干好，整个村庄像炮弹打过一样，哪里都是乱七八糟的。我妹妹的女儿是2019年6月27日出生，我妹妹说坐完月子出来都不认识路了，因为到处在施工，没有路可以走得进去。镇书记老是说工联村干得可以，我们不干不行啊，越表扬越要干。像这样干，哪里还有干不了的事情，我如果是这样去办公司，哪里还有公司办不好的！

2019年、2020年小城镇综合整治、美丽乡村建设的清脏清乱，清出了人心。天天在村上干，我晒得整个人黑漆麻乌的，像黑炭一样，我肚子也大得不得了，因为晚上还要请村"两委"干部吃饭，他们干得辛苦，有些人还没来得及吃晚饭。大家那时候都愿意为了村庄更美丽而去干，因此更加团结。

四、旅游强村梦：挖掘慈孝文化，建设美丽乡村

村里违建拆除了、环境搞干净了之后，我们再规划设计，探讨如何去建村庄。关于美丽乡村建设，镇里只是指个大方向，让我们自己去搞。如果是把自己村当成一个团的话，书记就是团长；当成一个营的话，书记就是营长；如果把自己村设计成师的话，你就是师长，就是要去把自己村庄整治好，挖出一些历史故事，确定要打造成一个什么样的村庄。

我们找到了一个定位，确定了一个"旅游强村"的梦想，依托九进厅这个省文保单位的影响力，想打造一个清代古建筑的美丽村庄,2021年、2022年总共来了两三万人，来我们这里参观。

我们一方面要想怎么把村庄建得更美丽，另一方面要挖掘村庄的历史文化。没文化的村庄、没内涵的村庄，它是不会长久、不会持续的。以前我们村上是看不到什么文化，说不出来什么故事的。为了使村庄能够有文化传承，我们请了一大批缙云的文人，请他

们过来吃顿饭,喝点小酒,走一下村庄,了解故事,书写情感。我们要知道我们村是什么时候来的,所以我们挖掘出了"三桥之举,慈孝工联"的故事,更多地去传承。为什么叫做慈孝呢?清朝时期我们村上有一个叫吕载扬的,他的妈妈叫蔡氏,蔡氏是现在的南顿村人,吕载扬的爸爸吕足去世很早,在载扬6岁的时候就去世了。他爸爸去世之后,妈妈没地方去,要往娘家走,路上要过好溪。人们在水最浅的地方铺了石头,成了碇步桥。以前还会涨大水,如果洪水退不了,就没办法过河。他的母亲在东边这头,说:"我子孙,若有钱,必成是桥。"然后她去世之前又讲了一句话:"唯我子孙,必成是桥。"吕载扬就遵照他母亲的遗愿,所以才有了我们壶镇镇的第一座桥叫"贤母桥"。我们就提取这个慈孝文化,通过文人引领,在族谱上去证实,把这个故事挖掘出来。

另外,还要了解村庄的历史,比如工联村什么时候成立的?为什么叫工联?以前叫什么?这是我们在旅游发展当中有人会问及的。开始的时候我也不知道,我要回去问。一个书记要当好,必须了解这个村庄的文化,你必须会干,而且要会说;你如果是只会干、不会说,这也不行,就没有传承,一个书记最终还是要会讲故事。像我们工联村是1956年开始的,以前叫复兴村,由工农、联盟、农兴三个大队组成。1950年的时候,我爷爷当了第一任的大队长也就是村主任。1956年工农和联盟并在一起成为一个村,这就是工联的由来。以前这里叫作溪头,是壶镇镇最繁华的商业街区,有句老话"有女嫁溪头,三天无米也风流",体现了那个时候的繁华程度。

去了解一个村庄的历史,不要怕麻烦,要多听听,文人讲了故事之后,我们更多的是记忆下来,然后要讲得出来,我每次叫村里很多人去学习,讲多了就记住了。我自己也一样,去做导游,我自己买了一个3 000多块钱的音响,挂了个喇叭,他们看到我这个东西这样挂起来就知道有游客来了。我自己还买了一台无人机,这个也很有意思,很有成就感,自己走在那些干过活的地方,知道这个地方是咋样的,以前怎么样去干的,所以每到一个点,我们就讲自己干过的事情。

有了这些历史文化内涵之后,我们就有了更多的方向,晚上设计,白天干活,跟老天爷抢工期。当时是夏天,早上6:30就到村上去,一直干到晚上9:30收工,我们顶着巨大的压力,因为我们不会设计,没搞过,脑子里面一片空白,但是我们很会到周边去学习,带着村"两委"去过永康、仙居,还有缙云的前路、新建、舒洪、笕川,等等。我们搞美丽乡村建设,就是要让村庄更美,群众更幸福。后来我们请了人来做设计,但他们也只是有个概念,其实美丽乡村建设要因地制宜,不能老是说专家来了就认可了,我们要把拆出来的东西利用起来,比如有些房子里面拆出来的青砖瓦片。有些专家提出来说用仿古设计,这些东西是不接地气的,也增加了费用。现在我们有很多节点、打卡点,包括九进厅、工联驿站、乡贤馆、牛轭塘、十二生肖池塘、和谐广场、老街、花廊等,连民居外立面、空调外机壳、灯笼都是设计过的,被评上了丽水市文化古村落、花园村。

2021年，壶镇镇开展"花开缙云花满壶镇"创建工作，要求"一村一品"，我们的村花是月季，为什么要选择月季呢？因为月季花的生长周期长，有7个月，而且品种多，漂亮。我们总结了一句顺口溜："让小孩尖叫，让女人抢着来拍照，让男人跟在屁股后面付钞票，让老人笑一笑，四季有花"。我们在月季花里面还种了茶花，点缀用，有各式各样的花。我们村里的花，有一部分是开始的时候村上出钱种的，有一部分是妇女主任动员村民去种的，谁都喜爱漂亮，农村的人也一样爱漂亮，你把动员工作做了，他们是会很用心去种花的。他们也喜欢漂亮，支持他们去干就好了，村里会奖励他们花瓶、架子、品种，他们也很高兴。我们总共户数也就是556户，种花的户头大概有100多户，他们本来自己有些花花草草种起来，以前是放在平台，舍不得拿下来，怕别人偷去，后来看到漂亮，他们把花从平台上都拿下来了，放到下面便于管理。

我们还创新地建了几个以卡取水的智能洗衣铺，为什么要这样搞呢？我们九进厅以前是养鸡养狗，水池造起来很多，一个水池是80公分的宽度，1米2、1米3的长度，弄堂就这么点大，一个水池放在这，我们怎么走过去呢？我们没办法，就把它们敲掉。敲掉之后，村民没地方洗衣服了。我们村"两委"研究了之后，想到我们小时候妈妈都是提着菜篮子到大溪上去洗衣服，我说我们搞个集中洗衣铺。刚安好的时候，洗衣服的人很多，晚上都不关水，我们又很头痛。于是，我们又想了一个办法，把它智能化，以卡取水，让更多的人能够享受到美丽乡村带来的福利。因为我们一般水的价格是1块5毛钱一吨，我们给他们是5毛钱一吨。

当时小城镇整治、美丽乡村建设也是镇里提的要求，哪个村要干，镇上会有300万块钱补助，不干的就没有补助。我觉得要取之于民，用之于民。我们那个时候村里整个存款就是80万块钱，几个项目下来，我们两年用了2 000多万块钱，整个村庄焕然一新，美丽乡村建设样板村庄也搞出来了。只要镇上让我们干的事情，我首先第一个不怕，第二个，我们后来拿了农村建房的指标，大概是40座房子，66万块钱一个宅基地，刚刚好2 000多万块钱，确实也是给农民解决了房子的问题。当时，光是村上的存款是远远不够的，但是必须敢干啊，干了再说吧。拖到钱都有的时候，谁都会干了。他们说很怕，我说我不怕，很多东西就是你敢干不敢干，如果要干就把它干好。反正最难的地方我们都敢去干、敢去试。

五、奔向共富：借力打力，乡贤给力

村庄搞干净了，搞漂亮了，就要想如何把这个村集体搞富。要去想群众之所想，多干接地气的事情，让村庄和谐，让更多的群众在村"两委"的领导下生活得更加幸福。

首先是失地农民保险。我们村老人很多，有360~400个老人。2018年、2019年的时候，失地农民保险被看得很重。我们手里名额很多，有八九十个，我们本来是想以12个生产队分下去，多一些土地拿上来的生产队就多几个名额。后来我想想不行，拿来抽签的话，会产生四十几岁的人抽到，而有些九十几岁的人想拿到失地农民保险却轮不到，等轮到他的时候他人也走了的情况。综合考虑这些情况，我们村"两委"表决态度：让老人优先，一户一个。现在延续下来，我们村56岁以上的老人都能拿到失地农民保险了，现在是2 200多块钱一个月，可以解决一家子问题。为什么我们工联村的老人很长寿？因为我们的老人都有个心愿，他就想着这个月工资到了没有，他要买点补品吃吃，让自己更加长寿，共产党真好，和谐社会有钱给他。这个工资领到，他就很高兴、很舒服，老人又把钱存起来，给孩子一点。有些老人说，这辈子都没有这么舒服过。有些像我爸一九四几年生的，还有些一九三几年、一九二几年生的老人，他们以前苦得一塌糊涂，那个年代走过来不容易，他们见证了整个国家的发展。有九十几岁的老人，他看到我第一句话说："书记，你真好！"我听到以后真有感触，这不是钱能买来的，我觉得真幸福，我就应该这么干。失地农民保险我们村做得很好，每个村庄的情况不一样，但我们制定了接地气的政策，进行合理分配，让村民能够确实享受到国家的补贴，能够让他们更加长寿，幸福安康。而且我们的口号是叫"慈孝工联"，以"慈孝"打造工联村，那更要关爱老人，让老人能够享受到国家的福利，包括民国时候出生的人，他们能感觉到共产党带来的是幸福安康。

其次是村集体的收入。2018年的时候，集体收入是96 000块钱，2019年10万多块，2020年30万块左右，2021年33万块左右，2022年到了40万块，经营性收入在20万块左右。这个变化很大了，主要靠一个公园的停车场收费15万多块，还有些高山稻米从村上农户那里收购了之后打包卖给乡贤、企业，也有5万多块钱。

我觉得村庄增收应该要去赋能，要借力打力。我们想办法利用最好的资源，把握好村庄收入，能付得出去，再运转回来。比如，我们搞出了溪头街文化，我让朋友去做有溪头街标志的筷子，很漂亮，给村里做广告，可以作为随手礼，借力打力，去卖给别人，赚点钱。

我们也把农户闲置的土地收过来，统一种。现在我那里租了大概50亩，租金500块钱一亩，增加了农民的收入。我自己搞了个试验田，先带头去种，引进了缙云的种粮大户来我们村上种田，种了十几亩麦子，再搞成米，做成溪头街老街文化的大米拿来卖。很多东西不是说马上就有钱赚，但我会第一个去尝试，我自己带头去干，亏了也没关系。我还是觉得这经验很重要，于是搞出更多农业的东西，带领农民致富。

我们乡贤现在给村里的帮助很多，借力给力，我们提供平台。一是慰问贫困户、老人，我们搭桥铺路，合理利用乡贤，乡贤能出钱，干吗要用村上的钱呢？这也能让乡贤有亲切感，有事可为。二是村上想去干事情，很多乡贤会给力，有的是提供资金，有的是在无形当中给力，像有些乡贤在部门里面，我们刚好去报一个项目，他能够借力给力，帮你村上申请一部分补贴。

但乡贤他需要什么呢？首先，我们要给乡贤一个平台，宣传他们的事迹，让他们有荣誉感；其次，要常沟通，平时发信息慰问一下，联系乡贤常回家看看；最后，乡贤需要的帮助，我们村上全力以赴，便于乡贤发展。比如，批宅基地的时候，我们村里提前配合他；乡贤的老房子，他自己出钱，我们村里帮他修复，因为他们人都在外地。此外，我们还要多关心乡贤的父母，我们想做个"一村一册"，把60岁以上的老人和子女的联系方式都记录在册，并且打算带老人一年做两次体检，把体检报告的问题反馈给他们子女，让乡贤可以在外面安安心心赚钱，村上保证老有所养，老有所依。

我们要不断地去摸索。很多村庄说收入很少，只有三四万块钱，但是只要你当书记的沉下心来，总能有好的办法想出来，总有好的路可以走出去，总有事情可以干出来，不能一味地说不行。

六、救火英雄："共产党人什么都不怕"

我这个人性格很直爽，喝酒看得出人啊，你看我喝酒就知道了，三碗酒下肚什么都不顾，不喝酒也一样。我就是这样的人，你让我真的也假不了，假的也真不了。所以农民认可我这样子，认为书记说了就算，肯定没问题，他肯定负责任。我也肯定要对村民负责任。

我被评为丽水市见义勇为二等功，是因为救火。2019年5月2日，头一天晚上我开完村"两委"总结会，9点多回家，当时路上的窨井盖还没有安好，拿竹片放在上面，怕人掉下去。因为第二天学生要上学，所以我每个窨井盖都去摸一下，花了一个多小时，窨井盖看看踩踩，10点十几分回去，我自己心里就有一种担心的感觉，因此晚上睡得不是很沉。第二天凌晨4:30左右，隔壁叫起来："救救我小孩，救救我小孩！"我说："完了，人掉到窨井里了！"

我裤子一拉，衣服一套，就跑去了，跑去一看，着火了，邻居孩子的爸爸出来说："救救小孩，我冲不进去啦！"他老爸都不敢冲进去了，我说："几楼？"他说三楼，我就冲进去了，摸黑上去，看都看不到。我到三楼之后，听到那个小孩在哭，听着哭声我摸过去，先摸到一条腿，我一把拉过来，连着被子一起拉，抱到平台。第二次呢，他老婆说这里面还有个大的小孩，好，那我第二次冲进去。真怕嘞，没办法，谁都不冲，只有我冲吧。有个布条挂在那里，一拉下来，也不知道是尿片还是什么东西，反正搞一点水，放在鼻子上，我就冲进去了。最后跑出来时，头上顶着火星，冒烟了嘛，我就先抹掉火星，鼻子擤出来全部都是黑的，后来嗓子里的水一吐出来又是黑的，差点人都被逼在里面了。

我老婆说了一句经典的话："下次是不能去搞了，你后面还有两三个家人呀，是不是？"但是我这个人就是有个性。当时怕不怕？别人都有事情了，还怕什么！隔壁那家是外村的，农兴村的，那我也要去救，不管他们是哪里人，他如果是小孩走掉的话，一个家就完了，是不是？我要尽全力，共产党人还会怕吗？

七、学习成长：党建引领，师傅带路

我目前应该算是最年轻的一个"明星书记"，今年开始，南顿村有一个比我还年轻（1982年生）的书记，他也是很有名的。

我当年是拜施颂勤书记当师傅的，我跟他很多年，大概20岁认识施书记的，因为他也是办砖厂起家的。我跟在他边上学，看他村里的管理，看他怎么上党课，看他如何跟领导去对接，如何去对接政府的政策。从他身上学到了很多：一是要更多地做好党建工作；二是要用智慧来解决村庄的矛盾；三是要有大爱，要有善心；四是公家的东西不能私有，不能拿给自己。

我本来文化水平不高，但是我实践经验很强，因为我是苦出来的，我不怕苦，这件事情如果是我做的，我必须把它做精。党委对我们也经常有培训，我参加了"领雁班"，全称是"丽水市农村基层党组织带头人学历提升计划"，不久的将来我就要变成本科生了。

我们学习二十大精神，更多听到的是国家如何强大，不强大会被人欺，我觉得学了二十大之后更应该好好地干，多干干农民想要干的事情。当农村书记要学会政策，政策不懂的话，你就没办法去管理。如果是年纪轻的，性格是很冲动的，冲动会酿成错误，所以还是要静下心来探讨问题，多学会隐忍，便于村上的事情更好地管理。

而且政府提倡的方向，比如农业，我觉得村书记都要带头去尝试一下，加大推广力度，自己租一些闲置的土地来，引进种粮大户进村，让更多的"小田改大田"，签个10年、15年的协议，来保障我们自己的后花园能够有粮食供应。我记得小时候我们都有一个囤粮食的谷仓，现在没有了，为什么还能这么放心？因为国家有粮仓。目前，国际情况复杂，我觉得作为村书记，我们要更多地关心国家大事，响应国家号召，把粮食牢牢地把握在我们农民手中，让粮仓更丰富、更自主。只要国家有号召，我们就要义不容辞，马上到位。

我做农村工作的指导方向一直是跟着党走，党指向哪里，我们就打到哪里。再就是要有向往，有担当，要传承，回馈社会。我一直默默地工作在基层中，感谢党培养了我这么多年。村书记应该说是中华人民共和国最基层的干部，我们是中国最小的"官"，有时候别人介绍我时会说："他来自中国最大的村，叫农村，是农村的党支部书记。"

我们现在每个月都有一次党课，我作为书记要去上台讲，去引领大家，大家出勤率很高，在家的基本全部都来。入党誓词的那80个字，每个月都要手握起来去宣誓的。这是我的承诺，承诺于自己，也承诺于党。如果真的是打仗了，我会放下我的全部家产，我还会去上战场的，这是我的性格。为什么？因为一个国家没有了，还要一个家干什么呢？民族尊严都没有了，那还要人干什么？我觉得这是非常重要的，有国才有家嘛，对不对？社会上面就是要有一些正能量的引领，没有正能量哪里来的社会安定。我们和平年代，要的是这些英雄气概的人。习近平总书记说得好，没有英雄哪里来的和平年代。作为村书记，我的举止行为是非常重要的，我身上需要的是发光发亮的东西，是正能量的，这关系到村民看到我会产生什么样的感觉。我们带上党徽的时候，是什么感觉？我更多的是要反问自己："你今天付出了吗？你今天担当了吗？"

八、结语：人在干，天在看，农民就是村干部的天

从2014年到现在，我也当了很多年村书记，也算老书记了。我总说："人在干，天在看。"现在有这么好的环境，衣食无忧，反正能够再干个几年，为社会再创造效益，这是我必须去干的，因为我们有责任感。村里头如果干得好，是好事情，造福后代。企业赚得多，就是钱嘛，跟自己的效益息息相关。村里搞得好但自己是没钱的，干的是公益的事情，就拿点名声——这个书记在村上当了多少年，历史把你记住了。

我觉得，我办企业是从苦中一路走来，村上也从不团结走到了团结，这个经历是酸酸苦苦，但也是很高兴的回忆。

办企业和农村工作不一样，企业讲的是执行力到位，钱付给员工，他必须干好这个事情，不需要一些特别的方法，我们把规矩定好就行。村庄讲的是威信到位，讲的是有没有别人认可你这个权威，我没钱给别人，他们也要跟着我干，这叫权威性。农村很复杂，农村人也很现实，只要你书记是扛大梁的，村民如果是跟着你了，你说什么他们都会听。村民如果不服你的话，大会上面就要跟你抬杠。但企业的话，员工敢不服你吗？根本不敢。

当农村书记也有好处，人脉更广，有更多方法。真的当了村干部之后，就要有担当，更多的时候是风言风语很多，委屈也很多，有时候连祖宗三代都被骂，但这样的

群众只是少数，80%的人都会支持你，因此你也干得了事情。还有一个就是要用自己的智慧去管理村庄、管理人。另外，当村书记了，人就去不了外面了，都要蹲在村上，实时电话遥控。老婆、女儿说想出去玩两天，我都不能去，只能去半天、一天能跑到的地方，两三个小时之内肯定要跑回来，当书记之后最远只去过杭州，没办法，肯定是有得有失。

再一个就是，当村干部一定要有自己的资产，有自己的事业，到一定的时候来回馈村庄。你如果一点事业都没有，却想在村庄干得好，是不现实的，因为你自己也要生活。我记得我的工资一年总共才 6.7 万块，干是能干，但是只能解决温饱问题。你自己都去解决温饱问题了，你如何能让自己有更多的付出，让村庄能够更加开放，有更多的向往，更多的收入？

我当书记这么多年，没有后悔过，后悔两个字不在我的字典里。这条路如果是自己选择的，一定要走好，走得到位。走到当下，自己也感觉到问心无愧。以前县委书记送我一句话："人在干，天在看。"我就知道，人要用力地干，天在看。我跟现在的县委书记说的时候，他说："天就是农民呀，农民的眼睛是看着你的。"通过美丽乡村建设，让农民更舒服、更富裕，这就是我的梦想。

我当书记的感受有三个。第一，心里装着群众才能干好事情，要用心；第二，村里的工程，我们当村干部的不要去参与，我们更多是去监督好，使工程的质量能有保障，这样我们就能很硬朗，更有底气去抵制那些做得烂的工程；第三，听从党的话，跟党走，只要镇里、县里下达的任务，我们就要不折不扣地完成到位。

你看到我走在村里，每个人高高兴兴跟我打招呼，我跟他们也打招呼、问好，不是说我当书记就高高在上，我没有这个感觉。没有农民哪里有我们明天啊，对不对？所以我就是跟他们打成一片。现在这个年代，服务于农民，就是我的责任。

一个村庄就好比是一个家庭，在党建引领之下，要不断地去传承梦想。我坚信，只要心中装的是群众，问心无愧地去担当、付出，借力打力，更加有创新的思路，使村里群众更加富裕，工联村的这个故事就会源远流长，一届接着一届，越干越好，越干越漂亮。

****

采写者名片

王欣钰，女，1999 年 3 月生，浙江杭州人，本科、硕士毕业于清华大学新闻与传播学院，现为清华大学新闻与传播学院博士研究生，研究方向为跨文化传播政治经济学、马克思主义新闻观。

采写手记：以"创业"精神治村

我对朱书记的访谈，前前后后进行了4次才终于完成。又要管企业，又要治村庄，朱书记是名副其实的大忙人。我们的访谈，大部分时间在朱书记的房产售楼部进行，其间，时不时有人来找朱书记办事，朱书记也会临时有事要外出，既有村里的事，也有公司的事，有一次还遇到了回来探亲的优秀乡贤来找他聊天。我突然深刻体会到了农村工作的复杂性——永远要面对诸多临时的零碎事项，而对整天忙碌的村书记兼企业家来说，也很难安排出一大段完整时间专门接受采访，因为乡村的生活和工作一直在滚滚向前，不为谁停留。

朱书记非常热情慷慨，于是，4次拜访也让我从不同侧面观察、体验了书记的日常。第一次访谈是在元宵节当日，朱书记晚上请了亲友聚餐，便邀我一起，一起吃饭的还有本地企业家、年轻种粮大户，等等。值得一提的是，朱书记把自家旧砖厂里曾用来烧红砖的窑洞改造成了风格独特的私人窑洞餐厅，颇有创意和情调，体现了他对往日"文化"的珍视。书记本人还亲自做了他的拿手菜红烧豆腐，厨艺了得。第二次访谈，朱书记带我参观了整个村庄，尝了壶镇镇溪头老街的特色小吃。每看到一处村中景观，朱书记都向我详细介绍改造变迁的过程或是背后的历史文化，如数家珍。最后，朱书记请我回家中一起吃了晚饭。第三次访谈是清明过后，朱书记带我看了他所承包的大片稻田，郁郁葱葱，后又带我去砖厂窑洞参加了晚饭聚餐，我不禁感叹朱书记朋友广、人缘好，热情好客。第四次访谈后，朱书记留我吃了便饭，还送我一盒他为推广溪头老街文化而定制的"溪头"文创筷子礼盒。

朱书记的个性很强，敢拼、敢闯、敢干，很有勇气和担当。朱书记的奋斗经历，让我联想到了李强总理2023年所说的，改革开放初期，浙江乡镇企业家筚路蓝缕、披荆斩棘的创业精神，以及经典的"四千精神"："走遍千山万水、说尽千言万语、想尽千方百计、吃尽千辛万苦。"这些在他创业和治村的经历中都得到了鲜明体现。而他的创业经历，也无疑为后来的治村生涯打下了重要基础，从某种程度上来说是提前的磨炼、锻炼、演练。

首先是从困境中蜕变，"吃尽千辛万苦"。干企业，朱书记不是"富二代"，而是"拼二代"，在二十出头的年纪就担起重任，扛下了父亲负债累累的企业。治村庄，朱书记也是几乎从零干起，刚上任时，村庄还面临着重重遗留问题：集体经济薄弱、环境脏乱差、村民矛盾多、"两委"干部不团结……面对这样的不利条件，朱书记成了"拼命三郎"。创业初期，每天都有人来讨债，朱书记非常辛苦，全年无休，都在厂里干活，还要到处借钱，学着管理财务、管理员工，处理人情世故。而在"小城镇综合治理"项目"百日攻坚"期间，朱书记的工作时间是"白加黑""5+2"，每天从早干到晚，最辛苦的一段时间每天要走4万多步。4万多步是什么样的概念呢？在我的人生体验里，清华本科新生的军训拉练，4小时行走17公里，也只有2.4万步。

其次是用智慧解决问题，"说尽千言万语，想尽千方百计"。朱书记创业时，为了借钱还债，使出过浑身解数，既有下雪天骑摩托车上大山深处借钱，结果手被冻僵到无法刹车的经历，也有因为无法还债心一横差点去卖血还钱的故事。同时，为了提升产量，每两三年朱书记就对砖厂进行技术革新，花了15年的时间，最后逐步解决了企业遗留的债务问题。而在村庄治理中，朱书记更是反复强调要"用对方法"解决问题，例如石龙路拆迁时，朱书记对涉及拆迁的5户村民挨家挨户做工作，晓之以理动之以情，针对不同情况想不同的办法，有时靠倾听村民诉苦、帮他们打开心结，有的则通过党员亲戚进行动员，甚至朱书记还提出过自掏腰包买下村民的房子解决他们的后顾之忧——我想，这种不同寻常的方式，也只有具有一定财力的企业家村书记才能想到了，但也更体现出他不遗余力地想做好村庄工作。

最后，是作为企业家和村书记所共有的领导力与责任担当。朱书记善于用人，刚上任书记时，先花时间摸清身边"两委"干部和村民的性格与能力，然后取长补短，事半功倍；同时，团结村里的党员和干部，凝聚人心。而在企业中，朱书记也自言喜欢做管理工作、思想工作，"喜欢这些员工跟着我"。朱书记也在九洲混凝土公司成立了党支部，称之为"红色方向盘"，并且自己担任党支书，他在企业发展中也同样强调党建引领，培养党员职工作为驾驶员的指导员，以此来加强对公司驾驶员的监管和素质考核。朱书记也是个好老板，有十几个员工从20世纪90年代起一直在砖厂工作，朱书记认为要对这些老员工负责。而作为村书记，朱书记的责任与担当就更为突出了，为了回馈乡土，朱书记在个人利益上做出了不小的牺牲：放弃公司总经理的职位专心投入村庄建设；为了补上家乡服务业的短板，倾注大量资金和精力在壶镇镇建造四星级酒店；而在邻居家着火时，更是不顾自己的安危，两次毅然冲进大火中救出孩童，留下一句："共产党员，怕什么？"

回顾朱书记的人生经历，正是创业的艰辛和千方百计的努力让朱书记有实力、有头脑、有资源、有底气来"回嵌乡土"，从头开始治理好、发展好一个村庄。也正是党组织的召唤、锤炼、引导，以及朴素的村庄共同体的情感与传统道德约束——"要是干得不好，祖宗三代都要被骂出来"，指引着朱书记从一个企业家回嵌到了乡村，从走只考虑资本积累的道路，到转向回馈社会、反哺乡村的道路。因为朱书记的根在农村，所以有羁绊，"要面子"，天然地有责任感。而另一方面，当村书记带来的荣誉感和人脉资源的拓展，也支撑着朱书记挑起这个鲜有直接经济回报的重担。这就是一个典型的先富带后富的过程，如赵月枝教授在本书序言中所写到的，"先富带动后富并非一个线性的必然的过程"，表现在微观个体身上，会有很多偶然的、朴素的、情感导向的因素，或者也会掺杂着私人名利追求的考量，但从总体而言，乡土性和党性的双重回嵌，在"先富带后富"的实现中发挥了极为重要的作用。

与"四千万精神"相呼应的是"千万工程"。2023年是浙江省实施"千万工程"20周年，其实在此之前，我对"千万工程"这一名词是有些陌生的。而今，我才恍然大悟，原来像缙云壶镇镇工联村这样的美丽村庄的蝶变，就是"千万工程"这一宏伟蓝图的微观展现。尽管我所采访和接触的村书记之前都鲜有在访谈中直接提及"千万工程"，但诸如"小城镇综合治理""花园乡村建设"等，都是其中最具体的项目。而20年来，"千万工程"也已经从"千村示范、万村整治"起步，走过了"千村精品、万村美丽"阶段，正在迈向"千村未来、万村共富"的新愿景。何其有幸，因为在缙云的这段采访经历，让我细致追溯了宏大政策下一个小村庄发展变迁的每一个进步，更是近距离体会了这背后起到关键作用的农村书记的每一个脚步和心声。

后 记

本书成于必然，也有偶然。从2015年开始，我就在新闻传播研究工作之余，在缙云组织乡村口述史的采写工作。随着时间的推移，采写对象也由千年古村落河阳村的代表性村民，逐步扩展到20世纪以来在缙云三乡工农业与文化发展史中有代表性的群体，包括养鸭人、打岩人、烧炭人、跑锯条人、婺剧艺人以及乡土文化人等。由于这些群体中的许多人年事已高，采写有地方历史文化抢救性质，我们的工作重点，也以采录和积累故事为主。加上时间局限，直到2023年春天，我还没有把编辑出版口述史成果当作在缙云工作的重点，更没有想到要先出一部缙云优秀村书记的口述著作。

2023年初在缙云的一场师生聚会，使这本书的出版成了偶然中的必然。春节刚过，清华大学新闻与传播学院的一群硕士和博士生以及多年来断断续续跟我在缙云做口述史的白洪谭，就从全国各地来到缙云，与我相聚。对于这群学生在缙云的假期研习，我预先有两个安排：第一，作为国情乡情教育，让他们与浙江农林大学的留学生一起参加在缙云的研学活动，利用几天时间从面上了解一个县域；第二，让他们续接2022年暑期开启的缙云养鸭人和烧炭人口述史采写工作，从一位鸭农或炭客的生命史这样一个点上了解乡土中国的变迁。

在师生们海阔天空的神聊中，白洪谭提出的采写村书记的点子，简直说到我的心里去了。我不怕拉长已经拉得很长的缙云口述史采写"战线"，立即决定，开辟一条"新战线"，集中眼前的清华"优势兵力"，打一场村书记口述采写的"短平快"硬仗。虽然这群村书记相对年轻，不存在抢救性采访的问题，但是对于我来说，这个主题本身有另外一种急迫性。就在春节期间，我和河阳乡村研究院的陈春才副院长参与了缙云县委与中国农业大学共建"中国农业大学·缙云乡村共富学院"的部分筹备讨论环节。这个学院的工作重点就是培训村书记，让更多的村书记成为乡村共富带头人。

缙云的优秀村书记是我非常熟悉的一个群体，他们当中好多人的故事曾不止一次感动过我；他们的角色之于中国式现代化道路的学术意义，也曾是我多年来一直思考的问题。学术研究之外，还有什么比把缙云这群优秀村书记的故事尽快写出来，让他们的现身说法来为更多的乡村干部提供参考更有意义的呢？对于一心一意希望了解乡村，并为乡村振兴与共同富裕出一份力的清华学子来说，还有什么比采访这群村书记，为一个正在筹建中的缙云乡村共富学院提供一份参考教材更让人兴奋的呢！

说干就干。我们立即把想法与时任缙云县委组织部的闵柯部长做了沟通，当即得到他的热情支持。2023年2月4日立春之日、元宵节前夕那个春雨霏霏的周六下午，在缙云县委组织部的快速组织下，一场我们团队与相关村书记的项目启动会就在县委组织部的会议室热火朝天地开起来了。会后，马上就有书记把采访的学生带走了。在此后一个多星期的时间里，书记们在百忙之中把学生带到自己的村里、家里，讲述着自己的故事；学生们以极大的热情和对书记们的敬意，倾听着、挖掘着他们的故事。开学了，学生们满载而归，在开始一个新学期繁重课程学习的同时，也肩负着补充资料和尽快把村书记们的故事写出来的重任。有的学生还第二次返回缙云采访。何海洋在本书的附文中，描述了自己的采写经历与心得。

正如我们在本书的序言中所说，通过此项目，我们还希望围绕村书记的角色问题，与学界展开对话。2023年6月3日，我们以一部还差两个故事的书稿初稿为媒，在清华大学新闻与传播学院举办了一场名为"双重回嵌：村书记主体性与共同富裕"的研讨会。感谢所有来参会的学界和新闻业界的同仁，感谢缙云县委组织部与河阳乡村研究院的团队，感谢楼干强与刘利军两位书记，你们的热忱支持和你们在研讨会上的真知灼见让我们深受鼓舞，也让我们深化了对本书主题的认识。这个会议，让我回想起多年前在哈佛大学费正清中心举办的一场有关中国基层治理的学术研讨会。那个会议也是为了完善一部书稿而组织的，我以书稿中一章的作者的身份参加了会议。两场会议主题相似，但时空不同，组织者不同，参与者不同，讨论的深度与广度也不同。我坚信，一个有从县委组织部部长到村书记这样的基层治理主体参与的会议，更能体现知识生产的主客互构性和学术体系面向社会实践的开放性。

本书是真正的多元主体参与和互构的成果。感谢村书记们在百忙之中向学生们敞开胸怀，不厌其烦地向他们讲述自己的故事。你们是此书的真正主角。你们中的许多人，已多次接待过我的中外研学团队，我都实在不好意思再让学生去打扰你们了。然而，正是你们故事的那种历久弥新的吸引力和你们身上那种与时俱进的创新精神，让我坚信，做这部书，是我义不容辞的责任；除了一次次去打扰你们，我别无选择。

感谢采写团队的辛勤付出和真诚投入。尽管我感觉自己有点机会主义，在你们几乎没有充分思想准备的情况下，就拉着你们做起了这个项目，我为你们毫无畏难情绪的自始至终努力和最后的成果感到骄傲。你们作为清华学生的潜能和你们在项目推进中所表现出来的主动性与创造性，是这个项目能顺利完成的重要保证。比如，每篇文章前面的"书记名片"和"村庄名片"设置，就是陈佳逸在初稿中先独创出来，然后由我按"群众路线"的方法，推广到全书的。我也深知，这次采写，对于你们的个人成长和学术能力培养，特别是对于我们这个团队所立志的"又红又专、知行合一"目标，有超出这个项目本身的意义。同时还要感谢河阳乡村研究院的杜钰婧与济南大学文学院的路玉、刘一诺、张同悦 3 位硕士研究生，你们多次参与初稿的校对和排版，为这本著作的顺利出版争取了时间。

感谢缙云县委组织部上上下下同心协力的支持。没有你们雷厉风行的组织，就没有这个项目从理念到行动在 48 小时之内的快速启动。尤其要感谢缙云县委组织部时任部长闵柯从头到尾全方位的支持与重视。从在清华大学研讨会上的精彩发言，到关心出版社的选择，再到连周末在缙云与杭州的通勤高铁上还修订书稿一个版本中的一字一句，正是您对这部书稿的倾心支持，正是您在缙云以组织的力量推动乡村振兴与共同富裕的实践，给了我们高速度、严要求完成这部书的动力。当然，书中的不足之处由我负责。

感谢河阳乡村研究院的陈春才副院长。尽管您坚持不当署名主编之一，在参与者的心中，这部书的每一页，都有您的名字。

最后，感谢清华大学出版社纪海虹编辑多年来对我在缙云的口述史项目上的关心、耐心与信心。这部产生于必然与偶然之间的缙云村书记口述史著作，仅仅是"县域中国·人民历史缙云口述研究"这套书的开端。

赵月枝
2024 年 10 月 1 日

附文　我在村里做口述史：路径与体验

何海洋

2023年的初春寒意料峭，我们趁着春节喧热的余温，从全国各地前往浙江缙云拜访赵月枝老师。我们先与来自五大洲的40多名外国留学生一起，参加了为期3天的缙云村庄和文化研学活动，然后参加了2023年河阳乡村研究院新春年会暨口述缙云项目推进会。会上各位学者、乡贤和优秀学生的分享让我们对口述史这一研究方法有了最初的了解。会后一个晴朗的下午，我们在赵老师家茶谈时，白洪谭老师提出用口述史的方法研究基层村干部的设想。赵老师说这正合她意，同学们一个个也十分兴奋。经过各方精细的安排与协调，我们都对接了自己的口述史采访对象，眼前逐渐浮现出一片广阔的田野。

我们既没有接受过系统的口述史方法训练，也缺少相应的采访经历。我们在田野里"摸爬滚打"，碰过壁、犯过错，疑惑过、焦虑过，但从未想过退缩和放弃。这种勇气，来自校友李强师兄扎根农村写出《乡村八记》的激励，来自我们彼此不断的鼓励扶持，来自青年不认输、钻到底的锐气和理想主义，更来自我们采访的这群可亲可敬的村书记。当我们坐在那一位位风格各异但魅力十足的村书记的身边，倾听他们各自如卷轴般向我们徐徐展开的人生故事和治村传奇时，我们从心底里被激发出的那种钦佩、感动和真情，让我们近乎本能地暗下决心，一定要让这些故事被看见，一定要让这些新时代的优秀村书记被关注。

当我们远离那些精致高深却散发着教条主义气息的空洞理论和方法模板后，当我们轻装上阵回归最真诚无华的人与人的倾听与信任时，当我们愿意用鲜活的见闻直面心中的刻板成见时，所有蒙着神秘主义光晕的理论迷思都如好溪水畔的春雾一般消散殆尽，留下的只有赤诚相待的真知实感。

我们的田野具有双重意义。一是指人文社会科学的研究场域，二是指我们的研究落足乡村。正如北京大学焦长权教授所说，中国现代化的上下半程的巨变是从"乡土中国"到"城乡中国"的过程，从"挣脱乡土"到"回归乡土"的范式转移。因此乡村如今正成为越来越多中国学者抵达真理田野的目的地。

一千位学人身处同一田野，会有一千种异质性的研究方法。作为本次口述史采访的亲历者，笔者只以本团队实际采访过程中的经验出发，对本书中采用的口述史方法进行简单总结与梳理，以期为未来奔赴田野的学者提供些许可借鉴的经验。这些经验大多是"土办法"，但相比于那些"居庙堂之高"的方法论教条，这些"土办法"可能更具生命力。

一、采写过程中的加减取舍之道

尽管口述史与微型自传在形式上非常相似，但口述史的目的在于见微知著，反映特定历史时段下某一地域的政治经济面貌、社会文化和情感结构，因此采写者撷取的各类微观故事需要指向统一的宏观主题，如本书主题反映的是乡村"能人"或先富群体重新"嵌入"党的体系和乡土社会的社会动力学，并展现这些"回嵌"成功且成为优秀基层干部的村书记的治村观。所以在访谈对象浩瀚庞杂的人生经历中，必须重点挖掘与治村相关的口述资料作为内容主干，这并非意味着我们只功利主义地展现村书记们在任时的情况，上任前的经历就可以视而不见。

事实上，村书记们任前或任后的经历对其任期内的决策与行为均具有直接的因果影响，青年时期的遭遇会为他们后来治村施政中的各项理念与实践埋下伏笔。读者会发现本书大部分文章都会率先用一到两节的篇幅去展现其青年时期的成长经历。原因在于：第一，村书记后期治村中的思想观念和行为风格都可以在其青年阶段中管窥一二，符合时间逻辑；第二，在采访中由于口述对象的紧张心理，我们也是从青年逸事问起；第三，文章必须体现书记的成长性，即要有失败受挫的一面——走过的弯路会使人物形象更加饱满生动，也能让故事更有说服力，因为他们不是天生就是明星村书记的，而是在不断地尝试、挫折、反思中积累出经验教训（有些甚至可以说是"血的教训"），而后天道酬勤实现蝶变的。

所以采写者需要将内容生产过程一分为二，在"采"时可秉着"全盘接收"的精神，不漏过任何一条线索，充分扩容采访资料；而在"写"时则要对口述对象大量琐碎的记忆碎片进行甄别、合并与结构化，当采访所得与主脉络关联性较差时，为保证文章整体的凝练与紧凑，可做适当取舍。但被暂时舍弃的资料需要被统一整理成次要资料存档，便于之后修改时回调取用，不可轻易永久性删除任何采访所得。

对资料的取舍能力依赖于采写者大量深入的实践训练所形成的主观直觉，初入口述史田野的新人需要淡化采访问题的目的性与功利性，这与新闻采访存在较大差异。每个人都是一本书，但绝非一本工具书，口述史就是关于某个人"人生之书"的综述，因而"人生之书"的每一章、每一节在时间允许的情况下都需要我们尽力翻阅。

以何种方式打开采访对象这本"书"也很重要。初期，采访对象往往由于紧张心理，表达举止难达最佳状态，我们开门见山地提出宏大棘手的问题容易出现"冷场"的尴尬情况，并且基层村干部在日常工作中参与了大量会议，一上来就让其发表治村看法可能会激发他在文山会海中作报告的心理惯性，使得产出的口述稿像报告体、宣传体或考察体，而非生动真实的口述体。

因此，在采访之初可以通过"拉家常"的方式建立起临时的"亲密关系"，比如通过三言两语谈谈村书记们办公室的设计、生活兴趣、最近关注的事务等，用简单轻快的话题使其尽早放松下来进入采访状态。如：

"书记您好，您是家里的独生子吗？"

"不是，我有三个姐姐和一个弟弟。"

"哦，确实，这对您那个时代来说很正常。我是家里的独生子，我也很想有一个姐姐。"

"因为你们是计划生育的一代呀。"

"对的，所以我很感兴趣，您小时候这三位姐姐对您怎么样？"

"都说长姐如母，我大姐……"

这对采访者来说同样重要，尤其是缺乏经验的新人，通过生活化的问题开场也能让自己更放得开一些。采访者和被采访者之间的情绪会相互感染传递，只有采访者自己先松弛下来，对方才能借力打开心门和嗓门。

以上技巧强调的是在采访环节我们需要不断做加法，尽量收集到更多的信息以便基于扎实的采访材料进行后期写作。在写作环节我们则需要做减法，舍得删掉一些冗余的内容。采访环节的"加法"与写作环节的"减法"平衡后我们便可以得到质量较高的初稿，但不能因为"加减平衡"的结果就不愿在前期做加法，"少采少删"和"多采多删"在客观上形成的文本篇幅大致相近，但其效果却有天地之别。

对于新人而言，采写过程中的加减取舍不好判断，这时需要发挥团队的力量。本书的采写安排布置精密，针对各篇稿件写作思路召开过座谈会，有一对一沟通指导，并通过一稿、二稿、三稿的编辑审校形式不断优化和更新稿件内容。每篇稿子都是团队精诚合作的结果。

二、一手资料与二手资料的组合之术

如今的质化研究中，很少会单纯地使用一手资料或二手资料，较为优秀的质化研究往往需要一、二手资料相结合配套使用。本书的口述史形式决定了我们以一手资料为主，但是，二手资料是我们的起点。

二手资料的收集运用贯穿于口述史文本生产的全部过程。在这里我将二手资料的收集工作分为三个时段：采访前、采访时和采访后。

采访前完备的资料准备十分重要。首先，这会让我们对这个村庄和村书记形成大致印象及心理准备，知己知彼才能有的放矢。我们可以在网络上收集、整理各种信息粗描人物画像，比如说在采访仁岸村何伟峰书记的前夜，我们利用微信公众号等渠道不断熟悉何伟峰书记和他所在村庄的大致情况，如何书记获得的各项荣誉、村情村貌、社会评价等。采访者资料收集到位后便可以大胆设置采访问题，不要怕提的问题水平不高，因为对于采访者来说，那些一时搞不清楚的问题对广大读者而言也可能云里雾里，比如"五水共治""共富工坊"这些概念，对于浙江人来说听得比较多，但对省外的读者来说大概率是不知道的，所以我们疑惑的也可能是读者所疑惑的，这时不妨大胆地将其纳入采访提纲，问清楚、搞明白，不放过拦路虎，降低文章的阅读门槛。

其次，从新闻实务的角度上说，采访者不能奢望采访对象在短时间内能对过往经历回忆得滴水不漏，现实情况往往是采访对象等待着被"引导"，这时采访者手里的资料准备就可以作为交流线索引出采访内容。

再次，采访者对采访对象前期的了解也可以在采访过程中避免问出一些过于幼稚和尴尬的问题，从而提高采访效率。需要注意的是，前期充分准备的资料不能在采访过程中转变成采访者的一种傲慢心态，更不能用二手资料来代替一手资料的采集环节。在采访过程中，采访者仍然要保持一定程度的"装傻"和"留白"，让采访对象自己说出来，如此便可以把二手资料"转译"成鲜活的一手资料融汇进文本中。

进入田野时，我们不仅要采访出一手资料，而且要注意二手资料的临场收集。比如说村书记办公室中的一些资料，如政府文件、公告说明、阅读刊物、奖状证书、锦旗挂件、规划地图等，都是隐性的采访线索，需要采访者高度敏感。我们可以趁着采访间隙进行拍照记录，并在后续采访中作为临时新增问题探索出新的访谈方向。除此之外，有些村书记可能还有写日记、随想，甚至写工作日志的习惯，如周村的刘利军书记就写过一篇《我的周村十年》。在这篇日记中，刘书记对村里温泉谷项目的失利作出深入思考，这种深入思考在采访现场"短、平、快"的思考节奏中是很难获取的，我将其原原本本地纳入口述史中，成为刘利军书记口述史的亮点部分。

由此，二手资料具有了一手性。因而一、二手资料的区分在现实情况中并非清晰分明，二者之间可以相互转化。采访者除了在采访场景中直接获取二手资料，还可以通过侧面询问采访对象获得，如咨询采访对象对某个事件有没有留下一些新闻报道，一般重要的事件村里或村书记本人都会留档记录，但这些材料村书记一般不会主动提供，需要采访者在征求村书记的同意后获得。

采访后的二手资料体现的是口述史生产的连续性。采访结束并不意味着采访者和被采访者之间的联系就此断裂了，事实上"场外"的采访过程仍在延续。我们通过社交媒体与采访对象建立联系后，可以在他社交媒体上的日常动态来对其作网络民族志观察。比如，村书记往往会在朋友圈推送一些上级政府要求定期推送的新闻/时政公众号，这些公众号和刊载其上的内容与村书记所在的村庄紧密相关，我们可以通过追踪这一部分的信息实时更新口述史中的相关内容。另外，工作之余村书记们也会分享自己一些日常生活的动态，如节日庆祝、时政看法、旅行随想等，这也需要我们将有价值的部分整理到补采计划中。二手资料的应用还在于，有些争议性事件如果仅按照村书记的角度进行叙述，很难坚持客观性与平衡性的原则，甚至可能遭到与这一事件有关的其他利益主体的投诉与控告。但我们又不能以一个完全中立的视角来写作，因为口述史本身就内嵌了被采访者的个人视角，那便可以巧用注释形式，提供背景资料和第三方视角，如法律公告、政府公文、新闻媒体的报道等，尽可能还原事件原貌，对有争议的、难以确认的事件细节进行补充。同时，由于注释相对于正文结构有一定的独立性，有助于保持第一人称叙事的稳定性。

总之，二手资料的收集非常重要，它直接影响了口述史的丰富度和完整性。根据采访的不同时段收集和整理的不同性质与类别的二手资料，无论对于最大限度地帮助采访对象全面表达自己的真实意思，还是对我们自己向"口述史"中"史"的写作要求负责，都有重要意义。

接下来就是一手资料的收集。可以说整个口述史生产过程中一手资料的采写是核心环节。口述是一个瞬时行为，人在漫谈中容易出现一些记忆错乱，这会影响到整篇口述材料的真实性。因此一手资料需要我们反复验证，对文中的地点、时间、人名还有一些确切的数字（如"产量占到了全县的1/3"）要高度敏感、保持怀疑，追问采访对象数据是否可靠？信源在哪里？如果他们无法提供准确信源，那我们可以将数据模糊化处理，如不确定某一农作物产量到底占到3/4还是4/5时，可以在后期转化成"超过半数"这种更负责的表达，因为有时候模糊化比精确化更接近真相。但时间、地点、人名这三大要素必须做到真实准确，否则全文的公信力将受到重要影响。

除却村书记自己的口述内容，其他形式的一手资料也非常重要，比如来自村庄的影像。进入田野不是从一个点到另一个点的瞬移过程，而是一路风雨一路尘的连续性感受。所以我们在进入村书记办公室之前，一定会先看见这个村庄的村景以及路上的村民。这些场景的信息价值不容小觑，如我在前往仁岸村时，发现有一座高山与众不同，询问村民得知那座山叫"面前山"，一直到山腰那里都有大片的杨梅树，山脚下则是黄茶树，等我走进何书记的办公室时，透过明亮的窗户又见到了那座耸立的高山，所以我就以这座山来进行提问，引出了仁岸村立体化农业种植的故事。

因此，沿途遇到的风景和际遇看似与采访无关，实则暗含千丝万缕的联系，需要我们对这些图像进行保存和利用，多拍勤记。这也是对采访者"脚力、眼力、脑力、笔力"中的一项要求。我们第一次与村书记见面的时候，可以观察哪些内容呢？比如，书记的着装透露出什么样的特色？他的语速是慢还是快？开的车是什么样的车？喜欢喝什么样的茶？书柜中书的类型是哪一类？他接电话的频率怎么样？面对前来打断采访的村民，他待人接物的方式如何？等等，这些都可以作为侧面的佐证材料来完善村书记的性格特征。

另外，采访者也要在自己身上收集一手资料，采访者在采访结束的当天最好写日记或者录音复盘，把当天的采访感受记录下来，回忆自己的所见所闻，哪些细节引起了自己的强烈注意，把这些转瞬即逝的感受和思路整理出来，方便日后重新审视和思考出新知。

以上就是我们在进入口述史采访中对一手资料和二手资料的一些处理经验，需要反复强调的是，二者之间并没有明确的区分，只要是采访信息，不论是显性还是隐性、一手还是二手、文字还是图像，都值得被主动挖掘和审慎对待。

三、采写难点的破解之法

口述史的采写会面临着各种各样的问题，每个人可能要解决的问题都不尽相同。随着采写经历的增加，一些常见的共性问题浮出水面，在此予以总结。

第一个难点是采访频率的把控。想要在几次采访之间还原一个人丰富的政治生活和人生经历非常困难，必然会遗漏很多细节，这需要我们不断补充采访，但补采的时机要拿捏得当，不能太过频繁，今天确认一个数字，明天询问一个细节，这容易招致采访对象的反感。最好是攒够一定的问题再与采访对象约定一个完整的、正式的时间，不能选在采访对象开车、游玩甚至是睡前，这会影响补采内容的质量。同时也要避免补采拖得太久，出现采访对象全然忘记初次采访的内容，很多话重新又再说一遍的现象。要解决这一难点，关键在于采访者应当高效地整理初采内容，并安排好自己的写作计划。

同时，补采往往采用电话采访的方式，但它的效果远不如面对面采访，因此如果有机会和能力进行线下回访的话，尽量不要选择线上回访。我在2月份采访完刘利军书记和何伟峰书记后，5月份又跟随着赵老师回到缙云，带着手里赵老师给我的关于刘利军书记养虾的一些材料补采刘书记，极大润色了刘书记青年时的养虾故事。

第二个难点就是方言问题。大部分的采访对象普通话说得不是很标准，有些术语我们又十分陌生，这对后期材料整理和校对造成了较大困难。这需要我们对人名、地名以及一些听不懂的关键词当场确认。整个口述过程虽然有录音设备，但采访者仍需要携带笔和纸,把主要观点和听不懂的关键词记下来,以便配合后期的录音整理来完成对采访稿的写作校对。

第三个难点是缺乏逻辑性。在口述史的采访过程中,我们采用的是类似于弗洛伊德式去结构化的漫谈法,借此舒缓采访对象的紧张心态,但我们的成稿却不能缺乏逻辑性和结构性,否则会造成读者阅读上的困难,使读者丧失阅读兴趣。

总体而言,口述史可以分为两大逻辑顺序:第一就是完全按照时间顺序来谋篇布局,它的优势是线索脉络清晰,缺点是可读性较差;第二就是以故事板块为主,采访受访者人生中的大事件,然后串联起故事板块之间的逻辑关联,它的优势是可读性强,缺点是连续性差,时间线索容易紊乱。针对这种情况,本书认为最好的方式是以故事顺序为主、时间顺序为辅。

在本书中,笔者的《从精培产业到全面振兴:"杨梅书记"上下求索的治村路》和《慈孝为先,文化兴村——乡风文明是我治村的重要法宝》这两篇口述史便采用以故事顺序为主,以时间顺序为辅的谋篇思路。以人物生平中的大事件作框架,大事件之间又按时间顺序来建构故事线方向,使读者的阅读兴趣不至于在梳理时间线索时耗散。

在安排叙事逻辑的过程中,笔者创新了一种写作方法——"藤—瓜—籽结构法"。

"藤"指的是文章主题,这个主题不需率先拟定,在形成初稿后根据现有资料敲定,后期不断地调试和修改。"藤"反映的是整篇口述史一个比较模糊的主旨,便于我们根据这个主旨安排详略取舍。"瓜"指的是体量大的故事集,比如说像刘利军书记的养虾项目、温泉谷项目,何书记的杨梅种植故事等,它的篇幅跨度至少是10年的生活周期。"瓜"又包含着很多"籽",即每个大故事集中的细分小故事,以及一些与之关联的边缘故事,比如,杨梅种植过程中的技术关、种植关、营销关这三关,就是整个杨梅种植故事"瓜"的三个"籽",而一些其他的边缘故事指的是种好了杨梅之后何书记又去种樱桃和黄茶,这些举动都是由杨梅种植衍生而来的,所以统统可以合并为一类"籽"。

"藤—瓜—籽结构法"有三大优势。第一,它能帮我们迅速厘清文章的框架。对一些琐碎的"籽"便可以予以舍弃,对采访中收集到的上百个"籽",我们可以依据"藤"和"瓜"的要求对它们进行分类与组合,组合时注意在每一个"籽"的前面标注上具体时间,从而确保文本的时间顺序不会紊乱。比如,何书记在采访过程中先说自己种杨梅的故事,之后又说种黄茶和樱桃的经历,然后又提了他自己政治选举中的挫折,最后又回到杨梅的话题上,资料是非常碎片化的,可见何书记的杨梅故事并不是在一个时间段内一次性采访出来的。因此"藤—瓜—籽结构法"有利于把这些碎片化的采访资料进行合并、组装和优化。

第二,有利于丰富文章细节,为补采做好准备。在为"瓜"匹配"籽"的过程中,我们会发现有些"瓜"可能有上十个"籽",而有的"瓜"只有两三个"籽",这提示我们有哪些缺"籽"的"瓜"需要补采,而哪些爆"籽"的瓜需要删节。

第三,有利于避免重复叙事,表现人物的成长性。如《从精培产业到全面振兴:"杨梅书记"上下求索的治村路》和《慈孝为先,文化兴村——乡风文明是我治村的重要法宝》这两篇文章的一级标题之间具有内容互斥性,且体现了村书记从青年到中年的发展性。在《从精培产业到全面振兴:"杨梅书记"上下求索的治村路》这篇文章中,读者从代表着"瓜"的一级标题可以看到何书记如何从产业经济发展转向全面乡村建设,脉络清晰、各部分内容不会冗余冲撞。

需要注意的是,使用"藤—瓜—籽结构法"时需要警惕套路思维。"藤"是在忠于采访资料的基础上归纳出来的,而非带着预设的立场先于文本产生。有时候我们会发现很难总结出一条明确的"藤",而是"多藤缠绕"的情况,这也符合复杂的现实逻辑,我们只需尊重现实尽可能清晰还原即可。

第四个难点是文本的镜头感缺失。不同的采访对象的性格、表达习惯不同,最后的文本风格也不尽相同。有一些村书记在经历大量的工作会议和政治场合之后,话语风格可能比较正式,如果我们完全按照他的话语风格来行文的话,最后会变成一篇人物政治报告。因此,如何减少采访对象职业身份对其话语风格的影响,就需要我们不断补充镜头感。镜头感来源于细节,我们在采访中需要参考非虚构写作的采访技巧,反复向采访对象追索故事细节。

第五个难点就是务实和务虚之间的平衡。采访内容可以被分成两大类,第一类是采访对象的人生经历,这是"务实"的故事性信息;第二类则是他现在的回忆、反思和情绪,属于一种"务虚"的观点性信息。务实和务虚的内容之间较好的平衡方法是采用夹叙夹议的方式,不要将人生故事和人物观点之间进行板块化割裂。某一个"籽"的故事讲完后紧接着就是他对这个"籽"的情感表达,不断将务实内容与务虚情感进行糅合嵌套,平衡好事实性信息和观点性信息之间表达形式的矛盾。

第六个难点是采访主动与被动之间的矛盾。采访者要时刻关注自身主动性的程度,既不要让自己的主动性压过了采访对象的主动性,变成一种压迫式的采访,但也要避免被采访对象的意识流带偏。当采访对象开始说一些和采访目标实在无关的话题时,我们要及时拉回主题,再让他在目标主题的弹性范围内进行漫谈。

另外,在采访过程中,我们要刻意少说一些专业名词,不要有太浓的"学术气",通过一个小时左右的采访,我们就可以充分了解对方的话语风格,之后的采访尝试多采用对方话语风格的词汇来与之进行交流,使采访更为顺畅。这个过程是一个采访者的话语体系积极融汇于采访对象话语体系的过程,而不是将对方的话语体系强行拉入一种学术话语讨论的氛围中。

对于采访对象而言，口述史类似于微型自传，由于每个人的人生经历和主观理解的差异性，哪怕是参与同一事件的人也有可能形成不同的口述史记忆，因此，我们应当充分保留口述对象的主观视角、话语特征和个人风格，做到"原汁原味"，减少口述史采写者对文本的干扰和再生产。采写者需要做的是对碎片化、口语化、模糊化的原始口述材料进行合并、删节、整理和校正，且最终整理的结果必须经过口述对象的认可。

第七个难点就是理论幽灵和现实田野之间的矛盾。尽管我们在采访前有初步的理论框架，但我们没有生硬地把这个框架套用进口述史的写作之中。我们尽可能提供原汁原味的口述文本，彰显村书记的主体性；我们以"采访手记"的形式表达我们的评述，分享我们的所思所想。这既保证了正文的独立性，又能将每位采访者深入田野时台前幕后的故事一并呈现，让全书尽量实现记叙性、过程性和思辨性的结合。

结　语

人类文明已经走过几千年的历史，而口述作为一种古老的史学方法真正被历史学科拥抱却是相当晚近的事情。直到20世纪40年代美国哥伦比亚大学口述史研究室的成立，才标志着这一方法真正开始建制化并得到学院派的认可。时至今日，作为历史学方法的一脉分支，口述史在概念界定、操作方法和法律伦理方面仍然未达成统一共识。

本书是将口述方法用于中国乡村研究的一种尝试。我们希望，这一尝试能在研究方法上给予同行一些有益借鉴。当然，任何研究方法都有其使用的具体语境，唯有一颗尊重田野、尊重现实、尊重真相的赤诚之心，才是人文社会科学研究中永恒不变的法宝。

当下，各类时髦与花哨的研究方法充斥着学术田野，诸多功利性的论文生产占领着学术空间。当我们怀揣着一颗真心，带着几分虔诚，用几乎是最原始的口述史方法来尝试接近我们想要看见的真实的中国乡村时，中国乡村转型的现实、基层政治生态的风貌、鲜活的乡土文化、有血有肉的乡村主体，却以极快的速度靠拢我们，这也许便是方法论的相对论哲学。